貨物保険の
損害対応実務

東京海上日動火災保険株式会社 編

はじめに

　長い歴史を持つ貨物保険は、経済のグローバル化が進む現代において、円滑な国際貿易や商取引を支える役割をますます強め、世界の企業活動に不可欠の存在となっている。物流過程で事故が発生した際は、損害保険会社は迅速、適切にその損害を補償する責務を負っており、貿易国である日本における貨物保険損害サービスの重要性は非常に大きい。

　本書は、このような背景の中、貨物保険の損害サービスに関わる人々の実務的参考書として、1986年に出版された「貨物保険の査定実務」にその端を発し、その後1995年に出版された同書の「改訂版」に続く、22年ぶりの新装改訂版として、その名も新たに「貨物保険の損害対応実務」と題して世に送り出されるものである。

　前回の改訂版以降、22年の歳月が流れる間に、国際貿易と貨物保険を取り巻く環境は大きく変化した。一例を挙げれば、2010年インコタームズの登場、2009年ICCの登場という大きな変化があり、2009年ロッテルダムルールズ（未発効）や1999年モントリオール条約（批准済）など運送契約面での変化も記憶に新しい。またごく最近でも、2016年ヨークアントワープルールの採択や、約120年ぶりとなる日本の商法（運送法、海商法）の改正など、様々な動きが進行中であり、今般の新装改訂版ではこうした最新情報も盛り込む必要が生じた。また、在来船からコンテナ船へと移行している現在の海上輸送の実態を踏まえ、貨物別の損害対応要領においては、保険事故として頻出する貨物を今日的目線から再選定し、損害対応も現代的な実務に書き改めた上で、コンテナそのものを解説するページも付け加えた。

　こうして大きく改訂された本書であるが、想定する読者層は従来と変わらず、損害保険会社の貨物損害サービス部門や関連部門の人々、保険会社の代理店業務や貿易・物流に携わる業界の方々、あるいは貨物損害調査に従事する海事検査機関の方々である。読者の皆様が日常業務を遂行する上での参考書として、本書を机上に置いて時折ご参照いただければ、編者として大変ありがたく思う。

　最後に、本書の出版に当たり、数々の助言をいただき、完成に至るまでご尽力をいただいた、㈱保険毎日新聞社に感謝の意を表したい。

2017年1月
東京海上日動火災保険株式会社　コマーシャル損害部
部長　平瀬　誉人

もくじ

はじめに…2

第1章
貨物損害サービスの基礎…13
- 1. 貨物損害サービス部門の役割…14
- 2. 貨物損害サービスの基本的な取組み方…14
  - (1) 事実関係の確認および損害拡大の防止…15
  - (2) 保険契約上のてん補責任の判断…16
  - (3) 損害額の算出と保険金の支払い…17
  - (4) 運送人等第三者に対する求償…18
  - (5) 損害データの提供と損害防止活動…18

第2章
貨物保険の歴史と種類…21
- ■第1節 英文約款の変遷…22
- ■第2節 和文約款の内容…24

第3章
貨物保険の補償内容…25
- ■第1節 保険の目的物と被保険利益…26
- ■第2節 保険価額と保険金額…32
- ■第3節 保険期間と保険区間…33
- ■第4節 包括責任主義と列挙責任主義…36
- ■第5節 因果関係…37
- ■第6節 担保危険と免責危険…39
  - 1. 担保危険…40
    - (1) 協会貨物約款A（ICC（A））…40
    - (2) 協会貨物約款B（ICC（B））…40
    - (3) 協会貨物約款C（ICC（C））…45
  - 2. 免責危険…45
    - (1) ICC（A）の免責危険（第4条）…46
    - (2) ICC（A）の免責危険（第5条）…53
    - (3) ICC（A）の免責危険（第6条）…56
    - (4) ICC（A）の免責危険（第7条）…57
    - (5) ICC（B）（C）の免責危険…58
    - (6) 放射能汚染、化学兵器、生物兵器、生物化学兵器および電磁気兵器免責…59
  - 3. 付加危険…59
    - (1) 雨淡水濡れ（rain &/or fresh water damage：RFWD）…59

（2）盗難・抜荷・不着（theft, pilferage, non-delivery:TPND）…60
　　　（3）不足（shortage）、漏損（leakage）…60
　　　（4）破損・曲損・凹損・掻損（breakage, bending, denting & scratching:BBDS）…61
　　　（5）油染み、他貨物との接触（contact with oil and other cargo :COOC）…61
　　　（6）汗・発熱損害（sweat and heating:S&H）…61
　　　（7）その他の付加危険…62
　　4．共同海損・救助料…62
　　5．双方過失衝突約款…63
　　6．1963年ICC…63
　　7．協会戦争約款（Institute War Clauses（Cargo））…65
　　　（1）戦争・内乱（war, civil war）…66
　　　（2）革命（revolution）…66
　　　（3）反逆（rebellion）…66
　　　（4）反乱（insurrection）…66
　　　（5）国内闘争（civil strife）…66
　　　（6）敵対行為（hostile act）…67
　　　（7）捕獲（capture）、拿捕（seizure）…67
　　　（8）拘束、抑止、抑留（arrest, restraint or detainment）…67
　　　（9）遺棄された機雷・魚雷・爆弾またはその他の遺棄された兵器（derelict mines torpedoes bombs or other derelict weapons of war）…68
　　　（10）免責：航海もしくは航海事業の喪失または中絶（loss of or frustration of the voyage or adventure）…68
　　8．協会ストライキ約款（Institute Strikes Clauses（Cargo））…69
　　　（1）ストライキ・暴動危険…69
　　　（2）テロ危険…70
　　9．和文約款…71
　　　（1）担保危険…71
　　　（2）免責危険…71

第4章
保険金の算出…73

■第1節 全損…74
　　1．英文保険証券における全損…74
　　　（1）現実全損（Actual total loss）…74
　　　（2）推定全損（Constructive total loss）…75
　　2．和文保険証券における全損…76
　　3．全損の場合の損失金計算…77
■第2節 分損…77
　　1．物的損害…77
　　　（1）貨物の量的損害…77
　　　（2）貨物の質的損害…78
　　2．損害防止費用と継搬費用…84
　　　（1）損害防止費用 …84

　　　　　（2）継搬費用…85
■第3節 関税…86
■第4節 連続損害（Successive Loss）…87
　　　　　（1）英文保険証券…87
　　　　　（2）和文保険証券…88
■第5節 重複保険…88
　　1．英法上の取扱い…89
　　　　　（1）独立責任主義…90
　　　　　（2）共通責任方式…92
　　2．国内法上の取扱い…94
　　　　　（1）貨物保険・運送保険における取扱い…94
　　　　　（2）他種目との重複保険の場合の取扱い…95

第5章
損害対応の流れと必要書類…97

■第1節 総論…98
■第2節 損害対応の流れ…98
　　1．貨物の受渡しと事故通知…98
　　2．事故通知の受付と初期対応…100
　　3．サーベイの手配…101
　　4．損害貨物の処分と損害額の協定…103
　　5．求償のための処置…103
■第3節 保険金の支払いと代位…104
　　1．代位…104
　　　　　（1）残存物代位…104
　　　　　（2）請求権代位…105
　　2．権利移転領収証（Subrogation Receipt）…105
■第4節 輸出貨物の損害対応…105
■第5節 共同保険金・再保険金の回収…106
　　1．共同保険金…106
　　2．再保険金…107
■第6節 損害立証書類…108
　　1．外航貨物海上保険の場合…108
　　　　　（1）海上貨物…108
　　　　　（2）航空貨物…115
　　2．内航貨物海上保険の場合…116
　　3．運送保険の場合…116

第6章
救助と共同海損…119

■第1節 救助…120
1. 救助業者の選定と救助契約の締結…120
2. 単独救助と共同救助…121
3. 救助業者に対する担保の提供と海事先取特権…122
4. 救助報酬の決定…123
5. 貨物保険者の実務…124

■第2節 共同海損…125
1. 共同海損とは…125
2. ヨーク・アントワープ規則（YAR）…125
  - (1) YARの変遷…125
  - (2) 1994年YAR…126
  - (3) 2016年YAR…127
3. 船貨不分離協定（Non-Separation Agreement）…130
4. 共同海損精算人とGAサーベイヤー…131
5. 貨物保険者の実務…131
  - (1) 共同海損の通知から貨物の引渡しを受けるまで…132
  - (2) 貨物の損害検査と損害額の通知…133
  - (3) 共同海損精算書の検討…135
  - (4) 共同海損の決済の検討…137
  - (5) 救助料と共同海損との関係通知…139

第7章
求償…141

■第1節 総論…142
1. 代位求償の意義…142
2. 運送法制…142
  - (1) 国内法…142
  - (2) 運送形態ごとの主要な法律・条約…143
  - (3) 船主責任制限に関する国際条約・法律…147

■第2節 海上運送…147
1. 総説…147
2. ヘーグ・ルールズおよびヘーグ・ヴィスビー・ルールズ…149
  - (1) 総説…149
  - (2) 条約の適用範囲…150
  - (3) 運送人の義務…151
  - (4) 責任限度…160
  - (5) 損害賠償額の定型化…163
  - (6) 不法行為請求事件への適用…163
  - (7) 船荷証券の絶対的証拠力…164
  - (8) 出訴期限の延長合意…164

3．国際海上物品運送法…164
- （1）責任制限…165
- （2）損害賠償額の定型化…167
- （3）不法行為請求事件への適用…168
- （4）船荷証券の文言証券性…169
- （5）責任の消滅…170

4．その他の国際条約…170
- （1）1978年国際海上物品運送条約（ハンブルグ・ルールズ）…170
- （2）国連国際海上物品運送条約（ロッテルダム・ルールズ）…172

5．用船契約…176
- （1）定期用船契約…177
- （2）航海用船契約…182
- （3）FIOST条項の有効性…183
- （4）用船契約とB/Lの合体文言…184

6．船主責任制限条約…184
- （1）総説…184
- （2）船主責任制限法の概要…185
- （3）責任制限の対象となる債権…186
- （4）船主責任制限法上の責任限度額…187
- （5）船主責任制限手続きの概要度額…187
- （6）船主の責任制限が出来ない場合…188
- （7）船主責任制限手続きが開始された場合に荷主または貨物保険者が実施すべき手続き…188

7．内航運送契約…189
- （1）総説…189
- （2）運送契約…190

■第3節 航空運送…191

1．総説…191
2．航空運送状…192
3．条約の適用範囲…193
4．運送人の責任…193
- （1）責任原則…193
- （2）責任限度…194
- （3）責任制限阻却事由…194

5．航空運送人への求償…195
- （1）契約運送人と実際運送人…195
- （2）異議申立て…195
- （3）出訴期限…196
- （4）訴権と裁判管轄…196

6．国内航空運送…197

■第4節 陸上輸送…198

1．総説…198
- （1）商法…198
- （2）債務不履行責任と不法行為責任（請求権競合）…199
- （3）損害賠償額の定額化と重過失の問題…201

2．道路運送…204
- （1）標準貨物自動車運送約款…204

(2) その他の標準運送約款…205
3. 鉄道運送…205
4. 港湾運送…206
　(1) 港湾運送約款…206
　(2) 軽過失免責条項…207
　(3) 保険利益享受条項の有効性…208

■第5節 複合運送…208
1. 総説…208
2. 複合運送人の責任体系…209
　(1) 各運送区間分割責任型…209
　(2) 対荷主単一責任型…210
　(3) 求償実務上の留意点…211
3. 国際道路物品運送条約、国際鉄道物品運送条約…213
　(1) 国際道路物品運送条約（CMR：Convention on the Contract for the International Carriage of Goods by Road）…214
　(2) 国際鉄道物品運送条約（CIM: Uniform Rules Concerning the Contract of International Carriage of Goods by Rail）…215

■第6節 求償実務上の留意点…217
1. 総説…217
2. 損害の立証と証拠の保全…217
　(1) 運送人の管理下で損害が発生したことの立証…217
　(2) 損害原因の立証…218
　(3) 損害額の立証…219
3. 担保の取得証…219
　(1) 保証状の取得…219
　(2) 船舶の差押え…220
　(3) 賠償責任保険契約についての先取特権…223
　(4) 財産凍結命令（Freezing Injunction）…224
4. 請求と訴訟…225
　(1) 運送契約上の責任主体…226
　(2) 訴権（title to sue）…227
　(3) 請求権代位と訴訟名義人…228
　(4) B/L上の裁判管轄条項…229
　(5) C/P上の仲裁条項のB/Lへの合体…231
　(6) 訴訟費用…232
5. 時効の管理…232
6. 衝突相手船に対する求償…236
7. 共同海損分担金・救助費用の求償…238

第8章
主要貨物の損害対応上の要点…239

■第1節 穀物・飼料・油糧種子…240
1. 商品知識…240
2. 物流実態…241

　　　　　（1）輸送形態…241
　　　　　（2）無仕切り積合せ輸送…241
　　　　　（3）当局による検査…242
　　　3．**主な損害形態・原因**…244
　　　4．**一般的な保険条件**…245
　　　5．**損害対応方法**…245
　　　　　（1）初動における重要事項…245
　　　　　（2）損品処分方法…248
　　　　　（3）損害額の協定と損失金の算定方法…249
　　　　　（4）主要な穀物類ごとの損害対応方法…250

■ **第2節　冷凍・冷蔵貨物**…253
　　　1．**商品知識**…253
　　　　　（1）冷凍エビ…254
　　　　　（2）冷凍・冷蔵肉…255
　　　　　（3）冷凍食品…255
　　　2．**物流実態**…256
　　　　　（1）輸送用具…256
　　　　　（2）輸入食品審査・検査…258
　　　3．**主な損害形態・原因**…258
　　　　　（1）主な損害形態…258
　　　　　（2）主な損害原因…259
　　　4．**一般的な保険条件**…260
　　　　　（1）冷凍貨物（冷凍水産物、食肉、加工食品など）…260
　　　　　（2）冷蔵貨物（冷蔵牛肉など）…261
　　　　　（3）Rejection（輸入不許可）特約…262
　　　5．**損害対応方法**…262
　　　　　（1）担保危険と原因の究明…262
　　　　　（2）保険期間…263
　　　　　（3）損品処分・損害額の算出…263
　　　　　（4）Rejection（輸入不許可）…264

■ **第3節　青果物**…265
　　　1．**商品知識**…265
　　　2．**物流実態**…266
　　　　　（1）収穫…266
　　　　　（2）梱包・荷姿…266
　　　　　（3）輸出検査…266
　　　　　（4）輸送…267
　　　　　（5）植物検疫…267
　　　　　（6）青果物の国内流通…268
　　　3．**主な損害形態・原因**…269
　　　4．**一般的な保険条件**…269
　　　5．**損害対応方法**…269
　　　　　（1）Decay…269
　　　　　（2）Rejection…270

■ **第4節　コーヒー豆・カカオ豆**…270
　　　1．**コーヒー豆**…270

　　　　　（1）商品知識…270
　　　　　（2）物流実態…271
　　　　　（3）主な損害形態・原因…272
　　　　　（4）一般的な保険条件…273
　　　　　（5）損害対応方法…273
　　　2．カカオ豆…273
　　　　　（1）商品知識…273
　　　　　（2）物流実態…273
　　　　　（3）主な損害形態・原因…273
　　　　　（4）一般的な保険条件…274
　　　　　（5）損害対応方法…274

第5節　木材…274
　　　1．商品知識…274
　　　　　（1）丸太（Log）…274
　　　　　（2）製材、合板…274
　　　　　（3）チップ（Woodchip）…276
　　　2．物流実態…276
　　　　　（1）丸太…276
　　　　　（2）製材・合板…276
　　　　　（3）チップ…277
　　　3．主な損害形態・原因・損害対応方法…277
　　　　　（1）丸太…277
　　　　　（2）製材・合板…277
　　　　　（3）チップ…278
　　　4．一般的な保険条件…278
　　　　　（1）丸太…278
　　　　　（2）製材・合板…278
　　　　　（3）チップ…279
　　　5．損害対応方法…279
　　　　　（1）丸太…279
　　　　　（2）製材・合板…279
　　　　　（3）チップ…281

第6節　紙、パルプ…281
　　　1．紙…281
　　　　　（1）商品知識…281
　　　　　（2）物流実態…282
　　　　　（3）主な損害形態・原因…282
　　　　　（4）一般的な保険条件…282
　　　　　（5）損害対応方法…282
　　　2．パルプ…283
　　　　　（1）商品知識…283
　　　　　（2）物流実態…283
　　　　　（3）主な損害形態・原因…284
　　　　　（4）一般的な保険条件…285
　　　　　（5）損害対応方法…285

第7節　化学品…285
　　　1．商品知識…285

2．物流形態…286
　　　3．一般的な保険条件…297
　　　4．主な損害形態と原因…297
　　　5．損害対応方法…298
　　　　　（1）サーベイヤーの手配…298
　　　　　（2）サンプルの確保…299
　　　　　（3）原因調査…299
　　　　　（4）損品処理方法…299

第8節 石油…302
　　　1．商品知識…302
　　　2．物流形態…303
　　　3．一般的な保険条件…304
　　　　　（1）Bulk Oil Clauses（1962）…304
　　　　　（2）Institute Bulk Oil Clauses（1983）…304
　　　4．主な損害形態と原因…305
　　　5．損害対応方法…306
　　　　　（1）不足損害（Shortage）…306
　　　　　（2）汚染（Contamination）損害…307

第9節 鋼材…308
　　　1．商品知識…308
　　　　　（1）鉄鋼業界の動向…308
　　　　　（2）鋼材の種類…308
　　　2．物流実態…311
　　　　　（1）工場ラインオフ～工場ヤード保管…311
　　　　　（2）本船への積込み～海上輸送…312
　　　　　（3）本船からの荷降し…312
　　　　　（4）陸上輸送～コイルセンター…312
　　　3．一般的な保険条件…313
　　　4．主な損害形態・原因…313
　　　　　（1）錆損…313
　　　　　（2）凹損害・曲損害…314
　　　5．損害対応方法…314
　　　　　（1）錆…314
　　　　　（2）凹損害・曲損害…314

第10節 自動車…315
　　　1．商品知識…315
　　　2．物流実態…315
　　　3．主な損害形態、原因…319
　　　　　（1）輸送中の損害…319
　　　　　（2）保管中の損害…320
　　　4．一般的な保険条件…321
　　　5．損害対応方法…321
　　　　　（1）輸送中の損害…321
　　　　　（2）保管中の損害…322
　　　　　（3）損害対応上の注意点…323

- 第11節 機械類…323
  - 1. 商品知識…323
  - 2. 物流実態…324
  - 3. 主な損害形態・原因…325
  - 4. 一般的な保険条件…325
    - （1）一般的な保険条件（基本条件）…325
    - （2）機械類の保険条件に追加されることが多い特約…327
  - 5. 損害対応方法…328
    - （1）原因の検討…328
    - （2）損害額の検討…329
    - （3）問題となる点…329

- 第12節 海上コンテナ…330
  - 1. 商品知識…330
    - （1）ドライコンテナ（Dry Container）…331
    - （2）リーファー（定温）コンテナ
      （Reefer Container, Refrigerated Container）…331
    - （3）バルクコンテナ（Bulk Container）…332
    - （4）オープントップ・コンテナ（Open Top Container）…332
    - （5）フラットラック・コンテナ（Flat Rack Container）…332
    - （6）タンクコンテナ（Tank Container）…333
  - 2. 一般的な保険条件…333
  - 3. 損害対応方法…336
    - （1）サーベイ手配について…336
    - （2）共同海損…336

巻末資料…339

1. 英文保険証券（MARフォーム）…340
2. INSTITUTE CARGO CLAUSES（A）1/1/09…341
3. INSTITUTE CARGO CLAUSES（B）1/1/09…348
4. INSTITUTE CARGO CLAUSES（C）1/1/09…351
5. INSTITUTE CARGO CLAUSES（AIR）（excluding sendings by Post）1/1/09…353
6. INSTITUTE WAR CLAUSES（CARGO）1/1/09…359
7. INSTITUTE WAR CLAUSES（AIR CARGO）（excluding sendings byPost）1/1/09…365
8. INSTITUTE STRIKES CLAUSES（CARGO）1/1/09…371
9. INSTITUTE STRIKES CLAUSES（AIR CARGO）1/1/09…377
10. 英文保険証券・英文包括予定証券に付帯される主な約款…383
11. 貨物海上保険・運送保険証券…394
12. 貨物海上保険・運送保険普通保険約款…395
13. 1906年英国海上保険法…403
14. 1924年ブラッセル条約（ヘーグ・ルールズ）/1/09…434
15. 1968年ブラッセル議定書（ヴィスビー・ルールズ）…439
16. 1979年船荷証券改正議定書（SDR議定書）…443
17. 1994年・2016年ヨーク・アントワープ規則…446

あとがき…459

第1章

貨物損害サービスの基礎

1.貨物損害サービス部門の役割

　保険契約とは、契約者・被保険者の立場から見れば、保険料を支払うことを対価として保険者にリスクを転嫁するものであり、保険者から見れば、取決めた条件に合致する事故が発生した場合に損害に対して保険金を支払うことを約束するものである。保険は事故が発生して初めて商品化するともいわれる通り、契約者・被保険者にとって保険契約の目的は、いざ事故が発生した場合に、被る経済的損失の補てん、すなわち保険金の支払いを受けることである。この事故が発生してから保険金を支払うまでの一連のプロセスを担うのが、損害サービス部門の主たる役割である。

　損害サービス部門は、消費者保護・コンプライアンス（法令等遵守）の観点のみならず、サービス業としての品質の観点からも、保険契約の内容・約款や関連法規に従って、迅速かつ適正に保険金の算出・支払いを行うことが求められる。

　特に、貨物保険を扱う損害サービス部門においては、約款や関連法規の正確な解釈のみならず、本書で取り上げる保険の目的物である多種多様な貨物の特性や、損害の態様、また貿易実務や最新の物流事情、国際条約・ルール、運送契約や救助契約等の広範な知識が求められる。

　また、損害が発生している状況においては、契約者・被保険者は、事故そのものへの対応や、取引相手等の関係者への対応、サプライチェーン維持のための代替品の手配等にも労力や時間を割かれていることもあり、貨物損害サービス部門の担当者には、保険商品およびその周辺の専門知識のみならず、これらを踏まえた説明やヒアリングを適切かつ手際よく効果的に行うためのコミュニケーションスキルが求められる。

2.貨物損害サービスの基本的な取組み方

　保険の目的物である貨物が海難事故やその他の原因によって損害を被ったとき、被保険者である荷主、およびその他の利害関係者と保険契約に則した対応を行い、保険金を算出して被保険者に支払うことが、損害サービス担当者の中核となる業務である。この一連の業務にあたって基本となるのは次の点である。
　　（1）事実関係の確認および損害拡大の防止
　　（2）保険契約上のてん補責任の判断

(3) 損害額の算出と保険金の支払い
(4) 運送人等第三者に対する求償
(5) 損害データの提供と損害防止活動

(1) 事実関係の確認および損害拡大の防止

　事故が発生した場合に、保険者は一般に被保険者からの事故通知により事故の発生を知ることが多い。事故が大事故である場合には、報道等で事故の発生を知り、保険者から被保険者に照会することもある。いずれの場合でも、保険者としては、まずどのような状況で事故が発生したのかを正確に把握する必要がある。いうまでもなく、その後のてん補責任の判断や損害額算出はこの事実関係の確認を基礎にして行うためである。この時、初報の段階から被害がなお拡大するおそれがある場合は、できる限り損害の拡大を防ぎ、また被害を軽減するための手段を講じることが重要である。

　事故原因や損害額を含む事実関係の確認は、書面のみで行う場合と、サーベイヤーと呼ばれる検査機関の検査人による調査・鑑定を通じて行う場合とがある。

　一般に、保険者は、より迅速かつ効率的に損害サービスを行うために、損害額に一定の基準を設け、第一報によって受付けた事故が定型的かつ損害見込み額がこの基準額に満たない場合は、関係書類と写真を取り付けることによって、事実関係の確認および支払保険金の算出を行うこととしている。なお、必要に応じ、被保険者を通じて倉庫業者等の第三者に事実関係の現認を書面で求めることもある。

　他方、損害見込み額が基準額を超える場合や、てん補責任の判断・損害額の認定にさらに情報収集が必要な場合は、通常、当該貨物や物流の専門知識を有するサーベイヤーに調査を依頼する。このとき、損害サービス担当者は、起用するサーベイヤーに対し、特に調査や注意を要するポイントを的確に示しておくことが大切である。

　サーベイヤーは、自ら調査した内容や、物流・貨物の専門知識、経験に基づいて、最終的に検査報告書（サーベイ・レポート）を発行し、保険会社は、この報告書を基にてん補責任の判断と損害額の算出、さらには運送人等の損害発生の責任を負うべき第三者に対する代位求償[1]を検討する。サーベイ・レポートは第三者による客観的な損害の立

1　保険者は被保険者に対して保険金を支払うことにより、その金額の範囲内において、被保険者が第三者に対して有する損害賠償請求権を代位取得する。保険者がその代位取得した損害賠償権を行使することを、「代位求償」という。本書では、以下、単に「求償」ともいう。

証書類であり、その内容は事実関係の確認のみならず、求償可否の判断および円滑な回収を行うためにも極めて重要である。

さらに、損害額が非常に高額であったり、事故内容や損害額の算出が複雑で、関係者との協議・交渉を特に要する場合、保険会社の損害サービス担当者自らもまた、サーベイヤーによる調査に立会うことがある。立会い調査の目的は、貨物の受損状況そのものの確認が第一であるが、立会い時は、被害貨物の処理方針の協議や、迅速かつ適切な保険金支払いに向けた説明・アドバイス等を通じ、関係者をリードすることも、損害サービス担当者としての大切な役割である。

(2) 保険契約上のてん補責任の判断

海難事故が発生し、被保険貨物が損害を被ったとき、事実関係の確認の次に行うべきことは、この事実関係を保険契約に照らし有責か否かの判断をすることである。一義的には保険約款に照らして検討することとなるが、約款の文言だけでは有無責が明らかにならない場合には、関係法規や判例にも依拠して、保険者のてん補責任を検討しなければならないこともある。和文の貨物海上保険普通約款は日本国の法令に準拠する旨の条項を含んでおり、わが国の商法、保険法、民法等に準拠する。一方、わが国を含め世界各国で広く使われている英文の海上保険証券においては、貿易に伴い証券が海外にも幅広く流通するという性格から、一般に英国法に準拠とする旨の条項が含まれ、てん補責任については1906年英国海上保険法（MIA）[2]を始めとする英国の法律や慣習に準拠する[3]。

てん補責任の判断に当たり、検討すべき事項は次のような点である。

① 保険の目的に損害が発生しているか。
② 損害は担保危険により発生したものか。

---

[2] Marine Insurance Act 1906。以下、本書ではMIAと略す。
[3] 東京海上日動火災保険株式会社が発行する外航貨物海上保険証券においては、次のような準拠法条項が含まれており、保険金請求に対する保険会社のてん補責任と支払いについては、英国の法律および慣習に準拠することを定めている（2015年4月1日現在）。ただし、英国の法・慣習に準拠するのはてん補責任や保険金の支払いに関する事項に限定しており、契約に関する事項、例えば保険料の支払い等に関する事項等については、日本法に準拠することとなる。
"Notwithstanding anything contained herein or attached hereto to the contrary, this insurance is understood and agreed to be subject to English law and practice only as to liability for and settlement of any and all claims."

③ 保険期間（区間）内に発生した事故か。
④ 約款に規定する免責条項に該当しないか。
⑤ その他、危険の変動等、保険契約に違反している事実はないか。
⑥ 保険金請求者に被保険利益があるか。

てん補責任の検討の結果、被保険者の期待に反し、損害額の一部、あるいは全額が支払い対象とならない場合もある。このような場合も、損害サービス担当者は、その判断に至った理由、根拠、検討内容等について、丁寧に分かりやすく説明することが求められる。

（3）損害額の算出と保険金の支払い

確認された事実関係を保険約款に照らし、保険者有責の事故であることが確認されたならば、損害額を算出した上で保険金を支払うことにより、被保険者との間の一連の損害サービスは一応終了する。貨物保険において、保険者がてん補する損害は、大別して物的損害と費用損害に分けることができる。

物的損害とは貨物そのものの損害であり、貨物に滅失・毀損が生じた場合に、その滅失・毀損した部分について該当保険金を算出する場合である。保険金算出には、被害部分に残存価値がある場合には、原則として、MIA71条4項に従って分損計算を用いる。分損計算は、該当保険金額に減価割合を乗じて行う。この減価割合は、到達地における正品市価と損品市価の差額を、正品市価で除することで得られ、損率（Depreciation Allowance、または単にAllowance）と呼ばれる。

物的損害の保険金計算方法には、この他に救助物差引てん補方式＝サルベージ・ロス・セトルメント（Salvage Loss Settlement）という方式がある。この方式は、貨物に被保険危険が発生し、中間港で運送契約が打切られた結果、そこで荷揚げされて最終目的地まで継搬する手段がないか、または継搬費用が目的地における貨物の価額を超過する見込みの場合等、貨物を中間港において売却処分するときにとる方式で、保険金額と売却金額との差額をてん補する。分損計算、サルベージ・ロス・セトルメントについては、詳しくは第4章「保険金の算出」第2節「分損」で説明する。

費用損害については、損害貨物を手直しする費用の他、運送契約が中間港で打切られ

た場合の継搬費用、損害防止費用、共同海損分担金（6章で詳述）等、様々な形態があるが、事故がなかったとしても要したであろう費用（Ordinary Charge）は、被保険者の負担となることが原則である。いずれにしても、物的損害の場合でも費用損害の場合でも、対象となる商品の用途、性質についての商品知識や、手直しの実務、工賃、荷動き、あるいは商取引の実態、市況等について幅広い知識が必要である。

（4）運送人等第三者に対する求償

　保険金の支払いと同様に、運送人等の損害に責任を負う第三者に対する、請求権代位[4]による求償（代位求償）もまた重要である。一般に支払保険金が増えれば将来の保険料率の上昇の要因となり得るが、代位求償による回収金は過去の支払保険金を相殺することとなるので、保険者のみならず被保険者にもメリットがある。
　適切かつ効率的に代位求償を行うためには、運送人等第三者が責任を負うべき損害であるという事実の立証はもちろんのこと、船荷証券、用船契約を含む運送契約や、これらを律する国内外の法律や関連する条約、また、国内外の損害賠償請求実務および訴訟関連の高度な知識を必要とする場合も少なくない。本書では、第7章で代位求償の理論・実務の両面を詳しく解説する。

（5）損害データの提供と損害防止活動

　貨物保険の損害サービス部門には、数多くの損害対応に伴って、特定の貨物や地域、あるいは個々の被保険者や運送人について固有の損害データが蓄積される。これらのデータは、保険引受時の条件・料率の設定に当たり、契約担当部門に大いに参考となるものである。従って、損害サービス部門はこれらの損害データを契約部門や商品開発部門に提供することによって、適正な引受けの実現と損害率の改善を図っている。
　また、保険契約者の要望に応じて、種々の損害データを加工・提供することも少なくない。これらのデータは、個々の契約者にとって、輸送方法や輸送ルート、あるいは梱

---

[4] 請求権代位とは、保険者が、保険金の支払いによって、保険の目的物について被保険者が第三者に対して有する損害賠償請求権を取得することをいい、求償権代位、保険代位、または代位（Subrogation）ともいわれる。英文保険証券の準拠法であるMIAにおいては第79条（代位権）、わが国の保険法では第25条（請求権代位）にその根拠を求めることができる。貨物保険においては、通常、荷主が貨物の損害について有する、船会社やその他の貨物受託者に対する損害賠償請求権を保険会社が承継する。

包の仕様等を工夫し、輸送中の事故を減らしたり、輸送コストを軽減したりする判断の材料となる。このサービスは、個々の保険契約者のニーズに合わせて詳細なデータを提供するもので、付加価値の高いサービスとして、貨物損害サービス部門の業務の中でますます重要性を増している。

第2章

貨物保険の歴史と種類

わが国の貨物保険には、船舶や航空機によって国際間を輸送される輸出入貨物や、三国間貿易貨物を対象とした外航貨物海上保険と、国内沿岸水域を海上輸送される貨物を対象とした内航貨物海上保険ならびに国内内陸各地間をトラックや鉄道によって輸送される貨物を対象とした運送保険がある。

第1節 英文約款の変遷

　国際間の航空機輸送や、コンテナ等による海陸あるいは海陸空複合輸送貨物を対象とした貨物保険は、いずれも外航貨物海上保険の分野に属する。

　外航貨物海上保険は、国際間の商取引に用いられる等その国際性から、わが国では英文保険証券によって引受けられている。わが国においては、1779年にロンドン市場で統一フォームとされたロイズS.G.保険証券を基にしたロイズS.G.フォームにロンドン保険業者協会が1963年に作成した協会貨物約款（Institute Cargo Clauses、以下本書では"ICC"と記載する）を添付した保険証券が長い間使用されてきた。"Be it known that"という冒頭文言で本文約款が始まる、古風な中世英語が使用されたロイズS.G.フォームは200年以上前からほとんど手を加えられずに使われ、国際貿易取引や国際貨物の物流形態の複雑化に対し欄外約款、ICCやその他の特別約款を継ぎ足して対応されてきた。この結果、多数の判例により解釈が確立されてきたという長所がある一方で、現代では不要となった文言も残され、証券全体として冗長でありながら、準拠法であるMIAを参照しなければ理解できないこともある難解なものとなった。例えば、梱包不良については、証券に記載されていないものの、MIA第55条（2）（c）記載の免責となる"Inherent vice or nature"（貨物固有の欠陥もしくは性質）にあたるとされ、免責となる。

　英文証券本文には、「海固有の危険（perils of the seas）、軍艦（men of war）、火災（fire）、外敵（enemies）、海賊（pirates）、漂盗（rovers）……」等、200年以上も昔の古風な言葉で危険が列挙されていた。

　危険の中で特に問題となるのは、海固有の危険（perils of the seas）とは何か、という問題であるが、これは証券に特に解釈等はなく、MIA第1付則、保険証券解釈規則（Rules for construction of policy：RCP）第7条に、「海の偶然な事故または災害のみをいう。この文言は風および波の通常の作用を含まない。」と定義されている。

海固有の危険とは、「海に特有の偶然性のある出来事」であり、船舶の海上航海において、通常予期される風波の作用その他の自然現象や、陸上で発生する危険は海固有の危険には含まれない。具体的には船舶の衝突、沈没、座礁、転覆、異常な荒天による荷崩れや海水の浸入等であって、火災、荒天を伴わない落雷、爆発、荷役損害等は海固有の危険ではない。

　実務においては個別の損害発生の状況をよく調査・確認した上で判断することが求められるが、一般的には、海水が介在して貨物に損害が発生する場合は、海固有の危険とされる傾向が強い。

　ロイズS.G.フォームは、正しく保険条件を把握するには英法の理解も必要であり、国によって解釈の違いが生じたり、開発途上国に不利になりかねないとの問題意識からUNCTAD（国連貿易開発会議）等からも批判され、新たな標準海上保険約款の必要性が叫ばれ始めた。

　このような動きを受け、ロンドン保険業者協会[5]は1982年に新しい証券フォームであるMARフォームと1982年ICCを制定し、これが国際的な標準となった。1982年ICCは、コンテナや陸上輸送用具への言及、梱包不良免責の明示等現代的な物流実態を反映し、現代的な文言を使用し、大幅な平易化・明確化、約款としての自己完結化が図られた。ただし、わが国においては、定着していた1963年ICCとの差異から1982年ICCは信用状の指定がある輸出貨物等で限定的に使用され、1963年ICCが主流であり続けた。

　さらに四半世紀余りを経て2009年にロンドン国際保険引受協会[6]によりICCが改訂され、1963年ICCに近い担保内容が現代的な文言の証券で提供可能となり、わが国においてもMARフォームの証券と2009年ICCによる引受けが一般的になった。なお、ICCでは免責とされる戦争危険やストライキ危険についても、協会戦争約款（貨物）ならびに協会ストライキ約款（貨物）を付帯して引受けられており、これらの約款もMARフォームに含まれている。

---

[5]　Institute of London Underwriters。現在のロンドン国際保険引受協会(International Underwriting Association of London)。ロンドンマーケットで業務を行う国際的な保険・再保険会社の代表組織。
[6]　International Underwriting Association of London。上記の注5参照。

第2節 和文約款の内容

　国内貨物の輸送は、主として和文の貨物海上保険約款と運送保険約款によって引受けが行われている。貨物海上保険約款は、内航船舶による日本国沿岸の海上輸送等の場合に用いられる。また、運送保険約款は、国内陸上輸送に用いられるのが一般的である。

　これらの和文証券においては、普通保険約款の第１条において、全ての偶然な事故によって生じた損害をてん補する「オール・リスク担保」条件と、火災、爆発、もしくは輸送用具の衝突・転覆・脱線・墜落・不時着・沈没・座礁・座州によって生じた損害または共同海損犠牲損害をてん補する「特定危険担保」条件の２つの基本条件があるが、いずれの場合であっても、保険契約者・被保険者・保険金受取人またはこれらの代理人もしくは使用人の故意または重大な過失や、貨物の自然の消耗またはその性質・欠陥によって生じた損害、荷造りの不完全、運送の遅延による損害等は免責とされている他、戦争危険、ストライキ、検疫または公権力による処分、捕獲・拿捕・抑留または押収、原子力危険等も免責とされている。

　国内で陸上輸送される貨物に関する保険は、荷主が付保する一般の運送保険と、運送業者が荷主のために付保する運送保険の他、運送人の荷主に対する賠償責任を対象とする運送業者賠償責任保険がある。比較的小口で件数が多いこと、事故発生の場所が全国各地にわたること等が、損害サービスにおける特徴である。

　一般に国内輸送される貨物については、外航貨物と比べて、関係書類が標準化・整備されていないことも多く、時として必要書類の入手に困難を伴う場合がある。例えば、外航で用いられる船荷証券（Bill of Lading）は、単一の貨物を輸送することが多い内航船では作成されることは少なく、また、本船による貨物の受取証がないことが多いので、船積の事実は積荷役協定書により推定する場合が多い。従って損害サービスに当たっては、事実関係をよく確認し、取引の実態を十分に把握して事故対応を行うよう心掛けなければならない。

　なお、国内運送人は、国土交通省が定め、個別に認可申請の必要がない各種標準運送約款（標準貨物自動車運送約款、標準引越運送約款等）を使用していることが多い。しかしながら、運送人独自の運送約款を国土交通省に届け出て認可されている場合もあるので、当該輸送にどの運送約款が適用されているのかをよく確認した上で損害サービス対応に当たる必要がある。

第3章

貨物保険の補償内容

事実関係を正確に把握し、それに保険約款および法規を適用して、てん補責任を決定し、適正な損害額を算出して保険金を支払うことが損害サービス対応の基本であることは、第1章において述べた通りであるが、てん補責任を決定するに当たり、保険に特有の留意すべき概念がある。これらは、事故受付後の初動の段階から最終的な判断に至るまで、常に視野に入れておく必要があるポイントでもある。

第1節 保険の目的物と被保険利益

　わが国の保険法は、第3条で、「損害保険契約は、金銭に見積もることができる利益に限り、その目的とすることができる。」と定めているが、この経済的利益を被保険利益（Insurable interest）という。つまり保険契約は、この被保険利益をその目的とするのであって、被保険利益がないところに損害保険契約は成り立たない。ところで、保険の目的物（Subject-matter insured）とは被保険利益が存在する具体的な「物」であって、保険契約の目的とは区別される。また、MIAにおいては、被保険利益が存在しない場合、当該保険契約は射幸または賭博のためのものとみなされ、一切無効とされる。それゆえ、事故を受付けた時は、まず被保険利益の存在を確認することも極めて重要である。

　被保険利益は、一つの保険の目的物の上に、複数存在することもある。被保険利益については学説によって分類が異なる。例えば、所有者利益とは、保険の目的物を所有することによって生ずる利益である。その物が、滅失、毀損すれば、所有者は損害を被ることは自明である。

　また、債権者が自己の債権を保全するために、債務者の所有する保険の目的物に担保を設定する場合には、担保利益が生じる。担保利益は保険の目的物の滅失・毀損により損なわれる。

　使用利益とは、ある物（保険の目的物）を利用する者が、その使用について有する利益である。その他に、収益利益、費用利益、責任利益等、保険の目的物の上に様々な経済的な利害関係が存在し、これらの物に事故が発生すれば、被保険者が損失を被るという経済的関係を総称して、被保険利益というのである。同一の保険の目的物が対象であっても、被保険利益が異なれば、重複保険の関係は生じない。

貨物保険の損害対応における被保険利益の確認にあたっては、保険の目的物である貨物が売主から買主に輸送されるため、事故時点で、売主と買主のいずれがその貨物についての被保険利益を有していたのか、すなわち危険を負担し、結果として経済的損失を被ったのかを正確に判断する必要がある。そのためには、まずその貨物の取引形態と売買条件について、十分に理解をしている必要がある。

　国際間の売買条件については、様々なパターンがあり、国際商業会議所[7]はこれらの貿易条件について、「1936年貿易用語の解釈に関する国際規則」(International Rules for Interpretation of Trade Terms。International Commercial Termsの略として"Incoterms 1936"と呼ばれる）を制定し国際貿易条件の統一を図った。その後、商慣習の変化に伴って数次の改訂がなされており、現在は2010年に改訂されたIncoterms 2010（2011年1月1日発効）が最新である。また、米国との売買契約については、米国商業会議所を中心に制定された「1941年改正米国貿易定義」(Revised American Foreign Trade Definitions, 1941)が使用されることがあり、Incotermsとの間でFOB、(後述）等の定義に相違が見られるので注意を要する。

　最新のIncoterms 2010は、従来の「条件（Terms）」を「規則（Rules）」とし、また国内取引にも適用できることが明記された。下表の通り、計11の規則で構成されている。

Incoterms 2010

I. あらゆる輸送形態に適した規則 (Rules for Any Mode or Modes of Transport)		
EXW	Ex Works	工場渡
FCA	Free Carrier	運送人渡
CPT	Carriage Paid To	輸送費込
CIP	Carriage and Insurance Paid To	輸送費保険料込
DAT	Delivered at Terminal	ターミナル持込渡
DAP	Delivered at Place	仕向地持込渡
DDP	Delivered Duty Paid	関税込持込渡
II. 海上および内陸水路輸送のための規則 (Rules for Sea and Inland Waterway Transport)		
FAS	Free Alongside Ship	船側渡
FOB	Free On Board	本船渡

---

7 International Chamber of Commerce。1919年に誕生し、現在はパリに本部を有する、国際貿易の促進等を目的とする国際組織。

CFR	Cost and Freight	運賃込
CIF	Cost、Insurance and Freight	運賃保険料込

　Incoterms 2010 は、上記各規則の定義と、売主および買主の義務について規定する。例えば、各規則の危険負担の移転時期と保険手配について簡単に表すと次の通りである。

規則	危険負担の移転時期	貨物保険手配
EXW	売主の施設またはその他の場所（工場、製造所、倉庫等）で買主の処分に委ねられたとき	双方義務なし
FCA	運送人に引渡された時（売主の施設で引渡される場合には、輸送手段に積込まれたとき、または、指定引渡地がその他の場所の場合には、輸送手段の上で運送人の処分に委ねられたとき）	双方義務なし
CPT	同上	双方義務なし
CIP	同上	売主の義務
DAT	指定ターミナルで荷卸し後、買主の処分に委ねられたとき	双方義務なし
DAP	輸送手段の上で買主の処分に委ねられたとき	双方義務なし
DDP	同上	双方義務なし
FAS	本船の船側に置かれたとき	双方義務なし
FOB	本船の船上に置かれたとき	双方義務なし
CFR	同上	双方義務なし
CIF	同上	売主の義務

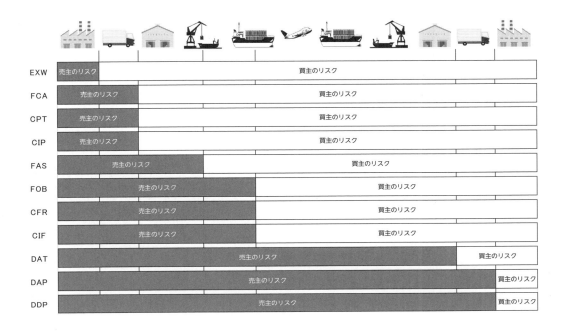

続いて、実務上広く利用されている代表的な規則（EXW、FCA、FOB、CFR、CIF）について、概要ならびに貨物保険手配の際の留意点について説明する。

① EXW（Ex Works）

EXW条件では、売主が、売主の施設またはその他の指定場所（工場、製造所、倉庫）で物品を買主の処分に委ねたときに引渡しの義務が完了し、それ以降、貨物が仕向地に到着するまでの間の危険および、運賃・通関等の一切の費用は買主の負担となる。従って、通常、買主が工場等での引渡しから目的地に到着するまでの間の運送契約および保険を手配する。

② FCA（Free Carrier）

FCA条件では、売主が輸出通関を済ませ、買主が指定した場所で、同じく買主が指名した運送人に貨物を引渡す。「運送人」とは、運送契約を締結した海上、航空、鉄道、

陸上等あらゆる輸送形態の輸送を行う（またはそれを請け負う）者を指す。売主・買主双方に保険契約締結の義務はないが、通常、売主・買主それぞれが各々の危険負担区間について保険を手配する。つまり、売主は買主が指定した運送人に貨物が引渡されるまでの輸送、買主は貨物が運送人に引渡されてから仕向地に到着するまでの区間について、保険を付保する。

③ FOB（Free on Board）
　FOB条件では、売主は売買契約に合致する物品を、約定の日時または期間内に、指定船積港において、買主の指定した船舶に引渡し、引渡した旨を買主に通告しなければならない。物品が本船の船上に置かれるときまでに要する一切の費用と危険は、売主の負担である。一方、買主は、自己の費用をもって用船するかまたは船腹を手配し、船舶の名称、荷役錨地ならびに船舶への引渡し日時に関して、売主にしかるべき通告を与えなければならない。買主は物品が指定船積港における本船の船上に置かれたときから、その物品に関する一切の費用と危険を負担し、かつ契約に定められた代金を支払わなければならない。FOB条件においては、船積み以降の買主の負担すべき危険については、通常、買主が保険を手配することになるが、買主の手配する保険はあくまでも本船積込み以降の危険を対象とするものであるので、売主が負担する船積みまでの危険を遡って担保するものではない。このため、売主は自らが負担する本船積込みまでの区間に対して保険を手配する必要がある。わが国ではこの保険を一般に輸出FOB保険と呼び、内航貨物海上保険や運送保険に分類している。

④ CFR（Cost and Freight）
　CFR条件では、売主が指定の仕向港まで物品を輸送するための運送契約を締結し、その費用と運賃を負担する。危険負担の移転時期はFOBのそれと同じであるので、保険手配についてもFOBと同様である。なお、本条件はC&F条件と呼ばれることもあるが、Incoterms 1990以降では条件を全て3文字で表記するとしていることから、正式にはCFRが正しい。

⑤ CIF（Cost, Insurance and Freight）
　CIF条件においては、売主は、売買契約に合致する物品を提供し、自己の費用をもっ

て輸出本船を手配し、運送契約を締結し運賃を支払い、貨物をその本船に積込み、その旨を買主に通知する義務がある。また、買主のために保険料を負担して、売買契約所定の目的地までの全輸送区間について、売買契約または信用状に取決められた保険金額および条件で、信用ある保険会社に貨物保険を付保しなければならない。保険金額について特に取決めがないときには、インボイス面CIF価額の110％で付保することとされている。CIF条件における危険負担移転の時期は、貨物が輸出本船の船上に置かれたときであり、この船積みのときまでの危険は売主が負担し、それ以後の危険は買主が負担することとなっている。

輸出入の外航貨物については、上述のどの規則であっても、船積み後の事故については、一般に受荷主（買主）に危険負担が移転しているわけであるから、受荷主（買主）が保険金請求者となることが多い。従って、損害対応も受荷主（買主）と連絡をとり、打合せしながら行うのが通常である。

しかしながら、これらのうちFOB、CFR、CIFは主として在来船輸送を想定した売買条件であるため、コンテナ輸送や航空輸送には、同じくIncoterms 2010が定めるFCA（運送人渡）、CPT（輸送費込）、CIP（輸送費保険料込）を使用するのが適切である。なぜなら、一般的な取引意図としては、コンテナ輸送の場合は貨物が積地のコンテナヤードで海上運送人の管理下に置かれたとき、また航空輸送では積地の空港で航空運送人に引渡されたときに危険負担が移転するとされるところ、FOB、CFR、CIF条件を使用すると、それぞれ海上・航空運送人に貨物を引渡した後も、貨物が船上・機上に置かれるまでは売主が危険を負担することになるからである。実態としては、長年の取引習慣からまだこのような例が見られるが、危険負担の移転時期を売買契約に正しく反映させるためにも、適切な売買条件の使用が望ましい。

この他にも、FAS（船側渡）等の売買条件がしばしば実務に現れる。これらの売買条件は、いずれも上述のFOB、CFR、CIFのバリエーションといってもよく、Incotermsを参照して、その売買条件をよく理解した上で、誰が危険を負担しているのかを、正確に把握して損害サービスを進める必要がある。

第2節 保険価額と保険金額

　保険価額とは、被保険利益を金銭価値に見積もった価額である。すなわち、貨物海上保険の場合、保険の目的物である貨物に事故が発生した場合に、被保険者が被るおそれのある経済的損失の額がこれに当たる。ただし、前節で触れた通り、一個の保険の目的物について、複数の被保険利益があり得るので、そのような場合には、各被保険利益について、それぞれ金銭で評価した額が存在することになる。

　一方、保険金額は、保険契約締結に際し、当事者が合意し決定した付保金額である。保険金額は、なるべく保険価額に合致させることが望ましい。保険金額を保険価額以下とした場合には、わが国の保険法では、一部保険となって、保険金額と保険価額との割合（付保率）によって、損失金は比例てん補されるからである（保険法第19条）。また、英法においても、保険者は、保険金額に対する自己の引受額の割合を、損害てん補の限度に乗じて得た金額についてのみ、負担する責めを負うので、その効果は同様である（MIA第67条）。

　逆に、保険金額が保険価額を超えていた場合、保険契約者および被保険者が善意でかつ重大な過失がなかったときは、保険契約者は、その超過部分について、当該損害保険契約を取り消すことができる。ただし、保険価額について約定した一定の価額があるときは、この限りでない（保険法第9条）。ところで、わが国で一般に使用される外航貨物海上保険証券（MARフォーム）には、てん補責任および保険金の支払いに関してのみにMIA等の英国の法律や慣習を適用する旨の文言（準拠法条項）が挿入されているため、保険契約自体の有効性や保険料の債権債務関係については日本法に基づいて解釈される。従って、和文・英文証券いずれにおいても、超過保険の場合には前述の保険法第9条に従うこととなる。

　火災保険等では、損害発生の時点で保険価額を評価し、保険金額との比較を行うが（評価未済保険）、貨物海上保険においては、保険期間が比較的短く、かつ保険の目的である貨物は、絶えず移動するので、事故が発生してから価額決定上の紛争が発生するのを避けるため、保険価額を契約時に協定しているのが通常である（評価済保険）。この場合、例えばIncoterms"CIF条件"売主の義務A3bにもあるように、仕切状（Invoice）価格（運賃・保険料を含む）に10%の希望利益を加えた額をもって保険価額として協定し、これを保険金額とすることが一般的である。

貨物保険における損害額算出の実務において、仕切状価格を著しく超過した保険金額で付保された証券を目にした場合、保険金額の根拠を確認する必要がある[8]。

第3節 保険期間と保険区間

輸出入の貨物保険においては、貨物は一般に特定の輸送区間について付保されるのが通常である。このように、一航海、一輸送の区間を対象とした保険を、航海保険（Voyage Policy）と呼ぶ。これに対して、特定の保険契約者について、てん補範囲を限定し、保険の目的物、被保険者名、保険金額、保険区間（輸送区間を含む）、てん補限度額、保険条件等の細目をあらかじめ合意の上、一定の期間について保険契約を締結する、期間建の契約がよく行われている。なお、この期間建契約は、船舶保険や一般的な自動車保険等にみられる期間保険と異なり、補償の対象となる保険期間は、あくまでも個々の輸送に注目して判断する。

一般に航海保険においては、売買条件によって、保険の手配の当事者が異なっている。例えばCIF条件の場合には、売主が保険の手配を行うが、輸出本船に貨物を積込むまでは、売手が危険を負担しなければならないから、自社の倉庫内あるいは保管場所で、貨物の輸送が開始した時点で保険が開始するように保険を手配する必要がある。この点、先述の2009年ICC（以降、本書では、単にICCと表記した場合には、2009年ICCを指す）では、ICC（A）, ICC（B）, ICC（C）いずれにおいても、第8条 Transit Clause（輸送条項）において、「（この保険契約で指定された地の）倉庫または保管場所において、この保険の対象となる輸送の開始のために輸送車両またはその他の輸送用具に保険の目的物を直ちに積込む目的で、保険の目的物が初めて動かされたときに開始」としている。

この条項に従うと、貨物がこの後本船に積込まれ、目的港に到着し、荷揚げの後、「この保険契約で指定された仕向地の最終の倉庫または保管場所において、輸送車両またはその他の輸送用具からの荷卸しが完了したとき」まで、担保が継続することとなる。途

---

8 保険法第18条（損害額の算出）において、以下の通り規定されており、約定保険価額が保険価額を著しく超過する場合には保険金の額は保険価額によって算出することが規定されている。

第18条 損害保険契約によりてん補すべき損害の額（以下この章において「てん補損害額」という。）は、その損害が生じた地および時における価額によって算出する。
2.約定保険価額があるときは、てん補損害額は、当該約定保険価額によって算出する。ただし、当該約定保険価額が保険価額を著しく超えるときは、てん補損害額は、当該保険価額によって算出する。

中、中間倉庫を貨物の保管、割当、分配等の目的で使用した場合には、その倉庫をもって最終倉庫とみなし、そこでの輸送用具からの荷卸し完了時に保険が終了する。また本船より荷揚げ終了後60日を経過した場合、その時点で保険期間は終了する。なお、事前に特約によって保険の期間と区間を変更することも可能である。

　一方、FOB条件の場合には、通常は買主が保険の手配を行うことになるが、買主に危険負担が移転するのは貨物が本船上に置かれたときであり、それ以前は買主には被保険利益がないので、たとえ奥地の倉庫から保険が開始するという条件で付保されていても保険は開始しない。この点を保険契約上明示したのが、FOB Attachment Clauseであり、貨物が輸出本船に積込まれたときに、保険が開始する旨を明文で規定したものである。なお、2009年ICCでは、その被保険利益条項[9]で「保険金を請求するには被保険利益を有する」ことを要件として定めており、この条項がFOB Attachment Clauseと同じ効果であること等から、2009年ICCの保険証券には付帯しない保険会社もある。

　コンテナ輸送の場合には、貨物をコンテナに積込む主体が出荷主である場合（FCL[10]またはShipper's Packと呼ばれる）と、運送人である場合（LCL[11]またはCarrier's Packと呼ばれる）とがある。いずれの場合も貨物が積載されたコンテナが本船に船積みされるより前の時点で運送人に引渡されるが、売買条件がCFR、FOB等であると、本船に貨物が積込まれるまで危険負担が売主より買主に移転しないので、買主が付保する貨物保険の保険期間は本船積込みまで開始しないこととなる。従って、積地のコンテナヤードで発生したと考えられる淡水による浸水等の損害があった場合には、保険期間開始前の損害として保険金支払い対象とならないこともある[12]。第1節で述べた通り、コンテナ貨物の場合にFCA（運送人渡）、CPT（輸送費込）、CIP（輸送費保険料込）が使用されれば、運送人への引渡し時期と、保険期間の開始時期となる危険負担の移転時期との間で、このような乖離は生じない。

　保険期間についての規定であるICC 第8条のTransit Clause（輸送条項）によれば、

9　ICC(A),ICC(B),ICC(C)の第11条Insurable Interest（被保険利益）条項中の11.1参照。
10　1荷主だけでコンテナ1個を満たす貨物を指し、FCLはFull Container Loadの略。FCL貨物は、通常出荷主の下でコンテナ詰めされた後、CY(Container Yard)と呼ばれる船会社のターミナルにコンテナごと持ち込まれ船会社に引渡され、船積みされ、目的港のターミナルでも一般にコンテナごと受荷主に引渡される。
11　他の荷主の貨物と同じコンテナに混載された貨物を指し、LCLはLess than Container Loadの略。LCL貨物は、出荷主がCFS(コンテナ・フレート・ステーション)に持ち込み船会社に引渡し、船会社はそこで複数の荷主の貨物をまとめてコンテナに詰めた上で、船積みされる。到着地でも一般にCFSでコンテナから出された上で船会社から受荷主に引渡される。
12　コンテナが途中港で積替えられることもあるので、積替えの有無、積地や途中港の降雨記録等を確認して判断する必要がある。

保険は運送人に引渡された後も通常の輸送過程（ordinary course of transit）にある限り継続し、次のいずれかが最初に起きたときに終了する。

❶ 保険契約で指定された仕向地の最終の倉庫または保管場所において、輸送車両またはその他の輸送用具からの荷卸しが完了したとき
❷ 保険契約で指定された仕向地到着前にあると仕向地にあるとを問わず、被保険者もしくはその被用者が、通常の輸送過程以外の保管（storage）のため、または割当（allocation）もしくは分配（distribution）のためのいずれかに使用することを選ぶその他の倉庫または保管場所において、輸送車両またはその他の輸送用具からの荷卸しが完了したとき
❸ 被保険者もしくはその使用人が、通常の輸送過程以外の保管のため、輸送車もしくはその他の輸送用具またはコンテナを使用することを選んだとき
❹ 最終荷卸港における保険の目的物の航洋船舶からの荷卸し完了後60日を経過したとき

ただし、航空貨物に使用されるICC（Air）（excluding sending by Post.）の場合、❹の荷卸し完了後の日数は30日となるので注意を要する。

また、同じくICC第18条では、被保険者による遅延回避義務を定めており（Avoidance of Delay）、保険期間内であっても、被保険者が貨物を管理し得る状況下においては、到着地での引取り、中継地での積替えが迅速に行われることを求めている。被保険者の作為あるいは不作為によって不当な遅延が発生した場合、荷卸し後60日（航空貨物の場合30日）以内であっても、その発生時に保険期間は終了し、以降、保険者は免責される（MIA第48条）。

ICCでは免責とされる戦争危険については、協会戦争約款（貨物）（Institute War Clauses（Cargo））の対象となるが、協会戦争約款（貨物）はICCと異なる独自の保険期間が第5条（輸送条項）で規定されている。協会戦争約款（貨物）では、保険期間は原則として、貨物が本船に積込まれてから荷卸しされるまでの海上にある間のみとなり、陸上にある間は保険期間外となる（荷卸しが遅れた場合、本船到着から15日で終了）。なお、途中港で別の船舶等への積替えのために荷卸しされる場合には、保険者の要請に応じて割増保険料が支払われることを条件として、この積替港に到着した日から15日

まで、その港にある間継続し、その後は継搬のための船舶に積込まれるときに再開する。また触雷危険に限っては、本船からの荷卸し後60日間を限度に、貨物が艀上にある間も担保される。

また、航空貨物の場合には協会戦争約款（航空貨物）が適用されるが、この約款においては、貨物が航空機に搭載されている間のみ担保される。

なお、戦争危険と同様にICCで免責とされるストライキ危険については、協会ストライキ約款（Institute Strikes Clauses（Cargo））の対象となるが、この約款における保険期間は、ICCと同様である。

第4節 包括責任主義と列挙責任主義

貨物保険は、貨物の輸送中または保管中に発生した担保危険による損害をてん補する保険であると言える。保険証券上、これらの担保危険を表記する方法として、全ての偶然な事故によって生じた損害をてん補することを包括的に謳っている包括責任主義と、保険者の担保する危険を列挙し、列挙された危険のみを担保する列挙責任主義とがある。包括責任主義の例としては、貨物海上保険普通保険約款および運送保険普通保険約款の「オールリスク担保条件」や、1963年ICCの「All Risks（オールリスク）条件」、2009年ICCの「A条件」による引受けが挙げられる。

他方、列挙責任主義の例としては、和文貨物海上保険普通保険約款および運送保険普通保険約款の「特定危険担保条件」や、1963年ICCの「WA・FPA条件[13]」、2009年ICCの「B・C条件」による引受けがある。

両方式は、担保危険の範囲が異なるのみでなく、損害の立証責任の所在にも差異がある。すなわち、一般に、被保険者が保険てん補を受けるためには、損害が保険期間中に発生した特定の危険によって生じたことを、書類や資料の提出を通じ立証する必要があるが、包括責任主義においては、被保険者は具体的にどの危険によって貨物が損害を被ったか示すことまでは求められず、保険期間内に、偶然・外来の事故によって損害が発生したことを明らかにすれば足るとされる。

13　FPAはFree from Particular Average（分損不担保）の略、WAはWith Average（分損担保）の略。詳しくは本章6節6で説明する。

第5節 因果関係

　貨物が晒される各種の危険のうち、保険契約により担保される危険を担保危険と呼ぶ。一般には、保険用語として「危険」という場合には、保険事故発生の可能性を指す場合、あるいは保険者の責任そのものを指す場合もあるが、概ね、損害の原因である保険事故を指すことが多い。そして、この担保危険が原因となって、被保険者が保険の目的の上に経済的損失を被った場合に、保険者は保険契約に従って保険金を支払うことになる。

　危険の形態は様々である。これらの危険を大きく分けると、戦争、落雷、火災、衝突のように原因形態である場合、錆、汚損、破損のように発現形態である場合、不着、費用損害のように結果形態である場合がある。これらの危険について、保険契約上、ある危険は担保し、ある危険は免責されているので、一事故に複数の危険要因が介在する場合には、保険者の有責無責を決定するに当たって、その因果関係が問題となってくるのである。

　ところで、2009年ICCでは、損害と、その原因である担保危険あるいは免責危険との関係を、"reasonably attributable to" あるいは "caused by" によって結んでいるが、「reasonably attributable to（合理的に帰し得る）」は、「caused by（によって生じる）」ほどに厳密な因果関係は求めておらず、必ずしも因果関係の証明は必要とされていないとされる。

　因果関係について、原因と結果を結ぶ鎖をどのように考えるかによっていろいろな学説があるので、主要なものについて簡単に説明する。

① 近因説

　MIA第55条（1）項は、損害が保険者の担保危険に近因して発生したときにのみ、保険者がその損害をてん補すると規定する。

55.Included and excluded losses
(1) Subject to the provisions of this Act, and unless the policy otherwise provides, the insurer is liable for any loss proximately caused by a peril insured against, but, subject as aforesaid, he is not liable for any loss which is not proximately caused by a peril insured against.

第55条　てん補される損害および免責される損害
(1) この法律の諸規定に従うこととして、かつ、保険証券に別段の定めがない限り、保険者は被保険危険に近因して生じた一切の損害について責めを負うが、上記二つの条件に従い、保険者は、被保険危険に近因して生じたものでない一切の損害について責めを負わない。

二つ以上の危険が、損害をひき起こすのに欠くことのできない条件であった場合には、もっぱら近因（proximate cause）にのみ目を注ぎ、この近因に先行する全ての原因を、間接的なものとして排除するのである。この場合、何が直接的（immediate）で近い（proximate）かの認定については、MIA上定義が無いが、この点、Pawsey v. Scottish Union and National（1907）で次のように判示されており、これが近因の定義の一つとして現在でもよく参照されている。

> the active, efficient cause that sets in motion a train of events which brings about a result, without the intervention of any force started and working actively from a new and independent source.

　本件訴訟は、地震後の火災によって建物を焼失したMr. PawseyがScottish Unionに保険金支払いを請求したが、裁判所は、地震がなければ火災は発生し得なかったとして、地震こそが"the active, efficient cause…"と認めたものである。この結果、地震は免責危険であったため保険者は免責された

　この他にも英国には近因について述べた多くの判例が残されており、"direct""dominant""operative"等の語を用いて表現しているが、要は、効果（損害）に対して最も強力に作用した原因（危険）こそが近因であるとされる。

② 相当因果関係説

　わが国においては、火災保険について、相当因果関係説を表した大審院判例がある（大正14年（オ）1043号 昭和2年民判6巻 551頁）。これは、損害を生ぜしめた複数の原因のうち、実際に起こった特定の事件のみでなく、他の一般の場合にも同様の結果を生ぜしめる可能性のある条件を適当条件とし、この適当条件全てが損害の原因であるとする説である。この説においては、一事故に複数の原因が並列的に存在する可能性があり、因果関係を一つの原因に絞る立場からいえば、不十分であるということになる。

　因果関係に関する諸学説は、互いに境界線がはっきりしていないし、異なった理論構成をとっても、同じ結論となる場合がある。これらの学説について、判例を詳しく分析し研究すれば興味のつきないものがあるが、ここでは細目に立ち入ることを省略したい。

外航貨物保険の損害サービスの実務においては、貨物海上保険が英文保険約款を用いて付保されることが通常であり、従ってMIAに準拠するので、同法第55条により、「別段の定めのない限り、保険者は担保危険に近因して生ずる一切の損害について、てん補の責に任ずる」ことになる。何をもって近因、すなわち損害に対して最も強力に作用した原因とするかについては、英国裁判所は、Yorkshire Dale S.S. Co. v. Minister of War Transport（1942）で次のように述べ、損害に至る状況が複雑なものであっても、常識によって判断されるべきであって、必ずしも高度な専門知識は要しないとする。

> The choice of the real or efficient cause from out of the whole complex of the facts must be made by applying common-sense standards. Causation is to be understood as the man in the street, and not as either scientist or the metaphysician would understand it.

　しかしながら、英国の判例では20世紀初頭までは、作用の大小にかかわらず、結果（損害）に時間的に最も近い原因を近因とする傾向にある等、その立場は時代と共に変遷している。従って、損害サービスの過程で因果関係について英法の判例を参照する際は、類似の事案であっても、単に判決の結果のみに注目することなく、事実関係や訴訟における論議の過程に加え、その時代の客観情勢等も考慮した上で、担当事案を慎重に検討する必要がある。

第6節 担保危険と免責危険

　現在わが国で主に使用されている外航貨物保険約款は2009年ICC（2009年ICC（A）・(B)・(C) および航空貨物用の1 ICC（Air）（excluding sending by Post））である。ICC（A）およびICC（Air）は本章第4節で述べる包括責任主義をとりオールリスク条件であるのに対し、ICC（B）（C）は列挙責任主義をとっている。

　以下2009年ICC（A）（B）（C）の条文に沿って、それぞれの担保危険と免責危険を解説する。

1．担保危険

（1）協会貨物約款Ａ（ICC（A））

> 1. This insurance covers all risks of loss of or damage to the subject-matter insured except as excluded by the provisions of Clauses 4, 5, 6 and 7 below.
>
> 第1条　この保険は、下記第4条、第5条、第6条および第7条の規定により除外された場合を除き、保険の目的物の滅失または損傷の一切の危険を担保する。

　ICC（A）は1963年 ICC（All Risks）の後継となる条件であり、包括責任主義を採用し、その第1条に「この保険は、下記第4条、第5条、第6条および第7条の規定により除外された場合を除き、保険の目的物の滅失または損傷の一切の危険を担保する」と定めており、後述の免責危険に該当しない限りオールリスク条件で損害をてん補する内容となっている。

（2）協会貨物約款Ｂ（ICC（B））

> 1. This insurance covers, except as excluded by the provisions of Clauses 4, 5, 6 and 7 below,
> 1.1 loss of or damage to the subject-matter insured reasonably attributable to
> 1.1.1 fire or explosion
> 1.1.2 vessel or craft being stranded grounded sunk or capsized
> 1.1.3 overturning or derailment of land conveyance
> 1.1.4 collision or contact of vessel craft or conveyance with any external object other than water
> 1.1.5 discharge of cargo at a port of distress
> 1.1.6 earthquake volcanic eruption or lightning,
> 1.2 loss of or damage to the subject-matter insured caused by
> 1.2.1 general average sacrifice
> 1.2.2 jettison or washing overboard
> 1.2.3 entry of sea lake or river water into vessel craft hold conveyance container or place of storage,
> 1.3 total loss of any package lost overboard or dropped whilst loading on to, or unloading from, vessel or craft.

> 第1条　この保険は、下記第4条、第5条、第6条および第7条の規定により除外された場合を除き、以下のものをてん補する。
> 1.1　以下の事由に原因を合理的に帰し得る保険の目的物の滅失または損傷
> 1.1.1　火災または爆発
> 1.1.2　船舶または艀の座礁、乗揚げ、沈没または転覆
> 1.1.3　陸上輸送用具の転覆または脱線
> 1.1.4　船舶、艀または輸送用具の、水以外の他物との衝突または接触
> 1.1.5　遭難港における貨物の荷卸し
> 1.1.6　地震、噴火または雷
> 1.2　以下の事由によって生じる保険の目的物の滅失または損傷
> 1.2.1　共同海損犠牲
> 1.2.2　投荷または波ざらい
> 1.2.3　船舶、艀、船倉、輸送用具、コンテナまたは保管場所への海水、湖水または河川の水の浸入
> 1.3　船舶もしくは艀への積込みまたはそれらからの荷卸中における水没または落下による梱包1個ごとの全損

① 1.1.1　火災または爆発（fire or explosion）

　火災の定義はMIAにおいては示されていない。わが国においては、消防庁は「火災とは、人の意図に反して発生しもしくは拡大し、又は放火により発生して消火の必要がある燃焼現象であって、これを消火するために消火施設又はこれと同程度の効果のあるものの利用を必要とするもの、又は人の意図に反して発生しもしくは拡大した爆発現象をいう」と定義している。同様に、火災保険においても社会通念に照らして一般的に「火災」または「火事」と考えられているものを指し、❶場所的、時間的な偶然性があること（すなわち常時火を使用する場所以外のところで、本来の使用時間以外のときに発火すること）、および❷燃焼性、すなわち火勢が自力で拡大し得る状態にあることの二つの要件を備えていることを判定の基準としている。

　これに対して英国の火災保険に関する判例では、盗難を避けるため外出前にストーブに宝石を隠しておいたことを忘れた所有者がストーブに点火したことにより宝石を焼失させた事案が火災による損害と判示されたように、燃やすつもりでなかった保険の目的物に、燃焼による損害が発生したか否かが判断基準であることが示されている。

　英法に準拠するICCのもとでの"fire"の解釈に当たっては、わが国における「火災」よりも広い英国における"fire"の解釈に留意する必要がある。

　白熱、燃焼にまで至らない加熱や蒸れは火災には該当しない。火災が発生した場合には、消火活動によって損害が生じる他、煙損、蒸れ損等直接火による損害以外の損害も

発生するが、これらも全て火災損害に含まれる。

「爆発」については、社会通念上の爆発と特段の差異はない。

なお、1963年ICC（WA、FPA）においては、本船に「大火災」（burnt）があった場合には因果関係を問わず単独海損たる分損を担保し、「火災」（fire）・「爆発」（explosion）があった場合にはこれらに起因する単独海損たる分損を担保することとなっており、「大火災」と「火災」の差異が問題となり得た。1982年ICC、2009年ICCでは「大火災」と「火災」の区別や、列挙危険との因果関係を問わず単独海損たる分損を担保するという規定はなくなった。

② 1.1.2 座礁（stranded）、乗揚（grounded）、沈没（sunk）または転覆（capsized）

座礁とは、船舶が岩礁や海底上の障害物等に乗り揚げて、容易に離れ得ない状態に陥った、偶然で事故性のある状態を指す。乗揚は船舶が海底等に乗り揚げることを幅広く指し、座礁も乗揚の一種である。1963年ICC（WA、FPA）では、前述の「大火災」と同様に「座礁」があった場合には因果関係を問わず単独海損たる分損を担保するので、「座礁」と「乗揚」の違いによりてん補責任に差異が生じ得たが、1982年ICC、2009年ICCでは「座礁」「乗揚」の扱いに差異はなく、因果関係のある損害が担保されるので、両者を区別する必要はない。

沈没とは、船舶が浮力と航行能力を失って、水面下に船体を没することを言う。沈没の場所の水深の関係から、満潮時には水面下に没しているが、干潮時には船体の一部が水面上に現れる場合でも沈没といえる。

転覆とは、船体が文字通り転覆し、浮力を残しているので沈没はしていないが、復元力を喪失して航行不能となった状態をいう。

③ 1.1.3 陸上輸送用具の転覆または脱線（overturning or derailment of land conveyance）

脱線とは軌道を走行する車両の車輪が軌道を外れることを指す。転覆は一般的にはひっくり返ることを意味するが、どの程度の状況をもって転覆と見るかは、確立された基準はない。

1963年ICCには、陸上輸送用具の転覆または脱線についての明確な規定がなかったが、1982年ICC、2009年ICCでは明文化された。

④ 1.1.4 船舶、艀または輸送用具の水以外の一切の他物との衝突または接触（collision or contact of vessel craft or conveyance with any external object other than water）

「水」は「他物」から除外されているが、氷山等氷は除外されていない。1963年ICC（WA、FPA）では、他物に「氷を含む（ice included）」と明記されている他若干の表現の差異が見られるが、実質的な差異はない。

⑤ 1.1.5 避難港における貨物の荷卸し（discharge of cargo at a port of distress）

船舶が衝突、座礁、機関故障その他、海難事故によって航行不能になり、中間港に避難入港しそこで修繕のために貨物を一時的に陸揚げしたり、代船に積替えるために貨物を荷卸しする場合に、この荷卸しに合理的に起因する貨物の滅失損傷が担保される。

⑥ 1.1.6 地震、噴火または雷（earthquake volcanic eruption or lightning）

ICC（B）では、地震、噴火、雷に原因が合理的に帰し得る滅失損傷は、海上・陸上を問わず担保されることが明記された。

1963年ICC（WA）では、地震、噴火、雷は列挙危険に含まれておらず、海固有の危険（第2章第1節参照）に該当する場合や、噴火・雷の結果として火災が発生した場合のみ担保されていた。海上であれば、荒天時の雷や、津波による損害が海固有の危険として担保されているが、陸上では、海固有の危険が認められることはまずないと言える。

⑦ 1.2.1 共同海損犠牲損害（general average sacrifice）

共同海損行為によって貨物に損害が生じた場合に、これを担保危険として保険者が担保することを明確に規定した。これは1963年ICCにはない規定で、共同海損行為が保険者の免責危険の結果なされたものでない限り、非担保危険による共同海損犠牲損害も担保される。共同海損犠牲損害はICC（A）（B）（C）どの条件の下であっても保険金が支払われる損害である場合がほとんどではあるが、今般、共同海損犠牲損害を明示的に担保したものである。

共同海損犠牲損害は、全損の場合は保険金全額が、分損については単独海損と同様に保険金額をベースに損害額が算出され支払われる。その場合、保険者は、被保険者の共同海損犠牲損害に関する権利を代位取得する。共同海損犠牲損害は、その他の共同海損

と合わせ共同海損行為による受益者である船主・荷主等に賦課（ふか）され、精算完了後に回収することができる（ただし、回収できるのはCIF価額ベースであり、また、共同海損犠牲損害は分担金算出のベースとなる共同海損負担価額に含まれるため、応分の分担金を控除した額となる）。

⑧ 1.2.2 投荷（jettison）または波ざらい（washing overboard）

投荷は、船長の判断によって、貨物を船外に投棄することを意味する。例として、座礁した船舶を離礁させるために船舶と貨物の総重量を軽くしたり、あるいは、船舶が航海中暴風雨に遭遇し船体が傾斜して沈没の危険に瀕しているときに、沈没を避けるために投荷が行われる。

投荷は船体・貨物共同の危険を避けるために船長が故意に行う行為であるため共同海損が構成され、投棄された貨物の損害は、共同海損犠牲損害として精算される。

波ざらいというのはその文言の通り波によって本船積載貨物が船外に流失することを意味する。被保険者は、本船の航海日誌や海難報告書等によって、現実に波ざらいに遭った事実を証明する必要がある。

⑨ 1.2.3 船舶等への水の浸入（entry of sea lake or river water into vessel, craft, hold, conveyance, container or place of storage）

文字通り、海、湖、または河川の水の船舶、艀、船倉、輸送用具、コンテナまたは保管場所への浸入によって生じる損害を指す。

1963年ICCでは海水濡れは海固有の危険の一つとして担保されていた。1982年および2009年ICC（B）では、水を海水に限らず、湖、河川の水に拡大し、かつ水の浸入は海固有の危険によって生じたものに限定せず、免責危険による場合の他は原因の如何（いかん）を問わないので、この点では海水の浸入を海固有の危険ととらえる1963年ICC（WA条件）に比べて、広い担保となっている。

⑩ 1.3 荷役中の梱包1個ごとの全損（total loss of any package lost overboard or dropped whilst loading on to, or unloading from, vessel or craft）

船舶または艀への積込みまたは荷卸し中の水没または落下による梱包1個（いっこ）ごとの全損を担保するものである。ICC（C）条件では担保されない。積込み・荷卸しは船積港、

到着港に限らず、中間港における積替えのための荷卸し、積込みも含まれると解される。

(3) 協会貨物約款C（ICC（C））

1. This insurance covers, except as excluded by the provisions of Clauses 4, 5, 6 and 7 below,
1.1 loss of or damage to the subject-matter insured reasonably attributable to
1.1.1 fire or explosion
1.1.2 vessel or craft being stranded grounded sunk or capsized
1.1.3 overturning or derailment of land conveyance
1.1.4 collision or contact of vessel craft or conveyance with any external object other than water
1.1.5 discharge of cargo at a port of distress,
1.2 loss of or damage to the subject-matter insured caused by
1.2.1 general average sacrifice
1.2.2 jettison.

第1条　この保険は、下記第4条、第5条、第6条および第7条の規定により除外された場合を除き、以下のものをてん補する。
1.1 以下の事由に原因を合理的に帰し得る保険の目的物の滅失または損傷
1.1.1 火災または爆発
1.1.2 船舶または艀の座礁、乗揚げ、沈没または転覆
1.1.3 陸上輸送用具の転覆または脱線
1.1.4 船舶、艀または輸送用具の、水以外の他物との衝突または接触
1.1.5 遭難港における貨物の荷卸し
1.2 以下の事由によって生じる保険の目的物の滅失または損傷
1.2.1 共同海損犠牲
1.2.2 投荷

　ICC（C）の担保危険は、上記条文の通り、ICC（B）から、地震、噴火または雷、波浚い、船舶、艀、船倉、輸送用具、コンテナまたは保管場所への海水、湖水または河川の水の浸入、積込み中または荷卸し中の1個ごとの全損を除外したものである。

　個々の担保危険については、上記（2）協会貨物約款B（ICC（B））における説明と同様である。

2. 免責危険

　ICC（A）では、第4条から第7条にわたり免責事由を以下の通り定めている。

(1) ICC（A）の免責危険（第4条）

第4条の免責事由

4. In no case shall this insurance cover
4.1 loss damage or expense attributable to wilful misconduct of the Assured
4.2 ordinary leakage, ordinary loss in weight or volume, or ordinary wear and tear of the subject-matter insured
4.3 loss damage or expense caused by insufficiency or unsuitability of packing or preparation of the subject-matter insured to withstand the ordinary incidents of the insured transit where such packing or preparation is carried out by the Assured or their employees or prior to the attachment of this insurance (for the purpose of these Clauses "packing" shall be deemed to include stowage in a container and "employees" shall not include independent contractors)
4.4 loss damage or expense caused by inherent vice or nature of the subject-matter insured
4.5 loss damage or expense caused by delay, even though the delay be caused by a risk insured against (except expenses payable under Clause 2 above)
4.6 loss damage or expense caused by insolvency or financial default of the owners managers charterers or operators of the vessel where, at the time of loading of the subject-matter insured on board the vessel, the Assured are aware, or in the ordinary course of business should be aware, that such insolvency or financial default could prevent the normal prosecution of the voyage
This exclusion shall not apply where the contract of insurance has been assigned to the party claiming hereunder who has bought or agreed to buy the subject-matter insured in good faith under a binding contract
4.7 loss damage or expense directly or indirectly caused by or arising from the use of any weapon or device employing atomic or nuclear fission and/or fusion or other like reaction or radioactive force or matter.

> 第4条　この保険は、いかなる場合においても以下のものをてん補しない。
> 4.1　被保険者の故意の違法行為に原因を帰し得る滅失、損傷または費用
> 4.2　保険の目的物の通常の漏損、重量もしくは容積の通常の減少または自然の消耗
> 4.3　この保険の対象となる輸送に通常生じる出来事に堪えることができるはずの保険の目的物の梱包または準備が、不十分または不適切であることによって生じる滅失、損傷または費用。ただし、その梱包または準備が、被保険者もしくはその使用人によって行われる場合またはこの保険の危険開始前に行われる場合に限る（本約款においては、「梱包」にはコンテナへの積付けを含むものとし、「使用人」には独立した請負業者を含まない）。
> 4.4　保険の目的物の固有の瑕疵（かし）または性質によって生じる滅失、損傷または費用
> 4.5　遅延が担保危険によって生じた場合でも、遅延によって生じる滅失、損傷または費用（上記第2条によって支払われる費用を除く）
> 4.6　船舶の所有者、管理者、用船者または運航者の支払不能または金銭債務不履行によって生じる滅失、損傷または費用。ただし、保険の目的物を船舶に積込むときに、被保険者がそのような支払不能または金銭債務不履行が、その航海の通常の遂行を妨げることになり得ると知っているか、または通常の業務上当然知っているべきである場合に限る。
> 本免責規定はある拘束力のある契約に従って、善意で保険の目的物を購入した者もしくは購入することに同意した者に保険契約が譲渡され、その者が本保険により保険金を請求する場合には適用されない。
> 4.7　直接であると間接であるとを問わず、原子核の分裂および／もしくは融合もしくはその他類似の反応または放射能もしくは放射性物質を利用した兵器または装置の使用によって生じる、またはそれらの使用から生じる滅失、損傷または費用

① 4.1被保険者の故意の違法行為（wilful misconduct of the assured）

　本免責はMIA第55条2項の免責を約款上に明記したものであり、被保険者の故意の違法行為というのは、被保険者が故意に、違法な行為によって保険事故を起こすことをいう。被保険者が貨物に放火したり、海水をかけて損害を惹起し、保険金の詐取を図る場合がそれに当たる。ただし、被保険者が法人の場合の「被保険者」とは、通常その法人の理事、取締役または、法人業務を執行する機関を指し、使用人を含まないと解するのが一般的である。

② 4.2保険の目的物の通常の漏損、重量・容積の減少、自然の消耗（ordinary leakage, loss in weight or volume wear and tear）

　本免責もMIA第55条2項の免責を約款上に明記したものである。

　保険契約の目的は、必ず発生する出来事を担保するものではなく、起こるかもしれない事故に対する損害をてん補するものであるので、自然の消耗といった必然的損害はてん補していない。

　ばら積み貨物等は、荷役中に荷こぼれが不可避的に発生するし、液状貨物や水分を含

んだ農作物等は、輸送中の水分蒸発等によって重量が減少することがあるが、これらは通常の損失（ordinary loss）として保険者は免責される。実務においては、ばら積み貨物のこのような不足損害については免責歩合（excess）を全体の数量に対するパーセンテージで設定し、予想される ordinary loss 部分をあらかじめ協定することもある。

③ 4.3 梱包または準備の不十分（ただし、梱包または準備が被保険者もしくはその使用人によって行われる場合または保険期間開始前に行われる場合に限る。また、梱包にはコンテナへの積付けも含む）（insufficiency or unsuitability of packing or preparation）

　梱包は、輸送中に貨物が晒される多種多様の危険から中身貨物を保護するためになされるものである。従って輸送中に予想されるいろいろな危険や貨物自体の特性を十分検討した上で、必要な梱包がなされねばならない。

　梱包の良、不良は個々の事案において、損害の発生事情や現実の梱包仕様を見て判断される。

　1963年ICCでは、「梱包不良」という免責規定は設けられていなかったが、「梱包不良」は英国の判例において貨物固有の瑕疵に該当するとされており、その結果生じた損害についてはMIA第55条第2項に基づき保険者は免責とされていた。1982年ICC策定の際に、「梱包不良」の免責を約款中に明記することとなったが、以下の点も合わせて明記された。

・梱包だけでなく防錆剤塗布等の「準備」についてもその不十分あるいは不適切によって生じた損害は保険者免責となること。
・本条項においては、コンテナへの積付けが、保険期間開始前に行われる場合、または被保険者もしくはその使用人によって行われる場合に限り、コンテナへの積付けも梱包とみなすこと。

　2009年ICCはこの1982年ICCの規定の趣旨を踏襲し、条文全体をより平易に改定している。

　　a．不適切な梱包・準備の範囲
　　　カートン等の梱包に加え、コンテナへの貨物の積付けも梱包に含むと規定されている。コンテナへ積付けには、コンテナ内の固縛や天井・内壁との空間に動揺や衝撃を防止するための緩衝材等を配置することを含む。コンテナへの積付けが不適切であったために、内部貨物に移動や荷崩れが発生して貨物に損害が生じた場合には、

免責となる。ただしこの免責は、積付けがこの保険の開始前に実行されるか、または被保険者もしくはその使用人によって行われる場合に限られている点に注目すべきである。従って、危険開始後にコンテナオペレーター等、被保険者以外の者によってなされた不良な積付けによって生じた損害は、免責とはならない。

　また、梱包の他に準備の不十分、不適切による損害の免責が明記された。準備とは、輸出梱包そのものの事前準備として行う機械類の防錆剤塗布や、梱包しない貨物、例えば自動車の錆防止のためのワックス塗装等を含む。

b．コンテナへの積付けと梱包不良免責
　上記の通り、コンテナへの積付け不良は、その積付けが被保険者の使用人によって行われた場合もしくは保険期間開始前に行われた場合は免責になる。輸出入、売買条件の別等によりコンテナへの積付け不良免責が適用されるか否かが異なるので、以下に代表的なパターンをについて述べる。

(a) 輸入の場合
　FOB、CFR輸入の場合、被保険者である買手が被保険利益を取得するのは本船船積時であり、コンテナへの積付けは被保険利益取得前である。よって、コンテナへの積付け不良は常に保険期間開始前となるため、免責となる。
　FCA輸入の場合、FCL貨物（本章第3節34頁脚注参照）であれば、売主がコンテナに積込んだ上でコンテナヤード等売買契約上の指定地において運送人に引き渡した時点で買手が被保険利益を取得するので、コンテナへの積付け不良は保険期間開始前となり免責となるのが一般的と考えられる。LCL貨物（第3節34頁脚注参照）の場合は、売主がコンテナフレートステーション等売買契約上の指定地において船会社や混載業者等の運送人に引渡された時点で買手が被保険利益を取得し、その後に運送人がコンテナへの積込みを行うので、コンテナへの積付け不良は免責とならないのが一般的と考えられる。
　いずれの場合も、個々の輸送実態やコンテナ積付け時点を確認しながら検討する必要がある。

(b) CIF、CIP、DAP、DDP等輸出の場合

輸出LCL貨物については、一般的に、保険期間開始後に運送人がコンテナフレートステーションでコンテナへの積付けを行うので、コンテナへの積付け不良による損害は、保険期間開始後に被保険者の使用人以外の独立請負業者が行った梱包不良となるため免責とならない。
　輸出FCL貨物は、一般的に輸送開始時点における被保険者である売主の倉庫や工場においてコンテナ積込みが行われる。保険の始期は、「保険の対象となる輸送の開始のために輸送車両またはその他の輸送用具に保険の目的物を直ちに積込む目的で、保険の目的物が最初に動かされたとき」である。従って、輸送開始の目的をもってコンテナへの積込みのために動かされたときには保険が開始しているので、コンテナ積込みを倉庫業者や荷役業者等の独立請負業者が行っていれば、コンテナ積付け不良は免責とはならないが、被保険者である売主自身の使用人が行っていれば、コンテナ積付け不良は免責となるのが一般的である。なお、ここにいう"使用人（employee）"とは、被保険者と雇用関係のある使用人のみを指し、倉庫業者等の請負業者は含まれない。

④ 4.4 保険の目的物の固有の瑕疵・性質（inherent vice or nature）

　貨物の固有の瑕疵または性質による損害というのは、鋼材の置錆、青果物や生鮮食料品の腐敗、揮発性液量貨物の減量、水分過多で船積みされた穀類等に生じる汗蒸れ、カビ等、貨物自体の欠陥や貨物本来の性質そのものに由来する損害をいう。貨物の発錆や腐敗が、例えば海水濡れによって生じた場合は、錆や腐敗自体は貨物の性質と無関係ではないが、海水濡れという担保危険によって引き起こされたものであるので、その損害は担保される。
　この免責もMIA55条（2）（c）の免責条項を約款に取り入れたものである。

⑤ 4.5 遅延（遅延が担保危険によって生じた場合も含む）（Delay）

　航海の遅延によって、青果物が腐敗したり、クリスマス製品がクリスマスの時期に到着せず、価値がなくなる等の損害が発生することがある。これらの遅延損害は、たとえ船舶の座礁や衝突等の担保危険によって航海の遅延が生じて発生した場合であっても、担保されない。
　同趣旨の免責条項はMIA第55条（2）項（b）、1963年ICC、1982年ICCにも見られ、

これらの該当条項では"proximately caused by delay（遅延に近因して生じた損害）"が免責であった。「近因」については、本章第5節で、因果関係について複数ある学説の1つとして紹介しているが、その定義はMIAにもなく、英国の学会・法曹界でも解釈が確立しているとはいえないため、2009年ICCでは"proximately"の語をなくし、"caused by delay"となったものである。

⑥ 4.6 船舶の所有者・管理者・用船者等の支払い不能・金銭債務の履行不能（ただし、本船への積込み時に被保険者が支払不能・金銭債務不履行が航海の遂行を妨げることを知っているべきであった場合に限る。また、善意で保険の目的物を購入し、保険契約の譲渡を受けた者が保険金請求する場合には適用されない。）（insolvency or financial default or the owners managers charterers or operators of the vessel）

　被保険貨物を積載した船舶の船主・用船者・運航者等が経済的に破綻した場合に荷主が被る損害を免責する条項である。本条項は1982年ICCにおいて運送人の経済的破綻リスクを広範に免責とする趣旨で新たに導入されたが、2009年ICCでは、被保険者が貨物を船舶に積込む段階でそのような状況を知っているか、当然知っているべきである場合にのみ適用されるように、免責の範囲が狭められた。この結果、この免責条項が適用されるためには、運送人の経済的破綻およびその結果として特定の船舶の航海遂行が妨げられるであろうことを被保険者が通常の業務上当然知っているべきであった、ということを保険者が立証する必要があるので、1982年ICCと比較して適用の余地は限定的となり大幅に緩和された。

　また、善意で保険の目的物を購入し、保険契約を譲渡された者の保険金請求には、本免責は適用されない旨規定されたため、CIF輸出やCIP輸出で保険証券の譲渡を受けた荷受人が保険金請求をする場合等には、本免責条項は適用されない。

　海上運送人が経済的に破綻した場合に、どのような事態が生じ、荷主がいかなる損害を被るかは、破綻した海上運送人が船主であるのか、用船者であるのか、個々の運送契約がどのようになっているか等によって異なり、一概に論ずることはできないが、次のような事態が想定される。

　　a．荷主がフォワーダーや定期用船者との間で運送契約を締結している場合において、船主が経済的に破綻した場合

　　　運送契約の当事者であるフォワーダーや定期用船者には、運送契約上、輸送を

引き受けた貨物を安全に仕向地に輸送する義務を負っており、船主が破綻しても、その履行義務は残るため、一般に荷主が損害を被ることにはならない。

b．荷主が用船者と運送契約を締結している場合において、用船者が船主に用船料を支払わずに経済的に破綻した場合

　　船主が未収用船料の支払いを荷主に求めて、貨物の引渡しを拒否する可能性がある。他人の物の占有者が、その物に関して債権の弁済を受けるまで、その物を担保にすることができることを留置権という。船主は用船料の支払いを受けるまで、用船者の所有物に留置権を行使することができるが、船主が占有しているのは用船者の所有物でなく、荷主の貨物であるため、荷主の貨物に留置権を行使するのである。このような場合には、荷主は弁護士等を介して、留置権を行使できるのは用船者に対してであり、荷主貨物に留置権を行使するべきではないとして、留置権解除のために費用を掛けて争う必要が生じる恐れがある。また、まだ貨物が中間港にあった場合、船主が仕向港への輸送継続を拒否し、荷主が用船料の一部の支払いや、自ら仕向港への輸送を手配するための費用支出を余儀なくされることも考えられる。

c．荷主が船主と運送契約を締結している場合において、船主が経済的に破綻した場合

　　船主は船舶の入港費用や燃料代等を支払うことができず航海を継続できなくなり、貨物が中間港等で放置される可能性がある。このような場合、荷主が自らの費用で、貨物を目的地まで継送しなくてはならなくなることが考えられる。

前記のa～cの場合において、想定される主な損害・費用は下記の通りである。
・貨物の継送に要する運賃
・荷揚げ港における港費・荷役料・保管料
・船主が適法・不適法にかかわらず、留置権を行使した場合に留置権解除のために余分に要した費用
・訴訟費用
なお、担保危険の作用により被保険輸送が打切られた場合には、ICC(A)(B)(C)各第12

条継搬費用条項（Forwarding Charges Clause）の対象となることも考えられる。この点については、第4章2.(2)「継搬費用」で説明する。

⑦ 4.7原子核の分裂・融合その他類似の反応、放射能・放射能物質を利用した兵器・装置の使用（use of any weapon or device employing atomic or nuclear fission and/or fusion or other like reaction or radioactive force or matter）

本条項は原子核反応を利用した兵器や装置の使用による損害を免責するものである。

なお、(6) 放射能汚染、化学兵器、生物兵器、生物化学兵器および電磁気兵器免責で後述する通り、現在わが国で標準的に使用される外航貨物海上保険証券に自動付帯される協会放射能汚染、化学兵器、生物兵器、生物化学兵器および電磁気兵器免責約款（Institute Radioactive Contamination, Chemical, Biological, Bio-Chemical and Electromagnetic Weapons Exclusion Clause）によっても、これらの損害は免責となる。

(2) ICC（A）の免責危険（第5条）

> 5. 5.1 In no case shall this insurance cover loss damage or expense arising from
> 5.1.1 unseaworthiness of vessel or craft or unfitness of vessel or craft for the safe carriage of the subject-matter insured, where the Assured are privy to such unseaworthiness or unfitness, at the time the subject-matter insured is loaded therein
> 5.1.2 unfitness of container or conveyance for the safe carriage of the subject-matter insured, where loading therein or thereon is carried out
> prior to attachment of this insurance or by the Assured or their employees and they are privy to such unfitness at the time of loading.
> 5.2 Exclusion 5.1.1 above shall not apply where the contract of insurance has been assigned to the party claiming hereunder who has bought or agreed to buy the subject-matter insured in good faith under a binding contract.
> 5.3 The Insurers waive any breach of the implied warranties of seaworthiness of the ship and fitness of the ship to carry the subject-matter insured to destination.

> 第5条
> 5.1 この保険は、いかなる場合においても以下の事由から生じる滅失、損傷または費用をてん補しない。
> 5.1.1 船舶もしくは艀の不堪航、または船舶もしくは艀が保険の目的物の安全な運送に適さないこと。ただし、被保険者が、保険の目的物がこれらの輸送用具に積込まれる時に、その不堪航または安全な運送に適さないことを知っている場合に限る。
> 5.1.2 コンテナまたは輸送用具が保険の目的物の安全な運送に適さないこと。ただし、これらの輸送用具への積込みが、この保険の危険開始前に行われる場合、または被保険者もしくはその使用人によって行われ、かつ、これらの者が積込みの時に運送に適さないことを知っている場合に限る。
> 5.2 上記第5条1項1号の免責規定は、ある拘束力のある契約に従って、善意で保険の目的物を購入した者または購入することに同意した者にこの保険契約が譲渡され、その者が本保険により保険金を請求する場合には適用されない。
> 5.3 保険者は、船舶の堪航性および船舶が保険の目的物の仕向地までの運送に適することについての黙示担保の違反があっても、これを問わない。

　ICC（A）第5条は、船舶、輸送用具、コンテナ等の不堪航（たんこう）や安全輸送不適合による損害についての免責規定である。

　コンテナ・輸送用具の安全輸送不適合免責については、1982年ICCでは船舶・艀の不堪航・安全輸送不適合と同一の条文で規定されていたが、2009年ICCからは物流の実態に則して、コンテナや輸送用具への積込みが保険期間開始前に行われた場合に限定され、独立した規定となった。

① 5.1 船舶等の不堪航
　a. 5.1.1 貨物の輸送に用いられる船舶もしくは艀の不堪航、安全輸送不適合による損害（Unseaworthiness of vessel or craft）

　　この免責は、被保険者が、保険の目的物の積込みの際にその事実を知っている場合にのみ適用される。ここで言う「被保険者」とは「被保険者の故意」免責でも解説している通り、被保険者が法人の場合には、通常その法人の理事、取締役または、法人業務を執行する機関を指し、使用人を含まないと解されるため、実務上本免責規定が適用される場面は限定的である。

　　不堪航・安全輸送不適合の例としては下記のものが挙げられる。
　　・船体の外板や船内の各種配管部、タンクとの隔壁が腐食しており、航海中に腐食箇所から浸水し、船倉内の貨物が水濡れを被った。
　　・冷凍船の冷凍機が不調で十分に船倉内に冷気を供給できない状態のまま貨物が

積込まれた。
　　・ケミカルタンカー等で積込み前のタンク内の洗浄が不十分であったために、貨物が残留していた前荷により汚染損害を被った。

b. 5.1.2 コンテナまたは輸送用具の安全輸送不適合による損害（Unfitness of container or conveyance）

　　この免責は、積込みが保険の危険開始前に行われるか、被保険者またはその使用人によって行われ、安全輸送不適の事実を彼らが知っていた場合にのみ、適用される。
　　コンテナその他の輸送用具の安全輸送不適の例としては次のものがある。
　　・コンテナの天井に孔があいておりそこから侵入した海水・雨水による濡れ損害
　　・コンテナの床面の汚れによる貨物の汚損
　　・コンテナの前荷の異臭による臭損
　　・冷凍のFCL貨物で、荷送人が冷凍コンテナの温度を誤って設定したために生じた解凍損害

　本免責は、被保険者自身だけでなく、使用人が積込み作業を行い、かつ、安全輸送不適合の事実を知っていた場合にも適用される。

② 5.2 善意の荷受人への不適用
　　運送人の経済的破綻免責と同様、CIF/CIP輸出における荷受人からの請求等では、5.1.1の免責は適用されない旨定めている。

③ 5.3 堪航性承認
　　本条項は、船舶の堪航性および安全輸送適合についての黙示担保違反を理由とした、保険者の免責主張の権利を放棄するものである。
　　航海保険である貨物海上保険においては、船舶は航海開始の時にその航海を遂行するための堪航性を備えていなければならないと共に、貨物を仕向地まで安全に輸送するのに適合していなければならないという黙示担保（当事者間に特別の合意がなく、証券にその旨の表示がなくとも当然に適用されるもの）がMIA第39条、第40条に定められている。この規定によれば、貨物が不堪航の船舶に積載され、損害を被った場合には、不

堪航と事故の間に因果関係がなくても保険者は責任を免れることとなるが、この規定は被保険者に厳しすぎるとして、従来より、保険者と被保険者の間では、船舶が堪航であることを認めるとする堪航性承認条項が挿入されてきた。

　本条項はこうした堪航性承認条項を引継いだものであるが、一方で、不堪航について被保険者が知っていた場合には、5.1.1によって、免責となる。

(3) ICC（A）の免責危険（第6条）

> 6. In no case shall this insurance cover loss damage or expense caused by
> 6.1 war civil war revolution rebellion insurrection, or civil strife arising therefrom, or any hostile act by or against a belligerent power
> 6.2 capture seizure arrest restraint or detainment（piracy excepted）, and the consequences thereof or any attempt thereat
> 6.3 derelict mines torpedoes bombs or other derelict weapons of war.
>
> 第6条　この保険は、いかなる場合においても、以下の事由によって生じる滅失、損傷または費用をてん補しない。
> 6.1　戦争、内乱、革命、謀反、反乱もしくはこれらから生じる国内闘争、または敵対勢力によってもしくは敵対勢力に対して行われる一切の敵対的行為
> 6.2　捕獲、拿捕（だほ）、拘束、抑止または抑留（海賊行為を除く）およびこれらの結果またはこれらの一切の企図
> 6.3　遺棄された機雷、魚雷、爆弾またはその他の遺棄された兵器

　ICC（A）第6条は、戦争危険を免責とする趣旨である。戦争危険は巨額の損害につながるおそれもあり通常の海上危険とは性質が異なるため、ICCでは一旦免責とし、保険期間等においてICCとは別個の規定を定めた協会戦争約款（IWC）で制限的に復活担保している。

　本条は1982年ICCと同一の文言であり、1963年ICCの戦争危険免責条項とも概ね同じであるが、2項において海賊危険が戦争危険免責から除かれ海上危険として扱われている点が大きな違いである。

　2項の「捕獲、拿捕・拘束、抑止・抑留」には、戦争中に限らず、平時における税関当局による禁制品の没収、各種検疫上の理由による官の処分（Rejection）等が含まれている。

　3項は、遺棄された機雷・魚雷・爆弾等による損害が、戦争危険か、海上危険か疑義が生じる可能性があるため、戦争危険として扱うことを約款上で明確にしたものである。

○ 海賊危険（piracy）

　海賊とは一国の主権に属せず、私目的のために無差別に略奪を行う者をいい、MIA第1付則の保険証券解釈規則（Rules for construction of policy: RCP）第8条で「暴動を起こす旅客および海岸から船舶を襲う暴徒を含む（The term "pirates" includes passengers who mutiny and rioters who attack the ship from the shore)」と定義されている。1963年ICCでは、戦争危険として扱われていたが、1982年ICCでは通常の海上危険として扱われることとなった。2009年ICCは1982年ICCを改訂したものであり、これを踏襲する形となっている。

　このため、1963年ICCではWA条件やFPA条件であっても、海上での海賊危険はInstitute War Clauseにより復活担保されていたが、2009年ICCのICC（B）（C）は列挙危険の中に海賊危険が含まれておらず、またInstitute War Clauseでは復活しないため、担保されなくなることに注意が必要である。

　この担保危険の差を埋めるための特約を付帯することもある。

(4) ICC（A）の免責危険（第7条）

7. In no case shall this insurance cover loss damage or expense
7.1 caused by strikers, locked-out workmen, or persons taking part in labour disturbances, riots or civil commotions
7.2 resulting from strikes, lock-outs, labour disturbances, riots or civil commotions
7.3 caused by any act of terrorism being an act of any person acting on behalf of, or in connection with, any organisation which carries out activities directed towards the overthrowing or influencing, by force or violence, of any government whether or not legally constituted
7.4 caused by any person acting from a political, ideological or religious motive.

第7条　この保険は、いかなる場合においても、以下の滅失、損傷または費用をてん補しない。
7.1　ストライキに参加する者、職場閉鎖を受けた労働者、または労働争議、騒じょうもしくは暴動に参加している者によって生じるもの
7.2　ストライキ、職場閉鎖、労働争議、騒じょうまたは暴動から生じるもの
7.3　一切のテロ行為、すなわち、合法的にあるいは非合法に設立された一切の政体を、武力または暴力によって転覆させあるいは支配するために仕向けられた活動を実行する組織のために活動し、あるいはその組織と連携して活動する者の行為によって生じるもの
7.4　政治的、思想的、または宗教的動機から活動する一切の者によって生じるもの

ICC（A）第7条は、ストライキ・暴動危険、テロ危険を免責としている。

第1項は、1982年ICC, 1963年ICCと同様に、ストライキや暴動に参加した者による損害を、第2項はこれらの結果として発生したあらゆる損害を免責とするものである。

第3項・第4項は1982年ICCから導入されたテロ危険を免責とする条項である。2001年9月11日の米国同時多発テロ等を経てよりその深刻性が認識されたことを受け、2009年ICCでは3項においてテロ行為の詳細な定義を設けると共に、4項においては政治的な動機に加え、信条的・宗教的動機から活動する個人によって生じた損害も明確に含められた。

第7条の免責のうち第2項はストライキや暴動の結果として生じるあらゆる損害を免責としているが、これを除く第1項、第3項、第4項で免責されている危険は、後述するストライキ約款にて、復活担保されている。

(5) ICC（B）（C）の免責危険

2009年ICC（B）（C）では、ICC（A）の免責危険と同じ規定の他、悪意のある者による意図的な損傷・破壊がICC（B）およびICC（C）固有の免責危険として規定されている。

> 4.7 deliberate damage to or deliberate destruction of the subject-matter insured or any part thereof by the wrongful act of any person or persons
> 4.7 一切の人または人々の不法な行為による保険の目的物の全部または一部の故意の損傷または故意の破壊

この免責条項により、1963年ICCと共に用いられたS.G.証券本文や1963年協会同盟ひ業暴動騒乱担保約款（Institute Strikes Riots and Civil Commotions Clauses）で担保されていた船員の悪行やscuttling（意図的に船舶を沈没させること）に関連する貨物の損害は、ICC（B）条件のMAR証券では担保されなくなった。

また、ICC（A）6.2の"detainment（piracy excepted）"は、単に"detainment"となっているが、列挙危険主義であるICC（B）・（C）では元々海賊危険を担保していないためである。

(6) 放射能汚染、化学兵器、生物兵器、生物化学兵器および電磁気兵器免責

わが国で現在標準的に使用される外航貨物海上保険証券には、別途協会放射能汚染、化学兵器、生物兵器、生物化学兵器および電磁気兵器免責約款（Institute Radioactive Contamination, Chemical, Biological, Bio-Chemical and Electromagnetic Weapons Exclusion Clause）が自動付帯されている。この約款は、原子核兵器等の使用に限らず、放射性物質の漏出による汚染等も含め、より広範に原子核反応、放射線や放射性物質によって生じる滅失、損傷または費用を一切免責にするものである。2001年の米国同時多発テロ以降、テロリスト等による生物化学兵器等の使用リスクへの懸念等が高まった結果、2004年より放射能汚染、化学兵器（マスタードガス、サリン、青酸等散布、または砲弾に充填して利用する兵器）、生物兵器（炭疽菌、コレラ菌、天然痘等の細菌・病原体を散布、または砲弾に充填して利用する兵器）、生物化学兵器（化学兵器・生物兵器の総称、または双方を使用した兵器）、電磁気兵器（強力な電磁波を発生させ、コンピューター等の電子システムを破壊する電磁爆弾など）による損害を、輸送中・保管中を問わず全ての保険期間中免責とする約款が全契約に自動付帯されることとなった経緯がある。

3．付加危険

保険条件がICC（A）の場合は、免責危険による損害を除いて、全ての偶然な事故が担保されるが、ICC（B）（C）の約款で担保される危険は、列挙されたものに限定される。貨物の種類によっては、ICC（B）（C）を基本条件として、これに各々の貨物に適した付加危険を追加して貨物海上保険を引受けることがある。ここでは、主な付加危険について解説する。

(1) 雨淡水濡れ（rain &/or fresh water damage : RFWD）

船舶等への水の浸入はICC（B）で担保されることは前述したが、貨物の積込み、荷卸し中の雨濡れ等、淡水による濡れ損を被ることがある。このような雨淡水濡れ危険は、ICC（A）でない場合には、これを付加危険として付保する必要がある。またICC（C）では水の浸入も担保していない。

雨淡水濡れとは、雨水や河川、湖の淡水の他水道水、雨後の溜り水、船倉内隔壁に発汗して生じた水滴等あらゆる種類の淡水濡れを含むものと解する。輸入貨物については、通常は野積約款（open yard storage clause）が付帯されており、陸揚港で野積保管されている間は、コンテナ貨物等を除いて、元の保険条件にかかわらずICC（C）が適用されるので、保管中の雨濡れは担保されないことになる。

(2) 盗難・抜荷・不着 (theft, pilferage, non-delivery:TPND)

　ここで言う盗難（theft）は暴力を伴わない窃盗ということができる。盗難は通常梱包一個ごとの窃盗に限らず、梱包の中身が窃取される場合も含む。

　抜荷は梱包の中身が窃取される場合で、梱包の外装に異常があって窃取された形跡のある場合である。巧妙な抜荷も仔細に観察すれば何らかの梱包の異常が発見されるのが普通で、梱包に全く異常がなく、入れ不足（short packing）と判断された場合は担保されない。盗難・抜荷は通常、一体として取り扱われる。

　不着は梱包1個ごと仕向地に到着しない場合をいい、積残しや途中の寄港地で誤って揚げられたりまた仕向地で揚げ忘れられたりして、貨物の行方がわからなくなることが主な原因である。

　船会社が貨物を追跡調査した結果、船積港や他の港に残存保管されていることが判明した場合は、不着とはならない。

　実務では貨物の到着予定日より相当の期間経過してもなお貨物が現出しない場合、あるいは運送人が調査を尽くしたにもかかわらず貨物の所在がつかめなかったことを認めた場合には、不着とみなされる。

(3) 不足 (shortage)、漏損 (leakage)

　不足は一般に液状、粒子状、粉状等のばら積み貨物の量が何らかの原因により減少することを言う。

　漏損は、容器入りの主として液状貨物が漏れ出ることによって生じる不足損害をいう。

　これらの貨物については、自然の漏出や蒸発、仕出地と仕向地での計量誤差等、一定程度の不可避的な不足が生じることが考えられ、2009年ICCの各条件の第4条第2項で

はこのような通常でも生じる損害（ordinary loss）は免責であると規定されているが、異常な不足損害に備え、一定率のordinary lossを見込んだ免責歩合（excess）を付して、shortageやleakageの引受けを行うことがある。

(4) 破損・曲損・凹損・掻損（breakage, bending, denting & scratching:BBDS）

これらの危険については、文字通りに、社会通念上の意味に解釈すればよい。

(5) 油染み、他貨物との接触（contact with oil and other cargo :COOC）

COOCと称することもあるが、これは油、その他の貨物との接触による汚損損害を担保するものである。同じ船倉内の他の貨物と接触して破損したり、重量物によって潰されたりして生じる損害は含まれない。

(6) 汗・発熱損害（sweat and heating:S&H）

汗・発熱損害危険は、穀物や飼料等の一定程度の水分を含む貨物の引受けに当たって追加されることがある付加危険である。

汗濡れは一般に、船倉やコンテナ内の水蒸気が外気温等の変化によって船倉やコンテナ内の天井や隔壁に凝結し、貨物に接触することによって生じる損害である。また、発熱損害は、汗濡れ等によりバクテリアの繁殖環境が整い繁殖に伴って発熱したり、粘度の高い燃料油が加熱されることによって燃料タンクの熱が船倉内の貨物に伝わって発生し、さらには貨物の油脂分の異常な酸化が開始することで発熱が一層進んでしまうこともある。これらの結果として、濡れ、カビ、高温による品質劣化等の損害が貨物に生じる。

穀物や飼料類は船積時の貨物の含有水分率が何％であるかが非常に重要である。船積時すでに一定率以上の水分を含んだ貨物を船積みすると、航海中に貨物は水分を水蒸気として放出し、これが船倉の隔壁や天井に凝結・落下し、貨物の発熱、蒸れ損害が発生する可能性が高くなる。

英国の判例では、大豆の場合は水分含有率が12〜14％の範囲内のものが船積みされ、これが汗蒸れ損害を生じた場合は担保されるが、14％を超える水分含有率の大豆に汗

蒸れ損害が生じた場合は担保されないと判示された（英国貴族院判例SOYA G.m.b.H. MAINZ KOMMANDIT-GESELLSHAFT V. WHITE〔1983〕1 Lloyd's Rep. 122）こともあり、わが国では大豆の貨物海上保険の引受けに際しては、船積前の水分率を14％以下とすることをワランティ[14]として規定し、この問題の解決を図っている保険会社もある。

(7) その他の付加危険

上記（1）から（6）の他に、下記のような付加危険が列挙危険として証券に記載されることがある。

  a. 自然発火（spontaneous combustion）
  b. 汚染（contamination）
  c. 鈎損（hook）
  d. 油（脂）染み（oil and grease）
  e. 鼠喰い・虫喰い（rats and vermin）
  f. 擦損（chafing）
  g. 釘損（nail）
  h. 泥、酸（mud、acid）

4. 共同海損・救助料

ICC（A）（B）（C）の各約款の第2条は、「免責危険を除く一切の事由による損害を避けるためかまたはこれを避けることに関連して生じ、運送契約および/または準拠法および慣習に従って精算されまたは決定された共同海損および救助料をてん補する。」と規定している。

MIAでは、別段の定めがなければ、保険金の支払い対象となるのは、救助料については第65条（1）において被保険危険による損害を防止するために支出した救助料、共同海損については第66条（1）において被保険危険を避けるための共同海損損害または

---

[14] ワランティ（Warranty）とは「担保」と訳され、被保険者が充足することを約束する契約上の条件をいう。例えば、「水分率14％以下とすることをワランティと規定」した場合には、水分率が14％超であれば、保険者は免責されることとなる。

共同海損分担額に限定しているが、上記の通りICCにおいては（A）（B）（C）いずれの場合も免責危険を除く一切の事由による損害を避けるための共同海損および救助料をてん補する、としており、MIAよりも拡大している。

通常、運送契約には、共同海損はヨーク・アントワープ規則に基づいて精算される旨の規定があるので、保険者はヨーク・アントワープ規則によって精算された被保険者の共同海損分担額を支払うこととなる。救助料についても、決定された救助費を船舶および貨物の被救助価額に基づいて按分した額を被保険者である荷主が負担することとなり、これが保険金支払いの対象となる。

第6章で共同海損・救助につき詳しく説明する。

5. 双方過失衝突約款

ICC各約款の第3条に共通して挿入されている約款で、船荷証券（Bill of Landing ＝ B/L）上の双方過失衝突約款（"both to blame collision" clause）に従って、被保険者が自船船主から受けた賠償請求に対して支払う賠償額を担保するものである。

米国では、船舶が双方過失によって衝突し、貨物に損害を与えた場合、両船の船主は共同不法行為者として連帯して荷主に対して賠償責任を負う。つまり、荷主はB/L上航海過失は免責されているので、自船には求償できないが、共同不法行為を理由に相手船主から損害額の100％について回収が可能である。相手船主は当然のことながら、自船船主に対して自己の過失割合を超えて支払った額について求償することになる。しかしこのままでは、自船船主は積載貨物の荷主に対して、B/L上の航海過失免責の効果を享受することができない結果になるので、B/Lに双方過失衝突約款を設けて相手船主に支払った自船貨物の損害に対する自己の責任割合額を、自船の荷主に請求できるように規定している。

この運送契約上の規定に基づき荷主たる被保険者が自船船主に支払うべき金額を保険者が担保することとしたのが、ICC第3条の双方過失衝突約款である。

6. 1963年ICC

1963年ICCの担保危険は2009年ICCとの対比では、概ね以下の通りとなる。1963年

ICCは現在でも信用状の指定等により稀に使用されることがある。

【図１】

担保危険	1963 ICC（A/R）	2009 ICC（A）	1963 ICC（WA）	2009 ICC（B）	1963 ICC（FPA）	2009 ICC（C）
火災・爆発	○	○	○	○	○	○
船舶または艀の沈没・座礁	○	○	○	○	○	○
陸上輸送用具の転覆・脱線	○	○	○	○	—	○
輸送用具の衝突	○	○	○	○	○	○
積込み・荷卸し中の落下による梱包１個ごとの全損	○	○	○	○	○	●
荒天遭遇・船倉内への海水浸入による海水濡れ	○	○	○（免責歩合有）	○	△	●
湖・河川の水の船舶・艀・船倉・輸送用具・コンテナ・リフトバン・保管場所への浸入による淡水濡れ	○	○	●	○	●	●
地震・噴火・雷	○	○	○（免責歩合有）	○	△	●
雨・雪等による濡れ	○	○	●	●	●	●
破損・曲がり・凹み・擦り損・かき損	○	○	●	●	●	●
盗難・抜荷・不着	○	○	●	●	●	●
漏出・不足	○	○	●	●	●	●
汚染・混合	○	○	●	●	●	●
共同海損・救助料	○	○	○	○	○	○

○＝支払い対象　　△＝全損時のみ支払対象　　●＝特約がある場合、支払対象

7. 協会戦争約款（Institute War Clauses (Cargo)）

> 1. This insurance covers, except as excluded by the provisions of Clauses 3 and 4 below, loss of or damage to the subject-matter insured caused by
> 1.1 war civil war revolution rebellion insurrection, or civil strife arising therefrom, or any hostile act by or against a belligerent power
> 1.2 capture seizure arrest restraint or detainment, arising from risks covered under 1.1 above, and the consequences thereof or any attempt threat
> 1.3 derelict mines torpedoes bombs or other derelict weapons of war.
>
> 第1条　この保険は、下記第3条および第4条の規定により除外された場合を除き、以下の事由によって生じる保険の目的物の滅失または損傷をてん補する。
> 1.1　戦争、内乱、革命、謀反、反乱もしくはこれらから生じる国内闘争、または敵対勢力によって、もしくは敵対勢力に対して行われる一切の敵対的行為
> 1.2　上記第1条1項で担保される危険から生じる捕獲、拿捕、拘束、抑止または抑留およびそれらの結果またはそれらの一切の企図
> 1.3　遺棄された機雷、魚雷、爆弾またはその他の遺棄された兵器

　2009年協会戦争約款は、ICCとは独立した自己完結型の約款構成であり、この中で担保危険と免責危険を明確に規定している。

　まず、てん補の範囲を、各種戦争危険による保険の目的物の滅失または損傷に限ることを明記し、継搬費用条項を設けていないので、戦争危険発生の結果、被保険者が貨物の継送に余分な費用の支出を余儀なくされたとしても、これら費用は担保されない。

　捕獲、拿捕、拘束、抑止、抑留は、戦争危険に限ることが規定上明記されており、平和時の捕獲や行政上の処分、例えば税務当局による没収やRejection等によって生じた損害は、担保されない。拘束、抑止、抑留は航海の一時的中絶を生じさせるが、戦争約款中の航海中絶不担保条項によって、航海の喪失または中絶に基づく一切の損害は不担保と規定されている。

　1963年保険証券本文との比較では、Men-of-war、Enemies、Pirates、Rovers、Letters of Mart and counter-Mart、Surprisals、Takings at seaと言った戦争危険を指す古風な文言がなくなり、1963年ICCとの比較でも、Warlike operationとPiracyという文言がなくなり、Warという簡明な用語が加わっている。上記の点を除くと1963年協会戦争約款と文言の上ではほとんど変わらない。

　Piracy（海賊危険）については、S.G.証券においてはICCの条件にかかわらず協会戦争約款で担保しているが、MAR証券においては協会戦争約款の担保危険から除外され、

海上危険としてICCで担保している。従って、MAR証券においては海賊危険はICC（A）条件では担保されるが、ICC（B）、ICC（C）条件では列挙危険となっていないので担保されない。その差を埋めるためのExtension Clause for MAR Formと呼ばれるような特約を附帯して引受けることもある。

(1) 戦争・内乱（war, civil war）

協会戦争約款では、後述のリスクも含め戦争に伴う、あるいは関係する種々のリスクを戦争危険として扱っているが、1.1では"war"は狭義の国家間の戦争を指す。内乱は国内における体制派、反体制派間の戦争である。

(2) 革命（revolution）

革命は既存の国家体制を強制手段によって覆すことをいう。

(3) 反逆（rebellion）

反逆は次の反乱（insurrection）と大差なく、いずれも確立された政府官憲に対して武力によって公然と抗争することを意味し、確立された政府に取って代わることを目的とする反抗である。

(4) 反乱（insurrection）

反乱は、初期の限定された反逆（rebellion）とされている。

(5) 国内闘争（civil strife）

国内闘争というのは、内乱、革命、反逆、反乱から生じる国内闘争の状態をいうものと解する。

上記各危険は全て戦争危険として取り扱われているので、各危険相互間の厳格な区別は意味を有しない。ゲリラによる襲撃事件は、現体制打倒を目的とする武力行動である限り、上記のいずれかの戦争危険に該当するものといえる。

(6) 敵対行為 (hostile act)

　単なる私的個人が自然的にとった行動は、それがいかに敵対的なものであってもここでいう敵対行為とはならない。しかしながら、スパイのように政府機関として行動したと認められる私的個人による敵国財産の破壊行為は、敵対行為となる。

　ここで担保するのは敵対行為の結果による損害である。

　敵対行為に従事している間に生じた船舶間の衝突、機雷、魚雷を除く固定または浮流物との接触、座礁、荒天または火災事故は、これらが交戦国による、または交戦国に対する敵対行為に直接起因するもののみが、敵対行為の結果になる。

(7) 捕獲 (capture)、拿捕 (seizure)

　捕獲（capture）というのは敵または交戦国による没収、または占有権奪取のあらゆる行為を意味し、通常、捕獲された貨物の回復は望めない。

　これに対して拿捕（seizure）は捕獲よりも広い概念とされ、外国の税務官に関税法違反や密輸の疑いで貨物が一時的に押収される場合等、合法的な官憲（lawful authority）または圧倒的な実力（overpowering force）によって強制的に占有を奪う（forcible possession）あらゆる行為を含むと解釈されている。

(8) 拘束[15]、抑止、抑留 (arrest, restraint or detainment)

　拘束、抑止、抑留の三語の意義について明確な定義はないが、1874年のRodocanachi v. Elliot事件において、拘束（arrest）は「終局的には所有権を返還する意思をもって行う占有奪取」であるとし、抑止（restraint）を「運送の妨害」とした判事の傍論があるが、抑留（detainment）については触れられていない。しかし通常、これら三語は一体として使用される。

　「抑止（restraints）」には次のものがある。

　① 官の処分

15　MIA第1付則第10条では、王侯の抑止（Arrests, etc. of kings, princes, and people）を以下のように定義している。
「国王、王侯および人民の拘束その他」（arrests、&c., of kings, princes, and people）という文言は、政治上または行政上の行為を指し、騒じょうまたは通常の訴訟手続に因って生ずる損害を含まない。
The term "arrests, etc., of kings, princes, and people" refers to political or executive acts, and does not include a loss caused by riot or by ordinary judicial process.

② 陸揚げ禁止

③ 封鎖による運送継続不能

④ 航海継続の違法による航海の中絶

⑤ 出港禁止

⑥ 公用徴発

2009年ICCでは、上記（7）捕獲、拿捕、（8）拘束、抑止・抑留は戦争危険から生じるもののみを担保することが明記された。その結果、1963年協会戦争約款では担保されていた平時における捕獲、拿捕、拘束、抑止、抑留は担保されなくなった。海賊危険と同様、この差を埋めるために、Extension Clause for MAR Formのような特約を付帯することもある。

(9) 遺棄された機雷・魚雷・爆弾またはその他の遺棄された兵器（derelict mines torpedoes bombs or other derelict weapons of war）

機雷、魚雷、爆弾については、遺棄された（derelict）という形容詞が付加され、戦争終結後相当の年月が経った後に現れる遺棄された機雷等の危険が、戦争危険として取り扱われることが明確になった。

(10) 免責：航海もしくは航海事業の喪失または中絶（loss of or frustration of the voyage or adventure）

協会戦争約款で担保する危険の結果生じる航海の喪失または航海の中絶に基づくいかなる損害もてん補しない旨の免責規定がある。従って、貨物を積載した船舶が目的地へ向って出港した後に、例えば戦争が開始され、船舶が公用徴発され、航海の継続ができないために貨物を仕出地に持ち帰ったり、仕向地以外で廉価で売却することによって生じる損害はてん補されない。

協会戦争約款では貨物が政府または関係当局に没収されたり、焼却、廃棄命令によって処分される場合のように、貨物に対する被保険者の占有支配が完全に奪われたり、貨物に物理的滅失が生じる場合に、その損害がてん補される。

8．協会ストライキ約款 (Institute Strikes Clauses (Cargo))

> 1. This insurance covers, except as excluded by the provisions of Clauses 3 and 4 below, loss of or damage to the subject-matter insured caused by
> 1.1 strikers, locked-out workmen, or persons taking part in labour disturbances, riots or civil commotions
> 1.2 any act of terrorism being an act of any person acting on behalf of, or in connection with, any organization which carries out activities directed towards the overthrowing or influencing, by force or violence, of any government whether or not legally constituted
> 1.3 any person acting from a political, ideological or religious motive.
>
> 第1条　この保険は、下記第3条および第4条の規定により除外された場合を除き、以下の事由によって生じる保険の目的物の滅失または損傷をてん補する。
> 1.1　ストライキに参加する者、職場閉鎖を受けた労働者、または労働争議、騒じょうもしくは暴動に参加している者
> 1.2　一切のテロ行為、すなわち、合法的にあるいは非合法に設立された一切の政体を、武力または暴力によって転覆させあるいは支配するために仕向けられた活動を実行する組織のために活動し、あるいはその組織と連携して活動する者の行為
> 1.3　政治的、思想的、または宗教的動機から活動する一切の者

(1) ストライキ・暴動危険

　協会ストライキ約款では、ストライキ等に参加している者（ストを妨害阻止しようとしている者を含む）によってなされた物理的な保険の目的物の滅失または損傷を担保し、ストライキの結果要した特別の荷役費用や継送費用を担保しない。この点は、ICC 各条件第7条でストライキ等の危険から生じる滅失損傷および費用を免責し、協会ストライキ約款で費用損害を復活担保していないことからきわめて明瞭である。

　「悪意をもって行動する者」による滅失損傷は1963年協会ストライキ約款では担保していたが、2009年ではこの条項が姿を消したために、この危険は協会ストライキ約款では担保されないこととなった。

　この危険は、ICC (A) 条件では免責されていないので担保されるが、ICC (B)、ICC (C) 条件では「一切の人または人々の悪意ある行為によってなされた保険の目的物の全体または一部の意図的な損傷または破壊」を前述の通り免責としているので、担保されない。ただし1963年協会ストライキ約款とのバランスから、「悪意による損害約款（malicious damage clause）」によって追加担保する場合もある。

1.1で対象となるリスクをより詳しく述べると以下の通りである。

① ストライキ（strike）

ひ業者（striker）、職場閉鎖を受けている者（locked-out workmen）または労働争議に参加した者によって保険の目的物が物理的に滅失損傷する危険を担保する。ストライキとは関係のない倉庫や埠頭に保管中の保険の目的物が、これらの者によって滅失、損傷を被った場合も担保される。ストライキ危険は、ストライキ参加者による直接的な滅失損傷を担保するものであるので、ストライキによる労働力の欠如、不足、もしくは供給妨害から生じる損害や遅延損害および運送打切りに伴う継搬費用の損害等は担保されない。

② 騒じょう（riot）

私的性質を有する企てを実行するに当たって、これに反抗しようとする者に対して、相互に助け合う意図をもって、12人以上[16]（和文約款では10人以上）の者が自己の一存で集まり平和をかく乱することをいう。常に人々に恐怖感を与えるような暴力的騒動的なやり方で実行されるものをいう。

③ 暴動（civil commotion）

一般的目的のための民衆の反乱であって、確立された政府に取って代わることを目的とする反逆や、その前の段階である反乱の程度に達しないものをいう。

(2) テロ危険

ストライキ約款ではまた、1.2および1.3で、テロリストまたは政治的動機から行動する者による滅失損害を担保することを規定した。なお、2001年9月11日の米国同時多発テロ事件を契機にして、被保険輸送終了条項（テロリズム）"Termination of Transit Clause（Terrorism）"が制定された。この条項が一般に証券に附帯され、テロ危険については、担保期間は「通常の輸送過程」に限定され、特約等によって保管期間等が担保されていても、本約款が優先されるため、通常の輸送過程以外の期間のテロ危険は全て免責となる。

16　1987年施行のPublic Order Act 1986により、"Riot"の構成要件の一つであった「3人以上」が「12人以上」に変更された。

9．和文約款

　国際間輸送では英文保険証券が用いられるが、国内の輸送に関しては、通常和文保険証券が使用される。標準的に使用される和文約款には貨物海上保険普通保険約款と運送保険普通約款があるが、両者の文言は同一である。以下、和文約款での担保内容等について簡単に説明する。

(1) 担保危険

　保険条件としては、大きく分けてオールリスクと特定危険がある。特定危険は英文約款のICC（C）に近い内容となっており、「火災、爆発、もしくは輸送用具の衝突・転覆・脱線・墜落・不時着・沈没・座礁・座州」によって生じた損害または共同海損犠牲損害を担保している。オールリスクは英文約款のICC（A）に相当する内容であり、免責事由に該当しない全ての偶然な事故によって生じた損害を担保する。

　また、和文約款では商品に応じて様々な特約が付帯されており、その特約ごとに担保危険・免責が設定されていることから、実際の事故の際には、付帯される特約条項をよく確認する必要がある。

(2) 免責危険

　免責危険は貨物の自然の消耗等、英文約款の免責危険に近いものが多い。下記に主な免責危険を列挙する。

①　保険契約者・被保険者・保険金を受け取るべき者の故意または重過失

　　故意・重過失免責には、使用人も含む旨規定されている。ただし、貨物の輸送に従事する者が契約者・被保険者・保険金を受け取るべき者の使用人である場合には、使用人の故意を免責とする一方、重過失は免責としていない。

②　貨物の自然の消耗またはその性質もしくは欠陥によって生じた損害（自然発火・蒸れ・カビ等）

　　ICC 4.4 の免責危険である inherent vice or nature に相当する。

③ 荷造りの不完全

　ICC 4.3の免責危険である梱包または準備の不十分に相当する。

④ 輸送用具、輸送方法または輸送に従事する者が出発時に貨物を安全に輸送するのに適していない

　ICC 5の免責危険である不堪航（Unseaworthiness）に相当する。当該輸送の出発時に車両に欠陥があった場合や、異常な過積載が行われた場合等が該当する。ただし、保険契約者・被保険者等がその事実を知らず、かつ知らなかったことについて重大な過失がなかった場合にはこの免責事由は適用されない。

⑤ 運送の遅延

　ICC 4.5の免責危険である遅延（Delay）相当する。

⑥ 間接損害

　ペナルティや違約金等の間接損害はてん補の対象とならないことは明らかではあるが、改めて明示している。

⑦ 戦争・内乱・変乱・魚雷・機雷、捕獲・拿捕・抑留・押収、検疫・公権力による処分

　ICC 第6条の免責危険である戦争危険に相当する。

⑧ ストライキ、10人以上の群集・集団によりなされた暴力等

　ICC 第7条の免責危険であるストライキ危険に相当する。

⑨ 原子核反応等

　ICC（A）4.7の免責危険である原子核反応免責に相当する。

⑩ 地震・噴火・津波

　地震・噴火・津波は英文約款ではICC（A）（B）で担保しているが、和文約款では、陸上（湖川を含む）にある間は一切担保していない。

第4章

保険金の算出

第1節 全損

1. 英文保険証券における全損

貨物の損害は、全損か分損のいずれかに定義される。全損はさらに現実全損と推定全損に分けられる。以下、現実全損と推定全損について説明する。

(1) 現実全損（Actual total loss）

現実全損には、下記に説明する通り3つの概念があり、保険事故の結果、貨物がこれらのいずれかに該当する損害を被った場合に、貨物は現実全損となる。3つの概念とは、
①保険の目的物が物理的に破壊された場合
②保険の目的物が保険を付したものと同一の種類のものとは考えられないような甚大な被害を被った場合
③被保険者が保険の目的物の占有を奪われて回復が不可能である場合
である（MIA第57条）。

上記①の具体的な例としては、貨物を積載した本船の沈没、または火災による貨物の全焼、あるいはコンテナの落下により、保険の目的物であるワインのボトル全てが破損したというような事例等が挙げられる。②の概念は、"change of species"[17]ともいわれ、事故により保険に付した際の貨物とは別物と考えられる程に性質が大きく変わってしまったような場合を指す。この例としては、沈没した本船から引き上げられたナツメヤシの実が、汚水と共に発酵状態にあり、もはや貨物の種類性質が変質している、として現実全損が認められた判例がある。③の例としては、保険の目的物の盗難、あるいは貨物を積載した本船が航行中に行方不明となり相当な期間経過後に消息が得られなかった場合（MIA第58条）等が挙げられる。「相当な期間」とはどの程度の期間を意味するかについては論議があるが、実際に事故の起こった際の気象条件、季節、航路等を考慮し合理的に判断することが必要である。

---

[17] MIA 第57条 "(Where the subject-matter insured is) so damaged as to cease to be a thing of the kind insured"。Asfar & Co, v. Blundell（1896）において、沈没した本船から引き上げられたが、汚水と共に発酵状態にあったナツメヤシの実について、「貨物の種類性質が（商業的見地から）変質している」として全損と判示された。

以上のように、貨物が保険事故により上述の3つの場合に該当する状態に陥った場合に、現実全損が成立する。

(2) 推定全損 (Constructive total loss)

　MIAでは推定全損について、保険の目的物の現実全損が避け難いと見られるため、または保険の目的物の価額を超える費用を支出しなければ保険の目的物の現実全損を免れることができないために、保険の目的物が正当に遺棄される場合には、推定全損があると定めている（MIA第60条（1））。その上で、MIA第60条（2）で、特に次の場合には推定全損があるものと規定している。すなわち、

①被保険危険によって貨物の占有を奪われた場合において、回収の見込みがないとき、もしくは回収費用が貨物の価額を超える見込であるとき

②貨物の損傷の場合には、修理費用と仕向地までの継搬費用の合計が到達時の貨物の価額を超える見込であるとき

の2つの場合である。例えば、船舶が航海中に海難事故に遭遇し、船体への損傷が甚大であったため、途中の港で航海放棄されたケースにおいて、貨物は船から安全に陸揚げされたが、そこから目的地までの運送賃が積荷の価額を超えるおそれがあるとして、全損として保険金の支払いを求められる場合がある。このような場合には、貨物は現実全損であるとはいえないが、高い運賃を支払って貨物を目的地に輸送しても、その貨物の価額が運賃を下回ることが明らかである場合には、推定全損があるものとして、全損として保険金を支払うことができる。その他、より一般的な例としては、貨物が輸送中の事故により深刻な物理的損害を被り、現実全損の概念には当てはまらないが、その修理手直し費用が貨物の価額を超えることが明らかになるようなケースである。このような場合には、慎重に修理見積もり等を精査した上で、修理手直しに経済合理性がないと判断された場合には、推定全損を認定する。

　推定全損がある場合には、被保険者は、その損害を分損として処理することもできるし、保険の目的物を保険者に委付してその損害を現実全損の場合に準じて処理することもできる（MIA第61条）。この場合の被保険者の保険者に対する委付（Abandonment）[18]

18　委付の通知は書面または口頭ですることができる。委付の成立には保険者の承諾が必要であり、保険者は委付の拒絶をすることができる（MIA第62条）。

は、被保険者が当該貨物について有する一切の権利を、保険者に現状のまま無条件で譲り渡し、代わりに当該貨物につき全損として保険金を受け取るというものであるが、実務において委付が行われることはほとんどない。推定全損が成立すると確認された場合には、保険者は貨物の委付を受けることなく、保険金を支払うのが一般的である。

2.和文保険証券における全損

　和文保険証券においては、現実全損と推定全損とを一括して、全損となる場合を規定している（貨物海上保険普通保険約款[19] 第8条）。

　過去の約款では英法と同じく委付の制度が規定されていたが、実務においては全損の概念がある程度広く解釈され、全損の立証が困難なものを委付によって救済する必要性が乏しくなり、また委付された場合に残存物についての責任や費用負担の問題が生じるおそれがあることもあって1989年4月の約款改正に伴い委付の制度は廃止された。

　委付に関する規定を廃止した現行の和文約款では、残存物に関する権利の取得について保険者に取得の選択権があることを新たに規定しており、貨物海上保険普通保険約款第32条では、保険金を支払った場合でも、保険会社が残存物についての所有権その他物権を取得する旨の意思を表示しない限り、保険会社がその権利を取得しないことが明確となった[20]。また、全損となった貨物について撤去義務等々の義務が存在する場合は、その義務の履行に要する費用は被保険者の負担と規定している（貨物海上保険普通保険約款第33条（2））。

　実務において全損金を支払う場合には、売得金の有無を検討するのみでなく、撤去義務や損害賠償責任の可能性についても十分考慮の上、貨物の権利の移転を受けるか否かを検討し、約款の定めにより意思表示を要する場合には、被保険者にその判断を通知することが必要である。

19　本書においては、特段の断りがない限り、日本国内用の貨物海上保険普通約款は、東京海上日動火災保険株式会社の2014年1月1日以降始期契約用の貨物海上保険・運送保険普通保険約款（巻末資料393頁）を指すものとする。
20　反対に、残存物についての権利を取得しない旨の意思表示をせずに保険金を支払った場合には、残存物についての権利が保険会社に移転すると規定する約款もある。

3. 全損の場合の損失金計算

　保険につけられた貨物が担保危険によって全損となった際には、保険者は保険証券に記載された保険の目的物の協定価額の全額を被保険者に支払うのが原則である。

　しかしながら、現在のわが国の貨物保険の実務では、英文の包括予定証券（Open Policy）約款中のPayment of Claims Clauseに含まれる未必費用控除条項[21]や、和文の貨物海上保険普通保険約款10条等において、貨物が損害を被ったことによって支払いを免れた費用は控除して支払う旨を規定している[22]。これらの未必費用控除の規定は、被保険者が実際に被った被保険利益の損害を超過する保険金を受け取ることで利得が生じることを避けるために、わが国の保険契約で一般的に設けられている規定であって、保険者が保険金を支払う際には、貨物の該当保険金額からこれらの未必費用を控除している。

第2節 分損

1. 物的損害

　貨物の一部が被保険危険により損害を被る場合等、全損以外の損害のことを分損という（MIA 第56条）。分損には量的損害と質的損害の2種類がある。

（1）貨物の量的損害

　貨物が航海中に海難等によりその一部が滅失してしまった場合、例えばタンカーが衝突して原油が流出したような例がこれに当たる。この他にも、輸送中の盗難あるいは抜荷損害、漏損、不足損害等が量的損害の例として挙げられる。

21　"Should the Assured be exempted, as a result of any loss or accident whether caused by the perils insured against or not during the currency of insurance, from paying freight and/or charges or any part thereof which are included in the insured value, the settlement of claim shall be made on the basis of the amount which is equivalent to the insured value with the deduction of freight and/or charges so saved."
22　例として、輸出貨物が工場から輸出港のコンテナヤードまでの輸送中に全損となり、海上輸送がキャンセルされたために支払いを免れた海上運賃や輸出諸掛等が挙げられる。

貨物の量的損害の計算は、減失あるいは減量した量に対する該当保険金額を計算して支払う。個数で表される貨物についていえば、1,000個の貨物について保険金額が¥1,000,000の場合、このうち50個が輸送中盗難損害を被ったとすれば、損失金は次の通り計算される。

$$¥1,000,000 \times \frac{50個}{1,000個} = ¥50,000$$

ばら積貨物のように重量で表される貨物についても、同じように減失した量に対する該当保険金額を出して損失金が計算される。すなわち10,000トンの穀物がshortage担保特約付きの条件で保険金額¥250,000,000として付保され、この貨物の仕向地で荷揚げされた数量が9,950トンであった場合、支払保険金は次の通り計算される。

$$¥250,000,000 \times \frac{10,000トン - 9,950トン}{10,000トン} = ¥1,250,000$$

なお、この種のばら積貨物は、船に積込みの際、船倉内にベルト・コンベアーで流し込まれたり、荷卸しの際には船倉からグラブバケットでつかんで岸壁に揚げられるものもある。このような荷役が行われる貨物については、若干の荷こぼれや、荷卸しの際に揚げ切れず若干の量が残ってしまうことが避けられないことがある。従ってこの種類の貨物は、船から荷卸しされた数量が船積みされた数量に比べて、必ず若干の数量の減少が見られるものである（実際の船積数量と揚数量については、5章で説明する書類を基に確認する）。これをordinary shortageといって、ICCの免責条項にも"ordinary loss in weight or volume"を不担保とする旨規定がある。よって、ばら積貨物について不足損害を特約で担保する場合には、このordinary shortageを見込んであらかじめ担保しない割合を定めて、保険契約を行うことが通例である。例えば、"Shortage excess 0.5% on the whole"という条件となっていれば、証券記載数量の0.5%の不足分は控除して保険金を支払うこととなる。

(2) 貨物の質的損害

貨物の一定数量が減失あるいは盗難等により全損となる損害を量的損害と言うのに対

して、全損には到達しないが、貨物の一部もしくは全量に一定の物理的損傷が生じており、経済価値の下落が生じている損害を質的損害という。質的損害においては、損害による貨物の価値の下落をいかにして決めるかが支払保険金算出上の重要なポイントとなる。貨物の価値の下落の算出方法については、大きく分ければ、一般に損率といって、価値が下落した割合を求める方法として、①分損計算、②損率協定の2通り、また③原状回復のための費用を算出する方法、④該当保険金額から損害発生後の残存価値との差額を求める方法がある。以下、これらを順に説明する。

①分損計算

　損傷を被って到着した貨物の損害程度を決める方法として、MIA第71条（3）に、保険を付けられた貨物が損害を被って目的地に到着した場合、損害てん補額は到着地の正品市価と損品市価との差額の正品市価に対する割合を、該当保険金額に乗じた額を算出して決められる旨を規定しており、この算出方法を分損計算[23]という。

　以下、分損計算の具体的方法について例を用いて説明する。

　10,000トンの穀物がICC（B）条件で￥250,000,000（単価トン当たり￥25,000）の保険を付けられ、目的地に到着した段階で1,000トンの貨物に潮濡れが発見された。これら1,000トンの損害貨物が保険者、被保険者同意の下に売却された結果、トン当たり￥8,000、総額￥8,000,000の売得金が得られたとする。一方、当時の正品市価はトン当たり￥16,000であった。この場合、分損計算の方法によれば、貨物の損率および損害額は次の通り計算される。

$$損率：\frac{16,000 - 8,000}{¥16,000} = 50\%$$

$$¥250,000,000 \times \frac{1,000 \text{トン} \times 50\%}{10,000 \text{トン}} = ¥12,500,000$$

　貨物によっては高率の関税が課せられて、関税を除いた価額で分損計算を行った場合と、関税を支払った後の価額で分損計算を行った場合とで、格落損害に相当差を生ずる場合がある。例えば、あるインボイス価額￥1,000,000の乳製品に、￥1,100,000の

---

[23] 分損計算は、英文証券のみでなく和文証券でも適用されるのが一般的であり、巻末資料の貨物海上保険普通保険約款では、第9条(1)に規定されている。

保険が付けられていたが、陸揚げ後、潮濡れ損害が発見された状態で通関され競売にかけられたところ、¥800,000で売却されたものとする。しかし、この貨物には¥400,000の関税が課せられていて、損害品に対しては減税が認められなかったものとすると、通関前の価額を正品市価とみなして分損計算をすれば、被保険者に対する支払保険金は次の通りとなる。

$$¥1,100,000 \times \frac{¥1,000,000 - (¥800,000 - ¥400,000)}{¥1,000,000} = ¥660,000$$

一方、通関後の価額を正品市価とみなして分損計算を行うと次の通りである。

$$¥1,100,000 \times \frac{(¥1,000,000 + ¥400,000) - ¥800,000}{¥1,000,000 + ¥400,000} = ¥471,429$$

この両者の計算方法のうちいずれが適当であるかが問題となるが、MIAでは分損計算は常に総価額（Gross Market Value）をとって行うことを規定している（MIA第71条（3）および（4））。すなわち関税支払後の国内市価に基づいて行われることになるので、上記貨物の例についていえば、¥471,429を損害額として支払うのが妥当[24]である。

貨物の正品市価は日々変動しており、また生産者価格から小売価格まで通常いろいろな段階の価格があるため、どの段階の価格を採用すべきかという問題も生ずる。これについては、分損計算において正品市価と比較される損害貨物の売却価格も、正品市価の変動の影響を受けることから、損害貨物が売却された時点の、売却された場所における正品市価を採用することが妥当であるといえる。また、損害貨物は直接消費者に売却されることはまずなく、一括して業者に売却されるのが通常である。この観点から、一般に、正品価格は、一括して売却される価格、すなわち卸売価格を採用することが適当である。正品市価は商品取引所等におけるその貨物の取引相場を参考に算出されるのが通常である。

損品市価すなわち損害貨物の売却価格を決めるにも、損害貨物を任意の買取希望者

---

[24] ただし、MIA 第71条(4)では、慣習として保税のまま売買されている貨物については、通関以前の価額を基準として分損計算が行われるべきであると規定されている。

に任意の価格で売却してその価格を損品市価とすればよい訳ではなく、損害防止義務の観点からも、被保険者は極力損害貨物を高値で売却して、損害の軽減に努めなければならない。従って、特定の業者との交渉により有利な価格で売却できる場合もあるが、複数の買取希望者を集めて入札を行うことにより高値での売却を図る必要がある場合もある。損害貨物の売却価格は分損計算の結果に直接影響を与えるので、公正かつ合理的な手続きを通じて妥当な損品市価を求めることが重要である。

②損率協定

　分損計算の方法では、損品を実際に市場で売却することで損品価格を確定させ、また妥当な正品市価を算出した上で、それらの差額と正品市価との割合を計算することで損率を算出するのに対し、損率協定と呼ばれる方法では、実際に損品を売却することなく、通常はサーベイヤーの関与の下、損害の程度、貨物の性質、格落ち品となった場合の用途、過去の同種貨物の損品処分実績も考慮し、妥当な値引率を基に、損率を被保険者と保険者との間で協定し、分損計算に準じて損害額を算出する。損率協定では、損害貨物を実際に市場で売却するための手続きを省くことができるため、損害額を確定させるプロセスが早くなり、被保険者は早期に保険金を受け取れるという大きなメリットがある。一方で、分損計算の場合と違って、損率の明白な根拠となる実際の損品売却価格のバウチャーがなく、損害額の客観性の確認・立証が難しいことから、被保険者が実際に被った転売差損等の経済的損失との乖離が大きくなってしまったり、代位求償に当たって支障をきたすリスクもあるので、あらかじめ損率協定の適否を十分に検討することが必要である。一般に損率協定の方法は、既に多くの先行する事例があるなど、損率の協定に当たって十分な根拠がある場合に採用するのが適切である。

③貨物を原状回復するための費用

　貨物が損害を被った場合の処理方法として、損害貨物に手直しや修繕処置を行うことで原状回復ができる場合も多くある。例えば、水濡れを被った貨物の乾燥拭き取り作業が行われたり、あるいは汚れが生じた貨物に洗浄作業が行われることもある。このように貨物の損害に対して合理的な処置が行われて原状回復に至った場合には、それに要した費用そのものが貨物の価値の下落分に相当すると考えられるため、合理的

な原状回復費用を算出し損害額とする。

　この種の費用として最も一般的なものは、機械や自動車等の修繕費（修理費）であろう。このような貨物に関しては、一般的な英文保険証券に含まれる協会機械修繕約款（Institute Replacement Clause）[25]が適用されるので、先に述べた分損計算や損率協定によらず、当該貨物の損害を受けている部分の部品の交換、再取付け等の修繕に要する諸費用、交換する部品の取寄せに要する輸送費用（当該輸送に関わる貨物保険料やその他の輸入等諸掛りも含む）を含む、修繕に要する合理的な費用をてん補する。機械類は修繕することで原状回復が可能であるとの考え方から、協会機械修繕約款では、前述のような修繕に要する合理的な費用を限度として支払うこととしている。

　機械等の貨物が損害を受けた際には、その機械の部品あるいは全体をメーカーに返送して修繕を行い、修繕が終わった後、その部品あるいは機械を再び目的地に輸送することがある。このような場合には、機械あるいは部品の返送費用、メーカーでの修繕費、再輸送費用、再通関の諸費用等は、費用損害として機械の保険金額を限度として、保険者によりてん補されることになる。

　なお、被保険輸送が船便であったにもかかわらず、損害が発見され修繕を急ぐために部品を航空便で取り寄せたり、あるいは航空便で貨物の返送、再輸送を行ったとしても、その取付け費用あるいは輸送費用は、船便だった場合に支出されたであろうと認められる費用の限度までしか、保険者によりてん補されない。しかし、被保険輸送が船便であっても、修繕の際の交換部品の輸送に際し航空便を使用した場合には、その費用の全額をてん補する旨を定めた特約もある。

　また、当初の保険金額に関税が含まれていない場合には、修繕のための部品の輸入の際に関税が課税されても、その関税はてん補されないが、このような場合でも修繕のための部品の輸入の際に生じた関税をてん補する趣旨の特約もある。

　これらの特約が付帯されている場合でも、保険金として支払われる額は、該当の機械等の保険金額が限度となる。

④救助物差引てん補方式（サルベージ・ロス・セトルメント）

　分損計算、損率協定、あるいは原状回復費用とも異なる損害額の算出方法で、サルベージ・ロス・セトルメント（Salvage Loss Settlement）と呼ばれる算出方法がある。

---

[25]　本書第8章「主要貨物の損害対応の上の要点」第11節「機械類」で詳しく説明する。

損率協定あるいは分損計算が、損害貨物に対する格落ちの割合を求め、その割合を該当保険金額に乗じて支払保険金を算出するのに対し、この方法は該当保険金額から損害貨物の売却価格を差し引いた額を、保険金として支払う方式である。

　貨物が航海の途中で損害を受け、そのままの状態で目的地まで輸送されれば腐敗、変質等が酷くなり、ほとんどその価値を失ってしまうおそれがあるので、中間の港あるいは場所で、船長あるいは被保険者の代理人の手によって売却処分される場合は、この方式で支払われる。また貨物を積載した船が海難に遭って避難港に入り、損害を受けた貨物をその港に陸揚げしたが、船体が重大な損害を被り修繕に長期間を要するため船主が航海放棄を宣言し、もし貨物を仕向港まで輸送するとすれば継送費用が高額となり仕向地における価額を超過したり、超過しないまでもこのような継送費用を節約して現地処分を行う方が有利であったと判断される場合もある。このような場合には、保険者の同意を得て避難港で貨物を売却処分した上で、サルベージ・ロス・セトルメント方式によって算出した保険金が支払われることになる。

　貨物が仕向地に到着する以前に、仕向地と異なった他の場所において処分される場合には、仕向地であれば被保険者の裁量によって最大限有利に売却処分可能であったであろうところ、被保険者にとって非常に制約の多い状況下で売却処分されることによる不利を免れることができないと考えられる。従って、このような状況の下で貨物が目的地に到着した場合と同じように考えてMIAの規定に従い分損計算等を行うことは、被保険者に不利を招くことになる。このような不公平を除くため、MIAに規定はないものの、サルベージ・ロス・セトルメント方式で保険金の計算が行われる。

　上記のように、従来この方法は、貨物を中間地で処分するときに採用されていたが、現在では以下のような場合にも援用されている。

　a．損害が少額であるか、正品市価を決めるのが困難で価額の変動も少ない場合に、被保険者と保険者の合意により損品を売却し本方式をとる場合。

　b．当該貨物としての性質・用途に適さず手直しをしても貨物の価額を超えてしまうほどの酷い損害を被っている場合、すなわち本章第1節（1）「現実全損」で述べた"Change of Species"による現実全損、もしくは推定全損が生じているような場合で、かつ貨物の残存価値が若干でも残っていると考えられるような場合に、保険者の了解の下で本方式をとる場合。この例としては、損傷を被った鋼材のスクラップ、紙の古紙（再生紙原料）としての処分等がある。

2. 損害防止費用と継搬費用

(1) 損害防止費用

　一般に保険証券に含まれている損害防止約款[26]において、被保険者、その代理人、または証券の譲り受け人は、貨物に損害が生じた場合には、損害の防止軽減、原状回復に万全の努力をしなければならないと規定されている一方、そのために支出された費用は、保険金額を超えても保険者が負担する旨、MIA第78条に明記されている。また、わが国の保険法第13条では、保険事故が発生したことを知った場合に損害発生および拡大の防止に努めることを保険契約者および被保険者に要求し、保険法第23条1項2において、そのために有益であった費用は保険者の負担とすることを規定している。厳密な意味での損害防止費用は、合理的に被保険者あるいは代理人等によって支出されたもの、さらに保険の目的の保護、安全、および回復のために支出されたものでなければならない。

　例えば、鋼材が航海中に海水濡れ損害を被り、そのまま放置すれば錆損が生ずる危険が生じたため、寄港地で被保険者の代理人あるいは被保険者より委任を受けた船会社の代理店が、海水濡れを被った鋼材を陸揚げ乾燥して再び船積みした場合、この作業のために支出された荷卸し料、乾燥手入れ費用、乾燥手入れのための倉庫料、および本船への再積込費用等は、損害防止費用といえる。この狭義の損害防止費用は、結果的に保険金額を超えて支出されても、担保危険によって生じたものであれば、保険者によっててん補される規定になっている。

　また、損害防止費用は現実に保険で担保している危険が発生して、これを防止し貨物の損傷を軽減する費用でなければならない。従って、危険の発生のおそれがあるからといって、これに備えて支出された費用は損害防止費用とは認められない。一例を挙げれば、台風が上陸するおそれがあるとして、被保険者が倉庫に指示して1階に仮置きされていた貨物を2階に配替えしたような場合、この配替え費用を損害防止費用として請求されたとしても、これは高潮の可能性があるというだけで、高潮の危険が現実に差し迫っ

26　ICC(A)(B)(C)においては第16条、和文の貨物海上保険普通保険約款においては第31条（損害防止義務）および第2条（保険金を支払う損害－費用の損害）①（損害防止費用）がこれに当たる。

ていないから損害防止費用としててん補することはできない。ただし、現実に台風が上陸して高潮が発生し、倉庫に海水が浸入したような場合、被保険者またはその代理人の手で急遽配替えが行われるようなことがあれば、保険の目的物を損害から保護するための緊急の措置として認められ、その際に支出された費用は損害防止費用と認められるであろう。

　被保険者は保険証券にも明記されている通り、貨物の損害防止、軽減する義務を負っている。もし被保険者が被保険貨物について、担保危険による損害が生じたことを知っていながら、この損害防止軽減措置をとらなかったと認められた場合には、適切に損害防止軽減措置がとられていたら軽減できたであろうと認められる金額を差し引いて、保険金が支払われることとなる。

(2) 継搬費用

　もし貨物を積載した船が海難事故によって航行不能となり、途中港に避難したが、航海継続が不可能であるとして、貨物を陸揚げの上、そこで航海を打切ることを宣言したとする。この場合、荷主は他の船を手配し貨物をその船に再積込みして目的地まで輸送するか、もしくは代船手配そのものは船主が行うことになったとしても、避難港における保管料、代船運賃、再積込費用等について、荷主が負担せざるを得ない状況が生じ得る。このように、担保危険の作用によって航海が打切りとなった場合、それ以降、最終目的地まで貨物を輸送するために適切かつ合理的に支出された追加的な継搬費用については、2009年ICCでは第12条継搬費用条項（Forwarding Charges Clause）に基づきてん補されることがある。

　運送人の支払い不能・金銭債務の履行不能によって被保険輸送が打切られた場合に、継搬費用の支出が必要になることも考えられる。

　このような場合には、第3章第6節2.(1)「ICC(A)の免責危険」⑥「4.6 船舶の所有者・管理者・傭船者等の支払い不能・金銭債務の履行不能」で説明した通り、荷主との運送契約の当事者である運送人を確認するとともに、輸送の打切りの事実、輸送の打切りにより必要となる費用の明細や、通常でも要したであろう費用の明細等を十分確認する必要がある。

第3節 関税

　貨物は通常、輸入港において関税（Import Duty）を支払うが、貨物の関税の部分は貨物自体と異なり、貨物が目的地に到着し通関が終わって初めて被保険利益が具現化するもので、航海中には被保険利益はない。すなわち航海中に貨物が事故によって滅失したような場合には、関税を支払わなくて済む。従って貨物の中にはあらかじめ保険金額の中に関税の部分を含めて、一括付保されるものもあるが、この関税の部分を切り離し、別に輸入税担保約款（Duty Insurance Clause）[27]という約款によって、関税の部分を貨物自体の保険金額と別に付保するのが一般的である。この場合には輸入税保険として付保された部分に対しては、保険料率は貨物自体に比べて若干低くなり、保険証券には次の通り保険金額が表示される。

　　　U.S.$10,000 On Cargo
　　　U.S.$3,000 On Duty

　貨物が陸揚げされ、通関後に担保危険によって全損を被った場合には、関税はすでに支払い済であるから、次の通り関税込の損害額がてん補される。

貨物自体の保険金額	US$10,000
関税の保険金額	US$3,000
支払保険金	US$13,000

　一方、貨物が関税を支払って通関後、分損を被った場合、貨物の損率50％とすれば、てん補金は次の通り計算される。

支払保険金　US$13,000 × 50％ = US$6,500

　しかし貨物が航海中に担保危険によって全損となった場合には、関税は通常支払われ

---

[27] 日本では関税法に規定される関税が対象となるので本文中はこの税を「関税」と表記するが、Duty Clauseの訳語としては定着している「輸入税担保約款」と表記する。

ていないので、貨物自体の保険金額だけが支払われることになる。すなわち上の貨物の例でいえば、保険者のてん補額はUS$10,000となる。貨物が航海中、担保危険によって分損を被って到着し関税が全額支払われた場合には、貨物の損率を50%とすれば、保険者は次の通りてん補することとなる。

貨物自体の損害 US$10,000 × 50% = US$5,000
関税の損害　　 US$3,000　× 50% = US$1,500
支払保険金　　　　　　　　　　　 US$6,500

なお、関税の保険金額については、貨物自体の保険金額と異なり、実際の関税額を輸入（納税）申告書（Import Declaration）で確認し、関税額が輸入税保険金額よりも低い場合は、実際の関税額を保険金額とみなして計算を行う必要があるという点で、注意を要する。

第4節 連続損害（Successive Loss）

(1) 英文保険証券

　保険者は貨物の保険期間中は、事故発生の都度、すなわち一件ごとに、保険金額を限度として損害をてん補することになっている。航海の途中で貨物に損害が起こっても、多くの場合途中で手直しをすることはないが、貨物が途中で手直しをされ、そのために手直費用を要し、目的地に到着するまでに再び別の損害が生じた場合には、保険者はそれらの損害に対していずれも責任があり、それぞれの損害額を合算したものを支払わなければならない（MIA 第77条（1））。例えば、航海中に貨物に損害を受け、目的地にそのまま輸送すれば著しく損害が増大すると認められたために、途中の港で手直しが行われたとする。手直し終了後、目的地に向かってさらに航海継続中に他の事故によって船舶が全損になり、貨物も全損に帰したような事故があれば、保険者は被保険者に対し2回の事故として、途中の港で支出された手直し費用と、貨物の全損金とを合算した金額を支払わなければならない。

しかし、輸送途中で貨物に分損が起こっても、途中で手直しが行われないうちに別の事故で全損となった場合、保険者は２回目の事故による全損金のみてん補し、前の分損はてん補しない。MIA第77条（2）の規定のように、英法においては「前の未修繕分損は後の全損に吸収される」という原則があり、初めに起こった分損が被保険危険によったものであっても、それが手直しされないうちに被保険危険以外の原因によって貨物が全損になった場合には、保険者は全損に対してはもちろんのこと、前に起こった分損に対してもてん補責任はないことになる。それとは逆に、初めに起こった分損が被保険危険によらないものであっても、それが手直しされないうちに被保険危険によって貨物が全損になった場合には、保険者は全損に対しててん補責任があることになる。

(2) 和文保険証券

　わが国においては、「前の未修繕分損は後の全損に吸収される」という法理はないので、被保険危険以外の原因で起こった貨物の分損が手直しされないうちに被保険危険によって全損になった場合には、保険金額から前の分損額を控除しててん補することとなる。

第5節 重複保険

　出荷人が出荷地で出荷人の倉庫から目的地の荷受人の倉庫まで担保する海上保険を申し込み貨物を発送したが、一方で荷受人の代理人が、別途FOB以後到着地までの海上保険を付けている場合が稀にある。この場合貨物が航海中に、両保険証券の担保危険によって損害を受けたとすれば、貨物の損害は出荷人の付けた海上保険および荷受人の付けた海上保険の両保険証券によっててん補を受けることになるが、被保険者はどの保険者から支払いを受けるべきか、あるいは保険金はどう計算されるかということが問題となる。
　このように同一の被保険利益に対し複数の保険が手配されている場合を重複保険という。従って、例えば、保険の目的物が同一であっても、荷主が貨物自体に付保する貨物保険と、運送人等の貨物受託者が付保する賠償責任保険とでは、重複保険にはならない。

以下、重複保険について、英法および国内法上の規定に沿って説明する。

1. 英法上の取扱い

MIAには重複保険につき下記の規定がある。

第32条　重複保険（Double insurance）

(2) Where the assured is over-insured by double insurance –
(a) the assured, unless the policy otherwise provides, may claim payment from the insurers in such order as he may think fit, provided that he is not entitled to receive any sum in excess of the indemnity allowed by this Act;

(2) 被保険者が重複保険によって超過保険を付けた場合には、
(a) 被保険者は、保険証券に別段の定めがない限り、自己の適当と考える順序に従って各保険者に支払いを請求することができる。ただし、被保険者はこの法律で認められたてん補額を超える額を受取る権利はない。

第80条　分担請求権（Right of contribution）

(1) Where the assured is over-insured by double insurance, each insurer is bound, as between himself and the other insurers, to contribute rateably to the loss in proportion to the amount for which he is liable under his contract.
(2) If any insurer pays more than his proportion of the loss, he is entitled to maintain an action for contribution against the other insurers, and is entitled to the like remedies as a surety who has paid more than his proportion of the debt.

(1) 被保険者が重複保険によって超過保険を付けた場合には、各保険者は、自己と他の保険者との間においては、自己の契約上その責めを負う金額の割合に応じて、比例的に損害を分担する義務を負う。
(2) 保険者の一人が自己の分担割合を超えて損害を支払った場合には、その保険者は、他の保険者に対して分担請求のための訴えを提起する権利があり、かつ、自己の分担割合を超える債務を支払った保証人と同様の救済手段をとる権利がある。

重複保険の場合の保険金の支払い・分担に関し、MIAは、まず第32条において独立責任額全額主義（被保険者の請求を受けた保険者は自らの保険契約に基づいててん補すべき全額を支払う方式）をとり、第80条において保険者間の分担義務と、事故の分担割合を超えて支払った保険者が他の保険者に対して有する請求権を定めている。

しかしながら、MIA第80条（1）においては、具体的な分担額の決定方法が明瞭に規

定されているものではなく、実務としては大きく分けると独立責任方式と共通責任方式の二つの考え方がある。しかしながら、英国においていずれを採用すべきかに関する明確な判例はなく、実務上は保険者間の協議に委ねられている。以下、それぞれの方法につき説明する。

（1）独立責任主義

　独立責任主義の考え方には、「自己の契約上その責めを負う金額」の基準が各保険証券の保険金額なのか、あるいは独立して負う損害額なのか、によってさらに二つの計算方法がある。

①保険金額を基準とした場合
　まず、MIA第80条（1）の「自己の契約上その責めを負う金額」が保険金額を指すとした場合の計算方法につき説明する。
　保険者Aが、ある貨物を保険価額および保険金額100万円と協定して引受け、同時に保険者Bが同一貨物を保険価額および保険金額80万円として引受けた場合を想定する。両保険証券の担保危険により損害が発生し、格落損害50％、手直し費用10万円が損害として認定されたとすれば、保険金の支払われる順序は次の通りとなる。

a．被保険者は適当と認める保険者にまず保険金を請求できるから、被保険者は保険者Aに次の通り請求して保険金の支払いを受けるとする。

格落損害	￥1,000,000 × 50％ ＝ ￥500,000
費用損害	￥100,000
合計	￥600,000

b．保険者Aは保険金支払い後、両保険証券でてん補すべき金額を、保険金額の割合に応じ、次の通り按分し、

Ａ保険証券のてん補金

$$¥600{,}000 \times \frac{1{,}000{,}000}{1{,}000{,}000 + 800{,}000} = ¥333{,}333$$

Ｂ保険証券のてん補金

$$¥600{,}000 \times \frac{800{,}000}{1{,}000{,}000 + 800{,}000} = ¥266{,}667$$

保険者Ｂからその分担額￥266,667を回収することになる。

②独立して負う損害額を基準とした場合

　次にMIA第80条（1）の「自己の契約上その責めを負う金額」が各保険証券が独立して負う損害額を指すと考えた場合の計算方法を説明する。この方式はわが国で一般的な独立責任額按分方式（後述）と同じである。前提条件は上記と同様とすると、次のようになる。

　　ａ．被保険者は保険者Ａより￥600,000の支払いを受ける。

　　ｂ．Ａ保険証券単独でてん補すべき損失金

　　　格落損害　￥1,000,000 × 50％ ＝￥500,000
　　　費用損害　　　　　　　　　￥100,000
　　　合計　　　　　　　　　　　￥600,000

　　　Ｂ保険証券単独でてん補すべき損失金
　　　格落損害　￥800,000 × 50％ ＝￥400,000
　　　費用損害　　　　　　　　　￥100,000
　　　合計　　　　　　　　　　　￥500,000

A保険証券のてん補金

$$ ¥600,000 \times \frac{600,000}{600,000 + 500,000} = ¥327,273 $$

B保険証券のてん補金

$$ ¥600,000 \times \frac{500,000}{600,000 + 500,000} = ¥272,727 $$

よって、保険者Aは保険者Bからその分担額¥272,727を回収することになる。

以上が独立責任方式と呼ばれる計算方法である。

(2) 共通責任方式

英国では上記の計算方式以外に、共通責任方式がある。これは保険価額が異なる重複保険の場合に、高い方の保険価額のうち低い方の保険価額を超える部分は単独で損害を負担し、低い方の保険価額に関する損害額は両保険で等分負担するものである。

前記（1）と同様の設定で、保険者Aが保険価額および保険金額100万円、保険者Bが80万円で引き受けた場合、以下の通りとなる。

A保険証券の保険価額の超過分¥200,000は、損害を単独で負担するので格落損害は
　¥200,000 × 50％ ＝ ¥100,000となる。

一方、A保険証券の保険価額の残額¥800,000とB保険証券の保険価額¥800,000で損害額を等分するので、

　B保険証券のてん補金
　格落損害　　　　¥800,000 × 50％ ＝ ¥400,000
　費用損害　　　　　　　　　　　　　¥100,000
　　　　　　　　　　　　　　　　　　¥500,000

$$¥500,000 \times \frac{1}{2} = \underline{¥250,000}$$

A保険証券のてん補金
　保険価額80万円に関し　　　　¥250,000
　保険価額20万円に関し　　　　<u>¥100,000</u>
　　　　　　　　　　　　　　　<u>¥350,000</u>

　英文貨物保険証券には、通常「他保険」条項（Other Insurance Clause）[28]という条項が挿入されていて、被保険利益が火災保険証券またはその他の保険証券（貨物保険証券を含む）によって担保されていたときは、保険の目的が被った損害に対してん補できないこと、ただし他の保険証券によっててん補されるべき金額を除いた超過額に対しては、てん補の責を負うべきことを定めている。英文貨物保険証券と火災保険証券またはその他の保険証券（貨物保険証券を含む）とが重複関係にあり、火災保険証券またはその他の保険証券（貨物保険証券を含む）に同様の「他保険」条項が挿入されていない場合には、英文貨物保険証券はその「他保険」条項の特約により、他の保険証券によっててん補されるべき金額のてん補を免れることになる。しかし火災保険証券またはその他の保険証券に同様の「他保険」条項が挿入された場合、被保険者は両保険証券によって損害のてん補を受けるであろうか。この場合の各保険者の責任の有無についての判例はないが、両保険証券の「他保険」条項が同様の内容のものであれば、互いに打ち消しあい両保険証券は重複関係に立って損害を分担すべきであるとの考えが有力である。

28　OTHER INSURANCE CLAUSE "This insurance does not cover any loss of or damage to the subject-matter insured which at the time of the happening of such loss of or damage is insured by or would but for the existence of this policy be insured by any fire or other insurance policy or policies except in respect of any excess beyond the amount which would have been payable under the fire or other insurance policy or policies had this insurance not been effected."「他保険条項」　財物に滅失または損傷が生じたときに、その財物が火災保険証券またはその他の保険証券によって保険に付されているとき、またはこの保険証券が存在しなかったならば保険に付されているはずであるときは、この保険はいかなる滅失または損傷もてん補しない。ただし、この保険が付けられていなかったならば、火災保険証券またはその他の保険証券によっててん補されたはずの金額を超過する金額に関してはこの限りではない。

2. 国内法上の取扱い

(1) 貨物保険・運送保険における取扱い

　保険法が独立した法律として成立する以前の商法の規定では、重複保険関係にある複数の保険契約成立の日付が同じか異なるかによって、保険金額の割合によって損害額を分担するか（保険金額比例主義）、日付の早い保険者から先にてん補し、差額を後の保険者がてん補する（順位主義）等、異なる重複保険の効果について定めていた。

　しかしながら、このような規定では保険者および被保険者双方に実務上不都合が生じることから、保険法第20条は、重複保険の場合であっても、保険者は自らが締結した保険契約に基づき支払うべき保険金の全額を支払う義務を負う（独立責任額全額主義）こととし（同法第20条第1項）、その上で、保険者が重複保険の自己の負担部分を超えて保険金を支払ったときは、その部分について他の保険者に求償することを規定した（同法第20条第2項）。ここで、自己の負担部分とは、各保険者の保険契約に基づきてん補すべき損害額のうち最も高いものに、該当する全ての保険者が各々の保険契約に基づきてん補すべき損害額の合計額に対する、自己の保険契約に基づきてん補すべき損害額の割合を乗じて得た金額をいう。この算出方法は独立責任額按分方式といわれ、「英法上の取扱い」で説明した独立責任方式（損害額を基準とした場合）に相当する。

　自己の負担部分を式で示すと以下の通りとなる。

$$\langle 各社の契約に基づく損害額のうち最も高いもの \rangle \times \frac{\langle 自社の契約に基づく損害額 \rangle}{\langle 各社の契約に基づく損害額の合計 \rangle}$$

　自社が被保険者より損害額全額の請求を受け支払った場合には、その額より上記の式に基づく自己負担分を控除した金額を、重複保険関係にある他の保険者に請求することとなる。ただし、被保険者より損害額全額の請求を受けたが、自社の契約に基づく損害額よりも他の保険会社の保険金額に基づく損害額の方が高額である場合には、自社が支払うことができるのは自社の契約に基づく損害額が限度となるので、自社の契約に基づく損害額全額を支払い、被保険者には該当する他の保険会社に差額を請求することがで

きることを伝えると共に、自社が支払った損害額と上述の自己負担分の差額を該当する他の保険会社に請求することとなる。

　逆に、被保険者が先に他の保険会社に損害額全額を請求した場合には、当該保険会社が上記の通り対応し、自社は当該保険会社が支払った損害額のうち自社が負担すべき金額を当該保険会社に支払うこととなる。さらに、当該保険会社が支払った損害額よりも自社が契約に基づき支払うべき損害額の方が高かった場合には、その差額を被保険者に支払う必要もある。

(2) 他種目との重複保険の場合の取扱い

　倉庫保管中の貨物が火災のため焼失した場合等、貨物保険と火災保険等の種目との間の重複保険となる場合もある。この場合も、原則は（1）と同様に対応することとなる。

　ただし、価額協定保険特約が付帯された再調達価額基準の火災保険等では、同種の価額協定保険特約が付帯されていない時価基準の他の保険契約があった場合には、該当する他の保険契約を優先し、価額協定保険特約が付帯された火災保険契約に基づく損害額と該当する他の保険契約によって支払われるべき保険金の額との差額を支払うという他保険優先条項が含まれる約款となっていることもある。このように、他保険条項が双方に含まれていても、必ずしも打消し合う訳ではなく、一定の場合に優劣が明確になる場合もあるので、契約内容を十分比較・検討する必要がある。

　また、貨物自体の損害に対する保険金と、付随的な費用保険金特約に基づく保険金とは重複保険の関係とはならない。また、費用保険金特約に基づく保険金同士でも同種の費用損害でなければやはり重複保険とはならないので、契約内容や損害額の内訳を十分確認することが必要である。

第5章

損害対応の流れと必要書類

第1節 総論

本章では具体的な損害対応を、その流れに沿って説明する。

輸出入される、あるいは国内を輸送される貨物が被る損害は様々な態様を示す。それぞれの場合に応じて事実を正しく把握し、適正な保険金を迅速に支払うことが損害サービス部門の役割であるが、損害対応においては単に貨物が被った損害の原因と損害額を査定するのみではなく、場合によっては損害の防止軽減のために関係者と緊急に対応方針を打合せる必要が生じることもある。例えば、貨物を積載した船舶の衝突、火災、沈没等の場合、船主、船体保険者、荷主、救助業者等と救助の手配や貨物の継送方針について打合せることが必要となることがある。本船事故の場合は船舶側が主となって救助の手配等が進められるのが通常であるが、救助や共同海損で貨物側の関与が必要な場合については第6章で詳説する。また、保険金支払い後の代位求償のために必要な手配も常に念頭に置いて対応することも必要である。

さて、損害対応の流れを大まかに示せば次の通りとなる。

❶ 事故通知の受付
❷ 損害内容の調査と損害額の協定
❸ 保険金の支払い
❹ 共同保険金・再保険金の回収
❺ 代位求償

次節では、輸入貨物についてのクレームを中心に、事故通知の受付以降の損害対応実務を説明する。

第2節 損害対応の流れ

1. 貨物の受渡しと事故通知

損害の発生を知ったときには、速やかに保険会社またはその代理店に通知することが

被保険者（通常は受荷主）の保険契約上の義務である。

この通知義務について、英文証券では、MAR保険証券表面の重要約款（Important Clauses）中の「損害の通知と損害検査」条項（Instructions for Survey）に次の通り規定している。

> In the event of loss or damage which may involve a claim under this insurance, immediate notice of such loss or damage should be given to and a Survey Report obtained from this Company's Office or Agents specified in this policy or certificate.
> 本保険契約によって求償し得る貨物の滅失・損傷が発生した場合には、直ちに本保険証券（または保険承認状）記載の弊社の事務所またはその代理店宛てにその旨を通知して、その損害検査報告書（Survey Report）を入手すること。

和文の貨物海上保険普通保険約款、運送保険普通保険約款でも、事故通知義務が規定されている（約款文言は保険会社ごとに差異がある）。

損害の発生は、目的港到着の前に船会社からの連絡により、衝突、沈没、火災等の本船事故を被保険者が知ることもあるが、多くの場合は到着港での本船荷役または倉庫搬入の際に発見されるものである。その場合、被保険者は保険会社への通知と共に、貨物をそのまま放置すると損害が拡大する場合には損害拡大防止の処置をとることが義務とされている。この処置は合理的な内容のものであることを要するが、具体的な損害拡大防止処置に先立って保険会社と打合せることが求められる。

貨物の量的な損害（例えば、国際間の海上輸送中のPilferage（抜き荷）、Non-delivery（不着）、Shortage（不足）等）については、受渡し書類上のリマーク等によってその損害の立証が可能であり、これらは異常な損害である場合を除いて、必ずしも直ちに保険会社に事故通知が行われることを要せず、事後に書類による損害確認が行われることが多い。受渡し書類については第6節で詳述する。

さらに、船会社等、運送人その他の第三者への損害賠償請求権を保全することも被保険者の義務とされている。

2009年ICC16条（Duty of Assured）には次の規定がある。

> MINIMISING LOSSES
> Duty of Assured
> 16. It is the duty of the Assured and their employees and agents in respect of loss recoverable hereunder
> 16.1 to take such measures as may be reasonable for the purpose of averting or minimising such loss,
> and
> 16.2 to ensure that all rights against carriers, bailees or other third parties are properly preserved and exercised
> and the Insurers will, in addition to any loss recoverable hereunder, reimburse the Assured for any charges properly and reasonably incurred in pursuance of these duties.
>
> 被保険者の義務
> 第16条　この保険によって損害がてん補されるためには、以下を被保険者ならびにその使用人および代理人の義務とする。
> 16.1　その損害を回避または軽減するために合理的な処置を講じること、
> および
> 16.2　運送人、受託者またはその他の第三者に対する全ての権利が適切に保全され、かつ行使されることを確保すること。
> 保険者は、この保険によっててん補される全ての損害に加えて、これらの義務を履行することにより適切かつ合理的に支出された一切の費用についても被保険者に支払う。

　この条項にある「合理的な処置」のうち、特に求償権の保全については重要約款（Important Clause）の「運送業者、受託者またはその他第三者の責任」条項（"LIABILITY OF CARRIERS, BAILEES OR OTHER THIRD PARTIES"）に具体的な手続きが述べられている[29]。輸入クレームにおいて貨物の引取りの際に損害が確認された場合やその発生が疑われる場合には、受渡し書類にその内容（リマーク）を記録しておく必要がある。特にコンテナ輸送の場合には、コンテナ自体の異常に加え、シールの異常の有無を確認することが重要であり、万が一、シールに異常が確認された場合には受渡し書類に確実に記載されるようにする必要がある。また、被保険者はこれらに基づいて責任のある運送人その他にクレーム通知（Claim Notice）を書面で行って求償権を保全する必要がある。

2. 事故通知の受付と初期対応

　被保険者からの事故通知があった場合は、保険契約の明細（保険証券番号、本船名、

29　巻末資料１０．英文保険証券・英文包括予定証券に付帯される主な約款　381頁参照。

航路、貨物の明細、保険金額、保険条件）と共に、損害を受けた貨物に関して、本船からの荷揚日、現在の保管場所と搬入日、損害の状況等を確認する。また、損害見込み額が高額である場合、てん補責任に問題があると考えられる場合など、必要に応じてサーベイヤーによる損害調査実施の要否を検討し、実施する場合には立会日と場所などの詳細について打合せを行う。また、状況によって、保険会社の社員も現場へ赴き立会検査への同行が必要になることもある。

　量的損害で受渡し書類から立証可能な損害については書類審査とすることは前述の通りであるが、異常な高額損害等については原因調査のためにサーベイヤーを起用することも必要である。質的な損害（破損、汚損等）であっても、損害額が小さいときには、事故報告書、写真、修理費請求書（明細が明らかなもの）等を取り付けて書類審査とすることもある。

　また被保険者には、第7章で詳しく述べる通り運送人に対する損害賠償請求権（求償権）保全のために、運送人その他へクレーム通知を行ったか否か確認すると共に、要すれば運送人または運送人側のサーベイヤーの立会いを求めること、サーベイ実施までの間受損貨物の現状をできる限り保全することを依頼する。梱包の状態も、損害原因の調査や梱包が十分なものであったか否か等の判定に重要であるので、貨物自体と同様に梱包が保存されているかも確認しておく。やむを得ない場合でも写真等で受損貨物や梱包の状態等が分かるようにしておくように依頼する。

　損害状況から緊急の処置（救助、貨物の手直し等）を要するときには、荷主や、必要に応じその他の関係者（船主、船体保険者、救助業者等）とも打合せを行う。

3. サーベイの手配

　専門の海事検査人であるサーベイヤーを起用し調査（サーベイ）を実施するのは、次のような必要性がある場合である。

① 損害の原因および損害額についての第三者の鑑定が必要である場合（特に共同海損、運送人に対する求償等、保険の当事者以外の第三者に損害を立証する場合には必須である）。

② 損害原因の究明や損害貨物の処分、損害額の算定等に当たって、サーベイヤーの専門知識や経験を必要とする場合。

現在わが国には、全国的組織をもつサーベイ機関として次の二つがある。

（一社）日本海事検定協会（略称　NKKK）

（一財）新日本検定協会（略称　SK）

　この他、地域的なサーベイ機関が各地にあるが、これらの中から事案に応じて適切な機関にサーベイを委嘱する。

　このようなサーベイの委嘱は被保険者（荷主）の名義で行われる場合と、保険会社の名義で行われる場合がある。サーベイ・レポートおよびサーベイ・フィー（検査料金）請求書は委嘱者宛てに発行される。一般に英文証券に含まれる前述の「損害の通知と損害検査」条項（Instructions for Survey）では、保険の対象となり得る損害が発生した場合には、被保険者は直ちに保険者またはその代理店に通知して、そのサーベイ・レポートを入手すること、と規定されているが、日本国内においては、サーベイは保険者が手配し、サーベイ・フィーも保険者が負担するのが一般的である[30]。被保険者がサーベイを手配する場合もあるが、その場合にはサーベイ・フィーは一旦被保険者が支払った上、保険者がてん補責任を負う損害であれば、保険金にサーベイ・フィーを加えて保険者が支払う。ただし、保険者がてん補責任を負わない損害の場合は、保険者はサーベイ・フィーを支払うことを要しない。

　サーベイは貨物が目的地の倉庫に搬入された後に行われることが多いが、本船からの荷揚げ前に貨物の損害が発見されている場合、あるいは損害発生の疑いがある場合には、本船に乗船してサーベイを行うこと（本船サーベイ）が損害原因調査および後日の運送人宛て求償のためにも望ましい。この場合、サーベイヤーは本船のハッチ・カバー（Hatch Cover）[31]の状態、特に損傷や欠陥の有無、船倉内への浸水の有無、船倉内の貨物の状態等を調査する。大豆やコーン等ばら積み貨物の海水濡れ損害等は揚荷役作業の際に発見されることが多いので、直ちに本船サーベイを手配する必要が生じることもある。特に大口事故や事故原因に争いのあるクレームの場合は、荷主側から積極的に運送人側のサーベイヤーを現場へ招くことも必要である。

　船主やP＆Iクラブ[32]等運送人側からのサーベイも行われる場合には、荷主との利害関係が異なるので同一サーベイ機関は起用しないのが原則であるが、損害原因が明白で

30　海外では、国や地域により、必ずしも保険者がサーベイを起用することが慣習とはなっているとは限らない。
31　甲板と船倉の間の開口部を覆うカバー。
32　船主の相互扶助を目的とした保険組合。なお、「P&I」はProtection & Indemnityの略。

損害の程度や損害額に争いが生じる見込みがない場合等、特に問題を生じない場合には、あらかじめ関係者の了解を得て、同一のサーベイヤーが荷主と運送人の両者のためにサーベイを行うこともある。

立会検査の結果とその後の進捗状況についてはその都度、保険会社へ連絡するようサーベイヤーに求め、クレームの現状を常に把握して、遅滞なく対応できるよう工程管理することが必要である。特に保険者のてん補責任が明らかでない場合には、早期に被保険者、サーベイヤーと問題点やその対応方針等について打合せることが重要である。

4.損害貨物の処分と損害額の協定

量的な損害についての損害額算定は容易であるが、質的な損害の場合はまず損害貨物をどのように処分するかを決定しなければならない。損害を被った貨物が、破損の修理や汚れを落とす等の手直しによって原状を回復できる場合には、その修理費用、手直し費用が（該当保険金額を限度として）損害額となる。損害状態のまま貨物が使用されるときには、品質の低下、損害品を使用するための作業能率低下、歩留まり[33]低下あるいは余分な経費等を勘案した格落ち損害額を被保険者と協定するか、あるいは損害貨物を市中で売却した結果に基づき分損計算を行い、格落ち損害率を被保険者と協定する。

貨物の損害状態によっては本来の用途で被保険者またはその納入先が使用することが不可能となることがある。全く使用価値のなくなった貨物は全損であるが、他用途への転用が可能なときには有利な転売処分を検討する。売却に当たっては損害貨物取扱い専門業者を含めその損害貨物に購入意思のある業者を選択し、特定の買受人との随意契約や複数の業者による指名入札等、場合に応じて最も有利な処分を行うことが必要である。損害貨物の売却は荷主名義で行う。

貨物によって損害の態様、損害処理の方法は様々であるが、個々の商品の具体的特性については第8章で詳述する。

5.求償のための処置

求償権の保全のために被保険者に依頼する事項は前述の通りであるが、損害対応に当

---

[33] 使用原料に対する製品生産量の割合。製造した製品のうち、不良品を除いた良品が占める割合を指すこともある。

たっては、損害発生の責任を負うべき者への求償を常に念頭に置いて処理を進めることが極めて重要である。特に、損害原因を究明すると共に損害額の根拠を明確に証明することは必須である。サーベイヤーの調査に当たってもこの点の重要性を十分に認識し、サーベイ・レポートに損害原因とその根拠について明確な記載され、損害額の根拠となるバウチャーが添付されること等をサーベイヤーと確認する。また、出訴期限（国際海上物品運送法の場合、貨物の引渡しあるいは引渡されるべき日から１年）についても確認する必要があり、場合によっては、出訴期限の延長の合意を書面で運送人から取り付けるよう被保険者に依頼することが必要となることもある。

　これら求償に必要な措置に関しては第７章で詳述する。

第3節 保険金の支払いと代位

1．代位

　保険金の支払いによって保険者は被保険者の有する権利を代位取得するが、これには残存物代位と請求権代位の２つがある。代位権について、英法ではMIA 第79条、国内法では保険法24条（残存物代位）並びに第25条（請求権代位）に規定されている。

(1) 残存物代位

　保険の目的物が全損となったとき、または可分の一部が全損となったときに、保険者が該当保険金額の全額を支払った場合には、その保険の目的物について被保険者の有する所有権その他の物権を取得することができる。これを残存物代位という。

　保険者が残存物を代位取得するかはどうかは、保険契約の内容により異なる。保険会社が意思表示しない限り残存物についての権利を取得しない趣旨の条項が保険契約に含まれている場合には、保険者は残存物を取得したい場合にのみ意思表示すればよく、そのような意思表示をせずに保険金を支払った場合には残存物を代位取得しない。

　逆に、保険者が意思表示しない限り、所有権は保険金の支払いに伴い保険者に移転するという趣旨の条項が含まれる保険契約である場合には、残分物代位した貨物について

は保険者の手で有利売却処分を行うこととなる。しかしながら、現実問題として、全損となった貨物について残存価値が残っていることは少なく、むしろ廃棄費用や、沈没した船舶上の貨物については撤去費用等、所有権に伴う義務から生じる費用の方が大きいことが少なくない。よって、このようなことが予想される場合には、保険者は残存物を代位取得しない旨の意思表示をした上で保険金を支払う必要がある。沈没の場合等には、被保険者より、所有権が移転しない旨の確認書を念のため取得することが望ましいこともある。

(2) 請求権代位

損害が第三者の行為によって生じた場合、全損であっても、分損であっても、保険者はそのてん補した金額を限度として、被保険者がその第三者に対して有する損害賠償請求権を代位取得する。これを請求権代位という。

2. 権利移転領収証（Subrogation Receipt）

運送人等第三者への求償が可能な事件について保険金を支払った場合には、求償にあたって損害賠償請求権を代位取得したことを証明する文書として、外航貨物海上保険の場合には被保険者より権利移転証（Letter of Transfer）か、領収証を兼ねた権利移転領収証（Subrogation Receipt）を、内航貨物海上保険、運送保険の場合には権利移転証を取り付けるのが通例である。

第4節 輸出貨物の損害対応

わが国から輸出される貨物についての保険金請求はほとんどの場合、既に被保険利益が契約当初の出荷主から受荷主へ移転しているため、海外の受荷主から提起されることとなる。このような海外での保険事故・保険金請求に対応するために、各保険会社は海外の主要港・主要都市に損害査定代理店（Claim Settling Agents）を置いている。

わが国の保険会社はそれぞれ世界各地に損害査定代理店を置いているが、ロイズの代店であるロイズ・エージェント（Lloyd's Agents）に代理店を委嘱している国・地域も

ある。ロイズ・エージェントは通常サーベイ部門も有しており、所定の書式によるサーベイ・レポートを発行している。各国の受荷主は保険証券上に指定された代理店に損害を通知し、サーベイを受け、サーベイ・レポートを受領後、代理店宛てに保険金請求書類を提出する。各代理店は、保険会社より支払権限を与えられている場合は、その権限金額内のクレームは自ら支払い、権限金額を超える保険金の支払いについては関係書類を保険会社に送付して支払いに関する指図を求めることとなる。

また、日本の契約者である出荷主が代品を出荷したり修理を手配する等の理由から、日本での保険金支払いを求められることもあるが、CIF等売買条件により被保険利益が海外の受荷主に移転している場合には、本来の保険金請求権者である海外の受荷主から日本の出荷主宛ての委任状（Power of Attorney）を取付けることが必要である。

保険金請求内容の審査は、国内における損害対応と基本的に変わるところはないが、必要書類（特に貨物の受渡書類）については各国により異なることもあり、また必ずしも英語で書かれているとは限らないので、輸出貨物の損害担当者は担当地域ごとの必要書類をよく理解する必要がある。

第5節 共同保険金・再保険金の回収

1. 共同保険金

共同保険の場合に各保険者が各々の引受割合に従って保険金の支払いを独立して別個に行うのが慣習となっている国もあるが、わが国では下記の例のようなCo-Insurance Clause[34]により、各保険者は独立して別個に責任を負うが、共同保険幹事会社が全共同保険者を代表して1本の保険証券を発行し、保険金もその全額を幹事会社が支払う旨、規定しているのが一般的である。幹事会社は被保険者へ保険金の全額支払いの上、他の共同保険者からその引受割合に応じた額を回収する[35]。

---

[34] Co-insuranceは、米国の財物保険や医療保険等のように、保険契約上定める一定の割合の被保険者の自己負担を指すこともある。

[35] ただし、保険金支払い前に経済的に破綻した共同保険者があった場合には、その共同保険者の分担額は除いて保険金が支払われ、当該共同保険者の分担額は、その共同保険者の破綻処理上、被保険者が有する一般債権として扱われることとなる。

> CO-INSURANCE CLAUSE
> It is hereby understood and agreed that this Policy (Certificate) is issued by Tokio Marine & Nichido Fire Insurance Co., Ltd., on behalf of the following co-insurers who, each for itself and not one for the others, are severally and independently liable for their respective subscriptions hereto as specified below:
>
> Tokio Marine & Nichido Fire Insurance Co., Ltd., as the representative company shall act for the Co-Assurers in respect of issuance of Policy or Certificate, receipt of premium, settlement of claim and all other matters regarding this Policy or Certificate.
>
> 共同保険約款
> この保険証券(保険証明書)は、下記保険会社のために、東京海上日動火災保険株式会社が発行するものであり、下記保険会社は、下記記載の各自の引受割合につき単独別個に責任を負い、連帯しないものとする。
>
> 東京海上日動火災保険株式会社は、幹事会社として、保険証券または保険証明書の発行、保険料の受取り、保険金請求の精算およびその他のこの保険証券または保険証明書にかかわる事項について、共同保険者のために行為するものとする。

2. 再保険金

　貨物保険における再保険には種々の形態があって、どのような形で引受ける危険を分散するかは各保険会社にとって非常に重要な事項である。再保険の形態は契約手続き面の違いによる分類と責任分担方法の違いによる分類がある。契約手続き面の違いにより分類すると、一定条件に合致する全ての契約を出再する特約再保険（Treaty Reinsurance）と個別に出再条件を決める任意再保険（Facultative Reinsurance）がある。責任分担方法の違いにより分類すると、保険金額における保有・出再の割合によって出再者と受再者の責任が決まる比例再保険（Proportional Reinsurance）と、実際に支払われる損害額をベースとして出再者と受再者の責任が決まる非比例再保険（Non-proportional Reinsurance）とがあり、比例再保険の中にはQuota ShareとSurplusという2つの形式があり、非比例再保険ではExcess of loss coverという形式が代表的である。

　再保険者が元受保険者の保険金支払内容を精査することもあるので、その観点からも元受保険者は保険金支払いが適正であることを書面上からも立証できるようにしておくことが求められる。

第6節 損害立証書類

本節では、外航、内航、運送それぞれについて、保険金請求に当たって被保険者より提出を受けるべき書類について説明する。

1. 外航貨物海上保険の場合

(1) 海上貨物

外航クレームについて、損害種類別の必要書類は原則として下記の通りである（受渡し書類は海上輸入貨物についてのものを挙げる）。

書　類	Damage	TPND[38]	Shortage
① Claim Note	○	○	○
② Policy または Certificate	○	○	○
③ Invoice	○	○	○
④ Packing List	○	○	○
⑤ Bill of Lading または Sea Waybill	○	○	○
⑥ Equipment Interchange Receipt	○	○	△[36]
⑦ Devanning Report（⑥、⑦はコンテナ貨物〈FCL〉の場合）	○	○	○
⑧ Delivery Record（コンテナ貨物〈LCL〉の場合）	○	○	○
⑨ Weight Certificate（積地および揚地）	△		○
⑩ Cargo Boat Note			
⑪ Landing Report（⑩、⑪は在来船の場合）	○	○	○
⑫ Survey Report	○	△	
⑬ Survey Fee 請求書	○	△	
⑭ Claim Notice to Carriers	○	○	○
⑮ Carrier's Reply	○	○	○
⑯ 損害額を立証する書類（修理費用請求書・明細等）	○		
⑰ Sea Protest	△	△	△[37]
⑱ Stowage Plan または Bay Plan	△	△	
⑲ Import Declaration（⑲は Duty が付保されている場合）	○	○	○
⑳ Charter Party	△	△	△

（注）○…必要な書類　△…貨物または損害内容によっては必要な書類

36　コンテナにばら積みされた貨物でのShortage損害で、コンテナに損傷がある場合等
37　本船事故によりShortage損害が発生した場合等
38　Theft、Pilferage、Non-Delivery（第3章第6節3.付加危険（2）（60頁）参照）

それぞれの書類の意味とチェック・ポイントを以下に略説する。

① Claim Note（保険金請求書）

　保険会社所定の書式でも、請求者自身の書式でもよい。保険契約の内容と保険金計算の明細および保険金の請求者氏名・振込先を明記したものが通常である。

② PolicyまたはCertificate（保険証券または保険承認状）

　PolicyまたはPolicyの代わりに発行されるCertificateは、保険金を請求する者が正当な請求権者であることを証明するために提出するものである。Policyは裏書することにより流通する。Policy上に記された被保険者と請求者が異なる場合には、裏書および売買関係から正当な請求権者であることを確認し、これが明確でない場合には、記名被保険者の委任状等によって確認することが必要である。保険金請求に有効なPolicyとして、通常OriginalとDuplicateの2通が発行されるので、そのいずれかを取付けることを要す。保険金請求のため1通が使用された場合には、他の1通は無効となる旨がPolicyに謳われている。なお、現在はPolicyまたはCertificateが発行されない場合も多くなってきており、これらの場合は被保険者からの回収は不要であるが、保険金請求権者の確認および二重払いの防止には十分注意する必要がある。

③ Invoice（インボイス、送り状）

　出荷主から受荷主に対して貨物の種類、数量、荷印、価格等の明細を通知する書類である。これによって保険の目的の価額構成の明細を承知し、てん補金計算の基準とする。またInvoice上の受荷主名や売買条件から、正当な保険金請求者であるか、被保険利益があるか等も確認できる。なお保険金額は通常CIF価額の110％であるが、Invoice上の金額に比べ保険金額が著しく高い場合には、契約部門にその理由を確認する必要がある。

④ Packing List（パッキング・リスト）

　個々の梱包の重量、寸法、内容物等の明細である。ばら積み貨物の場合や各梱包の内容が同一であるような貨物の場合は作成されないこともある。

⑤　Bill of Lading（B/L、船荷証券）またはSea Waybill（海上運送状）

　　船会社が荷主に発行するもので、海上物品運送契約による運送品の受取りを証し、その引渡し請求権を表章する有価証券であり、運送契約の内容を示すものである。有効な正本として通常3通（Original、Duplicate、TriplicateまたはFirst Original、Second Original、Third Original）が発行される。保険金請求に当たっては、そのコピーでよいが、求償に当たって運送契約の内容を知ることを要する場合には、裏面の運送約款のあるものが必要となる。ただし、貨物が航海中に全損となったときには、保険金支払いに当たって正本全通を取り付けるのが慣行である。

　　B/Lからは、保険契約の内容通りの貨物、本船、航路で輸送されたことを確認する。B/Lがクリーンであれば、船積み時に貨物が外観上正常であったという一応の証拠[39、40]となる。

　　Sea Waybillは有価証券でない点を除いて、その役割はB/Lとほぼ同様である。有価証券でないことから運送品の受取りに際しての提示は不要であり、荷受人であることを示せば貨物を受け取ることができる。

⑥　Equipment Interchange Receipt（機器受渡証）

　　FCL貨物の場合、船会社との受渡しはコンテナのまま行われる。このコンテナは通常船会社が荷主に貸し出すものであり、ターミナルで荷主への貸出しの際にEquipment Interchange Receipt（Out）、また返却の際にEquipment Interchange Receipt（In）が発行される。輸入貨物がターミナルから引き取られるときのEquipment Interchange Receipt（Out）には、その際のコンテナの外見上の異常の有無も記録される。この記録により、例えば、コンテナの天井に破損があることが示されれば、輸送中に海水や雨水がコンテナ内に入った可能性を示すものであり、損害原因を推定するのに重要である。また、コンテナは必ずドアに封印（シー

39　「推定的証拠」（Prima facie evidence）といわれ、反証によって覆されない限り有効な証拠となる。
40　本船への船積みの際に貨物に異常が発見された場合には、その旨のリマーク（事故摘要）を付されたB/Lが発行される。このようなリマーク無しに発行されたB/LをClean B/L（無故障船荷証券）、リマークが付されたB/LをFoul B/L（故障付船荷証券）という。Foul B/Lは、船積み前に損害が生じていたことを示すものであり、本船船積みのときから保険が開始する場合には、保険者のてん補責任を判断するに当たって重要なものとなるが、実際には発行されることは稀である。船積みの際に異常が発見されたにもかかわらず、運送人が出荷主より責任を負う旨の補償状（Letter of Indemnity）をとり、Clean B/Lを発行することもあるので、船積前損害の疑いがある場合には、出荷主や運送人に照会して船積時の状況を調査することも必要である。B/Lの証拠力や船会社の実務的な対応については、第7章「求償」第2節「海上運送」で詳しく述べる。

ル）して輸送されるが、このシールの番号もEquipment Interchange Receiptに記録される。積地でつけられたシールの番号は、通常B/L上に記載されているので、両者の番号が異なれば、輸送中に当該コンテナが開けられた可能性を示すこととなる（税関検査等のために開けられることもある）。仮に貨物の到着数量がInvoice上の数量よりも少ない場合でも、このシール番号が積地と揚地で同一で、その他の異常がなければ、輸送中の盗難はなく、出荷主での詰め不足が推定されることとなる。

　Policyに表示されているImportant Clauseにもコンテナとシールを点検すべきことが規定されている。

　以下⑦から⑪は貨物受渡し関係書類である。輸入される貨物は港において、船舶、倉庫と、それぞれ異なる管理者へと受渡されていく。この間の移動に伴う責任の所在を明らかにするために、それぞれの受渡しの際に検数・検量業者が貨物の数量の過不足、損傷の有無等を確認して受渡しの際の状態を示す書類を作成する。これらの受渡し書類は、損害の証拠として、保険クレームの対応にあたって、またその後の運送人その他への代位求償に当たって重要な書類である。わが国の検数・検量業者としては、（一社）全日検、（一社）日本貨物検数協会、（一社）日本穀物検定協会等がある他、（一社）日本海事検定協会、（一財）新日本検定協会等のサーベイ機関も検数・検量業務も行っている。

　具体的な受渡し書類は、コンテナ船の場合と在来船の場合とで異なり、コンテナ船の場合もFCL（Full Container Load）かLCL（Less than Container Load）かにより異なる[41]が、わが国への輸入の場合、一般に下記のものがある。

⑦ Devanning Report

　FCL貨物の場合に、コンテナを受荷主の下で開けて貨物を取り出す（devan）際の状態を記録したものである。コンテナを開ける際には必ずしも運送人側が立ち会うものではなく、コンテナが荷主の工場等に直接運び込まれるような場合は、特にDevanning Reportが発行されない場合もある。また、「入庫報告書」等の名称で発行される場合もある。

---

[41] 34頁(第3章「貨物保険の補償内容」第3節「保険期間と保険区間」)脚注参照。

⑧ Delivery Record

　LCL貨物の場合に、CFS（コンテナ・フレイト・ステーション）でコンテナから出した後に受荷主に引渡されるときの状態を示すものとしてDelivery Recordが発行される。これについてもDevanning Report同様、異なる名称で発行される場合がある。

　上記の受渡し書類に十分なリマークがとられていない場合には、必要に応じ、運送業者、倉庫業者等の関係者から、貨物の状態を記した現認書または事故報告書を取付ける。いずれにしても荷主本人ではなく第三者が作成したリマーク入りの貨物受渡書類を取付けることが大切である。

⑨ Weight Certificate（重量証明書）

　在来船で輸送されるばら積み貨物の場合に発行される、本船船積み時並びに荷卸し時の数量を測定・記録した書類である。Shortageの計算は、積地および揚地における信用ある第三者の発行するWeight Certificateに基づいて行う。検量方法としては、台秤によるもの、貨物積載時と空荷時のトラックごとの重量を計り、貨物の重量を算出するトラック・スケール、鉱石等、船舶に満載されるばら積み貨物については本船の喫水から排水量を計算し、貨物の重量を算出するドラフト・サーベイなどがある。液体のばら積み貨物（石油、化学品等）は、容積、温度、比重等を計測の上、重量が計算される。

⑩ Cargo Boat Note（カーゴ・ボート・ノート）

　在来船で輸送される貨物の場合に、本船から艀または岸壁へ荷揚げされる際の貨物の状態を示すものである。

　Remarksの欄に当該貨物について発見された異常が記録される。例えば、数量が1袋不足している場合には、"1 bag short"、カートンが破損している場合には、"1 ctn broken"というように示される。この受渡し時の状態について、受取人側、チェッカーそして本船のChief officer（一等航海士）がそれぞれCargo Boat Noteにサインして確認することとなる。貨物の損害が確認されている場合、運送人はカーゴ・ボート・ノートのリマークを打ち消そうとしたり、あるいはリマークの入ったカーゴ・ボート・ノートにサインを拒むこともあるが、これは後日の運送人宛て求

償の際、重要な証拠書類となるので、リマークおよびサインの入ったカーゴ・ボート・ノートを取り付けることが肝要である。

⑪ Landing Report（陸揚報告書）
　艀から岸壁に陸揚げされるときの状態を記録するものである。

この他、貨物の入庫の際の記録として、倉庫会社の発行する入庫報告書があるが、上記の⑩、⑪により損害が確認できる場合には特に取付けを要しない。

⑫ Survey Report
　サーベイヤーが第三者の立場から、損害の原因、損害の発生時期、損害の程度や損害額などについて、確認した事実や根拠に基づき作成する報告書。保険の対象となる損害の額やてん補責任、代位求償の判断の上で重要な書類となる。本章「第2節 3．サーベイの手配」を参照。

⑬ Survey Fee請求書
　被保険者がサーベイを手配しサーベイ・フィーを自らサーベイヤーに支払った場合で、保険金と合わせて支払う場合に、取付ける。

⑭ Claim Notice
　貨物の引渡しを受けた際に損害を発見した場合、受荷主が運送人にその損害の概要と求償権を留保する旨を通知すべきことは前述の通りである。

⑮ Carrier'sReply
　上記⑭に対する運送人からの回答である。⑭の書類に運送人が受付印を押印し署名したものを返送することもある。事故通知に対する運送人の回答は極力取り付けることが望ましく、特に貨物の不着については、運送人の回答により、運送人側での調査においても当該貨物を発見できなかったことを確認することが求められる。

⑯ 損害額を立証する書類（修理費用請求書・明細等）

　　手直し費用や機械等の修理費用を保険金として支払う場合には、実損てん補の観点から、原則として請求書を入手する。機械等の修理費用で特に高額の場合には、内容が適当であるかを確認するために、明細が明らかなものを取付けることが求められる。

⑰ Sea Protest（海難報告書）

　　わが国の船舶が航海中に衝突、乗揚げ、沈没、滅失、火災、機関の損傷その他の海難に遭遇した場合は、すぐに最寄りの運輸局等の事務所において運輸局長（または指定市町村長。外国の場合は領事館）に海難報告書を提出し、航海日誌を提示することが船長の義務と定められている（船員法第19条）。外国船についても、同様にSea Protestが作成されるので、沈没、座礁、火災、衝突等の本船の重大事故や荒天遭遇等の場合等にはこれを取付ける。

⑱ Stowage Plan（積付図）またはBay Plan（コンテナ積付表）

　　Stowage Planは本船内の各船倉の貨物積付け位置を示した図であり、本船のどこに何が積まれており、その数量、重量、揚地がどこかが一目で分かるように示されている。損傷貨物の積付け場所を確認し、同一船倉に積まれていた貨物を知ること等、損害原因を究明するのに必要となることがある。コンテナ船の場合にはBay Planに本船のどこにどのコンテナが積まれているかが示されている。

⑲ Import Declaration（輸入申告書）

　　税関へ提出するための輸入品の申告書であり、関税額が記載されている。Dutyが付保されている場合、Dutyの実額を確認するために必要である。

⑳ Charter Party（用船契約書）

　　貨物が定期船による運送のように個品運送契約に基づいて運送される場合には、B/Lが運送契約を示すものである。一方、ある一航海について船腹の全部または一部を借り切る航海用船契約（Voyage Charter Party）に基づいて貨物が運送される場合がある。小麦、大豆等のばら積み貨物、あるいは木材等の大量輸送の場合は

航海用船契約による運送であることが多く、この場合には運送人への求償に当たって、運送契約の内容を確認するために、B/Lだけではなく、Charter Party も取付けることが必要である（第7章「求償」で詳述）。

(2) 航空貨物

航空貨物のクレームについて、損害種類別の必要書類は原則として下記の通りである。

	書　類	Damage	TPND[42]
①	Claim Note	○	○
②	Policy または Certificate	○	○
③	Invoice	○	○
④	Packing List	○	○
⑤	Air Waybill	○	○
⑥	Delivery Order/Receipt	○	○
⑦	Survey Report	○	△
⑧	Survey Fee 請求書	○	△
⑨	Claim Notice to Carriers	○	○
⑩	Carrier's Reply	○	○
⑪	損害額を立証する書類(修理費用請求書・明細など)	○	
⑫	Import Declaration(⑫は Duty が付保されている場合)	○	○
(注) ○…必要な書類　△…貨物または損害内容によっては必要な書類			

航空貨物の場合はB/Lに相当するものとして、Air Waybill（航空運送状）が発行される。航空運送の場合は小口の貨物が多く、実際運送人である航空会社と荷主の間にエア・フレート・フォワーダーが介在する場合が多いが、その場合に出荷主/エア・フレート・フォワーダーの間で発行されるAir WaybillをHouse Air Waybill、エア・フレート・フォワーダー/航空会社間のものをMaster Air Waybill という。

航空混載貨物の受渡しについては、航空会社がDelivery Orderをエア・フレート・フォワーダーに交付し、エア・フレート・フォワーダーはDelivery Receipt に署名して貨物を受取る。エア・フレート・フォワーダーから受荷主への貨物受渡しには、Delivery Order、Delivery Receiptの代わりにHouse Air Waybillのコピーにゴム印を押して使用

42　第3章第6節3.付加危険(2)(60頁)参照

されることが多い。航空貨物について異常が発見された場合には、ターミナルにて内容点検が行われ、内容点検実施明細書が発行されることが多いので、これによって損害を確認することが可能である。

2．内航貨物海上保険の場合

内航貨物のクレームにおいて一般に必要な書類は以下の通りである。
① 保険金請求書
② 保険引受証（正本）
　ただし内航の場合は期間建ての保険契約が多く、その場合は保険引受証（正本）の取付けは不要。
③ 仕切状、送り状、出荷案内書等、貨物の明細、価格等を記載したもの。
　期間建ての契約では、引受けの際に貨物ごとの付保価額が約定されている場合もある。
④ 積荷役協定書および揚荷役協定書
　内航運送の場合は船荷証券が発行されることは稀で、積込みおよび荷揚げの際に数量や状態を記載したこれらの書類が発行されることが多い。
⑤ サーベイ・レポート（鑑定書）
⑥ 海難報告書または運送人の事故証明書
　本節１．（1）外航貨物海上保険（海上貨物）の場合の必要書類⑰Sea Protest（海難報告書）の説明（114頁）参照。
⑦ 損害額を立証する書類
⑧ 写真

3．運送保険の場合

運送保険のクレームにおいて一般に必要な書類は以下の通りである。
① 保険金請求書
② 保険引受証
③ 仕切状、送り状、出荷案内書等、貨物の明細、価格等を記載したもの。

④ 運送状（発送原票）

⑤ サーベイ・レポート（鑑定書）

⑥ 交通事故証明書・市町村長が発行する罹災証明書（交通事故、火災、風水害等に該当する場合）または運送人の事故証明書

⑦ 損害額を立証する書類

⑧ 写真

第6章

救助と共同海損

第1節 救助

　船舶が航行中に座礁、火災、衝突等の海難に遭遇して危険な状態になった場合に、その危険な状態から救出するためになされる試みを海難救助という。海難救助に関する法規としては、国内法では商法（改正法[43]第792条～第807条、旧法第800条～第814条）に規定があり、他方、海難救助に関する国際条約があって統一的な取決めがなされている。これら救助に関する法制面の問題、救助契約をめぐる諸問題、具体的な救助方法等について、貨物保険の立場から見て重要なポイントを説明する。

1.救助業者の選定と救助契約の締結

　船舶が海難に遭遇した場合、その第一報は船主に入るのが通常であり、以後救助の要否の検討に始まり、救助業者（Salvor）[44]の選定から救助契約の締結まですべて船主の手配により行われるのが一般的である。これは船主側には運送人として運送契約の完遂という責務があることの当然の結果であるし、荷主は現実の運航については関与していないので直接介入がしにくいという事情にもよる。

　しかしながら、貨物の価額が船舶の価額を上回り荷主の費用負担が船主より大きい場合もあるので、貨物保険者としても船主側に任せきりにするばかりではなく、より積極的に救助に関与していく必要が生じることもある。

　救助契約は、海難に遭遇した船舶の船主が直接にまたは船長を通じて救助業者と締結し、その上で具体的な作業が開始される。後日のため、救助契約書に両当事者が署名し、これをそれぞれが分有することが多い。通常は救助契約書への署名はサルベージ・マスター（Salvage Master）と呼ばれる救助作業の最終現場責任者と被救助船の船長との間で交される。被救助船の船長の署名は船舶、貨物その他の財物の所有者のためになされるものであり、船主はもちろん荷主の代理人としての行為ということになる。荷主が直接救助契約書に署名することは一般的にはなく、船長は航海中は貨物のためにも救助契

43　2016年10月に国会に提出された「商法及び国際海上物品運送法の一部を改正する法律案」による改正を反映した商法。
44　日本国内では日本サルヴェージ(株)、深田サルベージ建設(株)、海外ではSmit Salvage(本社オランダ)、Ardent(本社米国)等の救助業者が知られている。

約を結ぶ権限を持つ[45]。

　救助契約の代表的なものはロイズ・オープン・フォーム（Lloyd's Open Form〈LOF〉）である。これは、1908年にロイズにおいて導入され、その後の改訂を経て現在に至る、"No Cure – No Pay"（不成功無報酬）を特徴とする救助契約書式である。救助報酬は、救助が成功した場合に、後日ロイズ海難救助仲裁委員会（Lloyd's Salvage Arbitration Branch）の仲裁により決定されると規定されている[46]。関係者が日本国内に限られる場合には、同様に成功報酬を定めた日本海運集会所（The Japan Shipping Exchange, Inc）書式（JSE Form）が主に使用される。この書式では、救助報酬は後日当事者間の協議によるものとし、協議が調（ととの）わない場合には日本海運集会所が斡（あっ）旋、仲裁を行うこととしている。

　なお、ロイズ・オープン・フォームによる救助における不成功無報酬の例外として、環境損害防止のための「特別補償（Special Compensation）」がある。環境損害発生のおそれがある場合に、救助が不成功に終わったり、成功しても被救助価額が低いために支出に見合う救助報酬が得られなかったとしても、救助業者は特別補償（Special Compensation）を受け取れることが、1989年海難救助条約で謳われた。これをロイズ・オープン・フォームに反映すべく追加されたのが「特別補償に関する特約条項」あるいはSCOPIC条項（Special Compensation P&I Club）と呼ばれる条項である。日本海運集会所書式にも同様の条項が含まれている。特別補償は一般に船主が加入するP&Iクラブによる補償の対象となる。

　上記の不成功無報酬型の救助契約の他に、"TOWHIRE"等のDaily Hire（日額）方式、"TOWCON"等のLump Sum（総額）方式の書式の曳航契約により救助されることもある。

2．単独救助と共同救助

　船舶が貨物を積載した状態で海難に遭遇し救助を必要とする場合、船舶と貨物とは共

---

[45] 1989年の海難救助に関する国際条約6条においてこのような船長の権限が明示されている他、国内法では商法第4編「海商」において規定されている船長の権限に含まれると解されている（日本は1910年海難救助条約を批准しているが、1989年条約は批准していない）。また、運送契約においても、救助が行われた場合には荷主は応分の救助料を負担する、または救助業者に対して救助料の支払いを約する保証状を差し入れるという趣旨の条項が一般に含まれている。

[46] 海難救助の緊急性に鑑み、救助開始前に救助報酬等契約条件の交渉に時間を費やすことなく、救助成功後に公正に報酬が決定される仕組みを設けることで、円滑に救助が開始されることを意図している。

同の冒険団体を構成しているので、両者を危険な状態から救うべく救助作業が行われるのが通例である。これを共同救助という。しかしながら、海難の結果、貨物が流失したり大損害を被り無価値となった場合は、貨物は放棄し船体のみ救助を行うことがある。また、海難による船舶の損傷が甚だしく、救助をしても救助費用と修繕費の見込額の合計が船舶の保険価額を超えるような場合（推定全損）、もしくは船主が船舶の救助を断念したが、貨物は十分な価値を保っている場合等、貨物のみの救助を行うこともあり得る。前者を船舶の単独救助といい、後者を貨物の単独救助という。

　海難の結果、船舶と貨物が完全に分離して、もはや共同の危険に晒されているとはいえない状態になった場合は、共同救助とはならない。

3．救助業者に対する担保の提供と海事先取特権

　ロイズ・オープン・フォームや日本海運集会所書式においては、前述したように船長が船主および荷主の代理人として署名し、船主・各荷主は後日決定される救助報酬支払いの債務を負う。救助業者は債権保全のため、船主・各荷主に対して担保を要求するのが一般的である。1989年海難救助条約第20条、商法（改正法第802条、旧法第810条）やこれらを反映したロイズ・オープン・フォーム、日本海運集会所書式の条項に基づき、救助業者は救助した貨物に対して海事先取特権（maritime lien）を有するので、救助業者は受入れられる担保を荷主が提供するまで、荷主への貨物の引渡しを差し止めることができる。

　ロイズ・オープン・フォームを例に担保に関わる手続きを説明すると、救助業者は救助完了後、まず、ロイズ評議会（Council of Lloyd's）および船主・各荷主に対し、必要な担保金額を通知し、担保の提供を求める。船主・各荷主は、それぞれ単独・別個に救助業者に担保を提供する。担保の提供の方法は、通常は保険者が保証状を発行することによって行われる（無保険の場合には、現金を預託する）。

　ロイズ・オープン・フォームには、Lloyd's Standard Salvage and Arbitration（LSSA）Clausesと呼ばれる手続きの細則を定めた条項が適用されるが、その第4条において、反対の合意がない限り、保証状はロイズ評議会宛てであること、ロイズ評議会が承認したフォーム[47]であること、ロイズ評議会および救助業者双方にとって容認できる人また

47　"GUARANTEE TO THE COUNCIL OF LLOYD'S AND TO THE CONTRACTORS(In connection with a SALVAGE AGREEMENT ON LLOYD'S FORM)"というフォームがLloyd'sのホームページで標準の保証状書式として掲載されている。

は法人によって発行されたものであることを要件としている。このうち最後の要件については、保証状の発行者は英国人もしくは英国法人であることが求められることが多いため、英国外の保険会社が貨物保険を引受けている場合には、英国法人に発行を依頼する必要が生じることもある。

このようなLSSA条項に基づく保証状に関わる手続きは複雑で時間を要するため、実務上は、貨物保険の保険会社の信用力に問題がないと救助業者が判断した場合には、上記に代えて、貨物保険会社が救助業者に保証状を直接差し入れることが多い。この場合には、救助業者の国際団体であるThe International Salvage Unionが定めた書式[48]が用いられることが多い。

担保は船主・各荷主が別個に提供するのが原則であるが、問題となるのは大型コンテナ船のように荷口の数が多い場合である。場合によっては数千以上の荷主に対し、個別に担保を要求することは多大な困難を伴うため、実務上は船主がこれら荷主になり代わって担保を提供し、救助報酬の支払いに応ずるという手段をとることもある[49]。この場合、船主は一旦救助業者にまとめて支払い後、救助費精算書、もしくは後述の共同海損精算書に基づき各荷主より分担額の回収を図ることになる。

4．救助報酬の決定

不成功無報酬型の救助契約に基づく救助の場合、救助が不成功に終われば、作業費を含めて無報酬となるが、救助が成功したときは、救助報酬は、救助完了後に作業内容の難易度、危険度合い、救助された財産の価額、作業費用等を総合的に勘案して決められる。具体的な報酬決定の手続きは、ロイズ・オープン・フォームの場合には、ロンドンでの仲裁によって決定する旨が規定されているが、実務的には、当事者間の協議によって決定され仲裁には至らないことが多い。また日本海運集会所書式の場合には、原則当事者間の協議によって決定されるとしているが、協議がまとまらなかった場合には、海運集会所海難救助報酬斡旋委員会による斡旋あるいは仲裁が行われることとなっている[50]。

---

48 "SALVAGE GUARANTEE FORM I.S.U.1"
49 例として、The International Salvage Unionの"SALVAGE GUARANTEE FORM I.S.U.2"では、救助業者が留置権を行使して本船の運航に遅延が生じるのを避けるために、救助業者に担保が提供されていない貨物等の救助費債務についても、船主が肩代わりすることを救助業者に対して約する内容となっている。
50 斡旋は、第三者が中立の立場から、場合によっては解決案も提示し、当事者間の協議の進展を促すものであり、拘束力はない。仲裁は、最終的には仲裁人が裁判における判決と同様に裁定を下し、これは一般に当事者に対し拘束力を持つとされる。

このようにして決まった共同救助の場合の救助報酬は、船舶および貨物の被救助価額に応じて按分して負担される。一連の救助作業の中で、船体と貨物それぞれの救助のために要した作業を明確に括り出すことは困難であることから、救助報酬は被救助価額で按分する方が、公平性を担保できると考えられている。救助した船舶や貨物を後の便宜のために適当な場所に動かす等、明らかに特定の利益のために行われた作業があれば、それは受益者の負担として按分の対象からは外される。なお、救助契約に含まれるSCOPIC条項を救助業者が発動させた場合、SCOPIC報酬に当たる部分は船主・P&Iクラブが負担する。

5.貨物保険者の実務

　ここまで海難救助に関わる救助業者の選択、契約書式、救助報酬の決定等について触れてきたが、海難事故により共同救助が行われる場合の貨物保険者の対応としては、救助業者が荷主に対して担保を求めてきた際に、まずは迅速に保証状（Salvage GuaranteeもしくはSalvage Security）を発行することが重要なポイントとなる。前述の通りロイズ評議会宛ての所定の書式の保証状が求められる場合と、救助業者宛ての保証状が求められる場合とがあり、後者の場合にはInternational Salvage Union（ISU）が作成したSalvage Guarantee Formが使われることが多い。このフォームでは救助業者と取り決めた限度額を記載するようになっているので、救助業者が要求する限度額の根拠を照会し、適正な範囲内であることを確認する必要がある。

　また、貨物保険者として救助業者に対して保証状を差し入れることにより、保険会社は救助業者に対して直接債務を負担することとなるため、ロンドンでの仲裁等救助報酬を決める手続きについても、必要に応じて弁護士に委嘱する等して、主体的に関与する必要がある。

第2節 共同海損

1. 共同海損とは

　前節で述べたように、本船が他船との衝突により船体外板に破孔を生じ海水が浸入し沈没の危険がある場合に、沈没を回避するために船長や船主が救助業者による救助を手配することがある。また、甲板上まで木材を満載した船舶が荒天に遭遇して荷崩れを起こし船体が傾斜し、そのままでは転覆・沈没してしまうと判断した場合に、船長が、甲板上の木材の投荷を決断し、固縛を解いて木材を船外に投棄することがある。あるいは、貨物を積載して航海中船体に亀裂が入って海水が船倉に浸入しそのままでは沈没し全損となる危険があったので、予定を変えて近くの安全港に避難、浸水個所の仮修理をして共同の安全を図ることがある。

　このように船舶や貨物の共同の安全のために投荷等財貨の一部に意図的に加えられる損害を共同海損犠牲損害といい、救助費や避難港費用のように共同の安全のために支出される費用を共同海損費用という。そしてこれらの犠牲損害や費用を共同冒険団体全体でそれぞれの到達価額に応じて分担する制度が、共同海損である。

2. ヨーク・アントワープ規則（YAR）

　共同海損に関する法規は、国によって細部で種々の差異があり、混乱を避けるために作られた統一規則が、ヨーク・アントワープ規則である（York-Antwerp Rules、以下、YARと略す）。通常、共同海損についてはYARに従って精算する旨の規定が船荷証券の裏面約款や用船契約等の運送契約の中に含まれているので、運送契約を締結することでその当事者はこの規則が適用されることに合意し、従うこととなる。

(1) YARの変遷

　YARは1877年に成立し、その後4回の改訂を経て、1974年YARとなった。1990年にその一部修正はされたが、1974年の改訂以来20年を経過しさらに改訂の必要性が生じたことから、万国海法会において改訂に向け作業が行われ、1994年10月、万国海法

会シドニー国際会議において1994年YARが採択された。

2004年6月万国海法会はバンクーバー国際会議おいて2004年YARを採択した。2004年YARは、救助に対する支払いや、避難港における余分な停泊期間中の船員給食料等を共同海損に認容しない扱いとする等、1994年YARを大幅に見直した内容であった。しかし、当初船主団体がこれを受け容れていないことから、2004年YARはほとんど使用されず、主に1994年YARが採用され続けてきた[51]。

1994年のYAR改定から20年余り経過していることもあり、船主・荷主双方にとって受け容れられる規則を作成すべく、万国海法会等の場でYAR改定の審議が続けられてきたが、2016年5月に万国海法会が開催したニューヨーク国際会議において、2016年YARが採択された。今後は運送契約の共同海損条項において2016年YARへの変更が進められることが見込まれる。

(2) 1994年YAR

1994年YARは、解釈規定、至上規定、文字規定（A条からG条）、数字規定（Ⅰ条からⅩⅩⅡ条）の4つの規定から構成される。主な規定および内容は以下の通りである。

①解釈規定

共同海損の精算に当たっては、本規則はこれに矛盾するいかなる法律や慣習を排除して適用されることを規定している。

また、共同海損の精算に当たっては、至上規定および数字規定に規定された場合を除いて、文字規定が適用されることが定められている。

②至上規定

1994年YARにおいて新設され、共同海損犠牲損害または共同海損費用は合理的なものだけが認容される旨を規定している。

③共同海損の成立要件（A条1項）

共同海損の成立要件として、海上冒険（航海）を共にする財産を危険から守る意図をもって、共同の安全のために、故意にかつ合理的に、異常の犠牲を払いまたは費用を支出した場合に限る旨規定されている。

④曳船列に関する規定（B条）

---

51 この他、1990年修正1974年YARも使われてきた。

曳船列の共同海損の成立条件が新たに規定された。これにより、貨物を積載する被曳船と曳船の間に共同の危険が存在するとして、曳索の切り離し等の行為に対してYARが適用されることとなった。

⑤環境損害に関する規定の新設（C条およびXI条（d））

油濁損害等の環境損害は共同海損に認容しない原則を明確化する一方、一定の条件の場合に限り環境損害の防止・軽減費用を共同海損に認容することとした。

⑥過失と共同海損（D条）

共同冒険団体を構成する利害関係人の過失の有無にかかわらず共同海損は成立し、共同海損の精算が行われる。ただし、過失者に対して後日求償または抗弁することは妨げられない。

⑦書類の提出期限（E条）

共同海損の分担の対象となる費用・損害については、航海団体の当事者は航海終了の日から12カ月以内に海損精算人に通知すること、その通知がなされなかった場合、または通知した請求の立証書類あるいは負担価額の明細の提出を求められた場合には、海損精算人より請求されたときから12カ月以内に海損精算人に提出することとされた。この提出がなかった場合には、海損精算人が適宜見積もって精算することができる。

⑧船貨不分離条項（G条）

従来、共同海損の都度交わされてきた船貨不分離協定（Non-Separation Agreement）を規則の中に取り入れ、併せてBigham条項（貨物の分担額は避難港で貨物の引渡しを受け自ら代船輸送した場合の費用を限度とするという条項）を導入した。

⑨利息の認容期間（XXI条）

共同海損に認容された犠牲、費用に対する7％の利息を、従来の「共同海損精算書の日付まで」に替え、「共同海損精算書発行日後3カ月まで」認容することとした。

(3) 2016年YAR

2016年YARは、解釈規定、至上規定、文字規定、数字規定といった1994年YARの構成を概ね維持しつつ、船主団体・荷主団体からも支持される内容に改定されている。貨物保険者の立場から注目すべき1994年YARからの主な変更点を説明する。

①海損精算人への情報提供の期限（E条）

　　1994年YARにおいては、共同海損の分担の対象となる費用・損害については、航海団体の当事者は航海終了の日から12カ月以内に通知すること、その通知がなされなかった場合、または通知した請求の立証書類あるいは負担価額の明細の提出を求められた場合には、海損精算人より請求されたときから12カ月以内に海損精算人に提出することとされていたが、海損精算人の求めによって提出期間が再開始されるのは好ましくないとする見方が一般的だった。

　　2016年YARでは、共同海損費用や犠牲損害の通知とその立証書類は費用支出後あるいは航海終了後12カ月以内に、負担価額の明細については航海終了後12カ月以内に海損精算人に提出することとされた。

　　また、この期限内に提出が行われず海損精算人が裁量により見積もることができるとされており、当事者はその見積もりに明白な誤りがある場合にのみ異議を申し立てることができるとされているが、2016年YARでは、異議申し立ての期限については、海損精算人からの通知後2カ月以内とする期間的制限が追加された。

　　加えて、当事者が共同海損費用や犠牲損害に関する第三者からの回収する事例があることも踏まえ、2016年YARでは、航海団体の当事者が第三者から共同海損費用や犠牲損害の回収を試みている場合にはその旨を、回収に成功した場合には2カ月以内に海損精算人に回収内容を通知する義務を規定した。

②船貨不分離条項（G条）

　　1994年YARでは、Bigham条項により、船貨不分離条項によって共同海損に認容される金額のうち、貨物の分担額は、荷主が自ら代船輸送した場合に要したであろう費用を限度とすることとされていた。

　　2016年YARでは、Bigham条項はF条で規定された代換費用[52]には適用されず、継搬費用等の代換費用はBigham条項の限度額とは別に共同海損として認容されることが規定された。

③救助料（Ⅵ条）

　　1994年YARでは、救助料（救助の性質を有する費用）は共同海損に認容されると規定されていたが、2004年YARでは、救助料のうち、LOFによる救助契約で船舶や貨物等の被救助財産が救助業者に対して単独別個に救助報酬の支払義務を負う

52　共同海損に認容されるべき他の費用の代わりに支出した追加の費用。継搬費用等。

場合等においては、その救助報酬については原則として共同海損としての再精算は行わないと規定された。

2016年YARでは、救助料が共同海損に認容されることをまず謳った上で、上記のような救助報酬については、以下の場合に限って再精算を行うことを規定している。

(ⅰ) 後続事故等により被救助価額と共同海損負担価額の間に重大な乖離が発生している場合

(ⅱ) 重大な共同海損犠牲損害が発生している場合

(ⅲ) 被救助価額に明白な誤りがあり、救助料の配分に重大な誤りがある場合

(ⅳ) 救助の当事者が他の当事者が負担すべき救助料の相当な割合を支払っている場合

(ⅴ) 相当な割合を負担する当事者間で、単独別個に決定された救助報酬の条件に重大な差異があった場合（ただし、利息、通貨調整、弁護士費用等は考慮しない）

④複合運送における貨物の負担価額（XVII条）

共同海損の負担価額は航海終了時の財産の実際の正味価額に基づくとされてきたが、複合輸送の場合は荷主への引渡地が内陸であることも多いため、2016年YARでは、商業送り状（インボイス）の価額を航海終了時の貨物の正味価額とみなすことができることを規定した。

⑤低額貨物（XVII条）

これまでも実務上の慣行として海損精算人が一定の低額貨物を負担価額から除外することが行われてきたが、2016年YARでは、この慣行を明文化して、海損精算人は手数の増加に見合わない一定の低額の貨物を共同海損の分担から除外できることを規定した。

⑥資金の供給（立替手数料）（XX条）

1994年YARでは認容されていた、共同海損の支出（乗組員給食料費を除く）に対する2%の立替手数料は、2004年YARでは廃止されていたが、2016年YARでも廃止された。

⑦共同海損として認容された損失に対する利息（XXI条）

1994年YARでは、共同海損に認容された犠牲・費用に対する利息は年率7%の

固定利率とされていたが、2016年YARでは変動利率とした[53]。

⑧共同海損分担額に関するタイム・バー（XXIII条）

2016年YARでは、2004年YARで導入されたタイム・バーに関する規定を継承し、適用される準拠法による時効が強行規定である場合を除き、共同海損分担金の請求権は共同海損精算書が発行された日から1年で消滅すること、ただし最長でも航海の完了の日から6年で消滅すること、また、当事者間の合意があれば、これらの期間は延長することができることが規定された。

3. 船貨不分離協定（Non-Separation Agreement）

船舶が海難により避難港で貨物を荷卸しの上、修繕を行う場合、この貨物を代船によって仕向地に輸送することがしばしば行われる。船舶から貨物を分離し他船によって継送されることになれば、もはや共同冒険団体を構成せず、それ以降に船主や荷主が支出する費用はそれぞれの単独負担となるはずであるが、関係者で合意して、このような場合でも共同海損の権利・義務は何ら影響を受けず、あたかも船貨の分離は行われなかったかのように取扱う旨の協定を結ぶことが多い。これが「船貨不分離協定[54]」といわれるものである。

船主にとっては船貨分離後に行われる船舶修繕期間中の船員の給食料等船費を共同海損として回収でき、また荷主にとっては代船輸送によって速やかな貨物の受取りができることになる。

過去においては共同海損発生の際、必要に応じこの「船貨不分離協定」を締結したり、後述する共同海損盟約書や共同海損保証状に船貨不分離協定条項を含めて発行するという実務が行われてきたが、前述の通り1994年YARおよび2016年YARでは規則本文に

53　精算書の作成に用いられた通貨に適用されるインターコンチネンタル取引所（本部：米国）における、毎暦年最初の銀行営業日に公表される12カ月もののロンドン銀行間取引金利（LIBOR）プラス4％と規定された。
54　Non-Separation Agreement
　It is agreed that in the event of the vessel's cargo or part thereof being forwarded to original destination by other vessel, vessels or conveyances, rights and liabilities in general average shall not be affected by such forwarding, it being the intention to place the parties concerned as nearly as possible in the same position in this respect as they would have been in the absence of such forwarding and with the adventure continuing by the original vessel for so long as justifiable under the law applicable or under the contact of affreightment.
　The basis of contribution to general average of the property involved shall be the values on delivery at original destination unless sold or otherwise disposed of short of that destination; but where none of her cargo is carried forward in the vessel she shall contribute on the basis of her actual value on the date she completes discharge of her cargo.

この内容が盛り込まれており、この協定は不要となった。しかしながら、特段問題となるものではないので、現在でも荷主や貨物保険者が提出を求められる後述の共同海損盟約書（Average Bond）や共同海損分担保証状（Average Guarantee）のフォームに、念のため船貨不分離協定の文言が含まれることがある。

4.共同海損精算人とGAサーベイヤー

　共同海損の各利益団体に課せられる分担額は、共同海損精算人[55]（以下、「精算人」と略す）によって公正に精算される。なお、共同海損は、航海終了の時および地における正味価額に基づき精算されることになっているが、これは共同海損精算書が仕向地で作成されねばならないということではない。船荷証券では、精算地があらかじめ決められていたり、運送人が精算地を選択できるとされていることが多く、その場合はその地の法律・慣習に則って精算が行われることになる。

　また船主は、共同海損に関する行為の妥当性や損害額とその原因を検討するために、貨物に犠牲損害が見込まれる場合等には、GAサーベイヤーを起用することがある。GAサーベイヤーは、事故直後に起用されることがあり、精算人と密接に連絡を取りながら共同冒険団体全員のために最も公平で妥当と思われる救難対策を関係者に助言する。GAサーベイヤーは、事故の発生から共同海損行為がとられたときの状態、共同海損行為の内容とその結果、共同海損犠牲損害の損害額と共同海損費用の額の算定等、共同海損の一連の過程に関与する。

　精算人の精算料やGAサーベイヤーの検査料は、最終的には船主・荷主等、共同海損行為の各受益者により分担される。

5.貨物保険者の実務

　共同海損行為は船舶や貨物の共同の安全のために船長によって故意になされるものであるが、貨物の利害関係者にとって大きな影響を与えるものであることから、貨物保険者として共同海損の手続きをよく理解した上で、荷主への助言も含めて適切な対応ができるようになっておくことが求められる。以下、貨物保険者の立場から留意すべきポイ

---

[55] 日本国内では、東京マリンクレームサービス（株）、（株）浅井市川海損精算所、チャールズ・テイラー・ジャパン（株）の３社がある。グローバルに拠点を有する共同海損精算人としては、Richards Hogg Lindley（Charles Taylorグループ）等がある。

ントを中心に、共同海損の手続きについて説明する。

(1) 共同海損の通知から貨物の引渡しを受けるまで

　共同海損が宣言されると、船主または船主の代理店は受荷主に対し、船舶が仕向港に到着する前にその事実を通知する。一般的には書面で共同海損の宣言（General Average Declaration）を行い、精算人を選任したことを伝え、併せて貨物の引渡しまでに共同海損盟約書、価額申告書、仕切状、共同海損供託金または共同海損分担保証状等の提出を要求する。到着前にこの通知をしていなくても共同海損分担額の請求権がなくなるわけではないが、荷主から共同海損に必要な書類と担保を取り付け、仕向港で円滑に貨物を引渡すためには、迅速な共同海損の通知は欠かせない手続きである。荷主はこの通知に従って以下の書類等を提出して、貨物の引渡しを受けることとなる。

① 共同海損盟約書（Average Bond）

　この書類は、荷主が船主に対し、将来共同海損が正当に精算されたときはその精算結果に従って貨物分担額を支払うことを約束すると共に、精算人の証明があれば分担額の内払いにも応ずることを約束するもので、通常は船主が荷主に対してロイズ・フォームの共同海損盟約書（Lloyd's Average Bond）への署名・提出を求める。

② 価額申告書（Valuation Form）

　荷主による貨物価額の申告書である。前述した通り、共同海損は航海完了時の最終仕向地における価額に応じて分担するのが原則であるが、1974年YAR以降は、貨物の負担価額は荷卸しのときの価額とし、その価額は仕切状によって確定されることとなった。すなわち仕切状がCIFのときはCIF価額を、仕切状がFOBのときはFOB価額に運送賃と保険料を加えた額を、負担価額とすることとなった。Invoiceや運送賃・保険料の請求書の写が提出されれば負担価額は明らかになることもあり、現在では価額申告書は要求されないこともある。

③ 仕切状（Invoice）の写し

　これは貨物の負担価額を決めるための基本となる書類であるが、売買条件は様々であり、負担価額は運送賃・保険料込の貨物価額が基礎となるため、例えばFOBのように仕切価額に運送賃や保険料が含まれていない場合には、運送費や保険料を示す書類として、運送賃請求書や保険料請求書の写しも必要となる。

④ 共同海損供託金（General Average Deposit）

一般的に、共同海損の債権者である船主は貨物に対して海事先取特権を有するので、仕向港到着後も要求した担保が提供されるまで貨物を引渡さないことができる。

　船主の立場から見て最も確実な担保は供託金（Cash Deposit）であり、共同海損の場合、これを共同海損供託金（GA Deposit）と呼んでいる。船主は、精算人と相談して、船舶が最終仕向港に到達するまでに、共同海損総額を見積もり分担率を概算して各貨物の到達価額にこの一定率を掛けた額の供託金を要求する。

　供託金は銀行に預けられて利息と共に支払いの保証として管理され、後日共同海損の精算書が完成し共同海損分担額が確定した後に、供託金から共同海損分担額を控除した残額が荷主に返還される。

　ほとんどの場合貨物には貨物海上保険が付保されているので、共同海損供託金に代えて次に述べる保険者の保証状を取付けて貨物を引渡しているのが通例である。供託金が要求されるのは、無保険の場合、または船主・精算人が必要と認める財務格付け等の要件を当該保険者が満たしていない場合等である。

⑤ 共同海損分担保証状（Average Guarantee）

　前述の通り、貨物海上保険が付保されている場合には、荷主の要求を受けて、貨物保険者は船主・精算人宛てに保証状を発行する。これは、船主が供託金を求めることなく貨物を荷主に引渡すことと引替えに、将来、共同海損が正当に精算されたときには、その分担額を貨物保険者が船主または精算人に支払うことを保証する書類である。

　共同海損に対する保険者のてん補責任は、過去においては航海終了時の到着地における時価に基づいて負担価額が決定されていたため、分担金が保険価額を超過することもあり得た。しかしながら、1974年YARから、貨物の負担価額は仕切状価額となり、また、保険価額は仕切状価額と同額かまたは10％程度加算したものとするのが通常であるため、貨物保険者の負担価額が保険価額を超えることはほとんどなくなった。

(2) 貨物の損害検査と損害額の通知

① 損害検査（Damage Survey）

　貨物に損害が生じている場合には、個別の荷主または貨物保険者は、別途ダメージ・サーベイヤーを起用し、当該貨物の損害検査（Damage Survey）を依頼する。ここでのサーベイ・レポートが、単独海損（PA）、共同海損犠牲損害（GA Sacrifice）の

立証書類となり、これが後日共同海損精算時における分担金にも影響を及ぼすため、十分な根拠や客観性が求められる。

　特に単独海損と共同海損犠牲損害の仕分けやそれぞれの妥当性の検討は極めて重要である。例えば、本船火災事故により共同海損が宣言された場合、貨物が火災による単独海損と同時に、消火活動による共同海損犠牲損害として濡れ損を被っていることも考えられるので、このような場合には、それぞれの損害額が明確に分かるようにサーベイ・レポートに記載してもらう必要がある。また、単独海損に関しても、後日GAサーベイヤーと見解の相違が生じて共同海損精算人が貨物の負担価額からの控除を認めない、といった問題が生じることがないよう、必要に応じてGAサーベイヤーの立会いを求める等、適正なプロセスを踏むことも重要である。

② 貨物の損害に対する保険金の支払い

　上記のダメージ・サーベイヤーのレポートが提出されると、これに基づき第4章で述べたのと同様に保険者は貨物の損害に対する保険金を荷主に支払うこととなる。一般に共同海損犠牲損害についても保険者は直接てん補責任を負っているので、保険者は単独海損および共同海損犠牲損害の全額を被保険者に支払う責任を負う。

　荷主にとっては、共同海損犠牲損害は保険金として直接保険者に請求せずに、これを共同海損団体から回収することも可能であるが、そうした場合は共同海損の精算が完了するまで回収できないことから、共同海損犠牲損害に対して保険金を請求するのが一般的である。

　保険金が支払われると、荷主の共同海損犠牲損害に関する共同冒険団体への請求権は、保険者が代位取得する。

③ 保険金の支払通知

　貨物保険者が保険金を支払った場合、これは後日の共同海損の精算に影響を与えるため、保険者は、サーベイ・レポート等の書類を添付して、単独海損と共同海損犠牲損害を区分の上、支払保険金の額、支払日、その内訳を精算人に通知する必要がある。これは保険者にとって、自分の利益を守るために必要な手続きである。精算人はこの通知によって、保険者が犠牲損害に関する権利を代位取得したことを知り、かつ、この通知を資料として共同海損に認めるべき犠牲損害額を算出し、負担価額を算定する。すなわち精算人は、犠牲損害として支払われた保険金を保険価額ベースから仕切価額（仕切価額に海上運賃や海上保険料が含まれていない場合には、これらを加算した価

額、すなわちCIF価額）ベースに直してこれを共同海損認容額とし、単独海損として支払われた保険金については、その仕切状価額ベースに換算した額を仕切価額から控除して負担価額を出すのである。

ところで、この仕切状価額をベースとした犠牲損害の認容額と負担価額の計算は、精算人でなくても保険者でもできるので、保険者によっては、支払通知の際、負担価額と犠牲損害額を算出してそのまま通知する方法をとっているところもある。この方法をとると精算人にとっても手数が省けるという便宜がある他、保険者にとってもあらかじめ自己の貨物の犠牲損害額と負担価額が分かるという意味で好都合であろう。

なお、前述の通り2016年YARにおいては、共同海損費用や犠牲損害については費用支出後または航海終了後12カ月以内、負担価額の明細については航海終了後12カ月以内に海損精算人に通知することとされているので、海損精算人への共同海損犠牲損害および単独海損の通知はいずれも航海終了後12カ月以内に行うことが求められる[56]。

(3) 共同海損精算書の検討

精算人の下に必要な資料が集まると、精算人は、共同海損の精算を行い、共同海損精算書を作成、発行する[57]。貨物保険者により保証状が発行されている貨物については、共同海損精算書はその貨物保険者に送付されるのが通例である。最近では必ずしも印刷された精算書ではなく、電子的に送付されることもある。また、コンテナ船等の場合には、精算書全体ではなく抜粋のみが送付されることもある。

同時に、精算人から貨物保険者宛てに請求書が、あるいは犠牲損害があって受取勘定となるときには支払通知書が送られる。

2016年YARが成立し、1994年YARと併存する期間が一定程度見込まれることもあり、前述の通り利息や立替手数料の扱い等に差異があるので、どのYARが適用されるのかを確認することが必要である。

56　1994年YARでは、共同海損の分担の対象となる費用・損害については、当事者は航海終了の日から12カ月以内に、また、負担価額あるいは請求の立証書類については、海損精算人より請求された時から12カ月以内に、海損精算人に通知することとされている。
57　小額共同海損担保特約条項、General Average Absorption Clause等、共同海損行為に要した費用や損害が一定金額以下の場合、共同海損の手続きをとることなく全額てん補する趣旨の条項が船舶保険に付帯されるのが一般的になったため、結果的に共同海損が取り下げられることもある。

保険者が共同海損精算書を受領した際に検証すべき主なポイントは以下の通りである。

① 共同海損の成立要件

　船舶が衝突して外板に破孔が生じ海水が浸入したような場合、沈没を避けるために船長が故意に船舶を浅瀬に乗り揚げれば、任意座礁となり、その結果、被った船底の損傷の修繕費は共同海損犠牲損害となる。この場合、故意に乗り揚げたのか否か判定が難しいこともある。座礁が単に操船ミス等の必然的、不可避的な結果であれば、船底の損傷等は単独海損となり、共同海損は成立しない。貨物保険者としては、まず、船長等の行為が果たして1994年YAR・2016年YAR各A条の、「航海を共にする財貨を危険から守る意図をもって、共同の安全のために、故意にかつ合理的に、異常の犠牲を払い、または費用を支出した場合」という規定に該当しているか、すなわち共同海損の成立要件を充足しているかについて検討しなければならない。

　また、船主から共同海損の分担請求を受けても、共同海損を招いた事故が、運送契約上、運送人が免責を認められていない運送人の過失によるものであれば、荷主は共同海損の分担金について求償または抗弁することができる（1994年YAR・2016年YAR各D条）。そこで、共同海損精算書と共に分担金の請求を受けたときは、まず共同海損事故の原因が何によるものか十分検討する必要がある。特に機関故障による共同海損では、本船の発航時不堪航による場合もあるので、精算書に添付されているGAサーベイヤーのレポートの内容を検討し、要すれば船主側に十分な説明や根拠となる文書を求め、運送人に責任があり運送契約上の免責事由に該当しないと考えられる場合には、共同海損の分担拒否を検討する必要がある。

② 共同海損認容額の妥当性

　共同海損認容額が適用されるYAR通りに精算されているかを検討する。なお、本来の共同海損行為がとられたならば要したであろう費用を算出し、その費用が節約された範囲で代船輸送に伴う余分の費用等を、代換費用として共同海損に認められることもある。

　併せて、精算人に通知しておいた共同海損犠牲損害があった場合には、これがしかるべく共同海損に認められているかを検証する。

③ 負担価額

　貨物の負担価額がCIF価額を正しく反映し、損害があった場合には保険金支払通知

の通り損害額が控除されているかを検証する。併せて船舶の負担価額が航海終了時の船舶の市場価額を正しく反映しているかを検討する。船舶の市場価額を正しく把握することは容易ではないが、その高低は船舶・貨物の分担額の多寡に大きく影響するので、精算書に添付されている船価鑑定書や、同等の船舶の売船例や必要に応じ独自の船価鑑定を基に、慎重に検討する必要がある。

(4) 共同海損の決済の検討

　共同海損精算書には必ず決済表がある。決済表では、それぞれの共同海損費用をいつ誰が支払ったか、犠牲損害に対する保険金はいつ支払われたか、船舶の保険者と貨物の保険者は誰か、供託金はあるか等を全て考慮に入れて、かつ共同海損の利息や立替手数料（1994年YARの場合）も計算に入れて、関係者全員の支払い額と受取り額が表示されている。通常、船主の依頼に基づき共同海損の決済は精算人が行うので、支払いは精算人に対して行い、入金も精算人からなされるのが普通である。

　貨物保険者が犠牲損害に対する保険金を荷主に支払っていれば、これをCIF価額ベースで評価し直して利息を加えた金額が、共同海損に認められる。決済表では、この認容額と貨物分担額との差額が貨物保険者の受取りまたは支払い勘定として示されている。この金額を精算人との間で精算をして保証状の返還を受ければ、貨物保険者としての共同海損の手続きは完了する。

　決済の簡単な例として、次のような事例を考えてみよう。大豆かす5,000万円と魚粉3,000万円を積載した貨物船の機関室から火災が発生し、消火活動の結果火は消し止められたが、本船は航行不能となった。船長は救助者に最寄りの安全な避難港への曳航を依頼し、本船は避難港で仮修繕の末、最終仕向地に到着し、荷卸しすることができた。この事例において、共同海損として認められる費用および損害は次の通りであった。

消火作業に要した費用	200万円
海水消火に伴う大豆かすの海水濡れ損害	1,000万円
本船の曳航費用	1,500万円
本船の仮修繕費用	300万円
合計	3,000万円

一方、共同海損として認められない費用および損害は次の通りであった。

火災により魚粉に生じた焼損害	1,000万円
火災により船舶に生じた損害の修繕費	7,000万円

この事例における共同海損負担価額（正品価額から損害額を控除した額＋共同海損認容額）はそれぞれ以下の通りであった。

船舶			
		航海終了時の正体市場価額	20,000万円
	－）	修繕費（単独海損）	7,000万円
		負担価額	13,000万円

大豆かす			
		CIF価額	5,000万円
	－）	海水濡れ損害	1,000万円
		正味到着地価額	4,000万円
	＋）	共同海損認容額	1,000万円
		負担価額	5,000万円

魚粉			
		CIF価額	3,000万円
	－）	焼損	1,000万円
		負担価額	2,000万円

負担価額合計	（船舶＋大豆かす＋魚粉）	20,000万円

以上を前提とした決済例は、次のようになる。

	負担金額	分担額(15%)	共同海損認容額	決済
船舶	13,000万円	1,950万円	2,000万円	50万円受取り
大豆かす	5,000万円	750万円	1,000万円	250万円受取り
魚粉	2,000万円	300万円		300万円支払い
合計	20,000万円	3,000万円	3,000万円	

実際には立替手数料（1994年YARの場合）や利息、精算人の精算料等、様々な費用が共同海損に含まれるため、より複雑な精算となる。

(5) 救助料と共同海損との関係通知

　船舶ならびに貨物が救助された後、航海が継続されて仕向地に到着すると、共同海損としてこの救助料を含めた共同海損費用が船舶、貨物、運送賃、燃料等の共同海損分担利益によって分担されることになる。本章第1節で述べたように、LOF等の不成功無報酬型の救助契約における救助報酬は救助完了時の救助完了地における被救助価額によって按分されるが、共同海損の分担は船舶・貨物の航海終了のとき、その場所における正味価額により行うことになるので、例えば、救助完了後に仕向地到着までに船舶または貨物が損傷を被ったような場合は、両者の価額に差が生ずることがあり得る。

　このような場合、1994年YARにおいては、救助報酬を含めた共同海損費用ならびに犠牲損害の総額について航海完了の時点で精算を行い、船舶・貨物等の分担額を定めることになるので、先に行った救助報酬の精算はいわば仮の精算となり、共同海損の精算時に再精算されることになる。救助完了の後に、航海が打切られたり、最終仕向地に向けての航行中に船舶または全ての貨物が全損に帰したような場合や、救助報酬以外の共同海損が少額で共同海損が宣言されない場合には、救助費の精算が最終となる。

　2004年YARにおいては、救助費を共同海損の対象としていないため、上記と異なり救助費と共同海損は別個に精算されることとされていたが、2016年YARにおいては、前述の通り、LOFによる救助契約で、救助報酬の決定の際に採用された被救助価額と共同海損負担価額の間に明確な差が認められる場合等、一定の場合には救助報酬についても共同海損に含めて再精算することを規定している。

第7章

求償

第1節 総論

1. 代位求償の意義

　貨物が輸送中もしくは保管中に損傷または滅失した場合、損害の原因が貨物の運送人もしくは受託者、あるいはその他の第三者の行為による場合は、貨物の荷主には、貨物を損傷または滅失させた責任を負う当事者に対して損害賠償を請求する権利がある。この場合、貨物に保険がついていれば、荷主は保険者に対し保険金を請求することもできるが、同時に運送人等からも損害賠償を受けると、荷主は二重の支払いを受けて不当に利得を得る。これを防ぐために、保険者が保険金を支払った場合は、荷主がこれら運送人等に対して有する損害賠償請求権が保険者に移転する。これを求償権代位または請求権代位（Subrogation）という。

　保険につけられている貨物が損傷または滅失した場合、荷主は運送人等に対し、とりあえず損害賠償請求する旨を意思表示する等して請求権の保全措置を講じるが、運送人との交渉には時間を要するので、先に保険者に対し保険金を請求する。従って、運送人に対する損害賠償請求は保険金を支払った保険者からの代位求償（Subrogation Claim）であることが多い。運送人等からの回収があれば、保険契約者の損害率（Loss Ratio、L/R）にも反映されるため、保険料率算出の観点からもこの代位求償は重要である。

　また、代位求償には、回収を通じて損害率を低下させる効果以外にも、運送人・受託者等に対して慎重な貨物の荷扱いに関する注意を喚起し、運送人等の貨物損害防止（Loss Prevention）対策を促進させる効用もある。

　海上および航空運送人の責任に関する一連の国際条約において、運送人の責任制限額が引き上げられているように、運送人の責任が拡大しつつある趨勢の中で、運送人等からの回収を効率よく行い、貨物損害の防止・軽減に役立てる業務はより一層重要性を増しており、保険会社の求償業務は支払い業務に劣らない大切な業務である。

2. 運送法制

(1) 国内法

わが国における運送法制の基本となるのは、商法と国際海上物品運送法である。国際海上物品運送法は、わが国が批准した国際海上物品運送に関わる国際条約を国内法化するために商法の特別法として制定されたものである。

　商法は、1899年に制定されてから1世紀余りが経過し、第2編「商行為」・第8章「運送営業」および第3編「海商」・第3章「運送」についてはこれまで実質的な改正がなく、現代の運送・物流の実態と乖離が目立つようになった。このため、規定の現代化に向け2012年から2013年にかけ、法務省、学界、運送業界、荷主団体、保険会社等の関係者が参加して運送法制研究会が開催され、2014年より始まった法制審議会の調査・審議を経て2016年2月に「商法（運送・海商関係）等の改正に関する要綱」が採択され、法務大臣に答申された。これを受け、2016年10月に「商法及び国際海上物品運送法の一部を改正する法律案」が国会に提出され、国会審議を経て商法および国際海上物品運送法が改正される見込みである。

　この改正には、船舶の絶対的堪航性担保義務の過失責任化や、船舶所有者の過失または船員その他の使用人の悪意・重過失により生じた損害を免責とする特約を禁止する規律の廃止等、海上運送人の責任に関わる規定の重要な変更も含まれる。

　なお、本章における商法・国際海上物品運送法に関する記述は、この法案による改正を反映した商法・国際海上物品運送法（以下、「改正法」またはそれぞれ「改正商法」・「改正国際海上物品運送法」という）を中心とし、必要に応じ改正前の商法・国際海上物品運送法（以下、「旧法」またはそれぞれ「旧商法」・「旧国際海上物品運送法」という）についても説明を加える。

(2) 運送形態ごとの主要な法律・条約

　貨物の運送人等に対して求償を実施する上で、運送契約の内容を熟知する必要があるのはもちろんだが、同時に、その運送契約を規制する法律や国際条約、また、船主責任制限等、海商法分野の法律や国際条約についても十分な知識が必要である。関連する各条約・法律の内容については、後に詳述することとして、ここでは、①国際物品運送に関する主な国際条約、②国内物品運送に関する法律・運送約款の各分野において、主要なものを挙げておく。

①国際物品運送に関する主な国際条約・法律

a.海上運送

　・1924年 船荷証券統一条約（ヘーグ・ルールズ）
　・1968年 ブラッセル議定書（ヘーグ・ヴィスビー・ルールズ）
　・1978年 国連海上物品運送条約（ハンブルグ・ルールズ）
　・2009年 新国連国際海上物品運送条約（ロッテルダム・ルールズ）

　1924年、海上運送人の責任について規定する国際条約としてヘーグ・ルールズが成立した（後述）。わが国は1957年にこの条約を批准し、「国際海上物品運送法」として国内法化した。海上物品運送法の英文表記はThe Carriage of Goods by Sea Actだが、これを略してCOGSAと称することが多く、わが国の「国際海上物品運送法」をJapan COGSAと呼ぶこともある。

　その後、海運・物流事情の変化に応じて、ヘーグ・ルールズは改正され、1968年にヘーグ・ヴィスビー・ルールズが成立した。わが国は1992年にこれを批准し、1993年に「国際海上物品運送法の一部を改正する法律」を施行した。ヘーグ・ヴィスビー・ルールズについては、わが国の他に、英国、フランス、北欧諸国（デンマーク、ノルウェー、スウェーデン等）、中国等、ほとんどの主要な海運国が批准しているが、米国は批准していない。

　ハンブルグ・ルールズは、ヘーグ・ヴィスビー・ルールズがもっぱら先進国の利益にのみ奉仕するものであるとの批判を背景に1978年に成立、1992年に発効した条約である。しかし、批准国の多くが発展途上国で、わが国を始め先進国の多くはこの条約を批准していない。

　2008年の国連総会では、新国連国際海上物品運送条約（全部または一部が海上運送である国際物品運送契約に関する条約）が承認された。2009年にロッテルダムで開催された署名式にて16ヵ国が署名したことからロッテルダム・ルールズと称される。この条約は、海上運送を含む複合運送に関する国際条約であり、発効には20ヵ国以上の批准（または、受諾、承認、加盟）が必要とされているが、2016年10月現在、未だ発効しておらず、わが国も現在のところ、ロッテルダム・ルールズの署名・加盟等について表明していない。

b.航空運送

・1929年 国際航空運送統一条約（ワルソー条約）
・1955年 ヘーグ改正ワルソー条約（改正ワルソー条約）
・1975年 モントリオール第4議定書
・1999年 モントリオール条約

　1929年のワルソー条約は、航空運送に関するルールや航空運送人の責任を統一した世界最初の条約であり、わが国は1953年に批准しているが、国内法は特に設けられていない。その後、同条約は修正されて、1955年改正ワルソー条約となり、わが国は1967年にこれを批准した。

　航空運送人の貨物の損害に対する責任はワルソーおよび改正ワルソー条約では過失推定責任であったが、1975年モントリオール第4議定書は、一定の免責事由による場合を除き、無過失責任とした。その後、1999年にモントリオール条約が成立し、旅客運送における運送人の責任の現代化が図られたが、貨物の損害に関する運送人の責任については、同条約は1975年モントリオール第4議定書を基本的に踏襲している。なお、わが国は、1975年モントリオール第4議定書、1999年モントリオール条約共に批准している。

c.道路輸送および鉄道輸送
　・国際道路物品運送条約（CMR条約）
　・国際鉄道物品運送条約（CIM条約）

　いずれの条約もわが国は批准していないが、欧州各国が数多く批准しており、欧州域内輸送に適用される。

d.複合運送
　・2009年 新国連国際海上物品運送条約（ロッテルダム・ルールズ）
「海上運送」の項で触れたとおり、わが国は批准していない。

②国内物品運送に関する法律・運送約款
a.商法
　　国内運送において運送人が貨物を毀損または滅失させた場合、運送人は商法の規定

および運送契約（運送約款）に基づいて賠償責任を負う。

改正商法の中の第2編（商行為）・第8章（運送営業）・第2節（物品運送）第570条から第588条において物品運送に関する各種規定が、また第3編（海商）・第3章（海上物品運送に関する特則）第737条から第770条において海上物品運送に適用される特則が定められている[58]。

b. 標準運送約款

運送人は、荷主との運送契約に基づき、トラックや鉄道等の輸送手段を利用して貨物の集荷から配達までを行う。運送契約の内容については、運送人と荷送人との間で個別の契約や特約が交わされる場合があるものの、大半の運送人は、輸送手段ごとに国土交通省が告示している「標準運送約款」[59]を採用している。国土交通省の定める主な標準運送約款は下記の通りである。なお、国内物品運送に適用される法規や標準運送約款については、第4節で解説する。

(a) 陸上運送
　・標準貨物自動車運送約款
　・標準引越運送約款
　・標準宅配便運送約款
(b) 海上運送
　・標準内航運送約款
(c) 利用運送

荷主との運送契約により、自動車、鉄道、船舶、航空機等を有する実運送人が提供する最適な輸送手段を利用して、貨物の集荷から配達までを一貫して行う運送事業の形態を利用運送という[60]。貨物利用運送事業用にも、標準貨物自動車利用運送約款、

---

[58] 旧商法では、第570条～第589条において陸上物品運送についての規定が、第737条～第776条において海上物品運送についての規定が定められていた。
[59] 事業者が多数の顧客にサービス等を迅速かつ円滑に提供するために、契約内容をあらかじめ定型化したものが約款である。事業者がこれを顧客に表示することで、顧客は当該サービス等を申し込むに当たってはその約款に同意したものとみなされる。多数の荷主の貨物を扱う一般貨物自動車運送事業など、運送事業を行うに当たっては運送約款を定め、国土交通大臣の認可を得ることが法律上義務付けられている場合があるが、国土交通大臣が公示した標準運送約款と同一の運送約款を使用する場合には、その事業者の運送約款は認可を受けたものとみなされる。
[60] 貨物利用運送事業法第2条1項に、次の通り定義されている。
「この法律において『実運送』とは、船舶運航事業者、航空運送事業者、鉄道運送事業者または貨物自動車運送事業者(以下『実運送事業者』という。)の行う貨物の運送をいい、『利用運送』とは、運送事業者の行う運送(実運送に係るものに限る。)を利用してする貨物の運送をいう。」

標準内航利用運送約款などの標準利用運送約款が国土交通省により定められている。

(3) 船主責任制限に関する国際条約・法律

- 海上航行の船舶所有者等の責任の制限に関する国際条約（1957年船主責任制限条約）
- 1976年の海事債権についての責任の制限に関する条約（76年条約）
- 1976年の海事債権についての責任の制限に関する条約を改正する1996年議定書（96年議定書）

1957年船主責任制限条約は、わが国において1975年に国内法化され、「船舶の所有者等の責任の制限に関する法律（船主責任制限法）」となった。その後、コンテナ船の大型化等に伴い、国際条約の責任制限額が段階的に見直されたが、わが国でも2005年6月に国会で96年議定書の締結承認および国内法である船主責任制限法の改正が可決され、改正法が2006年8月に発効、現在に至っている。また、2012年には、IMO[61]第99回法律委員会において96年議定書の改正案が採択され、責任制限額が51％引き上げられた。

この改正96年議定書は、2015年6月に発効し、これに合わせて、わが国の船主責任制限法も改正された。

第2節 海上運送

1. 総説

荷主が貨物を目的地まで輸送しようとする場合、個品運送契約によって輸送する場合と、用船契約（C/P: Charter Party）による場合とがある。前者の代表的な例としては、コンテナ貨物などが挙げられ、後者の例としては、ばら積み貨物や液状貨物などのように船主から船腹の全部または一部を借り切って輸送に当てる場合が挙げられる。

個品運送契約であっても用船契約であっても、貨物の船積みがあれば船荷証券（B/L: Bill of Lading）が運送人から荷送人に対して交付される。用船契約書（C/P）、船荷証券（B/

61　国際連合の専門機関の一つであるInternational Maritime Organization（国際海事機関）の略称。

L）共に運送契約上の当事者の権利・義務関係を定めており、重要なものである。

　19世紀に汽船が発明された結果、船腹が増大し積荷の数量が増加すると共に種類も雑多となり、船主の賠償すべき損害額の増大をもたらすことになったため、多くの船主が広範な免責約款により責任の軽減を図ると共に、運送賃の軽減を図った。これは物流コストの軽減を図る荷主の要請にマッチしたため、運送賃は低率であるが、免責約款の広範な船荷証券が氾濫することとなった。この結果、「船主は運送賃を取り立てる以外、何ら債務を負っていないようである」とまで言われるようになり、免責約款禁止法制定の必要性が叫ばれるようになった。折しも、第一次世界大戦開戦以来、社会規範の弛み、船員その他の運送従事者のモラルの低下等により、運送品の盗難が著しく増加し、積荷の利害関係者は、船荷証券の免責約款が船主の注意義務を怠らせたためであるとして、免責約款に関する世界的統一禁止法の早急な制定を高唱するに至った。

　このようにして、船荷証券上の広範な免責約款に制限を加え、運送人と荷主との間の危険負担の調整を図るために実現したのが「1924年船荷証券統一条約（ヘーグ・ルールズ、Hague Rules）」である。この条約は、1924年8月25日にブラッセルの外交会議で署名されたので、「1924年船荷証券に関するブラッセル条約」ともいうが、条約の草案は1921年にヘーグで開かれた国際法会議の小委員会で作成された1921年ヘーグ規則によっているため、ヘーグ・ルールズと通称されており、同条約は、世界のほとんど全ての海運国によって署名・批准され、その内容は各国の国内法に採用された。

　その後、ヘーグ・ルールズは、1924年の制定以降、相当の年月を経たために条文の解釈上の問題が生じたこと、また、コンテナ化の進展など物流の実態に適合しなくなってきたため、1968年、ヘーグ・ルールズを一部変更したヘーグ・ヴィスビー・ルールズ（Hague-Visby Rules）が登場した。今日では、米国を除く多くの主要先進国がこれを批准している。一方、1960年代になって、ヘーグ・ルールズはもっぱら先進国の利益のみを保護するものとなっているとの批判が発展途上国グループから起こったのを受けて、国連の国連国際商取引法委員会（UNCITRAL）主導の下で、運送人により大きな責任を負わせる内容のハンブルグ・ルールズ（Hamburg Rules）が1978年に採択され、主に発展途上国がこれを批准している。このように、現在、国際海上物品運送に関する国際条約としては、ヘーグ・ルールズ、ヘーグ・ヴィスビー・ルールズ、ハンブルグ・ルールズが併存した状態となっていることから、新たな統一的な国際条約の必要性が叫ばれてきた。その結果、2009年にロッテルダム・ルールズ（Rotterdam Rules）が成立し、

現在、各国で批准に向けての検討が行われている。

なお、わが国は、ヘーグ・ルールズを1957年に批准し、これを国内法化した「国際海上物品運送法」を制定、1958年1月1日より施行したが、その後、1992年にヘーグ・ヴィスビー・ルールズを批准し、これに合わせて改正した国際海上物品運送法を1993年6月1日に施行した。

本節では、外航運送、すなわち、国際海上物品運送における運送人の責任を規定する国際条約・国内法を中心に解説するが、併せて、国際海上物品運送の求償業務に必要な知識として、用船契約、船主責任制限法についても解説する。また、内航運送についても、末尾で簡単に触れることにする。

2. ヘーグ・ルールズおよびヘーグ・ヴィスビー・ルールズ

(1) 総説

1924年船荷証券統一条約（ヘーグ・ルールズ）は、世界各国において批准、国内法化され、国際的に海上物品運送の統一法としての役割を果たしてきたが、条文の解釈上問題のあるもの、明確な規定を欠くもの、時代に適応しきれなくなったものなどがあり、1963年にスウェーデンのストックホルムで開催された万国海法会の会議で改訂が勧告された（この会議の後、同海法会はヴィスビー市で会合を開いたので、それにちなんでヴィスビー・ルールズという名前がつけられた）。このヴィスビー・ルールズは、その後、いくつかの修正を受けて、1968年2月23日、ブラッセルで「1968年ブラッセル議定書」として署名・調印され、1977年3月23日までに発効要件である10ヵ国が批准または加盟したので、1977年6月23日に発効した。さらに、その後、ヴィスビー・ルールズは1979年改正議定書（通称「SDR議定書」）によって、運送人の責任制限額を表示する通貨単位が金フランからSDR[62]に改められた。わが国では、1992年5月にこの1979年改正議定書を批准・国内法化して改正された国際海上物品運送法が1993年6月1日に施行された。

---

[62] 国際通貨基金(International Monetary Fund, 略称IMF)の特別引き出し権(Special Drawing Rights)の略。米ドル、ユーロ、英ポンド、日本円に、2016年10月からは中国人民元を加えた5主要通貨の加重平均により評価され、日々の主要通貨との換算率はIMFのウェブサイトに掲載されている。

なお、ヴィスビー・ルールズは、ヘーグ・ルールズの改正部分のみを規定した条約であり、ヴィスビー・ルールズによって改正されたヘーグ・ルールズをヘーグ・ヴィスビー・ルールズと呼んでいる。以下、ヘーグ・ヴィスビー・ルールズについて、ヘーグ・ルールズと比較しながら、主要点について解説する。

(2) 条約の適用範囲

① 人に対する適用範囲

ヘーグ・ルールズおよびヘーグ・ヴィスビー・ルールズは、海上物品運送契約に基づいて運送債務を負担するいわゆる「運送人」である船舶所有者または用船者に対して適用されるとともに（ヘーグ・ルールズ第1条a）、荷送人および船荷証券またはこれに類似の証券の所持人に対しても適用される（同第1条b、第6条1項）。本条約は用船契約には適用されず（同第5条2項）、用船契約に基づいて発行された船荷証券あるいはこれに類似の証券が、第三者に裏書譲渡または引渡されたときから、その所持人と運送人との間でのみ適用される（同第1条b、第5条2項、第6条1項）。「船荷証券に類似の証券」の意義は甚だ曖昧であるが、要するに、商取引上船荷証券とほぼ同一の効力を有する証券ということであり、証券の正当な所持人に運送契約上の請求権を与え、かつその証券の移転が運送品の占有の移転と同一の効力を有する流通性のある証券である。いかなる証券がこの証券の範囲に属するかは、各国が各々の商慣習を斟酌して決める他ない。

② 適用対象物品

ヘーグ・ルールズおよびヘーグ・ヴィスビー・ルールズは、船舶によって運送される物品運送契約に適用されるが、船舶とは海上物品運送に使用される一切の船をいい（ヘーグ・ルールズ第1条d）、物品とは生動物、船荷証券に甲板積と記載し実際に甲板積運送をした貨物以外の運送貨物である（同第1条c）。従って、高価品、危険品および船荷証券に甲板積と記載せずに甲板積した貨物の運送についても、条約の適用がある。生動物、船荷証券に甲板積と記載し実際に甲板積運送をした貨物を条約の適用除外としたのは、これらの物品の運送は航海上各種の危険を伴いやすいため、もしこれに条約を適用して特約を厳重に制限することになると、運送賃の著しい騰貴をもた

らすか、もしくは運送人が運送を引き受けない結果となり、かえって荷送人に不利益を及ぼすからである。

③適用対象区間

ヘーグ・ルールズおよびヘーグ・ヴィスビー・ルールズは、その時間的適用範囲を物品の船積みのときから荷揚げのときまで（Tackle to Tackle）に限っている。船積み前および荷揚げ後については、各国国内法の定めるところであるが、「船積み」「荷揚げ」の意義を定めていないので、船積港または荷揚港ごとにその慣習を斟酌して意義を定めていくしかない。

④ 適用対象契約

ヘーグ・ルールズは、締約国の一つにおいて作成された一切の船荷証券に適用されると規定している（ヘーグ・ルールズ第10条）。つまり船荷証券の作成地が締約国である限り、船舶所有者、荷送人または船荷証券の所持人がどの国に属そうと関係なく、本条約が適用される。非締約国で作成された船荷証券に対する条約の適用については条約に何ら規定がないので、各国の国内法がこれをどのように扱うかによって決められる。

一方、ヘーグ・ヴィスビー・ルールズは、船舶、運送人、荷受人その他の利害関係人の国籍のいかんを問わず、次の場合に適用されると規定している。

  a．船荷証券が締約国で発行された場合
  b．運送が締約国の港からのものであるとき
  c．船荷証券中の契約または船荷証券によって証明される契約が、この条約の規則、または条約の規則に効力を与えている国内立法が契約に適用されるべきことを定めているとき

ヘーグ・ルールズは、船荷証券が締約国で発行された場合に限って適用されるとしているので、この点で、ヘーグ・ヴィスビー・ルールズは適用範囲を拡大したことになる。

(3) 運送人の義務

ヘーグ・ルールズおよびヘーグ・ヴィスビー・ルールズは、運送人の運送契約上の義務について詳細に規定しており、その骨子をなすのは、ヘーグ・ルールズ第3条および第4条である。第3条は運送人の義務および義務違反による責任を規定し、第4条は運送人の権利および免責を規定しているが、ヘーグ・ルールズ第3条、第4条は、ヴィスビー・ルールズにおいて一部変更されている。

① 堪航能力担保義務

　ヘーグ・ルールズおよびヘーグ・ヴィスビー・ルールズは、運送人の堪航能力担保義務について過失主義をとり、運送人が船舶をして航海に堪える状態にしておくために「相当な」注意をすべきことを要求している。

　運送人の堪航能力担保義務について、ヘーグ・ルールズ第3条1項は次の通り規定する。

「1. 運送人は航海の前および航海の開始に際し、次のことについて相当の注意をしなければならない。

　　a. 船舶を航海に堪える状態におくこと

　　b. 船員の乗組、船舶の艤装および需品の補給を適切に行うこと

　　c. 船倉、冷気室、冷蔵室その他物品を積み込むすべての場所を物品の受入、運送および保存に適する良好な状態におくこと」

　運送人が堪航能力を担保する時期は「航海の前および航海開始」のときであり、これは「船積開始時より発航時まで」ということであろう。いかなる程度の注意をもって「相当の注意（Due Diligence）」というかは、各事案の状況によって決すべき事実問題である。また、相当の注意を尽くす義務を負うのは運送人自身には限定されない。この点に関する英国の重要な判例を紹介する。

　一つは、1961年の Riverstone Meat Co. Pty. Ltd. v. Lancashire Shipping Co., Ltd. (The Muncaster Castle case, 〔1961〕1 Lloyd's Rep. 57, 〔1961〕A.C. 807) である。

　この事案は、本船が船体検査のため入渠した際、船舶修繕業者の仕上工がストーム弁にかぶせる検査用カバーのナットを十分締めないままに閉じたため、航海中にナットの緩みの隙間から海水が浸入して積荷に損傷を与えたというものである。

　ナットが十分に締められていないことは、船主の海務監督やロイズ検査人の通常の

注意をもっては発見不可能であったため、第1審、第2審は「運送人は堪航能力について相当の注意義務を尽くしたので過失なし」と判示したが、貴族院[63]は第1審、第2審の判決を覆し、「被用者であれ代理人であれ、または独立請負業者であれ、必要な作業のいかなる部分にせよ、運送人から作業を任せられた全ての者が、その作業に相当の注意を尽くしたことを証明しない限り、運送人は荷主に対して責任を負うことになるので、船舶修繕業者の仕上工の過失についても、運送人は責任を負う」と判示した。

この判決は、多くの海事関係者、法律家に驚きを与え、船主にとって過酷であるという批判がなされ、英国海法会は、1963年万国海法会ストックホルム会議でヘーグ・ルールズの改正が議論された際、独立の契約者（Independent Contractor）に過失があったとしても、運送人による独立の契約者の選任監督に過失が認められない場合には、運送人は必ずしも堪航性担保義務違反の責任を問われることはないとする趣旨の提案を行ったが、結果的に実現しなかった。

もう一つの判例は、1963年のUnion of India v. N.V Reederij Amsterdam（The Amstelslot case,〔1963〕2 Lloyd's Rep. 223（H.L.））である。本件において、運送人が雇った検査人は、本船の減速ギアに生じたひびを発見することができなかった。ひびの検査方法には3種類あり、この検査人が採用したもの以外の2つの方法の方がより徹底した検査ができたが、検査人が採用した方法も妥当ではないとはいえないものであった。貴族院は、「運送人は必要な検査を行うために熟練した有能な人物を雇い、その者が注意深く適切に作業したので、運送人は船舶を航海に堪える状態に置くための相当の注意を尽くした」と判示した。

Muncaster Castle事件の判決以降、「運送人の代理人、委託業者も相当の注意を尽くさなければならない」との原則は維持されている。ヘーグ・ルールズおよびヘーグ・ヴィスビー・ルールズの下における運送人の堪航能力担保義務は、実際の適用に当たっては相当厳格なものであり、相当な注意を払ってもなおかつ発見し得ないような潜在瑕疵（Latent Defect）以外は運送人の責任は免れ難いようである。

---

[63] 英国の民事裁判は三審制であり、かつては、上院議会である貴族院（House of Lords）の一部が最高裁判所の機能を担っていた。2009年10月の司法改革により、貴族院から司法機能が分離され、最高裁判所（Supreme Court）が設置されている。

② 運送品に関する義務

　運送人は運送品の船積み、取扱い、積付け、運送、保管および荷揚げを適切かつ慎重に行わなければならない（ヘーグ・ルールズ第3条2項）。この注意義務は運送人自身に限らず、運送人が運送契約上の債務を履行するため船積み、または荷揚げに使用した者にも要求される。

　これらの義務は、第3条1項の堪航能力担保義務が相当注意義務であるのに対し、厳格な義務である。義務違反についての挙証責任は、第一次的には貨物の損害賠償請求者にあるが、ほとんどの証拠は運送人にとって入手可能なものであるから、一旦、賠償請求者が最初の立証を行えば、挙証責任は直ちに運送人に転換される。

③ 船荷証券に関する義務

　運送人は、荷送人の請求により、次の事項を記載した船荷証券を荷送人に交付しなければならない。

　　a. 物品の識別のため必要な主要記号で物品の積込み開始前に荷送人が書面で通知したもの
　　b. 荷送人が書面で通告した包、もしくは個品の数、容積または重量
　　c. 外部から認められる物品の状態

　ただし、運送人は上記a、bが実際に自己が受取った物品を正確に表示していないと疑うべき正当な理由があるとき、または、その正確であることを確認する適当な方法がないときは、これらの事項を船荷証券に記載することを要しない（ヘーグ・ルールズ第3条3項）。この場合"number, quantity and weight unknown"もしくは"said to be"等の不知文言（Unknown Clause）付きの船荷証券が発行される。

　船荷証券に記載された貨物の数量・容積・外観の状態が、実際のそれらと異なっていた場合、ヘーグ・ルールズにおいては、船荷証券には推定的効力（Prima facie evidence）しか認められていないので、運送人は反証をあげて争うことができる。しかし、ヘーグ・ヴィスビー・ルールズはこの点を修正し、船荷証券が善意の第三者に移転されているときは、この反証は許されないとしている（ヴィスビー・ルール第1条1項）。

この点で問題となるものに、貨物についての荷送人の補償状（Letter of lndemnity、L/IもしくはLOI）がある。運送人に貨物が引渡されたときに貨物の外観上に異常が認められると、運送人はその異常（損傷状態）を船荷証券に記載しなければ善意の船荷証券所持人に対抗することが困難になるので、リマークつきの船荷証券（Foul B/L）を発行しようとする。一方、銀行が船積書類として買い取ってくれるのはこのようなリマークのない船荷証券（Clean B/L）であるので、荷送人は運送人に補償状を差し入れ、Clean B/Lを発行してもらうことがある。もちろん補償状があるという理由では運送人は善意の証券所持人（Innocent B/L holder）に対抗することは困難であり、運送人は善意の証券所持人に賠償した後、補償状に基づいて荷送人に補償請求することとなる。

　船積み前の貨物にわずかではあるが何らかの異常が認められた場合には、運送人は後日の求償に備え、補償状と引き換えにClean B/Lを発行することが珍しくない。一方、鉄鋼製品は積込み時に外装が錆びていることがあり、これに対して"cover rusty"等のリマークが付けられるが、これはいわゆるgeneral remarksと称せられるものであり、貨物の濡れ損による発錆とは区別されるべきものである。従って、鉄鋼の運送にはいわゆる"Retla Clause"が船荷証券に挿入されていることが多い。

　"Retla Clause"の文言は以下の通りである。

The term "apparent good order and condition" when used in this Bill of Lading with reference to iron, steel or metal products does not mean that the goods, when received, were free of visible rust or moisture. If the shipper so requests, a substitute Bill of Lading will be issued omitting the above definition and setting forth any notations as to rust or moisture which may appear on the Mate's or Tally Clerk's Receipts.

この船荷証券において「外観上良好な状態」という文言が、B/Lにおいて鉄鋼または金属製品に関して使用されているときは、その文言は物品を受け取ったときに目に見える錆または水滴がついていないということを意味するものではない。荷送人が要求するときは、上記の定義を削除し、メーツ・レシートまたは検数人の受取証に記された錆または水滴に関する摘要を付した代わりの船荷証券を発行する。

　米国連邦控訴裁判所は、日本から米国向けにClean B/Lの下で輸送された鋼管が、仕向地到着時に錆損害が発見され、米国国際海上物品運送法（US COGSA）[64]に基づく運送人の責任が争われた事件において、「この条項は外観上良好な状態に関す

---

[64] 米国国際海上物品運送法（Carriage of Goods by Sea Act）は、ヘーグ・ルールズを米国国内法化したもの。

るいかなる表示となるものでもなく、運送人は善意の証券所持人に対しても禁反言（Estoppel）によって反証を許されないものではない」と判示、この条項の効力を認めて錆損害について運送人免責とした（Tokio Marine & Fire Insurance Co., Ltd. v. Retla Steamship Co.〔1970〕A.M.C. 1611）。この判決がRetla Clauseの由来となっており、この判決以来、鉄鋼運送の船荷証券のほとんどが、この条項を含んでいる。

この判決については様々な批判があったが、約40年を経て、英国裁判所において、新たな判決が出されたので紹介する。

この事件は、韓国から北米西海岸に輸送された鋼管に、荷卸し時に錆損が発見され、受荷主が運送人に損害賠償請求したものである。船積み前に既に損害があったことが運送人手配のサーベイヤーによって確認されており、補償状と引き換えにClean B/Lが出された経緯から運送人はRetla Clauseに基づいて免責を主張した。裁判所は「同条項は、鋼材の表面に一般的に認められる軽い錆について適用されるが、本件のような重い錆については、専門家ではないにしても、誠実に見た通りの貨物の状態を記載する義務が運送人にはあり、これに背くことは詐欺的な行為であり、B/Lの内容を信頼した者の権利を侵害するものである」として、受荷主の請求を認めた（Breffka & Hehnke GmbH v Navire Shipping Co., Ltd. "The Saga Explorer",〔2012〕EWHC3124 Comm 7 November 2012,〔2013〕1 Lloyd's Rep.401）。
本判決により、運送人が補償状と引き換えに安易にClean B/Lを発行することは許されない、ということが明らかにされたといえるであろう。

④ 運送人の免責事由

ヘーグ・ルールズ第4条に運送人の免責事由が規定されている。運送人は列挙された免責事由による損害については原則として免責されるが、これ以外の場合について責任を減免する条項は無効である。

運送人の免責事由のうち、実務上問題となる3項目について以下解説する。

a．航行または船舶の取扱いに関する過失

航海上の過失（または航海過失）ともいい、主として船舶に影響を及ぼす過失であり、商業上の過失（主として貨物の取扱いに関する過失）と対比される。条約は航海上の過失について免責を認めたが、これは免責事由の中で最も重要なものといわれ、船舶

の運航、取扱いに関する船長、海員、水先人、運送人の使用人等の作為または不作為による過失をいう。

具体的な適用に当たって、船舶の取扱い（Management of the ship）に関する過失に当たるのか、商業上の過失に当たるのか、判断が難しい場合がある。しばしば発生する事例として、バラスト[65]漲水時における過失によって海水が船倉内に入り貨物に濡れ損害を与えることがある。裁判所は、バラスト漲水は船舶の安全航行のために必要な作業であるから、その作業における過失は、船舶の取扱いに関する過失であり、運送人は免責されると判断することが多い。

その一例として、バラスト漲水における過失が航海上の過失か商業上の過失かが具体的に争われた事件を紹介する。

この事件は、航行中、船舶の空のタンクに荒天を予期してバラストが張られたが、タンクの水が溢れていないかどうかを目視で確認できるようにマンホールの蓋が取り外されていた。その結果、タンクの水がマンホールから溢れ、貨物が損害を被ったというものである。この事件で裁判所（米国連邦控訴裁判所）は、バラストを張るという基本的な行為は「船舶が台風海域に向かうときの船舶、乗組員、貨物および運賃を守るための行為」であると判示、運送人は責任を免れた（Bernstein Co. v. Wilhelmsen〔1956〕A.M.C. 754；232 F. 2d.）。原因は、栓を回して水を溢れさせたことや、バラストを張ると決定したことにあるのではなく、バラスト水の浸入から貨物を保護するためのマンホールの蓋を外しておいたことである。これは貨物の取扱いに関する過失であるとの主張がなされたが、裁判所はすべての作業を一体と判断した。すなわち、マンホールの蓋を外したことも含めバラスト漲水作業全体が、船舶の取扱いに関する一連の作業であるとみなされた。

しかしながら、バラスト漲水による損害場合であっても、以下の理由から必ずしも運送人が免責されるとは限らない。

(a) バラスト・タンクに水を張るとき、運送人は、この操作によって船倉内にバラスト水が浸入して貨物が濡れることがないかどうか注意すべきであり、これらの

---

[65] 船舶の喫水を下げたり、左右のバランスをとるなどし、波浪に対する復元性、安定性を高めるために、重しとして、一般に海水を船底付近のタンク内に張る。このような重しをバラスト、バラストとして用いる海水をバラスト水、バラスト水を張るタンクをバラストタンクという。

注意の欠如によって濡損害が生じた場合には貨物の取扱いに関する過失（商業上の過失）となるから、必ずしも、運送人が免責されるとは限らない。

(b) 航海開始前に船倉に水が入ったとなると、堪貨性（Cargo Worthiness）が欠如していた、すなわち、船舶は不堪航であったということなり、運送人は免責を主張できない。

(c) 船倉への浸水は逆止弁に欠陥がある場合に起こり得るが、運送人は航海開始前に逆止弁を点検し良好な状態にしておくために相当の注意を尽くしたことを立証しなければならない。

なお、航海過失であっても、船舶の発航時の不堪航に原因が求められる場合は、運送人は責任を免れ得ないことはいうまでもない。無資格船員の操作による座礁、衝突（人的不堪航）、本船に古い海図しか備えつけてなかったために誤って座礁（物的不堪航）した場合などが考えられる。近年のわが国の判例で、人的不堪航が原因であったとして航海過失免責を認めなかった判例がある。控訴審で和解が成立したため確定判決とはならなかったものの、興味深い判決であるので紹介する。

この事件は、日本から米国・カナダ向けの自動車を積載した自動車専用船が、カナダ入港前に管轄水域外でバラスト水を交換する必要があったことから、洋上バラスト水交換作業を行ったが、このとき、船舶の復原性が基準を下回った状況であったため、船舶が転覆し、貨物の自動車が全損となったものである。本船の一等航海士は、本船における過去の2度の作業経験で復原性が基準値以下でも問題がなかったという記憶があったことから、気象海象条件が許せば基準値以下でも問題ないと判断して作業を行ったことが裁判の過程で認められた。裁判所は、一等航海士が復原性に関する基本的な安全意識を欠いており、本件航海において運送品を安全に目的地まで運送する適格性を欠いていたとして、人的不堪航を認めた（東京地裁平成24年11月30日判決）。

b. 火災

ヘーグ・ルールズの下では、運送人は自身の故意、過失がない限り、火災によって生じた貨物の損害について責任を負わない。これは、陸上運送人またはその他の受託者には与えられていない免責である。

この免責条項は、航海上の過失と並んで運送人にとって重要なものである。火災に

よる損害はしばしば巨額損害となり得るが、この危険を全て運送人に負担させるのは過酷であるし、貨物保険は原則として火災危険を担保するから、この危険を荷主負担としても荷主に著しく不利益を及ぼすことにはならないという考え方に基づくもので火災が免責事由となるためには、運送人に故意または過失がないことが必要であるが、ここでいう運送人とは、運送人自身を指し、その被用者は含まれない。運送人自身とは、通常、会社の上級職員または役員を意味する。故意または過失についての挙証責任が誰にあるのかについてヘーグ・ルールズに直接規定はないが、米国の判例では損害賠償請求者に挙証責任を課しているのに対し、英国では故意または過失のないことの挙証責任を運送人に課す判決を下している。

　運送人の過失は、火災に直接関係があるものでなくてはならず、関係のない過失では有責とならない。一旦火災が発生し、消火作業に過失があれば、運送人は責任を負うことになる。このような過失は、貨物の取扱いおよび管理に関する過失だからである。

　なお、火災が船舶の不堪航の結果生じ、運送人が航海の開始前および開始に際し船舶の不堪航に関して、船舶を航海に堪える状態に置くための相当の注意を尽くしたことを証明できない場合には、たとえその不堪航の原因が運送人自身の過失によらない場合でも、運送人は免責を主張できない。

c. 海固有の危険

　この免責事由は最も典型的で適用されることの多いものであるが、何が海固有の危険であるかは極めて難しい問題でもある。荒天が海固有の危険に当たるか否かは、地理的な位置、季節およびその荒天の強さによるが、国により認定に差異がある。

　米国連邦控訴裁判所は、J. Gerber & Co. v. S.S. Sabine Howaldt（〔1970〕A. M. C. 441, reversed on other grounds〔1971〕A.M.C. 539）において、風力11以上の荒天に遭遇し、その間に船舶にも損傷が発生したと認定されたので荒天免責を認めた。本件は以後、海固有の危険（Perils of the seas）の認定基準を探るに際して、しばしば引用されるケースである。しかし、カナダ連邦控訴裁判所は、Baltic Shipping Co. v. Kruger Inc and another（The "Mekhanik Tarasov" - Federal Court of Appeal - 31March 1989）において、2月の北大西洋で風力12、波高18mの荒天に遭遇し船貨が滅失したケースに関し、海固有の危険を理由とする免責を否定した。上記を含む過去

の判例を整理してみると次のようになろう。

(a) 風力

ビューフォート・スケール[66]で、風力12のケースでも、海固有の危険が否定される場合がある。

(b) 船体に対する損傷

船体が酷い損傷を被るという事態は、海固有の危険を認定する上での一つの重要な指標である。風力11の風に遭遇したが船舶が構造上の損害（Structural damage）を被っておらず、海固有の危険は存在しないと判示された事例もある（Palmer Dist, Co. v. American Counsellor〔1957〕A.M.C. 2384, 158F. Supp 264）。

(4) 責任限度

ヘーグ・ルールズは、貨物の損害に対して運送人が責任を負う場合であっても、その責任は、当初は1梱包または1単位につき100スターリング・ポンドに制限されるという責任限度額を定めていた。しかし、その後、責任限度額の自国通貨への換算の問題や様々な解釈上の疑義が生じたことから、ヴィスビー・ルールズおよびSDR議定書は、詳細な規定を設けて解決を図っている。

① 責任限度額の通貨単位

ヘーグ・ヴィスビー・ルールズは責任限度の計算単位に、ヘーグ・ルールズのスターリング・ポンドに代えて、フランス金フランを採用した。フランス金フランは、純分1,000分の900の金65.5ミリグラムからなる単位をいうが（ヴィスビー・ルールズ第2条d）、これを採用したのは、責任限度額は全ての締約国にとって同一であるべきで、国際的な市場価格を有しその価値が普遍的であり、インフレまたはデフレに応じて価格が上下する以外は安定的に価値を維持する金を採用すべきであるとの考えに基づくものであった。

しかしながら、議定書成立後、1971年の米国による金とドルの兌換停止に端を発する世界的な通貨不安から金の価値も不安定となり、普遍的価値尺度とはいえなく

---

[66] イギリス海軍のビューフォート提督が1805年に提唱した0から12までの13段階で表した風力と、それに対応した海上の様相についての表が原型である。その後、風力が風速に関連付けられるなど客観的な指標として改良されたものが、1964年に世界気象機関の風力の標準的な表現法として採択され、日本の気象庁の風力階級もこれに基づいたものである。

なってしまった。

　そこで、ヘーグ・ヴィスビー・ルールズの責任限度額の表示をSDRに改めるために、1979年改正議定書（通称SDR議定書）が採択され、1984年に発効した。SDR議定書は、ヘーグ・ヴィスビー・ルールズを一部改正して適用する体裁をとっている。わが国が改正国際海上物品運送法を公布するに際し、1968年ブラッセル議定書（通称ヴィスビー・ルールズ）ではなく、SDR議定書のみを批准したのは、このような背景があるからである。

② 責任制限の方式・限度額

　ヘーグ・ヴィスビー・ルールズは、物品の性質および価額が荷送人により船積み前に通告され、かつその通告が船荷証券に記載されている場合を除き、1梱包もしくは1単位につき10,000フランまたは（受損1物品の総重量の）1キログラム当たり30フランのいずれか高い方を責任限度額とした（ヴィスビー・ルールズ第2条a）。梱包・重量の併用方式であり、これによって、責任限度額はかなり引き上げられることとなった。なお、SDR議定書においては、1梱包もしくは1単位につき666.67SDRまたは（受損1物品の総重量の）1キログラム当たり2SDRのいずれか高い方を責任限度額としている（SDR議定書第2条1項）。

③ コンテナ条項

　コンテナがヘーグ・ルールズ上の梱包（package）に当たるかどうかについては、多くの議論があり、特に米国では多くの訴訟が提起されてきている。

　ヘーグ・ヴィスビー・ルールズでは、この点に関し条項を設け、コンテナ・パレットまたはこれに類似する運送用具が物品を統合するために使用された場合には、船荷証券中にそのような運送用具に詰め込まれたものとして数量表示されている梱包または単位の数が、これらの梱包または単位が関連する限りにおいて責任制限の単位となること、そして数量の表示がない場合には、コンテナ等の運送用具が梱包または単位となることを明示した（ヴィスビー・ルールズ第2条c）。

④ 責任制限阻却事由

　ヘーグ・ヴィスビー・ルールズでは、運送人自身が損害を生じさせる意図をもって、

または無謀にかつ損害がおそらく生ずるであろうことを知りながら行った運送人の作為または不作為から損害が生じたことが立証されたときは、運送人は責任制限の権利を奪われることを明示した（ヴィスビー・ルールズ第2条e）。

　ヘーグ・ルールズにこのような規定はないが、英米法では、契約の根本的な点に違反した運送人の行為によって貨物に損害が生じたような場合は、契約に違反した運送人は契約上認められた運送人の抗弁や責任制限の利益を奪われるというFundamental breach of contract もしくは Unreasonable Deviation という法理があり、これがヘーグ・ルールズの欠落を補ってきた。ヘーグ・ヴィスビー・ルールズでは、明示規定をおいてこの点を明らかにした。

　本条項の解釈上注意すべき点は、次の通りである。

a.　単に契約に違反する意図があるだけでなく、損害を「生じさせる意図」がなければならない。また、もしそれが「無謀」になされるのであれば、損害が「おそらく」生ずるであろうことを運送人が「知りながら」なされたものでなければならない。

　　この点、ヘーグ・ルールズの下では、必ずしも、運送人が損害が生じるであろうことを「知って」いるとはいえない場合であっても、Fundamental breach of contract もしくは Unreasonable Deviationの法理によって責任制限が阻却される場合が多かったのではないかと思われる。従って、ヘーグ・ヴィスビー・ルールズの下で損害賠償請求者が負う挙証責任はヘーグ・ルールズと比べて極めて厳しくなったといえる。

　　実際上、諸事実を知り得る機会の少ない荷主の立場からの立証は極めて難しい。英国がヘーグ・ヴィスビー・ルールズを1971年に国内法化した後の判例の動向を見ると、ヘーグ・ルールズ時代に認められていた Fundamental breach of contract の法理が認められず、運送人自身が損害を生じさせる意図をもって、または無謀にかつ損害がおそらく生ずるであろうことを知りながらなした運送人の作為または不作為から損害が生じたことを荷主が立証できた場合にのみ、運送人の責任制限を阻却できることにとって代わったように思われる。

b.　ここでの「運送人」は運送人自身を意味し、その使用人や代理人を含まない。従っ

て、責任制限の利益が奪われるのは運送人自身の故意等に限定されることになる。責任制限が否定される範囲が、以前よりも狭くなっているといえよう。

(5) 損害賠償額の定型化

　ヘーグ・ルールズには損害賠償額の定型化についての明文の規定がなかったが、ヘーグ・ヴィスビー・ルールズでは賠償額算定基準が明示された。すなわち、賠償されるべき総額は、物品が運送契約に従って船舶から荷揚げされ、または荷揚げされるはずであった場所および時における物品の価額を参照して算定しなければならず、物品の価額は商品取引所相場に従って、またはそのような相場がない場合には、そのときの市場価格に従って決定し、商品取引所相場も市場価格もない場合には、同種かつ同品質の物品の通常の価額を参照して決定することとなった（ヴィスビー・ルールズ第2条b）。

(6) 不法行為請求事件への適用

　ヘーグ・ヴィスビー・ルールズの下では、条約に規定されている抗弁事由および責任の限度は、訴えが契約に基づく請求であると不法行為に基づくものであるとを問わず、運送契約に含まれる物品の滅失または損害に関する一切の訴えに適用される。また、かかる訴えが運送人の使用人または代理人に対して提起された場合にも、使用人、代理人は本条約の抗弁、責任限度を採用する権利がある。しかしながら、独立の契約者（Independent Contractor）には、かかる権利はない（ヴィスビー・ルールズ第3条）。

　ヘーグ・ルールズに追加された規定であり、本条項により、運送人の使用人や代理人を不法行為で訴えることによって契約上の責任限度以上の回収を図ることができなくなった。

　なお、多くの船荷証券上には、ステベドア（荷役業者）[67]やターミナル・オペレーター等が、船荷証券上の抗弁、責任限度等を享受できるとした、いわゆるヒマラヤ条項（Himalaya Clause）が挿入されており、ステベドア等の独立の契約者に対しても適用される余地がある。

67　ステベドア(Stevedore)とは、船舶・埠頭における貨物の積み卸しを専門に行う船舶荷役請負業者のこと。

(7) 船荷証券の絶対的証拠力

「(3) 運送人の義務」(151頁)において述べた通り、ヘーグ・ルールズでは船荷証券の記載事項は推定的証拠力を認められたにすぎなかったが、ヘーグ・ヴィスビー・ルールズではこれが改められ、船荷証券が善意の第三者に移転された場合には、反対の証明は認められないとし(ヴィスビー・ルールズ第1条1項)、善意の証券所持人には絶対的証拠力を認めた。

(8) 出訴期限の延長合意

運送人および船舶は、いかなる場合においても、物品の引渡しのとき、または引渡されるべき日から1年以内に訴えが提起されない限り、物品に関する一切の責任を免れるが、ヘーグ・ヴィスビー・ルールでは、この期間は、当事者が訴訟原因発生後に合意したときは、延長することができると明示された(ヴィスビー・ルールズ第1条2項)。

ヘーグ・ルールズの下では、1年の期間が除斥期間[68]か消滅時効[69]かにつき見解が分かれていたが、実務的には、当事者間の合意でこの1年の期間を延長することで、訴訟に訴えることなく解決を試みることが多かった。ヘーグ・ヴィスビー・ルールズは、このような実態を法文上認知したものである。

3. 国際海上物品運送法

ヘーグ・ルールズを国内法化して1958年に施行された国際海上物品運送法は、1992年5月にSDR議定書が批准されてヘーグ・ヴィスビー・ルールズが取り入れられたのに伴い、一部改正され、1993年6月1日に施行された(前述の通り、2016年10月に国会に提出された改正法案により、商法と併せて再度改正される見通しであるが、商法改正の内容に平仄を合わせる改正であり、国際海上物品運送に関わる運送人の責任等について

---

[68] 除斥期間とは、特定の権利について法律が定める存続期間。法律権利関係の紛争終結という視点から定められた法定期間のため、中断や停止(延長)は認められず、当事者が援用しなくても裁判所は権利消滅を判断しなければならない、とされる。
[69] 消滅時効とは、権利を行使できるにもかかわらず一定期間行使しないことにより、その権利を消滅させる制度。ただし、権利を行使すれば、時効を中断させることができる。また、時効は、時効の利益を受ける者(債務者)が、時効を援用することによって成立する。

の規律の重要な変更を意図するものではない)。ヘーグ・ルールズとヘーグ・ヴィスビー・ルールズの主な相違点については前述の通りであるので、ここでは国際海上物品運送法の下で、解釈上疑義が生じる可能性のある箇所について述べることとする。

(1) 責任制限

① 責任制限の方式

貨物の損害についての運送人の責任は、1包・1単位につき 666.67SDR、または1包・1単位につき滅失・損傷・延着に関わる運送品の総重量についてキログラム当たり 2SDR のいずれか大きい額に制限される (改正法第9条1項、旧法第13条1項)。

1包・1単位の1単位の解釈については、1993年の改正前から大いに議論があったところであるが、現在でも解決されていない。例えば、1包・1単位につき滅失・損傷・延着に関わる運送品の総重量とは、1包・1単位全体の総重量を意味するのか、または1包・1単位の中で現実に滅失・損傷・延着した運送品の総重量を意味するのか、旧法・改正法でも、条文上明らかでない。

この点、国際航空貨物に適用されるワルソー条約およびモントリオール条約においては、責任制限額を算定するに当たり考慮すべき重量は、1包の総重量のみであると明記しているが、国際海上物品運送法にはこのような規定がないのである。

また、改正法第9条1項 (旧法第13条1項) の規定は、以下の通りとなっており、ばら積み貨物も含めあらゆる運送品について、1包・1単位による責任制限が適用になるとの前提を置いているかのように読めるが、ばら積み貨物については、およそ1包・1単位による責任制限は問題にならず、重量による責任制限がなされるのみと解釈する説がある。

(責任の限度)
第9条　運送品に関する運送人の責任は、次に掲げる金額のうちいずれか多い金額を限度とする。
　一　滅失、損傷又は延着に係る運送品の包又は単位の数に一計算単位の六百六十六・六七倍を乗じて得た金額
　二　前号の運送品の総重量について一キログラムにつき一計算単位の二倍を乗じて得た金額
　……

---

② コンテナ条項

　ヘーグ・ヴィスビー・ルールズのコンテナ条項の規定と国際海上物品運送法の規定とを比べると、同ルール第4条5項cは、船荷証券に記載されている1包・1単位の数をもって1包・1単位の数とみなすという規定になっている一方、改正法第9条3項（旧法第13条3項）は、「運送品がコンテナ、パレットその他これらに類似する輸送器具を用いて輸送される場合の第1項の規定の適用については、その運送品の包もしくは個品の数または容積もしくは重量が船荷証券に記載されているときを除き、コンテナ等の数を包または単位の数とみなす」となっている。

　国際海上物品運送法のこの規定はヘーグ・ヴィスビー・ルールズの規定と比べ「または容積もしくは重量」という文言が追加されている。なぜこの文言が追加されたかについては、1単位による責任制限における「1単位」が具体的に何を意味するかについて解釈の余地があるところ、これを具体的に規定したものと説明されている。すなわち、「個品の数または容積もしくは重量」とは単位の数を意味するということである。しかし、一方で、「又は容積若しくは重量」を追加したことにより、例えば船荷証券に、個品の数に加え、容積・重量が記載されている場合、個品の数と容積・重量のいずれが責任限度額の算定の基準となる単位に当たるのか、といった問題が生じる可能性がある。

③ 責任制限阻却事由

　改正法第10条（旧法第13条の2）は、「運送人は、運送品に関する損害が、自己の故意により、または損害の発生のおそれがあることを認識しながらした自己の無謀な行為により生じたものであるときは、……一切の損害を賠償する責めを負う。」と規定している。ヘーグ・ルールズおよび旧法では責任制限ができなくなる場合について明文の規定がなかったため、この問題に関し見解が分かれていた。ヘーグ・ルールズを国内法化した旧英国国際海上物品運送法の下では、Fundamental breach of contract[70] の法理により責任制限が阻却されることがあったが、ヘーグ・ヴィスビー・ルールズを国内法化した1971年英国現行法の下では、Fundamental breach of contract の法理が責任制限阻却事由として認められなくなったことは既述の通りである。

70　契約を締結したこと自体が意味をなさなくなるような根底的な契約違反をいう。

わが国の国際海上物品運送法では、明文の規定（損害賠償の額及び責任の限度の特例）を置いて責任制限ができない場合を規定している（改正法第10条、旧法第13条の2）。

この規定は、日本法の概念にはなかった文言で成り立っているので、従来の日本法の概念に当てはめて解釈しようとすると概念の微妙な差異が問題となる。「損害の発生のおそれがあることを認識しながらした自己の無謀な行為により生じたとき」[71] とは、日本法の未必の故意、重過失、認識のある過失と似てはいるが、微妙に異なっている。すなわち、未必の故意は、あることが起きても構わないと認容して行為するのに対し、「損害の発生のおそれがあることを認識しながらした自己の無謀な行為」は、発生のおそれの蓋然性を認識しながらした行為である。また、日本法の重過失は、損害発生の蓋然性の認識がない場合にも生ずる点で異なっている。さらに、認識のある過失とは、認識の程度は問題にならないのに対し、「損害の発生のおそれがあることを認識しながらした自己の無謀な行為」は"probably"という蓋然性の認識を要求する点で異なっている。

以上より、「損害の発生のおそれがあることを認識しながらした自己の無謀な行為」は、従来の日本法の概念にとらわれずに、文言通りに解釈すべきと思われる。

(2) 損害賠償額の定型化

損害賠償額の定型化については、ヘーグ・ルールズには明文の規定がなかったが、1958年に施行された当初の国際海上物品運送法は旧商法第580条と第581条（改正商法第576条）を準用し、損害賠償額を引渡し日の到達地の価格という形に定型化していた。

ヘーグ・ヴィスビー・ルールズは、損害賠償額を荷揚げ地、荷揚げ時の市場価格という形に定型化したため（第4条5項b）、これを国内法化した国際海上物品運送法においても同様の規定が置かれた（改正法第8条、旧法第12条の2）。この損害賠償額の定型化とは、民法の一般原則によれば、運送人が原因と相当因果関係のある全ての損害額（例えば、「得べかりし利益」の喪失をも含む）について責任を負わざるを得ないのに対し、貨物の荷揚げ地、荷揚げ時の価格によって定められた損害額限度で責任を負うということである。

---

[71] 本条文の基となったヴィスビー・ルールズ第2条eは"an act or omission of the carrier done with the intent to cause damage, or recklessly and with knowledge that damage would probably result"と定めている。

国際海上物品運送法は、この定型化の例外として、責任制限阻却事由のところで述べたとおり「運送人は、運送品に関する損害が、自己の故意により、または損害の発生のおそれがあることを認識しながらした自己の無謀な行為により生じたものであるときは、～（中略）～一切の損害を賠償する責めを負う。」と規定している（改正法第10条、旧法第13条の2）。

(3) 不法行為請求事件への適用

　① 運送品が滅失・損傷・延着した場合、荷主には、運送契約上の損害賠償請求を行う方法と、不法行為に基づく損害賠償請求を行う方法がある。契約上の損害賠償請求に対しては、運送人は契約上の免責事由や責任制限等の抗弁ができるので、荷主は不法行為に基づく損害賠償請求を行い、契約上の運送人の抗弁を回避しようとすることが考えられる。しかし、これでは運送人と荷主があらかじめ免責事由や責任制限を含めた権利義務関係を合意し、かつ、これを前提として運賃を決定して運送契約を締結する意味がなくなってしまう。そこで、ヘーグ・ヴィスビー・ルールズは、不法行為責任に基づく損害賠償請求についても、運送契約上の免責事由・責任制限等の抗弁が認められることにした。

　② 国際海上物品運送法には第20条の2①項で、契約上の責任に関する規定は、運送人の荷送人、荷受人または船荷証券所持人に対する不法行為責任に準用する旨の、「運送人等の不法行為責任」条項が置かれた（改正法第16条1項、旧法第20条の2①項）。
　運送人とは実行運送人を含まず、契約運送人のことを指すと解される。運送人の不法行為責任を追及できる者は、荷送人、荷受人または船荷証券所持人と明文で規定されているが、それ以外に運送品の所有者も含まれると解される。運送人に対する不法行為請求権の内容については、運送品の滅失・損傷・延着に関係したものに限られると解される。従って、運送品の滅失・損傷・延着と関係しない不法行為である証券不実記載や運送拒絶は、契約上の責任に関する規定を準用する対象とはならない。
　「運送人等の不法行為責任」条項によって運送人の不法行為責任に準用される責任の免除・軽減に関する規定には、以下のものがある。
　　a. 航海上の過失免責および火災免責（改正法・旧法第3条2項）

b. 危険物の特則（改正法第6条4項、旧法第11条4項）

　　c. 損害賠償額の算定方法（改正法第8条・第10条、旧法第12条の2・第13条の2、）

　　d. 責任制限（改正法第9条・第10条、旧法第13条・第13条の2）

　　e. 責任の消滅（改正法第15条・改正商法第585条、旧法第14条、）

　　f. 高価品の特則（改正法第15条・改正商法第577条、旧法第20条・旧商法578条、）

③　国際海上物品運送法の「運送人等の不法行為責任」条項における運送人とは実行運送人あるいは下請運送人を含まず、契約運送人を指すと解される[72]。この条項では、契約上の責任の免除・軽減に関する規定は、運送人の被用者の不法行為責任にも適用され、運送人の責任が免除または軽減される場合には、その限度において、運送人の被用者の責任も免除または軽減される。

　運送人または運送人の被用者の責任は、どちらか一方が賠償した場合、その金額の限度で、もう一方の責任が軽減されることを規定している（改正法第16条4項・第9条4項、旧法第20条の2④項・第13条4項）。

　なお、ヘーグ・ヴィスビー・ルールズが規定しているように、独立の契約者であるステベドア（荷役業者）は、運送人の被用者には含まれない。

④　国際海上物品運送法は、運送品の滅失・損傷・延着が、運送人の被用者の故意により、または損害の発生のおそれがあることを認識しながらした無謀な行為により生じた場合には、契約上の責任の免除・軽減に関する規定を適用しないと規定している（改正法第16条5項、旧法第20条の2⑤項）。

(4) 船荷証券の文言証券性[73]

①　旧国際海上物品運送法第9条には、「運送人は、船荷証券の記載が事実と異なることをもって善意の船荷証券所持人に対抗することができない」との規定があったが、この規定は改正商法（第760条）に新たに取り入れられ、改正国際海上物品運送法で

---

[72]　改正法第16条3項では、運送契約上の運送人の責任の免除・軽減規定が適用される対象が「運送人の被用者」であることが明確になっている。旧法第20条の2②項においては、「運送人の使用する者」とされていたため、実行運送人を含むと解する余地があるという意見もあった。

[73]　有価証券の属性を示す言葉で、権利内容は記載された文言によってのみ決まるという性格のこと。

は第15条（商法の適用）により上記の規定を維持している。1958年施行当初の国際海上物品運送法においては第9条で「運送人は、その記載につき注意が尽くされたことを証明しなければ、その記載が事実と異なることをもって善意の船荷証券所持人に対抗することができない。」と規定していたが、現行の国際海上物品運送法（改正商法の規定を含む）の下では、運送人の過失の有無を問わず、運送人は不実記載につき善意の船荷証券所持人には対抗できないものと理解される。

② 船荷証券に記載された文言のどの範囲にまで文言証券性を認めるかについては、ヘーグ・ヴィスビー・ルールズが運送品の主要記号、包もしくは個品の数、容積または重量、外部から認められる物品の状態について文言証券性を認めることからも、国際海上物品運送法（改正商法の規定を含む）においてもこれと同範囲について文言証券性を認めることについては異論はないと思われるが、船荷証券の全ての記載事項について文言証券性を認めると解釈できると考えられる。

(5) 責任の消滅

　国際海上物品運送法・商法は、運送品の滅失等についての運送人の責任につき、運送品の引渡し日（全部滅失の場合は引渡されるべき日）から1年を除斥期間としている（改正法第15条・改正商法第585条1項、旧法第14条1項）。
　この除斥期間は、運送品に関する損害が発生した後に限り、合意により延長することができると規定している（改正法第15条・改正商法第585条2項、旧法14条2項）。損害が発生した後に限り、となっているので、運送契約締結の時点では除斥期間延長合意はできないという解釈が出てくる余地はあるが、認めてもよいとする解釈もある。

4．その他の国際条約

(1) 1978年国際海上物品運送条約（ハンブルグ・ルールズ）

　ヘーグ・ルールズおよびヴィスビー・ルールズは先進国である主要海運国が中心となって形作ってきたものであるが、1960年代になり国際舞台において発言力を付けてきた

発展途上国グループは、ヘーグ・ルールズは、もっぱら先進国の利益にのみ奉仕するものであるとして、発展途上国の利益をも反映させた新しい法制の成立を訴えた。

UNCTAD（国連貿易開発会議）はこれを受けて、ヘーグ・ルールズの改正を勧告し、この勧告を受けたUNCITRAL（国連国際商取引法委員会）は作業部会を設け、新しい条約案の作成に着手し、1976年に最終条約案を採択、1978年にドイツのハンブルグで国際海上物品運送法に関する条約が成立した（通称ハンブルグ・ルールズ）。

本条約は発展途上国が中心に批准し、1992年11月に発効したが、主要先進国はほとんど批准していない。従って、わが国の実務で問題になることは少ないが、以下、主要点について解説する。

①適用範囲

ヘーグ・ルールズと異なり、生動物、甲板積貨物も条約の対象としている。一般的に甲板積みが認められるのは、荷送人との間に合意がある場合、取引の慣例上甲板積みが認められる場合、法令に定められている場合等であり、これに違反して甲板積みされた貨物が損害を被った場合、ヘーグ・ルールズの下では、fundamental breach of contract等として運送人の責任制限の権利等が奪われるとされていたが、本条約では、運送人は条約の規定に従って責任を負うとされ、責任制限の権利等を奪われることはない。一方、船倉内積みすることが明示的に、合意されているにもかかわらず、運送人の都合で甲板積みされた場合は、損害を生じさせる意図をもってなされた、あるいは無謀かつおそらく損害が生じるであろうとの認識をもってなされた運送人の作為（または不作為）とみなされ、契約上の抗弁、責任制限の権利は奪われると考えられている。

また、責任区間については、ヘーグ・ルールズでは船積みから荷揚げまで（Tackle to Tackle）であったが、ハンブルグ・ルールズでは物品の受取りから引渡しまで（Port to Port）となり、ヘーグ・ルールズより拡張されている。

②運送人の義務

これまでヘーグ・ルールズ、ヘーグ・ヴィスビー・ルールズの下で認められてきた運送人の航海過失免責の規定が廃止され運送人の責任は著しく拡大された。しかし、火災のみ例外的に、運送人、使用人等の過失によって発生したことの立証責任を荷主

側に負わせることにした。海上の火災について、運送人の過失を荷主側で立証することは困難であり、この点だけは事実上ヘーグ・ルールズと変わらないとも言える。

③責任限度

　ヘーグ・ヴィスビー・ルールズと同様、梱包または単位当たりの責任限度と重量当たりの責任限度のいずれか高い方の額によるという併用方式をとるとともに、コンテナ条項を設けている。

　責任限度の具体的金額は、1梱包または1単位当たり835SDR、1キログラム当たり2.5SDRと、ヘーグ・ヴィスビー・ルールズより高額となっている。また、責任限度阻却事由については、ヘーグ・ヴィスビー・ルールズと同様である。

④出訴期限・裁判管轄・仲裁

　出訴期限については、物品引渡し後2年と定められた。また、ヘーグ・ルールズに規定の無かった裁判管轄（Jurisdiction）、仲裁（Arbitration）についての規定が設けられた。

(2) 国連国際海上物品運送条約（ロッテルダム・ルールズ）

　現在、運送人の責任を定める国際海上物品運送条約は、ヘーグ・ルールズ、ヘーグ・ヴィスビー・ルールズ、ハンブルグ・ルールズの3つの条約が併存した状態となっている。これら3つの条約の国際的な統一の必要性が叫ばれてきた一方で、北欧諸国、中国、カナダ、オーストラリアなど、独自にいずれの条約とも異なる海上運送法を国内で制定する国が出てきた。また、米国においても、US COGSA（米国国際海上物品運送法）改正の動きが見られた。

　このような状態は、国際物流における法的安定性、予測可能性という点で不便をもたらしている。また、輸送技術の進歩、IT技術の活用、運送契約の多様化といった変化を考慮した場合、「これらの条約は現代の国際物流の一部しかカバーしていない」という問題点も指摘されていることから、これらの問題に対応するためUNCITRALは統一的な国際海上物品運送条約を新たに作成することとし、2002年から検討作業を開始した。その結果が2008年12月の国連総会で採択、2009年9月にロッテルダムで署名式が

行われて成立した「その全部または一部が海上運送である国際物品運送契約に関する条約（ロッテルダム・ルールズ）」である。この条約は20ヵ国が批准してから1年後に発効するが、2016年10月現在の批准国はスペイン、トーゴ、コンゴの3ヵ国であり、未発効である。ただし、米国を始め、各国で批准に向けての検討中と伝えられており、近い将来に発効する可能性がある。

①適用範囲

a. 運送人の定義

本条約における運送人は、荷送人と運送契約を締結する者と規定されている。

さらに、運送人に加え、履行者という概念を使用している。履行者のうち「海事履行者」は港における荷役業者、ターミナルオペレーター、船主など、海上運送部分の全部または一部を履行する当事者である。この「海事履行者」は、運送人と同じ責任を負う一方で、運送人に与えられた責任制限や時効の利益を享受できるため、本条約は、海事履行者に対して、従来船荷証券に規定されていたヒマラヤ条項と同様の保護を与えている。

b. 対象物品

ハンブルグ・ルールズと同様に甲板積貨物も条約の対象としたが、(a) 当該運送が法により要求される場合、(b) 甲板積みでの運送に適したコンテナまたは車両で運送される場合、(c) 甲板積みでの運送が運送契約に基づく場合または取引の慣習・慣行・実務に基づく場合、のいずれかに該当する場合にのみ、甲板積みで運送することができる。ただし、(a)(c) の場合、運送人は甲板積みでの運送に起因する物品の減失、損傷について責任を負わない。

また、生動物も条約の対象としたが、運送契約において、運送人および海事履行者の義務または責任を排除あるいは制限することが可能である。

c. 責任区間

これまでの海上運送中に対し、受取りから引渡しまで(Door to Door)に拡張された。

ただし、滅失または損傷が海上運送の前後の運送区間で生じた場合、かつ、当該運送区間において運送人と直接運送契約を結んでいたとすれば適用される国際条約がある場合、本条約を優先適用しないと規定している。これは、例えば、日本からオランダのロッテルダムまで海上輸送し、ロッテルダムからドイツのデュッセルドルフまで

陸上輸送した場合、オランダからドイツまでの陸上運送部分には、CMR（1956年道路運送（ジュネーブ）条約、第5節複合運送で解説する）の適用があるので、本条約はCMRに優先しない、ということを意味するものである。

d. 適用対象契約

本条約は、物品の受取地と引取地が異なる国にあり海上運送の船積港と荷揚港が異なる国にある運送契約であって、受取地、船積港、引渡地、荷揚港のいずれかが締約国に属する場合に適用がある。

また、ヘーグ・ヴィスビー・ルールズは船荷証券にのみ適用があったが、本条約は、最近利用度が高まっている譲渡性のない海上運送状（Sea Waybill）[74]や、運送人と荷送人の同意がある場合は電子的運送記録にも適用される。ただし、用船契約には適用が無い。

②運送人の義務

a. 堪航能力担保義務

ヘーグ・ヴィスビー・ルールズでは、船舶の堪航性は航海開始のとき（発航時）に求められていたが、ロッテルダム・ルールズでは航海中も継続して求められることになる。

b. 運送人の免責事由

ハンブルグ・ルールズと同様に、航海過失免責が廃止された。衝突や座礁等多くの海難事故は、航海過失によって生じることが多いので、これまで運送人免責であったこれらの事故による損害が運送人の責任となると、その影響は大きく、そこから生じる共同海損や救助にも大きく関わってくる。

共同海損の精算について規定しているYAR D条により、共同海損分担請求権は過失の有無に関わらず成立するが、その当事者の過失に対する求償および抗弁は妨げられないとされている。従って、本条約が適用されれば、航海過失による免責は適用されないため、衝突や座礁などによる共同海損の場合に、荷主および貨物保険者が共同海損の分担を拒否する例が増えるであろう。また、第6章第1節で説明した通り、

---

[74] これまで海上運送状について国内法上の規定は存在しなかったが、改正商法においては、第770条に「海上運送状」についての規定が新設された。これにより、船荷証券または海上運送状のいずれを発行するかが選択できること、海上運送状においても船荷証券と同様の記載内容が求められること、海上運送状が発行される場合には記載すべき事項を電磁的に提供することも可能であることが明確化された。

海難救助契約の主流であるロイズ・オープン・フォーム（LOF）による救助の場合、救助報酬は被救助財産の所有者がそれぞれの救助された価額に応じて単独・別個に決済するため、荷主が被救助貨物の引渡しを受けるに当たっては、救助業者に救助費用を支払う必要がある。従って、従来は航海過失免責により求償を断念していたような場合についても、既に支払った救助費用を運送人へ求償することが多くなるであろう。さらに、火災は、ヘーグ・ヴィスビー・ルールズでは、不堪航や運送人自身の故意・過失がない場合は運送人は免責とされていたが、本条約では、船長や乗組員等の海事履行補助者の故意・過失による火災については運送人は責任を負うとされ、その責任が強化されている。

③責任制限額

1梱包または1単位あたり875 SDR、あるいは1キログラム当たり3 SDRのいずれか高い方とされており、これまでの条約より引き上げられている。

④出訴期限

物品引渡後2年とされており、ヘーグ・ヴィスビー・ルールズにおける1年より延長されている。

⑤裁判管轄・仲裁

本条約は、管轄地について、運送人の住所、貨物の受取・引渡し地、船積み・荷卸し地等広く規定しているが、裁判管轄・仲裁条項の採用は各国の判断に任されており、条約を批准する際に締約国が適用を宣言して初めて適用される（Opt-in）ため、全ての締約国で適用されるものではない。

⑥数量契約における例外

数量契約（Volume Contract）の場合は、運送人の責任を軽減する特約を結ぶことが可能となっている。数量契約は、米国で広く行われている運送人と荷主の包括契約で、合意された期間内における一連の船積みにより特定の数量の物品の運送を規定する契約である。典型例として「北米サービスコントラクト」と呼ばれる、一定期間内に一定量以上の貨物の輸送を提供する荷主に対し、運賃、スペースの確保、輸送日数、

寄港地等について特別のサービスを提供する制度がある。条約において数量契約の例外が設けられたのは、米国の強い主張によるものであるが、数量契約になじみの薄い他の諸国からはその採用に批判も出ていた。

　これらを考慮し、数量契約の締結にあたっては、本条約通りの運送人の責任とする場合の運賃と、運送人の責任を軽減する特別な契約を行った場合の運賃の両者を提示し、荷主に選択の機会を与えることが義務付けられている。

　運送人の責任については、ヘーグ・ヴィスビー・ルールズでは片面的強行規定[75]となっており、条約の規定よりも運送人の責任を加重する特約は有効であるが、軽減する特約は無効とされていた。本条約では、数量契約には契約自由が認められているので、数量契約の下での貨物損害を運送人に対して求償する場合は、運送人の責任を軽減する特約の有無を確認することが重要となろう。

⑦その他

　上記以外にも、荷送人の責任、運送品処分権、物品の引渡しや電子的運送記録の規定等、従来なかった新たな規定が設けられた。条約の条文数も96条と大幅に増加している。

5．用船契約

　用船契約（Charter Party）は、原油、穀物、鉱石などのばら積み貨物を大量に輸送する場合などに多く見られ、荷主は船主から船腹の全部または一部を借り切って輸送する。

　具体的には以下の三つの場合がある。

❶定期用船契約（Time Charter）　　　　　：船舶を一定期間、用船する（借り切る）。
❷航海用船契約（Voyage Charter）　　　　：ある航海について、船舶の全部または一部を用船する。
❸船舶賃貸借契約（Charter by Demise）：船舶を賃借することによって一時的にその船舶の所有者と同等の地位に立つ。

75　契約当事者の一方に不利な契約条項を無効とする法令上の規定をいう。

現代の海運業の船舶運航形態は複雑化しており、海運業者は自社船を運航する場合の他、他船主より航海用船あるいは定期用船した船舶を運航する場合、他船主より賃借した（裸用船とも呼ばれる）船舶を運航する場合がある。また、船舶所有者から船舶を定期用船した用船者が更に別の海運業者と定期用船契約を結び、この再用船者と荷主との間に航海用船契約が結ばれるというように、用船契約が複数連なって締結される場合も少なくない。

　ここでは、定期用船契約や航海用船契約の下で輸送される貨物の損害に関する求償の実務上、問題となる点を述べる。

(1) 定期用船契約

① 定期用船契約の下で発行される船荷証券における責任主体

　運送人が他の船主から定期用船した船舶で運送を実行する場合に、用船者もしくは代理人が「船長のために（For the master)」署名した船荷証券が発行されることがある。また、用船者が自己のフォームで船荷証券を発行するに当たって、「この船荷証券（B/L）は形式的には用船者 B/L であるが、用船者は船主の代理人たる資格においてFor the master として B/L を発行したもので、実質は船主 B/L である。従ってB/Lに基づく運送契約上の責任主体は船主に限定される」との趣旨のデマイズ条項（Demise Clause）または運送人特定条項（Identity of Carrier Clause）が船荷証券に挿入されることも多い。これらの場合、船主、用船者のいずれがB/L上の運送人としてB/L所持人に対して責任を負うのかという問題が生じる。すなわち、貨物損害について運送契約に基づいて求償する場合、船主に求償すべきなのか、定期用船者に求償すべきなのかということであり、これは求償実務上、重要な問題である。この点は、ヘーグ・ヴィスビー・ルールズにも規定がなく、各国の取扱いも様々であるが、英国、米国およびわが国の考え方は次の通りである。

a. 英国

　英法では、船長は船主のためにB/Lに署名するものであり、B/L上の当事者は船主であるという強い推定がある。従って、用船者がFor the Master B/Lに署名した場合、B/L上の責任主体は船主であり、デマイズ条項は有効であると解釈される。一方、以下に紹介するStarsin号事件の英国貴族院判決のように、B/L表面の署名欄に

定期用船者がAs Carrierと署名している場合は、明らかに責任主体は定期用船者であり、デマイズ条項は適用されないと判断されている（Homburg Houtimport B.V. v. Agrosin Private Ltd. and Others（The Starsin）〔2003〕Lloyd's Rep.427 UKHL12）。

本船Starsin号が、マレーシアからアントワープ、エイボンマウスまで加工材、合板を運送したところ、濡れ損が発生した。本船はContinental Pacific Shipping（CPS）が定期用船しており、B/L表面には大きくCPSの船社名とロゴマークが記載され、署名欄には"As Agent for Continental Pacific Shipping（The Carrier）UNITED PANSAR SDN. BHD."と現地代理店による記名と署名があったが、B/L裏面にはデマイズ条項、運送人特定条項があった。

荷受人が船主に対して損害賠償請求を行ったが、貴族院は、「B/L表面のロゴマーク、署名欄の"As Carrier"の記載から定期用船者を運送人と想定することは明らかであり、特に付け加えられた署名はそれと矛盾する裏面の印刷文言に優先する」として、デマイズ条項は適用されないと判示、不法行為に基づく荷主から船主への損害賠償請求は一部認めたものの、B/Lに基づく運送契約上の船主の責任を否定した。

b. 米国

米法では、船長自身がB/Lに署名している場合、および、船主が用船者に対して船主のためにB/Lを発行する権限を明示的に与えている場合は、船主がB/L上の責任主体となる。

他方、船長または船主によってB/Lに署名する権限が与えられていない無権限の用船者が独自にB/Lに署名した場合、船主はB/L上の責任を免れる（すなわち、用船者が責任主体となる）という考え方がある。

従って、一般的には、用船者がFor the Master B/Lに署名した場合、運送人として船主、用船者両者を捉える傾向にあるといってよい。

c. 日本

わが国の判例は、旧商法に定期用船契約についての規定がなかったこともあり、過去においては、「定期用船契約は船舶の賃貸借契約と船員の労務供給契約の混合契約である」とした上で、船舶貸借人の対外的責任について規定する旧商法第704条1項を類推適用することによって、B/L上の責任主体は用船者であるとする極めて特異な立場をとっていた。

しかしながら、後述のジャスミン号事件において、定期用船契約の法的性質を論じ

ることなく、船荷証券の記載に基づいて運送契約上の責任主体を確定すべきであるとの判決が下され、現在では、このような考え方が判例・学説上共に概ね定着した。改正商法においては、定期用船についての規定が新設され（第704条〜第707条）、物品運送については船舶賃貸借についての規定の準用の対象には含まれず、法的にも定期用船契約と船舶賃貸借が別個に扱われることが明確となった。

ここでは、代表的な判例として、ジャスミン号事件およびカムフェア号事件を紹介する。

(a) ジャスミン号事件

事件は、ジャスミン号がインドネシアから韓国まで米糠ペレットを輸送したところ、貨物に濡れ、カビなどが発生していた、というものである。船主は本船を定期用船に出しており、B/L表面の上部には定期用船者の社名が表示されていたが、署名欄には船積港の船舶代理店が"For the Master"として署名しており、B/L裏面にはデマイズ条項が挿入されていた。東京高裁は、「B/Lで表章される運送人は、原則としてB/L上の記載およびその解釈によって確定されなければならず、本件B/Lでは、"For the Master"の記載の下に署名があることや、デマイズ条項が挿入されていることから、運送人は定期用船者ではなく船主である」と判示、最高裁もこれを支持した（最高裁平成10年3月27日判決）。

(b) カムフェア号事件

パプアニューギニアから台湾に向けて貨物を輸送したカムフェア号が、難破して沈没した。本船の不堪航が認められ、運送人の航海過失免責は適用されず、運送人は責任を負うとしたが、責任主体となる運送人について問題となった。B/Lには定期用船者がFor the Masterとして署名しており、裁判所は、これを定期用船者が代理人として、船主を本人とする趣旨で署名したものと認めた。しかし、B/L上の運送人の特定に当たっては、「船荷証券上の記載を重視すべきであるとしても」、「当該契約成立の際の事情をも考慮して」判断すべきとして運送契約の対価である運賃請求権が定期用船者に帰属していることが船荷証券裏面約款に記載されていることも考慮に入れ、最終的には、定期用船者が運送人であると判断した。またデマイズ条項の効力についても、同条項を定期用船者の債務免責部分と船主の債務引受部分

と分けて把握し、債務免責部分はB/L所持人に不利な特約を禁止する国際海上物品運送法に反するとして、無効と判断された（東京地裁平成9年9月30日判決）。

ジャスミン号事件、カムフェア号事件判決共に、For the MasterでのB/L上の署名自体は、「船長のために」なされたものであって、船主を本人とする趣旨であるとすることを認めているが、前者は船主を運送人とし、後者は定期用船者を運送人と判断した。

2つの判決の結論が異なっている理由として、ジャスミン号事件判決は、B/L上の運送人が誰であるかは「証券記載の記載に基づいてこれを確定すべき」として、For the Masterでの署名を基に船主が運送人であると判断したのに対して、カムフェア号事件判決は、「船荷証券上の記載を重視すべきである」としつつ「契約成立の際の事情をも考慮すべき」とし、For the Masterでの署名の他に、運賃請求権の帰属を定めた船荷証券の裏面約款をも考慮したことが挙げられる。このように、わが国の判例では、For the Master B/Lにおいて船主・定期用船者のいずれが運送人と判断されるのか不確定要素が残っており、今後の同種事件での判例の蓄積が待たれるところである。また、実務においては、船主だけでなく定期用船者も併せて求償先として考慮すべき場合があるということであり、求償先の検討は慎重に行う必要がある。

② 船主・定期用船者間の責任分担

定期用船されている船舶で運送された貨物に損害が発生し、船主あるいは用船者が運送人として貨物損害に対する賠償責任を負った場合、船主と用船者は、それをどのように分担するのであろうか。

代表的な定期用船契約書式としてThe New York Produce Exchange 1946があり、その第8条は"Charterers are to load stow trim and discharge the cargo at their expense under the supervision of the captain."と規定しているが、この条項の下では、荷役の責任は船主になく、用船者にあることが判例上確立している（Court Line v. Canadian Transport〔1940〕67 Lloyd's Rep.161）。

また、同第8条の"supervision"の後に"and responsibility"という文言が追加される場合があり、この場合は、荷役の過程で用船者が何らかの指示を与えたことにより損害が生じたことが立証されない限り、船主が責任を負うとする英国の判例があ

る（The Shinjitsu Maru No.5〔1985〕1 Lloyd's Rep.568）。しかし、一方で米国には、同第8条が"……under the supervision and responsibility of the captain."と規定している場合に、「荷役の責任は船主にない」とする判例がある（Coca-Cola Co.v. The Norholt, 333 F.Supp.946, 1972 AMC 388）。

　このように、The New York Produce Exchange第8条の"under the supervision"の後に"responsibility"の文言を加えている場合に、貨物に生じた損害を船主と用船者との間でいかに責任分担するかについて争いがあるので、P&Iクラブ間で貨物の損害に対する船主と用船者間の責任分担に関するAgreementが1970年に作られた。一般にInter-Club Agreementの名称で呼ばれているこのAgreementはその後何度か改訂を経ているが、貨物損害に対する責任分担に関して概ね次のように定めている[76]。

a. 船舶の不堪航、船舶の航行・取扱い上の過失による貨物の損害は、100％船主負担とする。ただし、不堪航が、貨物の船積、積付、固縛、荷卸しその他の荷扱いによって生じたことを船主が証明したときは、次のbに従う。

b. 貨物の船積み、積付け、固縛、荷卸し、保管その他の荷扱いによる貨物の損害は、100％用船者負担とする。

　ただし、New York Produce Exchange Form第8条の"under the supervision"の後に"responsibility"の文言を加えている場合は、船主・用船者各50％ずつ負担する。

　また、適切な船積み、積付け、固縛、荷卸し、荷扱いが船舶の不堪航のために妨げられたことを用船者が証明した場合は、100％船主負担とする。

c. 不足、荷持越（overcarriage）による損害については、船主・用船者各50％ずつ負担する。

　ただし、クレームが当事者の一方（使用人や下請業者を含む）による盗難、過失により発生したことが明らかで反駁（はんばく）できない証拠がある場合、その当事者が100％負担する。

d. その他のクレーム全て（貨物の遅延も含む）は、船主・用船者各50％ずつ負担する。

　ただし、クレームが当事者の一方（使用人や下請業者を含む）による行為、過失により発生したことが明らかで反駁できない証拠がある場合、その当事者が100％負担する。

76　Inter-Club New York Produce Exchange Agreement(as amended September 2011)による。

(2) 航海用船契約

①責任主体

航海用船契約は、用船者が単一航海による運送行為を必要とするときに行われる契約であり、船主は、船舶の艤装を行うのみならず、運送行為についての全責任を負う。一方、用船者は、通常、運航上の責任はほとんど負わない。

航海用船契約は、船舶の賃貸借ではない。用船者に対して本船への全面的な支配力の行使を認めたものではなく、単純に運送契約と見るべきである。従って、船主の義務には、貨物の適切な積込み、積付け、運送そして荷卸しが含まれており、船長はこれらの目的に関しては船主の代理人である。

ただし、特約によってこれらの義務を用船者に負担させる場合がある。例えば、FIO（Free In and Out）条件で用船した場合、積込み、荷卸しの費用は用船者によって負担されており、義務も用船者にあると考えられているが、この点については争いがあるので、後述する。

②航海用船契約書

航海用船契約書は、積荷の種類や就航航路によって様々な書式（Form）が使用されており、100種類を超えるといわれている。その中でもGENCON Formは最も代表的なFormであり、一般貨物を中心に幅広く使用されている。他にも、木材に使用されるBEIZAI、NANYOZAI、石炭・鉄鉱石に使用されるNIPPON COAL、NIPPON ORE、穀物に使用されるBFC（Baltimore Berth Grain C/P、Form-C）Australian Wheat C/P、石油ASBATANKVOY、TANKERVOYなどがある。また、各荷主が独自に作成し、使用しているいわゆる"Private Form C/P"も数多くある。

代表的なGENCON Formの船主責任条項では、貨物の損害については、「船主またはその管理人自身が本船を堪航ならしめるための相当の注意を欠いたことが原因である場合に限って船主が責任を負う」とし、不適切なもしくは過失ある積付けについて船主に責任を負わせているが、その積付けが荷送人またはステベドアによって行われた場合は除かれるとし、損害が他の貨物との接触によるものであるならば、その損害は積付不良によって生じたものとは認めないとしている。

(3) FIOST条項の有効性

　前述したように、鋼材や木材の海上運送の場合、FIOST条件[77]で運送契約が締結される場合が多く見られる。FIOSTとは、Free In and Out Stowed and Trimmedの略で、荷主、用船者が、その費用と責任で貨物の船倉への積込み、荷卸し、積付け、荷ならしを行うことを定めた条項である。

　この条項が問題になるのは、ヘーグ・ルールズおよびヘーグ・ヴィスビー・ルールズが、運送人に対して「運送される物品の積込、取扱い、積付、運送、保管および荷揚げを適切に行わなければならない」（ヘーグ・ルールズ第3条2項）との責任を課す一方、「この責任を免除し、軽減する条項、約款、合意は無効とする」（同第3条8項）と規定しているため、FIOST条項が、運送人の責任を免除、軽減する特約に該当し、無効になるのではないかと考えられているからである。

　この問題でも、他の海上運送契約上の問題と同様に、英米で考え方が分かれている。

　米国では、"Arktis Sky号事件[78]（1992）"で連邦控訴裁判所第2巡回区（2ndCir.）が無効説をとり、積込み、積付け、荷揚げ等に関して運送人に課されている義務は、第三者へ委任することのできない法定義務であり、この義務を荷主に転嫁するFIOS条項はUS COGSAに明確に違反すると判示した。カナダ、イタリア、フランスもこの考えを採っているといわれている。

　一方、英国では、Pyrene事件（Pyrene Co. Ltd. v. Scindia Steam Navigation Co., Ltd.,〔1954〕2 QB.402,〔1954〕1 Lloyd's Rep.321）で高等法院（Q.B.）が、Renton（Caspiana号）事件（G.H.Renton & Co.Ltd. v. Palmyra Trading Corporation of Panama〔1956〕1Q.B.〔1956〕2 Lloyd's Rep.379〈H.L〉）で貴族院が、相次いで運送人が引受ける業務の範囲を定めることはヘーグ・ヴィスビー・ルールズに違反しないとの判断を示したことから、FIO条項は有効であると考えられてきた。さらに、Jordan Ⅱ号事件（Jordan Ⅱ〔2005〕1 Lloyd's Rep.p57）において、2004年11月、貴族院はFIOST条項を有効とする判決を下した。

　この事件は、インドからスペインに輸送された鋼材に、荷揚げ時に潰れが発見され、

77　この他に作業範囲に応じてFIO（Free In & Out）、FIOS（Free In & Out、Stowed）などもある。
78　Associated Metals & Minerals Corp. v. Arktis Sky1992 AMC1217（S.D.N.Y1992）

運送人の責任が問題となり、FIOST条項の有効性が争われたものである。貴族院は、「単なるFIOSTとの表示があるだけでは誰が荷役費用を持つかの規定にすぎないが、本件では用船契約上に「本船の負担無しに用船者（荷主）が貨物を積込み、荷揚げする」旨の規定があり、これは荷役業務の履行責任を運送人から用船者に転嫁することを意味するものであって、ヘーグ・ヴィスビー・ルールズの禁ずる運送人の責任の軽減ではなく、運送人が引き受ける業務の範囲を自由な契約の下で定めたものであり、有効である」とした。

英国では、50年以上FIOST条項を有効とする考えが採られており、英国の海上運送契約の解説書でも反論等は認められず、この考えは定着している。ヘーグ・ルールズからヘーグ・ヴィスビー・ルールズへの改訂時にもこの点は取り上げられていないことから、本判決においても有効との判断を変更する必要はないとしており、英法の下ではFIOST条項の有効性は確立したものといえる。なお、オーストラリア、ニュージーランド、インド、パキスタンでは、英国に従い有効説をとっている。

(4) 用船契約とB/Lの合体文言

B/Lには、用船契約が合体文言により合体（incorporate）されている場合がある。

英国では、B/Lに"all the terms, conditions and exceptions of the C/P are incorporated herewith"といった合体文言では、合体されるのは貨物の船積み、運送、引渡しに直接かつ密接に関係のある条項のみであり、裁判管轄条項や仲裁条項は合体されないと考えられており（The "Annefield"〔1971〕1．Lloyd's Rep. 1，The "Federal Bulker"〔1989〕2．Lloyd's Rep.103）、もし合体させるなら、明示文言が必要であるとしている。

一方、米国では、いずれのC/Pであるか特定されていれば、一般的合体文言により貨物の船積み、運送、引渡しに直接かつ密接に関係のある条項のみならず、仲裁条項も合体されるとしている。

6．船主責任制限条約

(1) 総説

船舶の運航には数多くの危険が伴い、船会社は巨額な損害賠償責任を負うことがある。このような危険を伴う海運業を保護育成するという観点から、船舶の衝突による損害や海上輸送中の貨物の損害など、船主が第三者に損害を与えた場合、その損害賠償責任を一定限度額で制限できるとする船主責任制限制度が世界各国で独自に定められてきたが、それらを国際的に統一しようとする動きが起こり、1924年に「海上航行船舶の責任制限についての若干の規則の統一に関する国際条約」が成立した。

　その後1957年に「海上航行船舶の所有者等の責任の制限に関する国際条約」が制定され、日本もこの条約を国内法化して、1975年に「船舶の所有者等の責任の制限に関する法律（船主責任制限法）」を制定した。

　1976年には、IMOにおいて改正条約である「1976年の海事債権についての責任の制限に関する条約」（以下「76年条約」）が採択された。この条約改正により、責任限度額の計算単位が金フラン（純度900/1,000の金65.5ミリグラムの価値）からSDRへ変更されると共に、責任限度額が大幅に引き上げられた。日本でも改正条約に対応した法改正が行われ、1984年に新たな船主責任制限法が施行された。

　その後、1996年にIMOにおいて「1976年の海事債権についての責任の制限に関する条約を改正する1996年議定書」（以下「96年議定書」）が採択され、2004年5月13日に発効した。この改正議定書は、責任限度額を約2.4倍に増額すること、および将来の限度額改正の手続きを迅速化・簡素化することを目的に制定されたものである。日本でも96年議定書の締結承認および国内法である船主責任制限法の改正が、2005年の通常国会で可決された。

　さらに、2012年4月に開催されたIMO法律委員会で、96年議定書の責任限度額が見直され、その責任限度額を51％引き上げる改正案が採択された。この採択された改正案は、2015年6月に発効し、この条約改正に合わせて、同年6月に船主責任制限法が改正された。

(2) 船主責任制限法の概要

　下記要件に当てはまる債権については、船主責任が一定額に制限される。

①対象船舶

対象船舶の定義は、船主責任制限法第2条に「航海の用に供する船舶で、ろかい（櫓・櫂）または主としてろかいをもって運転する舟および公用に供する船舶以外のもの」と規定されている。「航海の用に供する」とは海上航行することをいい、判例・通説では、湖川、港湾等の平水区域の航行は海上航行に含まれないとされている。

②責任制限を主張できる者

責任制限を主張できる者は、船主責任制限法第3条に「船舶所有者等もしくは救助者またはその各被用者等」と規定されている。船舶所有者等とは「船舶所有者、船舶賃借人および用船者並びに法人であるこれらの者の無限責任社員」（第2条）と規定され、被用者等とは「船舶所有者等または救助者の被用者その他の者で、その者の行為につき船舶所有者等または救助者が責めに任ずべきもの」と規定され、具体的には船長、海員、その他船舶所有者等が使用する者（水先人を含む。）等のことを指す。

(3) 責任制限の対象となる債権

責任制限できる債権（制限債権）の種類は、主に以下の通りである。

①人身損害または物の滅失・損傷による損害に基づく債権

船舶上または船舶外で船舶の運航に直接関連して生ずる人身損害または物損害に基づく債権とされ、船舶上での損害としては船員・荷役作業者の死傷、積荷の損害、船舶外での損害としては、衝突相手船の船員の死傷、相手船の船体および不稼働損害・積荷の損害などがある。

②権利侵害による損害に基づく債権

漁業権などを侵害した場合や他船内の売店の営業を侵害した場合の損害に基づく債権などが具体的な例として考えられる。

③損害防止措置により生ずる損害

制限債権を生じさせるべき損害の防止・軽減措置によって二次的に生じる損害に基づく債権も対象とされている。

(4) 船主責任制限法上の責任限度額

　船主責任制限法上の責任限度額は、国際総トン数に基づいて計算される。また、その限度額は「物損害のみの場合」と「人損害のみ、または、人損害と物損害の場合」とで異なる。

　2015年の法改正後の責任限度額は以下の通りとなっている。

①物損害のみの場合

国際総トン数	責任限度額
2,000トン以下	1,510,000 SDR
2,000トン超 30,000トン以下	1,510,000 SDR + 604SDR ×(トン数−2,000トン)
30,000トン超 70,000トン以下	18,422,000 SDR + 453SDR ×(トン数−30,000トン)
70,000トン超	36,542,000 SDR + 302SDR ×(トン数−70,000トン)

②人損害のみ、または、人損害と物損害の場合

国際総トン数	責任限度額
2,000トン以下	4,530,000 SDR
2,000トン超 30,000トン以下	4,530,000 SDR + 1,812SDR ×(トン数−2,000トン)
30,000トン超 70,000トン以下	55,266,000 SDR + 1,359SDR ×(トン数−30,000トン)
70,000トン超	109,626,000 SDR + 906SDR ×(トン数−70,000トン)

＊SDRの換算率は1SDR＝約140円（2016年10月時点）。

(5) 船主責任制限手続きの概要度額

　船主責任制限を申し立てる際の船主側の手続きの流れは以下の通りとなっている。

①責任限度額を超える責任が発生したと思われる事故が発生した場合、船主が所轄の裁判所に船主責任制限手続き開始の申立てを行う。その際には、事故の特定に必要な事実および制限債権の額が責任限度額等を超えることを証明し、判明している制限債権者の氏名等を届け出る必要がある。

②裁判所は、責任制限手続き開始の申立てを相当と認めるときは、申立人に対して、事故発生日から供託の日までの法定利息を加えた金額を責任制限基金として裁判所の指定する供託所に供託することを命じる。

③裁判所が責任制限手続き開始を決定すると共に管理人を選定する。また併せて制限債権の届出期間が決定される（決定の日から１カ月以上４カ月以下）。

④制限債権者は制限債権を裁判所に届け出ることにより制限手続きに参加することができ、制限債権の届出終了後、必要に応じて裁判所の調査等が行われる（届出期間末日から１週間以上２カ月以下）。

⑤制限債権が確定すると、管理人により配当表が作成され、基金から制限債権者へ配当が行われる。配当が終了した段階で責任制限手続きは終結する。

責任制限手続きを行うには相当の費用と手間を要するので、実際は責任制限がなされた場合の責任限度額を前提として示談解決されることも多い。この方が手続き費用、弁護士費用等が軽減でき、債権者も損害賠償金を早く受け取ることができるためである。

(6) 船主の責任制限が出来ない場合

船主責任制限法第３条３項に「自己の故意により、または損害の発生のおそれがあることを認識しながらした自己の無謀な行為」によって生じた損害に関する債権は、責任制限できないと規定されている。

ただし、この責任制限阻却事由の有無は、船舶所有者自身あるいは法人の場合は代表権を有する業務執行者について判断されるものとされており、例えば船長の故意による損害であったとしても、船舶所有者に故意があったということにはならず、責任制限が阻却されることはない。これまで96年議定書の下で責任制限が阻却された事例はなく、実質的には責任制限が阻却されることは極めて稀な場合と考えられる。

(7) 船主責任制限手続きが開始された場合に荷主または貨物保険者が実施すべき手続き

　海難事故により積荷が損害を被り、この損害について船舶所有者等に賠償責任が認められるが、これら船舶所有者等が船主責任制限の申立てをした場合、荷主あるいは貨物保険者は制限債権の届出を行うことが必要となる。期日までにこの届出を行わなければ、船舶所有者等に対する求償権は失権するので、注意しなければならない。

　また、責任制限手続きが行われる国や事案の内容により多少の違いはあるが、債権の届け出に際しては、インボイス、船荷証券などの船積み書類や損害額の立証書類、権利移転証が必要となる他、届出者が訴権を有していることの証明として、荷送人／荷受人間の売買契約書などの提出が必要な場合もある。

7．内航運送契約

(1) 総説

　わが国における内航運送は、その航海距離が短いこともあり、外航運送に比べると貨物が損害を被るような事故は少なく、保険会社の求償実務において内航運送人に対して求償を行う事案は多くない。

　外航運送については国際海上物品運送法の規定が適用されるが、船積港、陸揚港が共に国内にある内航運送は、商法の規定が適用される。

　改正商法では、第2編「商行為」第8章「運送営業」第2節「物品運送」中の第575条の運送人の責任原則のほか、第3編「海商」第3章「海上物品運送に関する特則」第1節「個品運送」中の第739条の船舶の堪航能力についての規定が適用される。

　改正商法575条では、貨物の受取りから引渡しまでの間に生じた損害につき、運送人は無過失を証明しない限り責任を負うことを定めている。

　これに加え、海上物品運送固有の規定として、改正商法第739条において、運送人に船舶の堪航能力を担保する注意義務を課し、発航時に不堪航であったために生じた損害については、注意を怠らなかったことを証明しない限り責任を負うことを定めている。

> （運送人の責任）
> 第五百七十五条　運送人は、運送品の受取から引渡しまでの間にその運送品が滅失し若しくは損傷し、若しくはその滅失若しくは損傷の原因が生じ、又は運送品が延着したときは、これによって生じた損害を賠償する責任を負う。ただし、運送人がその運送品の受取、運送、保管及び引渡しについて注意を怠らなかったことを証明したときは、この限りでない。

> （航海に堪える能力に関する注意義務）
> 第七百三十九条　運送人は、発航の当時次に掲げる事項を欠いたことにより生じた運送品の滅失、損傷又は延着について、損害賠償の責任を負う。ただし、運送人がその当時当該事項について注意を怠らなかったことを証明したときは、この限りでない。
> 一　船舶を航海に堪える状態に置くこと。
> 二　船員の乗組み、船舶の艤装及び需品の補給を適切に行うこと。
> 三　船倉、冷蔵室その他運送品を積み込む場所を運送品の受入れ、運送及び保存に適する状態に置くこと。
> 2　前項の規定による運送人の損害賠償の責任を免除し、又は軽減する特約は、無効とする。

　旧商法においては、「船舶所有者ハ、用船者又ハ荷送人ニ対シ発航ノ当時船舶ガ安全ニ航行ヲ為スニ堪フルコトヲ担保ス」（第738条）と規定し、船舶所有者・運送人に船舶の堪航性について絶対的担保義務、すなわち無過失責任を課しているものと解されていたが[79]、商法改正に当たって、ヘーグ・ヴィスビー・ルールズや国際海上物品運送法に合わせ、船舶の堪航性について過失責任に変更された。

　また、旧商法は、「船舶所有者ハ特約ヲ為シタルトキト雖モ自己ノ過失、船員其他ノ使用人ノ悪意若クハ重大ナル過失又ハ船舶ガ航海ニ堪ヘザルニ因リテ生ジタル損害ヲ賠償スル責ヲ免ルルコトヲ得ズ」（第739条）と運送契約上の免責約款を制限する規定を設けていたが、このうち、船舶所有者の過失または船員その他の使用人の悪意・重過失に関する免責約款を無効とする部分については、航海過失免責を認めるヘーグ・ヴィスビー・ルールズや国際海上物品運送法に平仄を合わせ、改正に当たって削除された。

(2) 運送契約

　内航運送においても、海上運送人は運送品の船積みが終わったら、用船者または荷送人の請求によって遅滞なく船荷証券を交付することが要求されているが（改正商法第757条、旧法第767条）、実務上は、船荷証券が発行・交付されることは極めて稀である。

---

[79] 最高裁昭和49年3月15日第二小法廷判決（民集28巻2号222頁）において、「船舶所有者は、船舶が堪航能力を欠如していることによって生じた損害については、同条（旧商法738条）により、過失の有無にかかわらず賠償責任を負担すべきものと解するのが相当である。」と判示された。

外航運送の場合は、船荷証券の裏面約款を確認することにより運送契約の内容を確認できるが、内航運送の場合は、個別に保険契約者である荷主に、運送契約の内容を照会し、運送人との間で運送契約書が交わされている場合には、これを取付ける必要がある。

内航運送に用いられる契約書式としては、国土交通省が定める標準内航運送約款および日本海運集会所が定める内航基本契約書式などがある。

①標準内航運送約款

2003年に国土交通省が、RORO船[80]・コンテナ船による内航運送を対象として定めた標準約款である。この約款の下では、運送人または船員等に悪意または過失がないことを証明しなければ、運送人は貨物の滅失・毀損等について責任を負う。また、運送人の悪意・過失や、船員等の悪意・重過失がないことを証明しない限り、運送人は航海過失による損害についても責任を負うことを定めている。なお、内航利用運送人向けには、ほぼ同様の運送人の責任を定めた標準内航利用運送約款が定められている。

②内航基本契約書式

2007年に日本海運集会所が制定した標準契約書式である。この約款は、商法の規定を緩和して、堪航能力担保義務を過失責任とする一方、航海過失免責、ヒマラヤ条項を導入しており、外航海運に適用される国際海上物品運送法の内容に準じている。

第3節 航空運送

1. 総説

近年、貨物の航空輸送は飛躍的に伸び、それに伴い、航空会社、混載業者に対して貨物損害を求償する事件も増加した。航空運送人の貨物の責任に関する主な国際条約としては、1929年ワルソー条約、1955年ヘーグ議定書、1975年モントリオール第4議定書、1999年モントリオール条約がある。わが国は、1953年にワルソー条約、1967年にヘー

---

[80] ロールオン・ロールオフ(roll on/roll off)船。船体と岸壁を結ぶランプウェーおよび車両を収納する車両甲板を持ち、コンテナを牽引するトレーラー等の車両が自走して船内外を出入りできる貨物船。

グ議定書、2000年にモントリオール第4議定書、2003年にモントリオール条約を批准した。

一方、国際航空貨物に対して発行される航空運送状（Air Waybill）、およびそれに適用される運送約款については、世界の主要航空会社のほとんどがIATA（International Air Transport Association、国際航空運送協会）に加盟しており、IATAの定める様式、約款を使用している。

IATAの約款では、運送人の責任は、ワルソー条約（ここでは、1955年ヘーグ議定書等、その改正を含んで単にワルソー条約という）、あるいはモントリオール条約を適用することを定めているので、以下、ワルソー条約、モントリオール条約の規定に基づき、貨物の航空運送人の責任について概説する。

2. 航空運送状

1組の航空運送状は、3通の原本（Original）とそれらの写し（Copy）から成り立っており、3通の原本はあらかじめ用途を指定している（原本1：発行航空会社用、原本2：荷受人用、原本3：荷送人用）。航空運送状は船荷証券と比べて、以下のようにその法律的性格を異にする。

① 条約では流通性のある航空運送状の作成を禁止していないが、IATAではこれを禁止しており、実際に作成される航空運送状は、すべて譲渡性・流通性を持たない「非流通証券（Not Negotiable）」である。到達地での貨物の引渡し請求に当たっても、荷受人用運送状原本の呈示を必要としない。この点は船荷証券が「流通証券」「有価証券」であるのと大きく異なる。

航空運送状には有価証券性がないため、信用状決済に不都合をきたすという欠陥は、運送状面上の荷受人を銀行とし（本当の荷受人はAlso Notify Partyとして記入）、到達地で銀行の許可を得てから荷受人へ貨物を引渡す方法を取ることによって、航空運送状の銀行買取りが可能となるよう工夫している。

② 船荷証券が積込式（Shipped）であるのを原則とするのに対し、航空運送状は受取式（Received）である。

③ 船荷証券は指図式（Order of……）で発行されるのが通常であるが、航空運送状は荷受人を特定した記名式である。

④ 航空運送状は法的には荷送人が作成して航空会社へ交付するが、船荷証券は船会社が作成して荷送人に交付する形をとっている。

⑤ 貨物の重量、寸法および荷造ならびに荷の個数に関する航空運送状の記載は、船荷証券と同様、推定的証拠力（Prima facie evidence）を有するに留まる。

3.条約の適用範囲

　モントリオール条約は、すでに100カ国以上が批准しており、出発地および到着地がモントリオール条約締約国であれば、利用航空会社の国籍とは無関係に、モントリオール条約が適用される。2つの異なる締約国間の国際運送だけではなく、出発地、到着地が同一締約国内であっても、予定寄航地が他国の領土内にある場合の国際運送にも適用される。
　出発地、到着地のいずれか一方がモントリオール条約非締約国内にあるときは、同条約は適用されず、出発地、到着地が共にワルソー条約の締結国内にある場合は、ワルソー条約が適用される。また、出発地、到着地のいずれかが、どの条約も批准していない国にある場合には、国際条約は適用されず、運送約款もしくは当該国の国内法に従うことになる。なお、出発地、到着地が同一国内にあって、単に他国の上空を通過するにすぎないときは適用されない。

4.運送人の責任

(1) 責任原則

　ワルソー条約は、運送人は、運送品の受取から引渡しまでの間に生じた滅失、損傷および延着につき責任を負うが、自己に過失がないことを証明したときはその責任を免れ

るという過失推定責任を採用している。一方、モントリオール条約は、過失の有無を問うことなく、第18条2項で掲げる免責事由（①貨物固有の欠陥または性質、②運送人またはその使用人もしくは代理人以外のものによって行われた荷造りの欠陥、③戦争行為または武力紛争、④輸出入に関してとられた公的機関の措置、のいずれかから生じた損害）以外に運送人を免責することができない無過失責任主義を採用しており、運送人により厳格な責任を定めている。

(2) 責任限度

　ワルソー条約は、貨物の価額を申告して従価料金を支払わない限り、運送人の責任は貨物の重量1キログラム当たり250金フランに制限されると定めている（ワルソー条約第22条2項a）。しかし、これを各国国内通貨に換算する方法については定めがないので、金の公定価格が廃止されて以来、いかなる計算単位に基づいて換算すべきかが問題となっていた。

　この点について、モントリオール条約は計算単位をSDR建てとし、1キログラム当たりの責任限度額を17SDRとしていたが（モントリオール条約第22条3項）、2009年12月30日以降は19SDRに改定されている。

　なお、IATAの運送約款において責任限度額は、適用条約を問わず1キログラム当たり19SDRと規定している。

　責任限度額の計算に当たり、基礎となる重量は損害を被った梱包（package）の総重量（Gross Weight）である。ただし、その損害が同一の航空運送状で輸送される受損していない他の貨物の価値をも害するときは、それらの他の貨物の総重量も考慮される（ワルソー条約第22条2項c、モントリオール条約第22条4項）。

(3) 責任制限阻却事由

　ワルソー条約においては、滅失、損傷または引渡し遅延が、それらを生じさせる意図をもって、または無謀にかつそれらが生じるおそれがあることを認識して行った運送人（使用人、代理人をも含む）の作為、不作為から生じたことが証明されたときは、運送人は責任制限の権利を喪失すると規定されている（ワルソー条約第25条）。

一方、モントリオール条約においては、滅失、損傷については、責任制限阻却事由に関する規定はない。これは無過失責任の原則と一体となっており、航空運送人に原則として貨物損害に対して責任を負わせる一方で、その責任を常に一定金額に制限することで調整を図ったものと考えられる。

5. 航空運送人への求償

(1) 契約運送人と実際運送人

　複合運送の広がりを受けて、航空貨物運送においても、混載業者（エアフレイトフォワーダーなど）が荷主より貨物を集め、さらにこれらの貨物を一括して、航空会社に運送委託する場合が少なくない。この場合、荷主と運送契約を締結した当事者を契約運送人（契約運送人の発行する航空運送状をHouse Air Waybillという）、また実際に運送を行った者を実際運送人と呼ぶ（実際運送人が混載業者を荷送人として発行する航空運送状をMaster Air Waybillという）。

　この場合、貨物の損害について、荷主に対して直接責任を負うのは契約運送人か、実際運送人か、あるいは両者連帯して責任を負うのか、という問題が生じる。実際に運送を行った航空会社は、荷主と直接運送契約がないことを理由に荷主・貨物保険者からの請求に応じようとしない。

　そこで、実務的には、荷主またはその権利を代位取得した保険者は契約運送人に対して損害賠償請求をして回収を図るかまたは、その契約運送人から契約運送人の実際運送人に対する求償権を譲り受ける、あるいは、契約運送人から実際運送人への求償権行使についての委任状を取付けるなどして実際運送人へ直接求償して回収を図るか、いずれかで対処している。

(2) 異議申立て

　運送人への損害の通知期限について、ワルソー条約、モントリオール条約は、いずれも「貨物に毀損があった場合には、貨物の受取の日から14日以内、延着の場合には21日以内に運送人に対し異議を述べなければ、貨物は反証がないかぎり、良好な状態で引

き渡されたものと推定される」と規定している（ワルソー条約第26条2項、モントリオール条約第31条2項）。

異議申立ては書面により定める期間内に手交または発送されなければならない（ワルソー条約第26条3項、モントリオール条約第31条3項）。異議を述べないで貨物を引取ったときは、反証のない限り、良好な状態で引渡されたものと推定される（ワルソー条約第26条1項、モントリオール条約第31条1項）。また所定の期間内に異議申立てを行わないと、運送人に対する訴は、運送人に詐欺があった場合を除き受理されない（ワルソー条約第26条4項、モントリオール条約第31条4項）。

なお、ワルソー条約、モントリオール条約は、貨物の滅失・紛失の場合の異議申立て期間について規定を置いていないが、IATAの運送約款では、航空運送状発行の日から120日以内に書面で通知しなければならないと定めている。

航空貨物においては、条約、運送契約で定める期間内に書面による異議申立てを行うことについて、厳格に運用されており、手続きを怠ると航空会社は賠償に応じないので、注意が必要である。

(3) 出訴期限

責任に関する訴えは、貨物の到達日、到達予定日、または運送中止の日から起算して2年以内に提起しなければならない（ワルソー条約第29条1項、モントリオール条約第35条1項）。

なお、合意による延長規定がワルソー条約、モントリオール条約のいずれにもないため、仮に運送人と合意していても、裁判所がこれを認容するかどうかは不明である。

この点、海上輸送に適用されるヘーグ・ヴィスビー・ルールでは、合意による延長が可能と規定している。

(4) 訴権と裁判管轄

ワルソー条約では、「荷受人から運送人に対して運送契約から生ずる権利を行使することができる」と規定されていたが、モントリオール条約では、第14条において、「荷送人および荷受人は、自己の名において、荷送人および荷受人に与えられる全ての権利

をそれぞれ行使することができる」と規定されているので、荷送人、荷受人のいずれからも運送人に対して請求可能である。

　裁判管轄については、原告が下記のいずれかを選択することを認めている（ワルソー条約第28条1項、モントリオール条約第33条）。

(ⅰ) 運送人の住所地
(ⅱ) 運送人の主たる営業所の所在地
(ⅲ) 運送人が契約を締結した営業所の所在地
(ⅳ) 到達地

　ただし、これらはいずれも締約国の領域内でなければならない。

6. 国内航空運送

　改正商法においては、第8章「運送営業」第1節「総則」第569条において、航空運送にも商法の「運送営業」の規定が適用されることが明確化されている。商法改正前は航空運送についての国内法における規定がなかったため、商法の陸上運送の規定が適用されるか否かについては諸説あった。

　実際の国内航空貨物運送に当たっては、航空会社各社が国土交通大臣から認可を得た運送約款が適用される。現行約款の多くが、運送人の責任については、ワルソー条約と同じく立証責任が運送人に転換された過失推定責任主義を採用している。

　賠償額については、価額の申告がない限り、運送状1口につき3万円を限度としているものが多い。この責任限度額はモントリオール条約の1キログラム当たり19SDRと比較すると、1SDR＝150円として、3万円は約10キログラム分に相当するから、10キログラムまでの貨物については現行の約款の方が高額であり、少なくともこの範囲では有効であろう。しかし、これを超える貨物についても、一概に有効といえるかどうか、疑問が持たれる。

　また、国内航空運送人への損害の通知期限については、運送約款により、直ちに発見し得る損傷等であるか否かを問わず、受取後7日以内に書面による請求をしない場合には、運送人の責任は消滅するとされているものが多い。

第4節 陸上輸送

1. 総説

この節では日本国内の陸上輸送について、道路運送、鉄道運送、港湾運送の順に運送人の責任を概観する。実際の運送契約には商法の規定が適用される他、道路運送法、鉄道営業法、鉄道運輸規程、港湾運送事業法などといった各種運送事業毎に適用される特別法、および運送人が定め国土交通大臣の認可を受けた運送約款が適用される。

(1) 商法

国内運送で運送品を滅失・損傷させた場合、運送人は商法の規定および運送契約（運送約款）に基づいて賠償責任を負う。ここでは、まず、商法の重要な規定について解説する。

① 運送人の責任

改正商法は第575条（旧法第577条）において、運送人は、荷送人から委託を受けた運送品を滅失・損傷させた場合には、自己もしくは使用人その他運送のために使用した者が、運送品の受取り、引渡し、保管または運送に関して注意を怠らなかったことを証明しなければ、荷送人に対して損害賠償責任を負うことを定めている。つまり運送人は、a.自己の過失のみならず、運送取扱人などの履行補助者の過失についても責任を負い、b.運送人が責任を免れるには、自己および履行補助者の無過失を立証せねばならず、無過失を立証できない場合は債務不履行として賠償責任を負う。

② 損害賠償の額

改正商法第576条1項（旧法第580条）は、損害賠償の額について、引渡しがされるべき地および時における市場価格、市場価格がない場合には同種類で同一の品質の物品の正常な価格によって定める、と規定している（旧法においては、同じ趣旨であるが、運送品が全部滅失した場合は、引渡しがなされるべきであった日の到着地の価格により、一部滅失または損傷の場合は到達時の価格により、一部滅失または損傷と延着が重なった場合は引渡しあるべかりし日の到達地の価格により定める、としていた）。

大量の運送品を扱う運送営業の性質や運送人保護の観点から、運送人が賠償すべき額を定額化し、これを超えてその他の間接損害についてまでは責任を負わないことを示している。

　ただし、運送人が悪意または重過失によって運送品を滅失・損傷させた場合は、上記の損害賠償額の定額化規定は適用されず、運送人は一切の損害を賠償する責任を負うこととしている（改正商法第576条3項、旧法第581条）。

③ 高価品

　運送品が貨幣、有価証券、またはその他の高価品である場合は、荷送人が運送を委託するに当たり、その種類および価額を明示的に告知しなければ、運送人は損害賠償責任を負わない（改正法第577条、旧法第578条）。これは、改正法第575条（旧法第577条）の運送人の損害賠償責任に関する規定の特則の位置付けであり、「高価品の特則」とも呼ばれる。この高価品の特則は、「運送取扱営業」（改正法第564条、旧法商法第568条）でも準用されている。

　高価品の特則は、高価品は普通の運送品よりも損害発生リスクが多く、事前に荷送人から運送人へ高価品だと明告があれば、運送人は割増運賃を請求すると共に、それ相当の注意をして運送品の滅失・損傷を防止するであろうことを考慮した規定である。

　荷送人が高価品であることを明告しなかった場合は、運送人は高価品としての損害賠償責任を免れるだけでなく、運送人は普通品としての損害賠償責任をも負わないこととなる。

　なお、改正商法においては、運送品が高価品であったことを運送人が知っていた場合には、この免責は適用されないとの規定が第577条2項として新設されている（このような高価品の特則の例外規定は旧法においては存在しなかった）。

　一方でこの商法第578条では、高価品について具体的に定義されていないが、後述する標準貨物自動車運送約款などの運送契約の条項によって高価品が定義されていることが多い。

(2) 債務不履行責任と不法行為責任（請求権競合）

　国内の陸上輸送において、運送人が過失によって運送品を滅失・損傷させた場合に、

荷送人（荷主）が運送人に対して賠償請求する法的根拠としては、債務不履行責任と不法行為責任の2つがある。この2つの請求権の関係をどう捉えるべきか、いわゆる「請求権競合問題」については、従来から判例・学説とも様々な論争が繰り広げられてきた。

改正商法では、「運送人の不法行為責任」条項（第587条）を新設し、運送人の不法行為責任についても商法の規定を適用するのを原則とすることを明確化した[81]。この条項は、改正商法576条（損害賠償の額）、第577条（高価品の特則）、第584条および第585条（運送人の責任の消滅）の規定を、貨物の損害についての不法行為責任にも準用するとしている。

なお、この「運送人の不法行為責任」条項には、「荷受人があらかじめ荷送人の委託による運送を拒んでいたにもかかわらず荷送人から運送を引き受けた運送人の荷受人に対する責任については、この限りでない」とのただし書きが付されている。これは、荷送人が運送契約を締結した場合に、そのような運送人の責任を制限する規定を運送契約に全く関与していない荷受人に対する責任にまで及ぼすことの是非について、荷受人が当該運送契約による運送契約による運送を容認していた場合に限るべきとの意見があり[82]、法制審議会での議論を反映したものである。

また、改正商法には、上記の第587条により貨物の損害についての運送人の責任が免除または軽減される場合には、運送人の被用者の不法行為責任についても、故意・重過失がないことを条件として、同様に免除・軽減されるとの規定も新設されている（第588条）。

改正商法の下では、貨物の損害についての運送人の責任に関して請求権の競合が問題となることは限定的となることが考えられるが、わが国の判例は、これまで債務不履行責任と不法行為責任という別個の請求権を認める請求権競合説に立っているといわれてきた。それぞれに基づく請求権の法的側面を整理すると以下の通りである。

① 過失の挙証責任

81　同様の規定は、旧国際海上物品運送法第20条の2（改正法第16条）にも見られる。
82　最高裁平成10年4月30日第一小法廷判決（集民188号385頁）を踏まえたものである。この事例においては、宅配便の荷受人が運送会社に対して運送中の宝石の紛失を理由として約459万円および遅延損害金の損害賠償を請求した。判決では、宅配便が低額な運賃で大量の小口の貨物を迅速に配送することにより利用者に利便をもたらしており、そのために高額の貨物の引受を制限したり、責任制限額を設けることが合理的であることに言及し、本件荷受人は荷送人との間で宅配便が利用されることを容認し低廉な運賃により利益を享受してきたことから、運送契約上の責任限度額30万円を超える損害の賠償を請求することが信義則に反し許されないとした。

債務不履行責任も不法行為責任も「過失責任」だが、債務不履行責任では債務者（運送人）が自らに故意・過失がなかったことの挙証責任を負う（民法第415条、改正商法第575条・旧商法第577条）のに対し、不法行為責任では被害者（荷主）が加害者（運送人）に故意・過失があったことの挙証責任を負う（民法第709条）点で異なる。

② 損害賠償の範囲

債務不履行責任では、故意・重過失によらない場合、運送人の責任額は到達地における引渡し時の貨物の価格まで（定額賠償）との考え方であり（改正商法第576条、旧商法第580条・第581条）、また、荷送人から運送人に高価品との明告がなかった場合には運送人の責任は発生しない（改正商法第577条、旧商法第578条）。

一方で、不法行為責任では、改正商法第587条の適用がない下請運送人あて求償の場合は、定額賠償の考え方や、高価品の明告の有無により運送人の責任が変動するとの考え方はない。この場合貨物の価額を超える部分（いわゆる間接損害）を含め、下請運送人が賠償すべき「相当因果関係ある損害」の範囲がどこまでかが争われる。

③ 消滅時効

一般の契約責任の時効は10年（商行為に関しては5年）だが、運送契約における運送人の債務不履行責任の時効は1年（改正商法第585条、旧商法第589条・第566条）である。これに対し、不法行為責任の時効は3年（民法第724条）である。

(3) 損害賠償額の定額化と重過失の問題

前述の通り、改正商法では貨物の損害については運送人の不法行為責任にも商法の損害賠償額の定額化の規定、高価品の特則を準用することを原則としている。しかしながら、これらの規定は、運送人の故意・重過失による場合には適用しないことが謳われている（改正商法576条（損害賠償の額）3項（旧法第581条）、第577条（高価品の特則）2項二）。

従って、重過失による損害であれば、損害賠償の額は貨物の到着地における市場価格相当に限定されず、また高価品の運送で運送人に高価品との通知がなかった場合でも運送人は責任を負うこととなる。

これまで、高価品の運送に当たって荷主が明告を怠った場合に、運送人は旧商法第578条（改正法第577条）の規定に従って一切の責任を免れるのか、不法行為責任により責任を負うべきかという、前述の請求権競合の問題につき争われた事例があり、改正商法の下でも重過失の認定の観点から参考になると思われるので、高価品、重過失の定義と、これらに関する判例を概説する。

① 「高価品」の定義

先に説明した通り、商法（改正法第577条、旧法第578条）において具体的に何が高価品とされるのかについては定義がない。この点は、実務上の争点も多いため、高価品の定義に関する判例を取り上げる。

運送人と荷送人との間で、運送人の責任額について争われた過去の判例では、高価品に関し、「例えば貨幣、紙幣、銀行券、印紙、郵便切手、各種の有価証券、貴金属、希金属、宝玉石、象牙、べっ甲、珊瑚およびその各製品、美術品および骨董品等のように、その容積・重量の割合に比して高価な物品」（京都地裁 昭和30年11月25日）等と定義され、学説では「社会・取引通念、取引の状態、商慣習などに従って判断され、貨幣、有価証券の他、貴金属、宝石、美術品、骨董品、毛皮等が含まれる」等と定義されている。

上記で挙げたもの以外に、過去の判例で高価品として認められたものには、絵画（1,300万円相当、東京地裁 平成2年3月28日）、呉服・紳士服・毛皮（約2.6億円相当、神戸地裁 平成6年7月19日）、データ入りのフロッピーディスク（データ再入力費用が221万円、神戸地裁 平成2年7月24日）などがある。一方で、高価品ではない、とされたものには印刷用紙（40万円相当、京都地裁 昭和30年11月25日）、パスポート（東京地裁平成元年4月20日）、輸入研磨機械（約500万円だが容積・重量の大きな機械だった。最高裁三小 昭和45年4月21日）などが挙げられる。

判例・学説ともに、商法にいう高価品とは、容積や重量と比較して著しく高価なことが要件であると解される。容積・重量が相当大きく、かつ高価な貨物は、社会通念上は「高価品」かもしれないが、必ずしも商法にいう高価品に該当しない点に留意する必要がある。

高価品の定義に加え、荷送人が運送人に高価品だと輸送開始前に明告したかどうかも争われる。改正商法第577条1項（旧商法第578条）に基づき、原則として荷送人は「種類」「価額」の両方を明示すべきだが、学説では種類の明告によって運送人が価額も当然に知り

得るような場合は、価額の明告は必ずしも必要ではなく、また種類の明告も高価品かどうか識別できる程度で足りる、との見解も見られる。

② 「重過失」の定義

改正商法第577条（高価品の特則）（旧商法第578条）が高価品運送に際しての運送人保護を図り、改正商法第576条（旧商法第580条）も同じく運送人保護のために賠償額の定額化を図っているが、運送人に悪意または重過失があった場合は、運送人は間接損害等を含む一切の損害を賠償する必要がある（改正商法第576条3項、旧商法第581条）。

重過失の定義については、火災事故に関する最高裁三小 昭和32年7月9日判決において、「失火の責任に関する法律」に関連し、「重大な過失」の定義が争われた。同判決で「重大な過失」とは、「通常人に要求される程度の相当な注意をしないまでも、わずかの注意さえすれば、たやすく違法有害な結果を予見することができた場合であるのに、漫然とこれを見逃したような、ほとんど故意に近い著しい注意欠如の状態を指す」と定義された。

同判決以降、運送人に重過失があったかどうか争われたケースとして、航空輸送中のダイヤモンド紛失事件（最高裁二小 昭和51年3月19日）や、輸送トラック後部扉の閉鎖不完全・不施錠による貨物紛失（東京高裁昭和54年9月25日／東京地裁 平成2年3月28日）において、それぞれ運送人に重過失ありと認定されている。

先に述べた最高裁三小 昭和32年7月9日判決において、重過失とは「故意に近い注意欠如」と判示された一方で、運送人にとって故意に近いとはいえないであろう「後部扉の閉鎖不完全」までも重過失と認定されている。運送人に課された注意義務は重い、と考えるべきであろう。

一方で、運送人（宅配便業者）が宅配便貨物を紛失し、紛失原因が不明だった類似の2つの事案（東京地裁 平成元年4月20日・パスポート紛失／大阪地裁 平成3年11月11日・フルート紛失）において、前者（パスポート紛失）では「パスポートの紛失原因を特定できない点は、運送人の保管・管理体制の不備を示すものであり、運送人の重過失が推認できる」と判示された一方、後者（フルート紛失）では「荷送人が運送人の故意または過失を立証すべきであり、単に紛失の結果が存するのみでは運送人の過失を推認できない」として、運送人の不法行為責任自体を否定した。

外形的にはほぼ同じ宅配便貨物の紛失事案で、重過失認定に関する裁判所の最終判断

が分かれる場合もあり、実務上、重過失の認定は難しい場合も多いといえよう。

2．道路運送

(1) 標準貨物自動車運送約款

　貨物自動車運送事業法は、貨物自動車運送事業者は運送約款を定め、国土交通大臣の認可を受けるべきと規定しているが、国土交通省が告示する各種標準運送約款を適用する場合は、認可申請が不要であるため、この標準貨物自動車運送約款を採用している事業者がほとんどである。同約款の内容は以下の通りである（平成26年国土交通省告示第四十九号により改正された標準貨物自動車運送約款）。

① 運送人の責任

　標準貨物自動車運送約款では、運送人の責任および挙証責任について、商法第577条にならい、運送人が自己または使用人、履行補助者の無過失を証明しない限りは責任を負うと規定している（第39条）。

② 損害賠償の額

　また、損害賠償の額についても、改正商法第576条（旧商法第580条・第581条）にならって、損害賠償の額は引渡しのあるべき日の到達地の価額によって定めること（第47条）、運送人の悪意・重過失の場合には一切の損害を賠償することが定められている（第48条）。

③ 免責事由

　標準貨物自動車運送約款第44条では、運送人が免責される場合を定めており、貨物の欠陥、自然の消耗、虫害・鼠害、貨物の性質損害等に加えて、地震や暴風雨といった天災についても運送人が免責される旨を規定している。また、荷送人・荷受人の故意・過失も免責とされており、荷造りの不完全などはこれに当たり、運送人は免責される。

④ 責任の特別消滅事由と時効

　標準貨物自動車運送約款第46条では、運送品が滅失・毀損した場合の運送人への通知期限を引渡しから2週間以内と規定している。第49条では債務不履行責任の時効(1年)

が規定されており、運送契約上の責任は1年で消滅する。

⑤ 高価品

改正商法第577条（旧商法第578条）と同様に、荷送人による高価品の明告がない場合には運送人は責任を負わないと規定している（第45条）。また、ここでいう高価品について、具体的な例として貨紙幣、有価証券、貴金属、宝石、美術品、骨董品などを挙げ、さらに1キログラム当たり2万円を超える貨物が高価品であると定義している（第9条）。

(2) その他の標準運送約款

標準貨物自動車運送約款以外にも、国土交通省は引越運送および宅配便運送についてそれぞれ、標準引越運送約款（平成15年3月国土交通省告示第170号）、標準宅配便運送約款（平成15年3月国土交通省告示第170号）を定めている。

両約款ともに責任原則、免責事由などは概ね、標準貨物自動車運送約款と同じであるが、標準引越運送約款における運送人の責任に関して特筆すべきものとして、引越貨物が滅失・毀損した場合の運送人への事故通知の期限が引渡しから3カ月以内と定められている点（第25条）が挙げられる。これは、引越貨物はエアコンや季節もの衣類など多岐にわたり、荷主が直ちに開梱するとは限らない事情に配慮したものである。また、標準宅配便運送約款については、運送人の損害賠償の額が送り状に記載された金額に制限されることが定められており、実務上は、多くの宅配便運送業者が責任限度額を30万円から40万円としている点が注目される。

3. 鉄道運送

鉄道運送については、まず特別法たる鉄道営業法・鉄道運輸規程が適用され、次に一般法たる商法が適用される。

責任原則、損害賠償の額、運送人の責任の消滅時効などは、道路運送業者と同様であるが、高価品については少し注意が必要である。すなわち、改正商法第577条（旧商法第578条）とは別に、鉄道営業法第11条2、および鉄道運輸規程第73条は、要償額の表示なき高価品については1キログラム当たり4万円、1個400万円限度と責任限度額を定

めている。そこで、高価品としての明告はあったが、要償額表示のない場合に、改正商法第577条（旧商法第578条）による明告と鉄道営業法・鉄道運輸規程による要償額表示の規定（責任制限）のうち、いずれが適用されるかという問題が生じる。

　この点について、最高裁二小 昭和63年3月25日（国鉄函館駅現金袋詐取事件）において、「鉄道営業法11条および鉄道運輸規程73条は、旧商法第578条（改正商法第577条）の特則と解すべきである。また、荷送人が運送人に高価品の運送を委託するにあたり、高価品の種類および価額を明告した後であっても、要償額を表示し、かつ表示料金を支払っていなければ、運送人は責任を負わない。」として、鉄道運輸規程により、要償額の表示がない貨物の責任制限は、1キログラム当たり4万円と判示されている。

4. 港湾運送

(1) 港湾運送約款

　港湾運送事業法（第2条・第3条）によれば、港湾運送事業の種類は下記8種類に分類される。

　❶ 一般港湾運送事業（❷から❺までの行為を一貫して行う）
　❷ 船内荷役事業
　❸ 艀（はしけ）運送事業
　❹ 沿岸荷役事業
　❺ 筏（いかだ）運送事業
　❻ 検数事業
　❼ 鑑定事業
　❽ 検量事業

　そして一般港湾運送事業の免許を受けた者は、港湾運送約款を定め、国土交通大臣の認可を受けなければならない（同第11条）。港湾運送約款には、道路運送のように国土交通大臣の定めた標準約款は存在しないが、港湾運送事業者が認可を受け、現在使用している約款はほぼ同一の内容である。

(2) 軽過失免責条項

港湾運送約款に独特の規定として、次のような運送人の軽過失免責条項が含まれている。

「当会社が賠償の責に任ずる損害は、当会社またはその使用人の故意または重大な過失によって直接生じたものに限る。
　2　当会社が当会社またはその使用人の故意または重大な過失がなかったことを証明したときはその責に任じない。
　3　前項の証明が事実上または条理上不能と認められる場合は、委託者が当会社またはその使用人の故意または重大な過失を証明しなければならない。」

旧商法では、平水区域のみを航行する艀・船舶による運送は陸上運送に分類され[83]、陸上運送に関する商法の規定には、海上運送に関する旧商法第739条[84]のような免責条項の制限に関する強行規定がなかったため、民法第90条のいわゆる「公序良俗」に反しない限り、いかなる免責条項を定めるのも自由でであり、このような軽過失免責条項の有効性が認められてきた。

改正商法の下では、はしけ等の港湾運送は海上運送に分類される（第569条・第747条）が、これは航海用船に当たると考えられるので、航海用船についての規定が適用される。そのため、第739条1項一により不堪航により生じた貨物への損害について賠償する責任を負い、また同条2項によりその責任を免除または軽減する特約は無効とするという強行規定は、船荷証券所持人に対してのみ適用される（第756条2項）。一方、港湾運送では通常船荷証券は発行されないので、上記の軽過失免責条項による不堪航免責については、強行規定が適用されないため、旧商法下と同様に有効と考えられる。

このような免責規定は、鉄道・道路運送にほとんど見られない港湾運送特有の規定である。

83　旧商法では、第569条により、湖川や東京湾や瀬戸内海の一部等の平水区域のみを航行する艀・船舶による運送は陸上運送に分類されていた。
84　旧商法第739条は、国内海上運送に関して、船舶所有者の過失または船員その他の使用人の悪意・重過失による損害についての免責特約を禁止していたが、この規定は、国際海上物品運送法の下での運送人と比べて、内航運送人の責任を著しく重くするものであるとして、改正商法では削除された。

(3) 保険利益享受条項の有効性

港湾運送約款には、「保険に付せられた危険」を免責する旨のいわゆる保険利益享受条項があるが、最高裁判所は一貫してこれを消極的ないし制限的に解してきている。その論理は次のようなものである。

「規定の趣旨を、損害賠償請求権をあらかじめ放棄する旨の意思表示をしたものであると解すると、保険者は、被保険者に代位して運送人に対して取得することのできたはずの損害賠償請求権の金額の限度において保険金の支払いの義務を免れるものであり、結局、右損害は、全部、最終的に被保険者自身において負担しなければならなくなるという、極めて不利益かつ不都合な結果を生ずることになるわけであって、被保険者がそのような不利益かつ不都合な結果を甘受して右損害の賠償請求権をあらかじめ放棄することは、経験則上異例のことに属し、特段の事情のない限り、あり得ないことというべく、また、右特段の事情が存在したことを窺うことはできないのであるから、右約款の規定は、損害賠償請求権をあらかじめ放棄する旨の意思表示をしたものということはできず、右規定は、たかだか保険金額を超える損害部分の賠償請求だけを放棄する旨の意思表示をしたのにすぎないものと解すべきである。」(最高裁昭和51年11月25日第一小法廷判決)

第5節 複合運送

1. 総説

コンテナの出現は、従来の単一運送手段によるPort to Portの運送から、複数の異種運送手段による Door to Door の一貫輸送を可能にした。このような複数の異種運送手段による一貫輸送を複合運送（Combined Transport）、複合運送契約の当事者として荷主に対し責任を負う当事者を複合運送人（CTO：Combined Transport Operator）、複合運送人の発行する運送証券を複合運送証券（CT B/L：Combined Transport Bill of Lading）という。

複合運送については過去においては国内法令上の規定がなかったが、改正商法に「陸

上運送、海上運送又は航空運送のうち二以上の運送を一の契約で引き受けた場合」の規定が新設された（第578条「複合運送人の責任」、第769条「複合運送証券」）。

　従来の単一運送手段による運送契約の場合、運送人の責任は海、陸、空、それぞれの運送区間に適用される国際運送条約、あるいは各国国内法の規定に委ねれば格別の問題は生じなかったが、複合運送の場合、コンテナを媒体として海、陸、空の輸送システムが有機的に結合される結果、複合運送人の責任を既存の各種運送人の責任体系といかに調整するかという問題が生じている。

　また、海上運送の節で述べたように、近い将来発効される可能性があるロッテルダム・ルールズにおいては、責任区間が受取りから引渡しまで（Door to Door）に拡張されるため、複合運送の陸上運送部分について、他の条約や法律との関係が問題となる。ロッテルダム・ルールズ第26条において、滅失等が海上運送の前後の陸上運送中に生じたものである場合で、かつ、当該陸上運送につき陸上運送人と別途直接契約していたとしたら強行適用される国際条約がある場合は、本条約（ロッテルダム・ルールズ）を「優先しない」と規定しているが、「他の国際条約を優先する」ではなく「本条約を優先しない」としているのみで、解釈にも相違があり、実際に事故が起きた場合は混乱する可能性がある。

2．複合運送人の責任体系

(1) 各運送区間分割責任型

　単一運送契約の下で、複数の運送人が関与する運送を通し運送（Through Transport）と呼ぶが、従来、このような通し運送に対して発行されるThrough B/Lには、各運送人は分割・非連帯的（severally but not jointly）に運送を引き受け、自己の運送区間で発生した損害についてのみ責任を負うという分割責任約款が挿入されていた。このような在来の通し運送における運送人の責任体系を、そのまま複合運送にも適用しようとするのが各運送区間分割責任型である。これは伝統的な包装形態の貨物の運送においては、各運送人間の受渡し時の貨物の状態が比較的明確であり、どこで損害が発生したか知ることは容易であるので、損害を発生させた運送人にしか請求できないという不便はあるにしても、請求すべき相手方を特定することはできた。

ところが、コンテナ運送の場合には、各運送人間の受渡し時点でコンテナを開けて中の貨物を検査することができないため、コンテナ自体が損傷を受けている場合は別として、コンテナの最終引渡し時点でコンテナを開けて初めて発見される中品の損害、いわゆるConcealed Damage については、いつどこで損害が発生したか特定することができず、荷主はどの運送人に請求すべきかという困難な問題が生ずる。

(2) 対荷主単一責任型

Concealed Damage に関する分割責任型の不合理を除去するために、荷主に対しては、運送契約の締結者である複合運送人が全運送区間を通して責任を負うことにしたのが、対荷主単一責任型である。これは更に、各運送区間の責任原則が同一か否かにより、次の二つに分類される。

① ネットワーク・システム（各運送区間異種責任原則型）

複合運送契約の約款に最も広く採用されており、わが国でも改正商法に新設された「複合運送人の責任」規定（第578条）において、ネットワーク・システムが採用された。

この型では全運送区間にわたり責任主体は単一（複合運送人）であるが、責任原則は、損害発生区間が特定できる場合には、当該運送区間に適用される既存の国際条約、国内法もしくは約款（海上区間はヘーグ・ヴィスビー・ルールズ、日本国内の道路運送区間については標準貨物運送約款など）を適用し、Concealed Damage の場合には、別に定めた責任原則を適用するというものである。例えば、JIFFA（（一社）フレイトフォワーダーズ協会）が定める国際複合一貫輸送約款は、滅失・損傷が発生した区間が判明した場合は運送人の責任は、当該運送区間に強行的に適用される国際条約または国内法によるものとする一方、滅失・損傷が発生した区間が立証できないConcealed Damageの場合は、海上運送中に発生したものとみなして、国際海上物品運送法またはヘーグ・ルールズ立法に規定する範囲で責任を負うことを定めている。

② ユニフォーム・システム（全運送区間同一責任型）

これは、全運送区間を通じて、単一の運送人（複合運送人）が同一の責任原則に基づいて責任を負うというものである。この場合の責任原則としては、一般的な過失責

任主義をとるものと、既存の海陸空運送人の責任原則の内の最も厳しい厳格責任主義（Strict Liability）をとるものとがある。

(3) 求償実務上の留意点

① 出訴期限について

複合運送証券の中には、ヘーグ・ヴィスビー・ルールズと異なり、出訴期限を運送品の引渡しの日から9カ月とし、全部滅失の場合にはこの起算点を運送人が運送品を受け取った日から2カ月後と定めたものがある。これは、複合運送の場合、複合運送人は荷主のクレームに対して支払った上で、責任のある下請運送人に対して求償を行う必要が生ずるので、その請求権についての出訴期限（通常1年であることが多い）を考慮し、期間を短縮したものである。この9カ月に短縮された出訴期限は、損害発生区間が海上運送区間に特定できる場合には、ヘーグ・ヴィスビー・ルールズの1年の出訴期限に抵触し、無効と考えられるが、それ以外の場合には、有効と考えられる場合もある。そこで、損害発生区間がはっきりしない場合には、9カ月の出訴期限を念頭に時効管理に万全を期す必要がある。

② Forwarder's B/L

複合運送の中には、自らは運送手段を持たず、小口荷主の貨物をとりまとめてコンテナ詰めした上で船会社に提供する業者（Forwarder、Consolidator、NVOCC：Non Vessel Operating Common Carrier by water）がある。Forwarder が自ら複合運送契約の責任主体として荷主と契約を締結する場合には格別の問題は生じないが、これらForwarder の発行するB/Lの中には、自らは運送人ではなく荷主の代理人であり、荷主に代わってそれぞれの運送区間を受け持つ運送人と運送契約を締結するという構成のものがある。Forwarder の中には、責任回避のためにこのような契約形態にしている場合があるので、このようなB/LでConcealed Damage が生じた場合、分割責任型のB/Lと同様、いずれの運送人に求償すべきか注意して検討する必要がある。

③ 米国内鉄道輸送

アジアから米国の西海岸まで海上輸送された貨物が船舶から荷卸しされ、内陸の最

終仕向地まで鉄道輸送される間に、脱線事故などにより、大きな損害を被ることがある。このような輸送においては、船会社などの運送人は、荷主と積地から最終仕向地まで一貫した運送契約を結び、海上輸送と鉄道輸送のThrough B/Lを発行し、鉄道輸送部分については、別途、下請運送人である鉄道会社に輸送を委託することが一般的である。

米国では、州を跨る陸上輸送には、連邦法である州際通商法（Interstate Commerce Act 1887）の一部として採択されたカーマック修正条項（Carmack Amendment 1906）とそれに関連するスタッガーズ鉄道法（Staggers Rail Act 1980）が適用される。カーマック修正条項が適用されると、契約の際に運送人が荷主に対して、(a) 貨物の価額を申告して相応の運賃を支払うことにより責任制限が適用されないことにする、(b) 貨物の価額を申告せずに安価な運賃で損害賠償額が制限される、のいずれかを選択する機会を与えていない限り、運送人の責任制限は原則認められない。また、法定裁判管轄地以外の専属裁判管轄地に合意する条項も無効となる。

一方、米国に海上輸送される貨物について発行されるThrough B/Lには、海上輸送だけでなく荷卸し後の陸上輸送にも米国国際海上物品運送法（US COGSA）が適用される旨の規定、下請運送人も1梱包あたり500米ドルの責任制限を援用できる旨のヒマラヤ条項の他、米国外の専属的裁判管轄を定める条項が定められていることが少なくない。

このため、Through B/Lで輸送される貨物が米国内の鉄道輸送中に事故に遭った場合、カーマック修正条項が適用されるのか、US COGSAが適用されるのか、特に、責任制限額や裁判管轄が問題となる場合に、大きな争いになっていたが、2010年6月に米国の連邦最高裁判所において、US COGSAが適用されるとの判決が下された。

この事件は、中国から海上輸送された貨物が米国西海岸のロングビーチで荷卸しされた後に、ユニオンパシフィック鉄道による内陸輸送中にオクラホマで脱線事故に遭ったというものであり、荷主はThrough B/Lを発行した日本の運送人に対して米国で訴訟を提起した。一審ではB/Lに規定されていた東京地裁裁判管轄条項を理由に荷主の訴えが却下されたものの、控訴審では「US COGSAは海上輸送には強行適用されるが、外国からの輸送の一部である陸上輸送には契約上任意に適用されるものにすぎず、陸上輸送には連邦法である州際通商法のカーマック修正条項とそれに関連するスタッガーズ鉄道法が適用され、B/Lの東京地裁裁判管轄条項は無効である」と

して、US COGSAの適用を否定する判決が下された。しかしながら、最高裁は審理の結果、「カーマック修正条項はThrough B/Lの下での海外からの輸送には適用されない」として控訴審の判決を破棄し、B/Lの東京地裁裁判管轄条項を認める判決を下した。(Kawasaki Kisen Kaisha Ltd. v. Regal-Beloit Corp.〈08-1553〉)

また、責任制限額が争われた損保ジャパン対ユニオン・パシフィック鉄道事件（Sompo Japan Insurance Company of America v. Union Pacific Railroad Company〈04-4066CV〉）も控訴審ではカーマック修正条項の適用が認められたが、同じく2010年6月に、最高裁において控訴審の判決が覆され、US COGSAの責任制限額の適用が認められている。

このように、米国の判例では、Through B/Lの下で海外から米国内陸奥地へ輸入された貨物が米国内鉄道輸送中に損害を被った場合は、US COGSAが適用されるものとされている。

なお、米国内で州を跨る陸上輸送がB/Lの責任区間に含まれてない場合、すなわち、荷主が直接、陸上運送人と運送契約を交わしている場合は、カーマック修正条項が適用され、上述の通り、運送人の責任が制限されない場合がある。従って、陸上運送人に対する求償に当たっては、荷主が運送人から事前に運賃や責任制限の適用について説明を受けていたかどうかを調査しておく必要がある。

3. 国際道路物品運送条約、国際鉄道物品運送条約

複数国間に跨る道路、鉄道運送に関する国際条約としては、欧州諸国が加盟している国際道路物品運送条約（CMR条約）、国際鉄道物品運送条約（CIM条約）がある。これらの条約は、日本と欧州の間の輸出入貨物の運送に一見関わりがないように見えるが、運送が海陸あるいは空陸の複合運送形態の場合は、適用されることがある。すなわち、ネットワーク・システムを採用する複合運送B/Lの多くは、陸上運送中の事故については、荷主が下請けの陸上運送人と直接運送契約を交わした場合に適用される国際条約や法律に従って、運送人の責任が決まることを定めている。従って、例えば、日本からドイツに輸出された貨物がオランダで船から荷揚げされ、オランダからドイツまでトラックで輸送された場合、オランダ、ドイツ間の道路運送区間で発生した損害については、CMR条約によって運送人の責任が決まる。

また、ユニフォーム・システムの複合運送B/Lの場合でも、B/L上の規定に優先して、国際道路運送部分にCMR条約が強行規定として適用される場合がある[85]。このように、国際複合運送が盛んになっている現在では、求償を行う上でCMR条約、CIM条約に関する知識も欠かせないものとなっている。

　CMR、CIM条約ともに広範な規定を含むが、ここでは求償実務に関連する責任原則、責任限度、出訴期限について説明する。

(1) 国際道路物品運送条約（CMR：Convention on the Contract for the International Carriage of Goods by Road）

　国際道路物品運送条約（CMR）は、国際道路運送に関して国連が制定した条約であり、CMR条約という略称で呼ばれることも多い。1956年にジュネーブで署名、1961年に発効、1978年に改正されている。2013年現在で55ヵ国が批准しているが、大部分は欧州の国々である。

① 責任原則

　運送人は、貨物受取りから引渡しまでの貨物の損害、引渡しの遅延に対し、一定の免責事由を除き責任を負うという厳格責任主義（Strict Liability）をとっている。

　免責事由には、荷主の故意・過失、荷主の指図、貨物固有の瑕疵、不可抗力、被覆がないトラック使用の合意および送り状への記入、不完全梱包、荷主が行う積込み・荷卸し作業、貨物の性質、運送品の明告あるいは梱包上の番号不十分、生動物の輸送から生じる損害が挙げられている（第17条）。

② 責任限度

　運送人の責任限度は、貨物の全部または一部滅失の場合の責任を限度とし、積み地で運送人が貨物を受領したときの価額を基準とする（第23条1項）。

　責任限度額は総重量1キログラム当たり25金フランと規定されていたが、1978年

---

[85] シンガポールからパリ経由ダブリンへ輸送されるはずであった貨物が、パリ／ダブリン間の道路・フェリー運送区間において盗難された事故について、契約運送人がシンガポールからダブリンまでをカバーする複合一貫運送の航空運送状の条項に基づいて責任制限を主張したが、英国控訴院はパリ／ダブリン間の運送にはCMRが強行的に適用されるとした上で、事故は下請けの道路運送人の従業員の故意（Wilful Misconduct）によるものとして責任制限を認めなかった（Quantum Corp. v. Plane Trucking Ltd.and Air France －English Court of Appeal daded 27 March 2002）。

議定書により、1キログラム当たり8.33SDRに改定された（第23条3項）。

なお、運送人の故意の違法行為（Willful Misconduct）の場合は、責任制限は適用されない（第29条）。この"Willful Misconduct"が、具体的に行為者のどのような心理状態による行為を意味するのかについて、欧州各国の裁判所の判断に微妙な差が見られる。その結果、責任制限阻却が認められにくく、運送人に有利な国とそうでない国があり、オランダやベルギーは比較的運送人に有利であり、ドイツ・フランス・イタリアなどは荷主に有利であるといわれている。

③ 異議申立て

運送人への損害通知は、外部から損害が認識可能な場合は、貨物引渡し時に通知されなければならない。外部から認識できない場合は、引渡し後7日以内（日曜・祝日を除く）に書面で通知されなければならない（第30条1項）。また、不着の場合は引渡し予定日から21日以内に書面で通知されなければならない（第30条3項）。

④ 出訴期限

一部滅失・損傷の場合は貨物の引渡し日から、全部滅失の場合は、合意期間があれば合意期間経過後30日目から、合意期間がない場合は運送人が貨物を受領して60日目から1年とする。また、故意の違法行為（Willful Misconduct）の場合は3年とする（第32条1項）。

(2) 国際鉄道物品運送条約（CIM: Uniform Rules Concerning the Contract of International Carriage of Goods by Rail）

国際鉄道物品運送条約（CIM）は元々1890年に鉄道運送に関して制定されたベルン条約から発展してきたとされているが、現在は、国際鉄道運送条約（COTIF: the Convention concerning International Carriage by Rail、1980年にベルンで署名、1985年に発効）の附則（appendix）Bとして存在している。異なる2つの条約加盟国間の国際鉄道物品運送に適用されるが、加盟国は主にヨーロッパ各国および北アフリカ・中東の一部の国となっている。

① 責任原則

CMRと同様、一定の免責事由を除き、厳格責任主義をとっている。

免責事由には、荷主の故意・過失、荷主の指図、貨物固有の瑕疵、不可抗力、被覆がない貨車使用の合意および送り状への記入、不完全梱包、荷主が行う積込み・荷卸し作業、貨物の性質、運送品の明告あるいは梱包上の番号不十分、生動物の輸送から生じる損害の他、当事者による合意に基づき随行者が置かれた場合において当該随行者によって回避可能な損害が挙げられている（第23条）。

② 責任限度

滅失の場合の責任限度額は1キログラム当たり17SDRと規定されている（第30条2項）。

損傷の場合は、積地での再調達価格、市場価格、さもなければ同等品の価格に到達地での減価率を乗じたものを基準とする。ただし、貨物の全部が損傷を受けた場合は全部滅失の場合の責任限度額、一部が損傷を受けた場合は一部滅失の場合の責任限度額を限度とする。運賃、関税、諸費用は減価割合に応じて返還される（第30条1項、第32条）。

上記責任制限は、運送人に故意もしくはそれと同視し得る過失があった場合は適用されない（第36条）。

③ 異議申立て

運送人への損害通知は、外部から損害が認識可能な場合は、貨物引渡し時に直ちに通知されなければならない。外部から認識できない場合は、引渡し後7日以内に書面で通知されなければならない。また、不着の場合は引渡し予定日から60日以内に書面で通知されなければならない（第47条2項）。

④ 出訴期限

貨物引渡日から1年とする。また、故意もしくはそれと同視し得る過失の場合は2年とする（第48条）。

第6節 求償実務上の留意点

1．総説

運送人からの回収をより効率的に行うためには、単に運送契約の内容に通じているだけでは十分ではない。初期動作における事実関係の確認、証拠の収集、担保の取得およびそれに必要な諸措置の手配、裁判管轄地の選定等、実務的観点からの戦略的な面が多分にあり、損害発生の通知を受けた時点から万全の手を打っておくことが必要である。ここでは、それらの求償業務を遂行するに当たっての留意点のうち、特に、海上運送人に対する求償に関するものを中心にいくつかを取り上げる。

2．損害の立証と証拠の保全

運送人への代位求償を行うに当たっては、貨物保険者は、①運送人の管理下で損害が発生したこと、②損害原因、③損害額を調査し、証拠に基づいて証明していく必要がある。

(1) 運送人の管理下で損害が発生したことの立証

ヘーグ・ヴイスビー・ルールズの下で運送人に対し損害賠償請求する場合、請求者はまずその損害が運送人の管理下において発生したこと（事実を推定させるに足る一応の証拠 "Prima facie evidence" で十分であるとされている）および損害の範囲について、証拠を提出しなければならない。一旦この証明がなされると、運送人は責任を免れるためには、発航時本船を航海に堪える状態にしておくことについて相当の注意を尽くしたこと、およびその損害が免責事由によるものであることを証明しなければならない。

請求者は、通常、Clean B/L が発行されたこと、および貨物の引渡し時点で受取書（Delivery Receipt）に記載された貨物の滅失、損傷についてのリマーク（Remark）をもって、その損害が運送人の管理下で生じたことを証明できる。そこで重要なことは、運送人から貨物の引渡しを受けるとき、貨物に異常がないか十分点検し、異常があればできるだけ詳しく貨物の受取書に貨物に損害が発見されたことを示すリマークを付け、記録しておくことである。これを怠り、リマークを取らずに貨物を受け取り、かつ定め

られた期間内に運送人に対し損害の通知をしないと(ヘーグ・ヴィスビー・ルールズでは、外観上良好な状態で引渡された貨物の損害通知期限は 3 日である)、貨物は B/L に記載された通り良好な状態で引渡されたことの推定的証拠となり、後で反証を挙げて争うのが困難になる。

　貨物の受取書であるが、在来船の場合、日本の港では船舶からの荷卸し時にカーゴ・ボート・ノート(Cargo Boat Note)が作成され、船舶および荷受人双方が貨物の数量・外観の状態を確認して異常があればその旨のリマークを付ける。カーゴ・ボート・ノートのリマークについては、本船側がなかなか認めなかったり、数量を減らそうとする場合もあるが、安易に受け入れずに、正確を期すことが後々の求償にとって大切である。

　コンテナ貨物の場合は、コンテナに損害が生じていれば、荷揚げ港のコンテナヤードからコンテナを搬出する際の EIR (Equipment Interchange Receipt) にリマークが取られる。また、荷受人の倉庫でコンテナから貨物を取り出す際に入庫報告書が作成されるので、異常があればこれにリマークを取っておく。また、混載(LCL)貨物の場合はコンテナ・フレート・ステーションでのコンテナからの貨物の取り出しの際に作成されるデバニング・レポート(Devanning Report)にリマークが取られる。これらの書類を取付けておくことが、求償を行っていく上で重要である。

(2) 損害原因の立証

　求償回収の成否は、何よりもまず、事実の確認に大きく左右される。損害の原因および損害の範囲等の事実関係の立証については、通常、しかるべき検査機関にサーベイを依頼し、サーベイ・レポートをもって立証書類としている。サーベイ・レポートの記載に当たっては、抽象的な表現は避け、できるだけ具体的に記載することが大切である。例えば、海水濡れのような事例では、海水がどこから浸入したのか、それがハッチからであればハッチカバーの水密性は十分保たれていたか、ラバー・ガスケットの摩耗などハッチカバーに欠陥はなかったか、また本船の遭遇した荒天はどの程度のものか、船体に損傷はなかったか等を調査し、後日運送人から出てくると予想される荒天遭遇免責(Perils of the sea)等の主張に対抗できるレポートとしておかなければならない。単に損害貨物から塩分反応が出たから、おそらく航海中にハッチカバーのどこからか海水が浸入したのであろうというような推測では必ずしも十分ではない。

運送人側も防御のためサーベイヤーを立ててくるが、できるだけ節目節目では運送人側のサーベイヤーも招き、対応を確認しながら進めると、後で運送人側の一方的な主張を許さないことになり効果的である。また、船主やP＆I側が、荷主側サーベイヤーが本船に乗船し調査することを拒否することがあるが、この場合も拒否の事実をサーベイ・レポートに明記しておくようにする。

　また、本船が沈没し、事故原因を推定する物的証拠がない場合、あるいは、高額の損害が見込まれる事案では、弁護士あるいはサーベイヤーを起用し、船長、一等航海士その他の乗組員から事故当時の状況を聴取し、陳述書（Statement）を作成しておくことが有益である。本船 P&I クラブ側がこれを拒否するような場合は、民事訴訟法に基づく証拠保全のための裁判所命令による書類の提出、閲覧、証人の尋問を行うことも可能である。なお、この場合は裁判上の手続きに時間を要することもあるので、時機を失しないよう迅速に行動、手配することが肝要である。

(3) 損害額の立証

　損害額の立証は、通常の場合、書類によってなされるが、損品売却代金、修理費用、手入費用、エクストラ・チャージ等については、後日、運送人から請求書、領収証の提出を求められることがあるので、保険金の支払いに当たっては、必ず立証書類を取付けておく。

　また、損品を売却処分する場合には、サーベイ・レポートには単に損率を記載するだけでなく、正品市価、損品市価、売却の明細等その根拠を明記しておく必要がある。

　この他、後述する訴権の立証のため、売買契約書、L/C 等の提出を求められることもあるので、高額の損害で訴訟が見込まれる事件では、あらかじめ取付けておくことが望ましい。

3. 担保の取得証

(1) 保証状の取得

　請求者の損害賠償請求債権が確定しても、将来の執行に危惧が持たれるような場合、

例えば、船主の経営状態に不安があるとか、外国船主で判決の執行が困難な場合には、あらかじめ債権確定時の支払いの保証を取付けておく必要がある。この保証は通常、船主は荷主の貨物損害に対する賠償責任をP&Iクラブに付保しているので、P&Iクラブが発行する保証状（L/G：Letter of GuaranteeまたはLOU：Letter of Undertaking）という形をとる。保証状の取付けに当たっては、その文言が適切なものであるか、金額は損害額を十分にカバーしているかどうか、利子・弁護士費用等は保証金額とは別建て（plus interest and cost）でカバーされているか、準拠法、裁判管轄の合意等、慎重に検討しなければならず、必要に応じて弁護士に依頼することが望ましい。

(2) 船舶の差押え

P&Iクラブからの保証状が容易に得られない場合、代位求償を行う貨物保険者は担保がない状態に置かれることとなる。そこで、このような場合に将来の執行を保全する方法として、船舶の差押えを行う方法がある。

① 日本における船舶差押え・仮差押え

a. 船舶の差押え

船舶を差押さえるには、船主責任制限法第95条（船舶先取特権）を根拠として、民事執行法第189条（船舶の競売）に従い、船舶先取特権に基づく競売開始決定申立てによる方法がある。この手続きを行うには、先取特権の存在を証明することが必要であるが、担保を立てる必要がない[86]。

改正商法では、第689条において、航海中の船舶（停泊中を除く）に対しては、差押えを執行できないことが謳われている（旧商法では、発航の準備を終えた船舶に対しては差押えを執行できないと定めていた）。

b. 船舶の仮差押え

民事保全法第48条に基づく船舶の仮差押えを行うことも考えられる。同条では、船舶に対する仮差押えの執行には、以下の3通りの方法があることを定めている。

❶仮差押えの登記をする

---

[86] 旧国際海上物品運送法には第19条に船舶先取特権の規定があったが、2016年10月に国会に提出された改正法では削除された。

❷執行官に対し船舶国籍証書等を取り上げて執行裁判所に提出させることを命ずる
❸以上の2つの方法の併用

　改正商法第689条は航海中の船舶（停泊中を除く）に対する差押え・仮差押えを制限しているが、仮差押えの登記をする方法によるものを除く、としている（旧商法第689条でも同様に規定されている）。

　❶の仮差押えの登記による方法であれば、発航の準備を終了した船舶や航行中の船舶についても差押えが可能である。ただし、この仮差押えの登記ができるのは、総トン数20トン以上の日本船舶に限られるものとされており（民事執行法第112条）、外国船舶については仮差押えの登記をすることができないため、外国船舶の場合は、❷の方法、すなわち、船舶が停泊している場所で船舶国籍証書を取り上げる方法によらざるを得ず、発航の準備終了後や航海中の仮差押えはできない。すなわち、外国船舶の仮差押えは、船舶が入港してから、当該港を管轄する裁判所から命令を得て、本船の出航準備完了までに船舶国籍証書の取り上げを行わなければならず、このような時間的制約から実務的には難しい場合が多い。一方、日本船舶の場合は、あらかじめ仮差押えの登記をしておき、本船入港と同時に直ちに船舶国籍証書を取り上げ、仮差押えを執行することができるので、手続き面での時間的制約は少ない。

　仮差押えを申し立てるに当たっては、担保を立てることを要するが（民事保全法第14条）、現金・有価証券（国債）の他に、保険会社の発行する法令保証証券（ボンド）が認められているので（民事保全法第4条、民事保全規則第2条）、これを利用すれば、保全債権額の3分の1から2分の1にも及ぶ現金、国債の供託の必要はない。一方、債務者は民事保全法第22条1項および第51条1項の規定により仮差押命令に記載された金額に相当する金銭を供託することにより、仮差押えの解除を受けることができる。なお、船舶の強制執行の解除のためには、P&Iクラブの発行するボンドが保証として認められているが（民事執行規則第78条）、仮差押えの解除については認められないので、船主は金銭（現金または国債）を用意せねばならない。

　ここで留意しておくべきことは、船舶の仮差押えは、あくまでも債権保全のために、P&Iクラブの保証状等、確実な担保を取得するための手段として行うものであるということである。

　仮差押えを受けて船舶国籍証書を取り上げられると、当該船舶は出港ができなくなって運航に支障をきたす他、仮差押えの解除に多額の金銭を用意しなければならず、

船主にとって大きな負担となるが、逆に、請求者側にとっては、保証状等の担保の取得交渉を有利に進める上での有力な交渉材料となる。ただし、不当に差押えを実施すると、不当執行ということで損害賠償の請求を受けるおそれもあることも知っておかねばならない。

② 英・米における船舶差押え

　英米法には、日本法と異なり、対人訴訟（Action in Personam）すなわち、債権に基づいて債務者に対して提起する通常の訴訟形式の他、海事管轄事件については、船舶、積荷等の海上財産自体を被告として訴える対物訴訟（Action in Rem）という特殊な訴訟形式がある。対人訴訟では勝訴の判決を得るまで相手方が有する財産には強制執行をなし得ないのに対し、対物訴訟では訴訟提起と同時に、船主が国外にあっても相手方の海上財産（船舶）を差し押えることができ、判決が出るまでそれを裁判所の管理下に置くことによって担保を確保することができるという利点がある。対物訴訟が認められるのは，海事先取特権（Maritime Lien）、および英国では海事先取特権と並んで Supreme Court Act 1981 に定められた対物訴権（Statutory Right of Action in Rem）に限られる。英米で海事先取特権の種類、優先順位等、若干の相違はあるが、貨物の損害に関する賠償請求権については、いずれも対物訴訟を提起し得る。

　対物訴訟を管轄するのは、英国では、High Court の Queen's Bench Division の中にある Admiralty Court、米国では U.S. District Court である。両国における手続きの詳細は異なっているが、基本的な手順はあまり変わらないので、米国における手続きを簡単に紹介する。原告は、船舶の停泊する地を管轄する連邦地裁に対し、被告召喚状（Summons）と訴状（Complaint）を提出すると、裁判所はすぐに執行官（Marshal）に差押え権限を与え、執行官は執行令状の写しを船舶のマスト等、目につきやすい場所に掲示した上管理人（Keeper）を置く。この間数時間もあれば可能であり、差押えに要する費用も執行官の手数料と裁判所費用の実費程度で保証金を積む必要はない。被告が、原告の要求する担保を提供すれば、船舶は解放（Release）される。英国においても大体同様の手続きで可能である。

　以上の通り、英・米ではわが国に比較し差押え手続きについて、時間的にも費用的にもはるかに原告側に有利である。そこで、本船の動静を調査し、これらの裁判管轄内に寄港する予定があれば、その地で差押え手続きを実行することが荷主側にとって

は経済的である。

(3) 賠償責任保険契約についての先取特権

　P&Iクラブから保証状を取得できなかった場合、たとえ求償を行っても、解決前に加害者である運送人が倒産したり、解散により実態がなくなった場合には、事実上、回収が困難になる。このような場合を想定して、わが国においては、2010年に施行された保険法第22条により、被害者は加害者の加入する賠償責任保険の保険金請求権に先取特権を行使することが認められた。これにより、求償先の運送人が倒産した場合であっても、運送人がP&Iクラブ等の賠償責任保険に入っていれば、貨物保険者は、運送人が賠償責任保険者に対して有する保険金請求権を先取特権に基づき差押え、賠償責任保険者から損害賠償保険金を回収することが可能となる。

　しかしながら、実際に保険法上の先取特権が成立するのは、賠償責任保険契約の準拠法と被担保債権（貨物保険者が代位行使する運送人等への損害賠償請求権）の準拠法が共に日本法の場合に限られるとの考えもある。すなわち、領海内での船舶衝突事故の場合の相手船宛て求償、内航貨物の損害の運送人宛て求償において、求償相手が日本でP&I保険などの賠償責任保険に加入している場合には保険法上の先取特権が成立するが、それ以外の場合、例えば、運送人への損害賠償請求権がB/LやC/Pの準拠法約款によって外国法とされている場合には先取特権は成立しないというものである。したがって、外航貨物海上保険の求償実務において、貨物保険者としては、先取特権のみに頼るのではなく、求償相手の財務状況も考慮して、早めにP&Iクラブ等の保証状の取得に努めることが求められる。

　なお、英国には、加害者が倒産・解散してしまった場合の被害者救済策としてThird Parties（Rights Against Insurers）Act 1930がある。この法律の下では、加害者に倒産・解散等の事由が生じると、加害者の有する賠償責任保険者に対する保険金請求権が被害者に移転し、被害者は加害者に代わって賠償責任保険者へ保険金の請求を行うことができるが、この保険金は倒産した加害者の一般財産となることはなく、被害者は優先的に賠償責任保険金を受け取ることができる。しかし、その一方で、加害者に代わって被害者が行う保険金請求に対しては、賠償責任保険者は保険契約上の免責を主張することができるとされている。

貨物保険者の代位求償において、船主・運送人が倒産した場合に、この法律が活用できるかどうかであるが、P&Iクラブの多くが、その約款において、被害者への損害賠償金の支払の先履行を求める条項（pay to be paid rule）を定めている。従って、船主・運送人が求償に応じないまま倒産した場合、荷主あるいはその貨物保険者が、船主・運送人に代わってP&Iクラブに保険金の請求を行ったとしても、P&Iクラブは、先履行条項を理由にその請求を拒否することができるとされている（The Fanti and the Padre Island〔1991〕2 AC1）。従って、貨物保険の代位求償においては、この法律が活用される場面は極めて限定的である[87]。

(4) 財産凍結命令（Freezing Injunction）

英国では、財産凍結（資産凍結）命令（Freezing Injunction）の法理により、判決が確定する前でも、被告がその財産を処分することを仮に禁ずる方法が認められている。これが認められるようになったのは、1975年の Nippon Yusen Kaisha v. G. and J. Karageorgis（1975 Vol. 2 L.L. Rep. P.137）および Mareva Compania Naviere S.A. v. International Bulk - Carriers S.A.（1975 Vol. 2 L.L. Rep. P.509）における控訴院の判決によってである。この命令は、かつてはマレーバ・インジャンクション（Mareva Injunction）と呼ばれていたが、1998年民事訴訟規則（Civil Procedure Rules）の成立を機に、名称が改められた。

事案はいずれも、船主が用船者に対し不払いになっている用船料の支払いを求める訴訟を提起し、判決が確定するまで、用船者がロンドンの銀行に持っていた預金の処分を禁ずる命令を出すように求めたのに対し、それを認めたものである。このように、財産凍結命令は裁判所によって創設された衡平法上の救済であり、その適用は裁判所の裁量に委ねられている。

このインジャンクション（差止命令）は、直ちに船舶その他被告財産の仮差押えと同様の効果を持つものとして、広く利用されることとなった。

以前のマレーバ・インジャンクションは、わが国の仮差押え制度に比し、本案の管轄

---

[87] この法律の改正法として、The Third Parties (Rights against Insurers) Act 2010が成立している。新法は、被害者から賠償責任保険者への請求には、pay to be paid ruleは適用されないと定めているが、海上保険については、その対象を人身損害のみに限定しているので、新法においても、貨物損害については引き続きpay to be paid ruleが適用される。なお、破産・倒産に関わる法制との関係で必要とされるいくつかの修正を経て、この新法は2016年8月に施行されることとなった。

が英国になければならないという点で制限的であった。例えば、船舶保険がロンドンに付保されていて、船舶保険金をマレーバ・インジャンクションを利用して仮差押えしようとしても、本案の管轄が英国になければ認められなかった（The "Siskina〔1978〕1 Lloyd's Rep. 1）。

しかし、その後の一連の判決で、被告の財産が英国外にある場合でも、財産凍結命令が認められるという解釈が確立している。（Babanaft International v. Bassatne〔1989〕2WLR〈控訴院〉; Republic of Haiti v. Duvalier〔1990〕1QB 202〈控訴院〉; Derby v. Weldon〈No.1〉〔1990〕1 Ch 48.）また、日本の仮差押命令は、動産の仮差押命令を除き、目的物を特定しなければならないが、英国の財産凍結命令は、被告の財産一般を対象とするだけでなく、発令後に被告に帰属するに至った財産にも及び、対象物の特定は申立ての要件ではない。

従って、英法下では対物訴訟の相手とすべき当該船舶あるいは姉妹船が存在しない場合にも、財産凍結命令（Freezing Injunction）を利用することによって、船舶保険金、その他被告の一般財産に対し、仮差押えをなすことが可能である。また、対物訴訟の下では、差押え可能な船舶は1隻に限られるため、船価が債権額に達しない場合は担保の不足に陥るが，別に財産凍結命令を利用し、不足額を補うことも可能である。

4. 請求と訴訟

貨物保険者が海上運送人に代位求償を行うということは、貨物保険者が被保険者に対して保険金を支払うのと引き換えに被保険者が有する運送人宛ての損害賠償請求権に代位して、当該運送人に求償するということである。しかし、実務においては、しばしば、運送契約上責任を負うべき運送人とは一体誰なのかが争いとなる場合がある。また、貨物保険者が保険金を支払って、その請求権に代位をしたとされる被保険者が本当に運送人に対する損害賠償請求権を有していたかどうかが争われる場合もある。前者は運送契約上の責任主体の特定の問題、後者は訴権の問題といわれている。さらに、代位求償が訴訟に発展する場合には、被保険者・保険者のいずれの名義で訴訟をするのか、どこの国で訴訟すべきかを検討しなければならない。ここでは、求償業務のうち請求と訴訟に関わるこれら実務上の問題点について解説する。

(1) 運送契約上の責任主体

　貨物の損害について、損害賠償を請求すべき相手は、通常、運送契約の当事者、B/Lの発行人である。そして、B/Lの表面から運送契約の当事者が識別できる場合は、特段の問題は生じない。

　ところで、荷送人と運送契約を締結する運送人が、他の船主から定期用船等によって用船した船舶を使用して運送を実行する場合に、用船者あるいはその代理人が「船長のために（For the master）」署名したB/Lが発行される実務慣行がある。また、「運送契約は荷主と船主あるいは裸用船者の間の契約であり、B/L発行者はその代理人にすぎない」とする、いわゆる Demise Clause あるいは Identity of Carrier Clause が B/L に挿入されていることがある。

　このような場合、船主と用船者とのいずれが運送人として B/L 所持人に対して責任を負うのかという責任主体 (Identity of Carrier) の問題がある。ヘーグ・ヴィスビー・ルールズは、「運送人とは、運送契約における荷送人の相手方たる船舶所有者または用船者をいう」と定めるのみで、この点を明らかにしていない。

　英法の下では、"The Berkshire"号事件（〔1974〕I Lloyd's Rep. p.185）において判示されたように、ニューヨーク・プロデュース書式定期用船契約8条の効果として、「用船者は、船主の代理人としての船長の署名を得るべくB/Lを船長に提示する代わりに、用船者自身が船主の代理人としてB/Lに署名することができる。船長が用船者の指示により署名しようと、用船者自身が署名しようと、いずれの場合であっても船主はその契約に拘束される」とする考え方が支配的である。従って、用船者またはその代理人は、船主を拘束する表見的権限を有すると考えられ、少なくとも用船者またはその代理人が For the master としてB/Lに署名した場合、船主はそのB/Lの当事者であるという強い推定が働くことになる。

　一方、米法の下においては、用船者がFor the master としてB/Lに署名しても、C/Pの条項から船長または船主が現実に用船者に対してB/Lに署名する権限を与えている、あるいは契約の当事者として船主を拘束する権限を用船者に付与していることが示されない限り船主自身は責任を負わないとする考え方がある（Yeramex Int'l V.S.S. Tendo 1979 A.M.C. 1282, 1283 4th Cir, 1979）。一般的に、米法の下では、用船者がFor the master B/Lに署名した場合の運送人として、船主、用船者を連帯的に捉え、双方

に連帯責任を課するのが一般的な傾向である。わが国では、For the master B/Lにおける責任主体に関する判例として、Demise Clauseを有効と認めた上で、用船者がB/Lに署名した場合は船主が責任主体であるとした最高裁判決（ジャスミン号事件、最高裁平成10年3月27日）と、B/L上の記載の他、運送契約成立時の諸事情も考慮して定期用船者が責任主体であるとした判決（カムフェア号事件、東京地裁 平成9年9月30日）があり、実務では、船主と定期用船者双方へ求償する場合が少なくない。

　なお、英米では、海事管轄事件については船主や運送人などの人を被告とする通常の民事訴訟手続き（対物訴訟との対比で対人訴訟"Action in Personam"と呼ばれる）と並んで、船舶自体を被告とする対物訴訟（Action in Rem）を利用することよって、運送人の識別という困難な問題を回避する方法がある。

　上記の通り、責任主体を巡る問題は各国法により異なり、また用船者／船主間のC/Pにより左右される要素もあるので、個々の事例において用船者／船主のいずれかのみを断定的に捉えることにはリスクがある。求償を進める上では、あらゆる可能性を前提に、定期用船者／船主双方を責任主体と考えて対策を立てることも必要である。

　例えば、船舶の差押え、あるいは差押えを示唆することによって、船主のP&IクラブよりL/Gを取得したが、そのL/Gが船主に対する請求しかカバーしておらず、後で船主より「船主は運送人ではない」との抗弁を受け、せっかくのL/Gが役に立たないというような場合が考えられる。この場合、定期用船者からもL/Gを取得しておくことが望ましい。

(2) 訴権 （title to sue）

　貨物の損害について、運送人に対し訴訟を提起する権利は誰に帰属するかという問題である。

　これは、国によって若干の相違はあるが、一般的には、運送契約上の訴権についてはB/L上の荷送人、荷受人、あるいはB/L所持人のいずれかであるとされている。また不法行為上の訴権については損害発生時に貨物の所有権を有していた者あるいは、売買契約上の危険を負担していた荷送人または荷受人と理解することになろう。

　貨物保険者は、通常、荷送人または荷受人のうちいずれか被保険利益を有する者に保険金を支払い、この被保険者の有する訴権に代位する。しかし、被保険者と訴権を有す

る者が常に一致しているとは限らず、仮に被保険者が訴権を有していないとすれば、貨物保険者の代位求償は成立しないことになる。そのため、求償を受けた運送人が貨物保険者に対して、被保険者が訴権を有していたことを証明するよう求めてくる場合がある。このような場合は、貨物保険者としては、B/Lの裏書、売買契約の内容等を確認して被保険者が訴権を有することを証明する必要がある。また、被保険者が訴権を有していない場合には、貨物保険者は、求償を行うに当たって訴権を有する者から債権譲渡を受けるか、委任を受けるなどの手当てをしておく必要がある。

　なお、わが国においては、旧商法の下では、「運送品ガ到達地ニ達シタル後ハ荷受人ハ運送契約ニ因リテ生シタル荷送人ノ権利ヲ取得ス」（第583条1項）との規定があり、売買条件により航海中の危険を荷受人が負担する場合であっても、B/Lが発行されず代わりに海上運送状（Sea Waybill）が用いられており、貨物が到達地に到達する前に沈没等により全損となった場合には、貨物が到達しておらずB/Lに基づく権利の移転もないので、法律上は荷送人が訴権を有しているという事態が起こり得た。改正商法では、「荷受人は、運送品が到達地に到着し、又は運送品の全部が滅失したときは、物品運送契約によって生じた荷送人の権利と同一の権利を取得する。」（第581条1項）との規定が設けられ、このような場合の危険負担と訴権の不一致の問題が解決された[88]。

(3) 請求権代位と訴訟名義人

　わが国では、保険者が保険金を支払えば、その限度で請求権代位（保険法第25条）により被保険者である荷主の請求権を代位取得し、自らの名前で請求を行い、自己の名義で訴訟を提起できる。しかしながら、英米ではこの点は異なる。英法では、保険者は自らの名前で訴訟する権利はなく、単に被保険者の地位に立つ（Stand in the shoes of the Assured）だけであり、訴訟を提起する場合は被保険者の名前で提起しなければならない。また、米国では、保険者名での訴訟を認めているが、被保険者、荷主名で訴訟している場合もある。そこで、英米で被保険者、荷主名で訴訟提起する場合は、あらかじめ被保険者に英米の法制を説明し、了承を得ておくことが重要である。

88　英国においては、1992年海上物品運送法（the Carriage of Goods by Sea Act 1992）第2条1項に類似の規定がある。

(4) B/L上の裁判管轄条項

　事件の係争をいずれの国の裁判管轄に服させるかという問題は、実務的には、回収の成否に大きな影響を与えるものであり重要である。

　現在使用されているほとんどのB/Lの中には、運送契約から生ずる紛争についての訴訟に関し、管轄裁判所を合意する旨のいわゆる裁判管轄条項（Jurisdiction Clause）が含まれている。

　ヘーグ・ヴィスビー・ルールズはこの点について何ら規定を置いていないが、このような管轄条項の効力を認めて他の裁判管轄が排除されることになると、荷主は運送人の主たる営業所の所在地などの遠隔地で訴訟しなければならず、不利益・不便を強いられることになる。

　英国の裁判所は、かつては、このようなB/L上の合意管轄条項に関わらず、広く自国の管轄を認めてきた。すなわち、B/L上において英国以外の国の裁判管轄条項が定められているにもかかわらず、英国で訴訟が提起された場合であっても、その訴訟を停止（Stay）することなく、審理してきた。しかしながら、現在では下記の要素を勘案し、訴訟の停止を命ずべきではないという強力な理由が示されない限りは、その裁量権を行使して英国での訴訟の停止を命じ、B/L上の裁判管轄条項を尊重すべきであるとされている。

❶証拠の利用可能性、事実審理の便宜／経済性。
❷当該契約に適用されるべき法律があるか（他の事情が等しければ、外国法が適用される事案は外国裁判所の方が審理に適しているため）。
❸当事者はどの国と最も密接な関係を有しているか。
❹外国での訴訟を余儀なくされることにより、何等かの点で原告の立場が害されることはないか。例えば、担保の利用可能性、英国では適用されない出訴期限の徒過による失権、判決の執行可能性、偏見のないフェアな審理が得られるか、というような点で原告が不利な立場に置かれることはないか（The Eleftheria 1969 Vol. 1. 1 L.L. Rep. p.237, The El Amria 1981 Vol. 2 L.L. Rep. p.119）。

　米国裁判所のB/L上の管轄約款および仲裁約款に対する態度としては、US COGSA

が強行法として適用される事案に関しては、Indussa Corp. v. S.S. Ranborg（1967 AMC 589）以来多くの判例が、外国裁判管轄約款は運送人の責任を軽減するものであって、US COGSAに違反し無効であると判示しており、学説（Gilmore & Black, The Law of Admiralty, 2nd Ed. p.146 Schoenbaum, Admiralty & Maritime Laws, 2nd Ed., §10-20）も概してこれを支持している。

　一方、US COGSA が強行法として適用される場合の外国仲裁約款（Foreign Arbitration Clause）に関しては、Indussa 判決が外国裁判管轄約款について示したのと同じ理由で、それを無効とする判決もあるが、より多くの判例は、連邦仲裁法（Federal Arbitration Act）が強力に仲裁を奨励する政策を採用していることを理由に、有効性を認めている。

　わが国では、ブラジルから輸入された原糖の海水濡れ損害の訴訟に関し、運送人の本店所在地であるアムステルダムを専属的管轄裁判所と定めるB/L上の外国裁判管轄条項の有効性が争われた。最高裁は、「被告の普通裁判籍を管轄する裁判所を第一審の専属的管轄裁判所と定める……合意は……右管轄の合意が甚だしく不合理で公序法に違反するとき等の場合は格別、原則として有効と認めるべきである」として、外国裁判管轄約款の有効性を認めた（チサダネ号事件 最三判 昭50年11月28日、判例時報 799・13）。

　以上の通り、B/L上の裁判管轄条項については、それを強制することが不公平・不合理でない限り、ヘーグ・ヴィスビー・ルールズの免責特約禁止には直接抵触せず、一般的には有効であるとする考えが英米でも主流を占めるに至っている。しかし、多くの場合、B/Lは運送人の主たる営業所所在地を管轄地に指定しており、そこが荷主の所在地や事故発生地とまったく関係ない地であれば、荷主や貨物保険者が求償をする際に不利に働くことが多い。そこで、荷主・貨物保険者としては、船舶の差押え等を背景に運送人・P&Iクラブと交渉し、荷主側に有利な合意裁判管轄地の取得に努めるべきである。

　なお、近い将来に発効の可能性があるロッテルダム・ルールズにおいては、既述の通り、裁判管轄地についての規定があるが、裁判管轄・仲裁条項の採用は各国の判断に任されており、条約を批准する際に適用を宣言して初めて適用されるため、全ての締約国で適用されるものではない。

(5) C/P上の仲裁条項のB/Lへの合体

　国際海上物品運送においては、船主が用船者である荷送人にB/Lを発行し、さらにこれが荷受人に裏書譲渡されることがしばしばある。この場合、一般的には、船主と用船者の間はC/Pにより、船主とB/Lの譲受人たる荷受人の間はB/Lにより支配されることになる。B/Lには、通常、仲裁条項は含まれていないが、B/L面にC/Pの条項を合体（incorporate）する旨の文言、例えば、"all the terms, conditions and exceptions of Charter Party are incorporated"等の合体文言が存在する場合、それがどのような法律的効果を生ずるかを検討する必要がある。

　C/P上の仲裁条項は、C/Pの当事者を拘束するのみで、当事者以外には及ばないのが原則である。C/P上の仲裁条項をB/Lに合体して、B/L当事者間にも及ぶようにする場合には、そのことがB/L上に明確に表示されなければならない。

　この点、英国の判例では、C/P上の仲裁条項は、紛争解決に関わるものであり、船積み、運送、貨物の引渡しといった運送契約の中核をなすものではないので、これをB/Lに合体させるには、上記のようにC/Pの全ての条項が合体されていることを示す一般的な文言がB/L上に記載されているだけでは十分でなく、"including the arbitration clause"等、仲裁条項が合体されたことを明示する文言を追加する必要があるとされている。（"The Annefield"〔1971〕1 Lloyd's Rep.1）

　一方、米国の判例では 仲裁条項の合体を明示することは求められず、一般的文言での合体でB/L所持人を拘束するが、いずれのC/Pであるか特定することが必要であり（Son Shipping Co. v. De Fosse & Tanghe〔1952〕A.M.C. 1931）、日付、場所等でC/Pが特定されていない概括的な合体文言では不十分である、とされている。

　また、わが国でも、B/Lに合体されたC/P上のLondon Arbitration Clauseを有効と認めた判例がある（日之出化学工業対三光汽船　大阪地　昭34年5月11日）。

　以上のように、国によって要件の違いはあるが、B/L上の明示文言により合体されたC/P上の仲裁条項は、運送契約上の紛争についてB/Lの当事者（裏書譲受人たる荷受人）を有効に拘束すると考えられている。

(6) 訴訟費用

　海外の弁護士に委嘱して海外で訴訟することもあるので、英米の訴訟費用について簡単に触れておきたい。

　まず、英国では原則として相手側の弁護士費用も含め訴訟費用は敗訴者負担である。勝訴者のソリシターは依頼者より費用、報酬を受領し（solicitor and own client basis）、依頼者のために敗訴者に償還請求を行う。裁判所は当事者間基準（party and party basis）と呼ばれる基準に基づき裁定し、敗訴者に支払いを命ずる。

　英国の弁護士費用は、貨物求償交渉の場合、訴外での交渉であれば、原則は成功報酬制（No Cure No Pay/Contingent Fee）であるが、訴訟になった場合は、事件の困難さ、時間、労力、技術的・専門的知識の必要性により、成功報酬制もしくは時間報酬制（Time Charge Basis）のいずれかとなる。

　一方、米国では訴訟費用は勝敗に関係なく当事者負担が原則である（日本も同じ）。また弁護士費用は、英国と同様、成功報酬制もしくは時間報酬制であるが、裁判所費用については依頼者負担となる。

5．時効の管理

　運送人の責任については、海、陸、空、それぞれ国際条約あるいは国内法で時効または除斥期間が定められており、この期間内に時効中断あるいは裁判上の手続きをとらないと請求者の権利は消滅することになる。

　例えば、国際海上物品運送に適用あるヘーグ・ヴィスビー・ルールズの場合、貨物の引渡し、あるいは、引渡しをすべき日から1年以内に裁判上の請求をしないと運送人の責任は消滅するので、時効を見過ごさないよう時効管理を行い、時効到来前に必要な手続きをとらなければならない。

　ヘーグ・ヴィスビー・ルールズ上の期間制限は除斥期間であると解されており、権利の消滅を防止するには裁判上の請求によるしかない。しかし、これでは少額クレームでも全て訴訟を提起しなければならず不都合であるため、同条約第3条は、関係当事者間での出訴期限の延長の合意を認めている。国際海上物品運送法第14条2項にも同様の規定がある（出訴期限延長依頼状の見本〈234頁〉参照）。

旧商法(第589条、566条)では時効と規定していたため、時効の中断は、請求（権利者が自己の権利を主張すること）、差押え、仮差押えまたは仮処分、承認、のいずれかによる（民法第147条）。請求には、裁判上の請求（民法第149条）と催告（民法第153条）があるが、実務上は配達証明付内容証明郵便により催告を行うのが通常である。ただし、催告は6ヵ月以内に裁判上の請求や他の手続きをとらなければ中断の効力を生じない。

　時効の利益はあらかじめ放棄することはできないが（民法第146条）、時効完了後は時効の利益を放棄することは可能である。そこで、時効管理の方法として、実務的には、運送人より既経過期間の時効の利益を放棄する念書を取付けることで対処する方法がある（時効利益放棄書の見本〈235頁〉参照）。

　一方、改正商法では、旧法(第589条、566条)の時効の規定を国際海上物品運送法の規定に合わせて1年の出訴期限に改め（改正商法第585条1項）、運送品の滅失等の損害が発生した後に限り、合意により延長することができるとした（同条2項）。

《 出訴期限延長依頼状の見本 》

（求償先名）
（求償先住所）

_____, 20**
Your Ref.:
Our Ref. :

Dear Sirs,

       Vessel: "（本船名）" 11A
       Arrived at（地名）,（国名）on（到着日）
       B/L No.:
       Cargo:（貨物名）
       Claim:（損害種類・原因等）

We refer to our letter of_____, 20** filing with you a claim for compensation in respect of the above, of which we regret we do not appear to have received your payment as yet.

In this connection, as the one-year-time-limit for law-suit is expiring shortly, we should ask you to settle the claim without further delay.
If, however, you still need time for investigation, please so inform us, extending at the same time the above time-limit for six months up to   , 20** to cover investigation period for the matter and so confirm the above extension by signing on the space of this letter.

We would advise you of the claim amount together with the supporting documents after the claim is settled with cargo-owners.

Yours faithfully,

_____ INSURANCE CO., LTD.

(Name)
Manager, _____ Dept.

〈 時効利益放棄書の見本 〉

20　年　月日

_____御中

時効利益放棄書

当社は、下記（　　　　）事件にかかる損害賠償請求権につき，既に経過せる時効期間の利益を放棄します。

記

事故発生年月日：　　　　年　　月　　日
船舶名　　　　：（
場所　　　　　：（
被害物件　　　："（　本船　）"　積（被保険者）
　　　　　　　　　（事故内容および貨物）
損害賠償請求金額：¥　（　　　　　　）

6.衝突相手船に対する求償

　船舶が衝突し貨物が滅失・損傷を被った場合、航海過失免責が適用されるので、荷主は運送船（自船）に対しては、不堪航等の事情がない限り損害賠償請求できないが、その衝突について非運送船（衝突相手船）に過失があれば、荷主は不法行為を理由に非運送船に対し損害賠償請求できる。

　ただし、1910年にブラッセルで調印された船舶衝突統一条約は、同条約締約国を旗国とする船舶同士間の衝突事故の場合、各船舶は自らの過失割合に責任を制限することができるので、荷主は非運送船の過失割合相当額のみ回収でき、運送船の過失割合相当額を相手船から回収できない。

　ところが、衝突条約を批准していない米国では事情が異なる。相手船の荷主から損害賠償請求を受けた非運送船の船主は、自らの過失が衝突に寄与している限り共同不法行為者として100％賠償に応じなければならないが、その後、衝突相手船である運送船の船主に対し、その過失割合分だけ償還請求して回収することができる。この結果、運送船主は荷主との間では航海過失を免責にしているにもかかわらず、非運送船主を通して自らの過失割合部分を負担することになる。そこで、このような不都合を解消するため、船主はB/Lに双方過失衝突約款（Both to Blame Collision Clause）を挿入し、上記のような場合、荷主は運送船の船主が負担した貨物の衝突損害賠償金を返還するものとした。

　この約款は、当初は合法的なものとして認められてきたが、その後、米国最高裁は"Nathaniel Bacon"対"Esso Belgium"の衝突事件において、本約款を公序に反するものとして無効の判決を下した（U.S.A. v. Atlantic Mutual lnsurance Co.〔1952〕A.M.C. 659）。この判決には批判も多いが、現在に至るまで変更されていない。

　これを荷主側から見れば、B/Lの準拠法が米国法であり、衝突の裁判管轄権が米国で得られる場合は、相手船から100％回収し、自船からの返還請求には双方過失衝突約款の無効を主張して拒否できるという有利な立場に立つ。なお、上記の判例は common carriage に関するものであり、C/P等の private carriage については、双方過失衝突約款は依然有効であると解されており、米国でも全く存在意義を失っているわけではない。

　なお、日本は衝突条約の締約国なので、日本船と他の締約国の船舶の衝突事故には衝

突条約が適用されるが、衝突条約に沿った商法の改正を行っていないので[89]、日本船同士の衝突や日本船と非締約国の船舶との衝突事故については、衝突条約ではなく、日本法が適用される。従って、このような場合、理論上は、共同不法行為を理由に非運送船に対して100%求償できることになるが、通説は結果的に運送船の航海過失免責約款が無意味になること等を主な理由として、これを否定的に解しており、実務も衝突条約にならって、非運送船に対してはその過失割合のみを請求しているようである。ただし、非運送船が船主責任制限手続きをとる場合においては、非運送船から運送船への償還請求が行われることはなく、必ずしも運送船の航海過失免責が無意味になることはない、という理由から、非運送船に対して100%請求できるという説がある。実務においては、このような説も踏まえて、船主責任制限基金に対する制限債権者間での示談により解決することが多いとみられる。

　船舶の双方過失衝突の場合、まず両船の責任割合が確定しなければ、貨物損害の賠償額が確定しない。これには、荷主は衝突の当事者ではないため直接介入することは困難であり、両船の交渉あるいは訴訟結果を待って、これに従わざるを得ない立場にある。そこで、実務的には、自船と利害が対立しない場合には、相手船からの担保取得に当たっては自船弁護士に委嘱するか、もしくは、その必要がないときは両船の責任割合が確定するまで待つということになる。自船に対して利害対立する場合には、独自の対応をすることが必要であることはいうまでもない。

　また、船舶の双方過失衝突事件では、過失割合の決定までかなり長期間を要することが多いので、時効の管理には十分な注意が必要である。衝突債権の消滅時効は、衝突条約では2年とされている。わが国においても、改正商法においては、第789条により、事故発生時から2年を消滅時効と規定している。旧商法の下では、領海内での衝突条約の適用されない日本船同士の衝突や条約の非締結国の船舶との衝突の場合、第798条1項により消滅時効は1年とされ、時効の起算点については争いがあった[90]。

---

[89] 「商法（運送・海商関係）等の改正に関する中間試案」（2015年3月）では、衝突条約にならって、衝突両船の貨物等に対する損害賠償責任を分割債務とし、各船舶がその過失割合に応じて責任を負うべきとの改正案も併記されたが、その後の審議を通じて、被害者である貨物所有者にとって2隻以上の船舶の責任割合が明らかではない等の意見があり、最終的に2016年2月に法制審議会が法務大臣に答申した「商法（運送・海商関係）等の改正に関する要綱」には盛り込まれなかった。
[90] 最高裁において「民法第724条が適用され、被害者および加害者を知った日から進行すると解すべき」と判断された（最高裁平成17年11月21日第二小法廷判決）

7．共同海損分担金・救助費用の求償

　船主から共同海損の分担請求を受けても、共同海損を招いた事故が、運送契約上、運送人が免責を認められていない運送人の過失によるものであれば、荷主は共同海損の分担金について求償または抗弁することができる（1994年・2016年ヨーク・アントワープ規則D条）。

　そこで、共同海損精算書と共に分担金の請求を受けたときは、まず共同海損事故の原因が何によるものか十分検討する必要がある。特に機関故障による共同海損では、不堪航による場合があるので、船主側に十分な説明を求めるべきである。船主に責任があると認められる場合には、共同海損分担金の求償を行うが、実務的には、分担拒否という方法で行われることが多いようである。

　LOF等の救助契約に基づき荷主が直接救助業者に救助報酬の支払保証を行い、これを支払った場合も、その事故が運送人に責任のあるものであれば運送人から回収できる。

　この場合、気をつけなければならないのは、救助成功の時点で貨物に異常がないと債権保全の手続きを怠りがちになるが、後日、救助報酬を支払う時点で運送人に対し求償しようとしても、運送人から担保を取得していないと回収できなくなる恐れがある。そこで、運送人に責任があると考えられる海難事故の救助の場合には、貨物に損害がなくても貨物自体の損害の場合と同様、証拠保全とともに、P&Iクラブからの保証状の取得などの債権保全の措置を講じておくことが必要である。

　また、荷主が支払った救助費分担額を運送人に請求する場合の時効の起算点は、共同海損分担額の場合と異なり、債務確定時あるいは支払い日と解さない判例もあるので、一応事故発生日より1年と考え、時効の保全を図った方が無難である。

　なお、衝突による共同海損で貨物に損害がない場合、相手船に対し将来の共同海損分担額の請求のための時効を保全する必要があるが、自船船主と利害関係が反せず、また荷主の分担額が大きくない場合には、荷主利益も含めて回収、時効保全を自船船主に依頼することもある。

第8章

主要貨物の損害対応上の要点

海上輸送貨物と一口にいっても、その種類は様々である。コンテナで輸送される貨物と本船ホールドに撒積される貨物ではその性質も事故形態も異なるし、さらにコンテナ貨物の中でも例えばコーヒー・ココア等の飲食品やその原料と、レジン等の化学品とでは全く特性が異なり、損害の種類や発現形態も様々である。従って、これら多種多様な貨物の個々の特性や輸送手段の特徴、さらには取引実態・荷役実態等についても知見を広げ、適切な対応を行うことが事故対応担当者には求められる。

　本章では、主要な貨物ごとにその商品特性、物流実態、主な損害形態・原因、一般的な保険条件、事故対応方法について述べることとする。

第1節 穀物・飼料・油糧種子

1. 商品知識

「穀物」とは「主食とする米や麦」、「飼料」は「家畜に与えるえさ」、「油糧種子」とは「植物油の原料」であり、これらに該当する貨物は主として下図のようなものが挙げられる。米を除き、いずれも輸入依存度が高い。

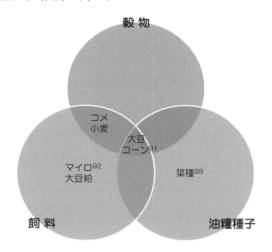

91　トウモロコシの種子を指し、メイズとも呼ばれる。
92　こうりゃん、ソルガムとも呼ばれる。
93　キャノーラ等、植物油原料用のアブラナ科植物の種子。

図のように、同種の貨物でも用途に応じて穀物・飼料・油糧種子のカテゴリーを跨ることがある。例えば大豆は品質や豆の大きさ、成分に応じて、納豆や豆腐の原材料や搾油原料、豚の餌等に用途が分けられる。この用途に基づくカテゴリーに応じて、穀物・油糧種子は厚生労働省、飼料は農林水産省と、監督官庁が異なる。

　本節では、穀物・飼料・油糧種子を総称して、以下「穀物類」と称する。

2．物流実態

(1) 輸送形態

　穀物類の輸送形態は、在来船によるばら積み輸送の占める割合が高いが、比較的単価が高い食用大豆等ではフレキシブルコンテナあるいはフレコンバッグとも呼ばれる大型のバッグに入れてドライコンテナで輸送される場合もある。本節では、ばら積み輸送される穀物類を中心に説明する。

(2) 無仕切り積合せ輸送

　穀物類のばら積み輸送は、一社の満船積みである場合と、複数社の無仕切積合せで輸送される場合とがある。無仕切積合せとは、複数の荷主のばら積み貨物を、同じ船倉に仕切りなく積合せることをいう。この場合には、関係商社間の協議により旗振商社が決められ、荷捌き、数量調整、本船共通費用の精算、事故品の処理等を取りまとめることがある。この場合、旗振商社は自身の貨物の保険会社と打合せ、各関係商社とも調整しつつサーベイの手配など事故対応を進め、各関係商社はサーベイ・レポートに従って按分された自社分の損害につき、それぞれの保険会社に保険金を請求するのが一般的である。

　なお、無仕切り積合せ貨物に損害が発生した場合に商社間で一般に行われる損害額の按分や調整の具体的方法は次の通りである。

❶ 事故品数量を除いた正品の総荷揚数量をインボイス数量で按分し、実際引取数量との差は原則として現金調整する。
❷ 事故品は旗振商社が一括売却し、売却代金は処分に要した費用を差し引いた後、インボイス数量に応じて積合せ商社に配分する。

陸揚港が複数港に跨り、第一港で陸揚終了後、第二港に向かう途中に事故が発生したような場合には、商社間で協議の上、事故発生時点で積載されていた数量をベースに調整が行われるのが通例である。

(3) 当局による検査

穀物類の輸入に際しては、農林水産省に属する植物防疫所による検査および厚生労働省に属する検疫所による検査が行われる。

輸入穀物類への農林水産省植物防疫所による検査は、農業生産の安全および助長を図ることを目的とする植物防疫法に基づき、植物に有害な動植物（菌やウイルスも含む）が国内に侵入・蔓延することを防止するため、事故の有無にかかわらず行われる。

一方、食品原料となる穀物類については、食品の安全性の確保を通じて国民の健康の保護を図ることを目的とする食品衛生法に基づき、人の健康を損なうおそれのある食品やその原材料が国内に流通し加工・販売されることを防止するために、厚生労働省検疫所による検査も行われる（飼料用途である場合には食品衛生法の対象とはならない）。

損害が発生した穀物類の食品・食品原料としての輸入可否は厚生労働省検疫所の検査結果に従うこととなる。食品や食品原料等の輸入に際しては、貨物到着後速やかに「食品等輸入届出書」を検疫所を通じて厚生労働大臣宛てに提出し、検疫所に所属する食品衛生監視員がこれを審査の上、検査必要と認めたものについて実際の検査がなされるが、事故品として届けられたものは全てこの検査の対象となる。これは一般に命令検査または行政検査といわれる。命令検査は通常、損品保管場所において食品衛生監視員によって行われ、カビの発生の有無などの目視を中心とする現物検査に加え、必要に応じ厚生労働大臣指定の登録検査機関による有害物質の成分分析などの検査の受検を輸入者に命令し（輸入者が費用負担）、その結果により合格・不合格が判定される。合格と判定された場合には、食品等輸入届出書に合格印が押印され、通関手続きを行うことができる。

不合格と判定された場合には、輸入者は検疫所長からの指示に従って、輸出国への積戻し、廃棄、食用以外への転用など対応を行うこととなる。

　上記フローを図にすると以下の通りとなる[94]。

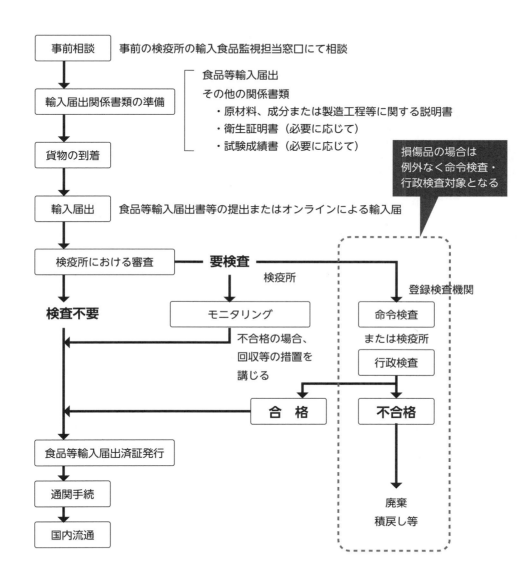

94　厚生労働省ホームページ「図 食品等の輸入届出の手続の流れ」

3．主な損害形態・原因

　ばら積み輸送される穀物類の典型的な損害としては、航海中のハッチカバー[95]等の水密性不良箇所からの浸水による海水濡れ損害と、輸送中に船倉内で生じる結露による汗蒸れ損害がある。

　船倉外からの浸水の原因としては、航海中のハッチカバーの水密性不良が主たるものである。ハッチカバーはその形状や駆動方式により、種類も多岐にわたるが、基本的には移動式のカバーであるパネルとハッチコーミング[96]の接触面、そしてこれらを締める役割をする部分が防水上重要であり、ハッチカバーからの浸水損害は、主としてこれらの部分のいずれかの不良のために発生すると考えてよい。その他にも、上甲板やハッチコーミング等の損傷部分からの浸水、ベンチレーター[97]の閉鎖不良箇所からの浸水、船倉内を通る給排水パイプやサウンディングパイプ[98]の損傷部からの漏水、エントランスドア[99]の閉鎖不良による浸水等、様々な原因により浸水が発生する。汗蒸れ損害は、穀物類の中でも、水分含有率が比較的高く穀皮の薄いコーンや大豆等に発生し、積付り場所・方法の不適切、例えば、機関室の熱気やダブルボトムタンク[100]の加熱された燃料油の熱気が発熱を誘発する場合と、貨物自体の含水量や外部から浸入する過剰水分と保管状況との関連から発熱する場合とがある。前者の場合は損害の発生場所が熱源の近くに限定されることが多いが、後者の場合は、悪条件が重なった場合には一つの船倉全体、あるいは全船倉に損害が発生することがあり注意を要する。

　損害品は通常変色、変質し、カビや異臭が発生したり、また水分を含んで発芽することもある。損害程度の軽微なものは、手直し後に若干品質の落ちたものとして本来の用途に使用できることもあるが、損害程度の著しいものは食用から肥料用や工業用へ、あるいは飼料用から工業用へと用途を変えて処分せざるを得なくなる。前述の通り、食用である場合には、厚生労働省検疫所の指示に従うこととなる。

95　船倉開口部の上蓋。
96　船倉内への水の浸入を防ぐため、甲板より高い位置までめぐらされた船倉開口部の周縁部であり、その上にハッチカバーを閉じたときにこの部分を包み込む構造となっている。
97　船倉の通気のため、甲板上に設けられた通風筒で、荒天等に備えて開閉できる構造となっているのが一般的。
98　水量を計測する配管。
99　ホールドの隔壁にある出入り用の扉。
100　船の底部にある、航行用の燃料油を貯蔵するタンク。

ハッチカバーが開いた状態の船倉内と開口部。周縁上部がハッチコーミング

4．一般的な保険条件

本節で取り上げる小麦、米、コーン、マイロ、大豆等の一般的な保険条件は、以下の通りである。

ICC（B）

Rain Freshwater Damage

Sweat & Heating

なお、Sweat & Heatingについては、小損害免責として、当該船積み貨物総量もしくは船倉単位で適用するFranchiseが付されることが多い。また、コーンや大豆の場合には、Moisture Warrantyを付帯して、積出し地における水分値の上限を14％や15％に定めることもある。

5．損害対応方法

（1）初動における重要事項

第一港で揚荷役に着手したときに損害が発見されることが多い（稀に、本船入港前に事故発生の連絡が本船から入ることもある）。損害の発見以降、揚荷役終了までの対応は、

この種の貨物の事故対応の中で最も重要な部分であり、注意すべき点は以下の通りである。

① 損害の概要と関係者の確認
　契約者・被保険者から第一報が入った際には、まず積合せの有無、積合せがある場合は関係する荷主の明細と旗振商社、関係保険会社、各商社のB/L数量、各船倉別積数量および揚荷役予定数量等を確認し、さらに損害発見時の損害程度の見込みを他船倉の分も含めて報告を受けて全体像を把握する。その後、サーベイヤーを起用して立会いおよび関係者との打合せに入るが、高額の損害になることも多く、また運送人等が責任を負うべき損害原因である可能性もあるので、この種の事故・損害に専門性のあるサーベイヤーを起用することは、損害の軽減、求償の観点から非常に重要である。なお積荷関係者名、荷役関係者名、荷捌き明細、荷役計画等が記載された「荷捌計画書」を直ちに取付けておくとよい。

② 本船立会による損害の原因調査
　訪船調査は適切な事故対応およびその後の効果的な求償の観点から重要であるが、実施に当たってはいくつか留意すべき点がある。
　外航本船上は厳密には日本国外の扱いとなるので、乗船許可を受けるに当たりパスポートを持参し、税関の通過を要する場合がある。また乗船に当たっては、船舶代理店を通じて本船船長または一等航海士に乗船の目的をあらかじめ告げて許可を得ておくのがトラブル回避の観点から望ましい。
　一般的に、損害の原因の調査に当たっては、サーベイヤーがまず船倉内の損害品の発生状況等より、外部からの水分によるものか、船倉内に原因を有するものかを推定する。外部からの浸水と考えられる状況の場合は、浸水箇所と考えられる船体各部を注意深く観察し浸水原因を究明する。船体の損傷、欠陥が発見された場合には後日の求償に備えてサーベイヤーに必ず写真やビデオを撮っておいてもらうことが重要であるが、その際に被写体にチョークでそれが船体のどの部分かをマークしておいてもらうと効果的である。なお、後日の求償の際に船倉内の貨物の損害状況を示す写真についても船社側から要求されることもあるので、浸水箇所とそれによって発生した損害箇所の写真は関連付けて撮影するようサーベイヤーに依頼するのが望ましい。確認さ

れた事故原因については、サーベイ・レポートに根拠と共にできるだけ具体的に記載してもらうことが必要である。

　また、浸水原因となった箇所だけでなく、本船の全般的な保守管理状態についても調査し、問題があればサーベイ・レポートに記載してもらうことも必要である。

　外観調査に加え、船長・一等航海士へのインタビューを試み、積地での状況や航海中の特記事項の有無について説明を求めることも重要である。その際、積地のサーベイ・レポート、航海日誌等の閲覧を試み、積込中の天候、航海中の荒天遭遇の有無とその程度等を具体的に確認する。運送人側のサーベイヤーが乗船している場合は、そのサーベイヤーの所属・氏名や、委嘱者を確認する。ただし、インタビューや航海日誌等資料の閲覧については、船社側に拒否されることもあるので、臨機応変に試みると共に、拒否された場合にはその旨をサーベイ・レポートに記載してもらうのがよい。

③ 損害程度の把握と損害軽減

　船倉内での貨物の損害の発生箇所や広がり方は、外部からの海水等の浸入の場合と汗蒸れ損の場合とでは異なる。外部からの海水浸入の場合は、浸水箇所の下の貨物の表面を中心として船倉の底に向かって柱状に損害が発生することが多く、浸水量が多い場合には船倉底部一面に広がり大きな損害となる。典型的な汗濡れ損の場合は船倉内の貨物表層全面に広がって発生している場合が多いが、船倉内の一部に固まって発生していることもある。

　いずれの場合も、損害の範囲、程度を正確に把握して、正品と損品とができる限り混ざらないように揚荷役することが重要である。ばら積み輸送された穀物の揚荷役は、専用の埠頭でニューマチックアンローダー[101]や大型のグラブバケットによって行われるのが一般的であるが、正品の荷卸し中に損品が露出してきたら一旦正品の荷卸しを中断して、損品を別のサイロ[102]やフレコンバッグに揚げる、損害程度が酷い部分があれば人手をかけて除去する、といった対応の繰り返しが必要となることもある。

　空サイロや荷役設備などの状況によっては、正品と損品の仕分けを行う上での様々な制約があり得るので、荷主・荷役業者・サーベイヤー等の関係者とも打合せて、状

101　穀物などのばら積み貨物を船倉からノズルで吸引して荷揚げを行う機械。バケットと異なり連続的に、また船底にほとんど取りこぼしなく荷揚げを行うことができる。略して「ニューマ」と呼ばれることもある。
102　円筒状のタンクからなる、穀物等のばら積み貨物を貯蔵する倉庫。一つ一つの円筒状タンクをサイロビンと呼ぶこともある。

況に応じた最適な方法で仕分けを実施してもらうことが望まれる。

　大量に損害が発生した場合には、損害が軽度であればサイロに入れ損害の程度に応じて分けて保管したり、サイロへの搬入が困難であれば内航船や艀に積替えて転売先に回送することが考えられる。

　いずれにせよ、損害の進行を防ぐためにもできるだけ早く処分方法を決定する必要がある。損害が複数の船倉にわたる場合には、後日の保険金算出に当たってのフランチャイズ[103]の適用や代位求償の際の紛議を未然に防止するためにも、船倉ごとの損品数量を明確にしておく必要がある。

ニューマチックアンローダーによる揚荷役

(2) 損品処分方法

　損品の処分に当たっては、損害が比較的軽度なものについては、当初予定していた買手に貨物を本来の用途でなるべく高値で引き取ってもらうことができれば最も経済的である。例として、搾油用に輸入した大豆は、軽い損害であれば本来納入予定の搾油工場で搾油すれば、若干の加工工程上での手間の増加およびロスを内容とした比較的低い損率で収まることになる。

　予定していた買手が引取りを拒否した損品については、別の引取り手への転売を余儀なくされることとなる。損品の転売に当たっては、荷主が飼料・製油メーカー等の取引先と価格交渉を行って売却するのが一般的である。この場合、現場・有り姿での転売と

---

[103] 保険条件の一部として定める、損害額に適用する小損害免責の一種。エクセス（Excess）が設定金額を必ず控除する方式であるのに対し、フランチャイズ（Franchise）は設定金額を超えたら控除はしない。

し、現在の保管場所からの出庫料や輸送費などこれから発生する費用は買手負担とするのが一般的である。

　損品の処分は到着国内で行うのが一般的であるが、第三国へ転売する方が有利な場合もある。この場合には、転売先候補となる国におけるマーケットの事情、売却条件、売却価格等について検討が必要である。

(3) 損害額の協定と損失金の算定方法

　穀物類の損害額の算出に当たっても、第4章で説明した分損計算が原則である。分損計算により算出した金額に、後述するエキストラ・チャージを加算した額が一般的な損害額となる。

① 分損計算

　分損計算に当たっては、当該商品の市場価格の騰落の影響を除外して、損害による価値の下落を損率として適正に算出するため、原則として損品が売却された日の正品市価を採用する。

　穀物類の中でも、コーンや大豆などの場合は、売却日前日のシカゴの商品取引所における該当規格の市場価格を基に、日本までの運賃、荷揚げ費用、その他の諸費用を積み上げることにより算出した再調達価格を国内における正品価格とすることが多い。

　損品価格は売却した際の価格を採用するが、穀物類の場合は損害の程度ごとに異なる価格で売却することもある。このため、損害の程度ごとに、当該数量に当該数量分の損率を乗じることによって得られる全損換算数量（E.T.L.：Equivalent to Total Loss）を算出し、損害程度ごとの全損換算数量を合算して、以下の算式により分損計算を行うことが多い。

$$\text{保険証券記載の保険金額} \times \frac{\text{全損換算数量（E.T.L.）の合計}}{\text{保険証券記載の貨物の数量}}$$

　貨物ごとの具体的な正品市価や損品価格の算出に当たっての留意事項については後述する。

② エキストラ・チャージ（Extraordinary Charges）

　損害が発生し、貨物海上保険の対象となる損害の額を低減するために有効な手段をとったために、余分に発生した合理的な費用をエキストラ・チャージと呼び、保険金支払いの対象としている。これに該当するものとしては、船内荷役中に正品と損品の混合を防ぐための仕分け作業料、損品を転売するための内航船や艀への転載費用・運賃や倉庫保管料等が挙げられる。実務的には、損害が発生しこのような手段をとったために実際に生じた荷役費用と、事故がなく通常の荷役を行った場合に要したであろう荷役費用（Ordinary Charges）の見積もり額の差額として算出することが多い。なお、損害が発生した貨物の荷扱いに際しては、荷役費用等の基本料金に海難割増や汚損割増などの割増料金が上乗せされて請求される場合もあるが、一般に、エキストラ・チャージは、損害額低減のために有効な手段をとったために要した費用と認められることが要件であり、荷役費用の明細も取付け、何のために要した費用かを確認した上で検討する必要がある。また、損害程度により仕分けられたロットごとにエキストラ・チャージも仕分けられる場合には当該ロットの売得金を限度としててん補されることにも注意を要する。

(4) 主要な穀物類ごとの損害対応方法

①小麦・米

　第二次世界大戦後の食糧不足の中で導入された「食糧管理制度」が1994年の「主要食糧の需給及び価格の安定に関する法律」の施行および2004年の同法一部改正によって緩和され、事業者登録を前提とした民間業者間での国内取引が自由化された後も、輸入小麦・輸入米は政府が実質的な貿易当事者として輸入を行っており、その調達を民間に委託するという形がとられている。

　輸入に当たっては、農林水産省と商社などの輸入者は、農林水産省が定める輸入麦買入委託契約書、輸入米穀買入委託契約書などの買入委託契約書を締結することとなる。この中では、事故品は農林水産省が買入を行わないこと、また、食用に不適な事故品が非食用として輸入された後に食用として不正に国内で流通するのを防ぐために、事故品は輸入者の費用負担で輸出国等への積戻しまたは廃棄処分することなどが規定されている。

　従って、仕分けを行った結果正品と認められたものは輸入できるが、損品として仕

分けられた貨物は国内では流通できないので、積戻し、海外転売あるいは廃棄のいずれかの対応を行うこととなる。

② コーン・マイロ

a. 正品市価

　コーンは典型的な相場商品であり、米国産の農務省穀物検査規格No.3等のように日本国内の商品取引所で取引されるグレードのものもある。正品市価としては、国内の取引所における取引価格、輸入者から国内ユーザーへの元々の契約上の販売価格を用いることができる場合もあるが、前述の通り最も代表的なシカゴの商品取引所における取引価格を基に、日本までの運賃や諸経費を加算して算出することが多い。この方式によるコーンの正品価格は、次の例のように算出する。

損品売却日シカゴ商品取引所価格		$3.50/ ブッシェル [104]
コーン C&F プレミアム [105]	+)	$1.50/ ブッシェル
		$5.00/ ブッシェル
ブッシェル係数 [106]	×)	39.367
		$196.84/ トン
輸入代金決済に伴う短期金利や保険料等	×)	1.05
		$206.68/ トン
損品売却日前日 T.T.S.	×)	¥120.00/ $
		¥24,802/ トン
到着港での荷卸し費用	+)	¥1,800/ トン
正品価格		¥26,602/ トン

　マイロの正品価格も、上記のコーンの算出例と同様に算出することが多い。

104　米国・英国で用いられる容積を表す単位であり、米国における1ブッシェルは約35.239リットルに相当する。
105　日本までの海上運賃や諸掛等を上乗せするもの。
106　標準的な比重を基に、1ブッシェル当たりの単価を1トン当たりの単価に変換する係数。

b. 損品価格

　飼料用のコーン・マイロは、よほど損害程度が甚だしく肥料用に用途変更あるいは廃棄せざるを得ない場合の他は、飼料用として格落ち転売することになる。一方、搾油用や食糧用のコーンは、損害が発生すると厚生労働省検疫所の検査対象となり、食用用途外指定を受けて飼料・肥料に用途変更される場合がある。

　損品を元々のユーザーに格落ちで納入する場合も、第三者に転売する場合も、用途変更も考慮し、また後者の場合にはさらに輸送費・保管料・袋詰め費用等の見込まれる費用も考慮し、損品価格の妥当性を検証する必要がある。

③大豆

　大豆は国内需要のほとんどを輸入に頼っており、日本向けの主な輸出国はアメリカ・カナダ・ブラジル・中国などである。産出国当局による穀物検査規格や輸出規格、非遺伝子組換え（Non-GMO）大豆か否か（遺伝子組換えと非遺伝子組換えとが分別されていないか）等によっても分類がなされるが、アメリカ産を例に挙げると、品種は次の3つに大別される。

a. オーディナリー大豆

　　小粒で脂肪分の多い大豆で、わが国では大半が搾油用として輸入されている。一部は選別され食品用としても消費される。

b. I.O.M.大豆

　　アメリカ北部インディアナ、オハイオ、ミシガンの3州の頭文字がその名称の由来。タンパク質が多く、主として選別の上で味噌、豆腐等の食品用として使用される。一部は搾油用としても使用される。

c. バラエティ大豆

　　味噌、豆腐等の特定の食品用途のために特別に栽培・輸入している品種。

　バラエティ大豆のように一般の商品市場の外で個別に取引される場合もあるが、前述のコーンの例のように、一般にはシカゴの商品取引所の取引価格や、国内の商品取引所の取引価格を基に、正品市価を算出することになる。

　損害が発生した場合、大豆は食用としての輸入であるため、厚生労働省検疫所の検査を受けることとなる。損品は軽度の損害であれば食用油原料として搾油され処分さ

れることもある。

　食用用途外の指定を受けた場合は、さらに飼料用への用途変更が許可されるか否かにも応じて、次のような処分方法がある。

　a）搾油

　　大豆油は塗料やせっけんなどの原料としても使用されるので、搾油して油を工業用、搾油粕は飼料用か肥料用とされる場合もある。損品価格は、搾油して得られると見込まれる工業用大豆油と粕の価額、搾油等の作業に要すると見込まれる費用を考慮して、妥当性を検証することとなる。

　b）飼料用きな粉

　　子豚や子牛等の飼料として使われるきな粉の原料とする場合もある。損品価格は、半割れ等の規格外の大豆の相場が参考になる。

　c）肥料

　　損害程度が酷く搾油や肥料用にも転用できない場合には、肥料用への転用が考えられる。乾燥の上そのまま圧ぺんし、茶畑、園芸用の肥料（いわゆる油粕）用とする。

第2節 冷凍・冷蔵貨物

1．商品知識

　本節では、代表的な冷凍・冷蔵貨物として水産物、畜産物、青果物を中心に説明する。
　鮮魚、食肉、野菜、果実等のいわゆる生鮮食料品は、常温下でそのまま放置すると鮮度が低下し腐敗に至り、商品価値を失うことになる。従ってこれらの食料品は生産から消費に至る流通面において、できる限りそのような変化を抑えて商品価値の保持期間を長くすることが要求される。
　微生物による腐敗を防止する貯蔵方法としては、過熱等により殺菌した上で貯蔵する方法と、低温下に置くことで微生物の繁殖を抑制する静菌的な貯蔵方法があるが、生鮮食料品の場合には、貯蔵前の性状の変化が少ない低温による静菌的な貯蔵が多く使われ

る。

　微生物の繁殖以外にも、食品が時間の経過と共に劣化していく原因としては、生物の体内に含まれている酵素の作用、空気との接触による酸化や水分の蒸発等が挙げられるが、食品を低温下で管理することによってこれらの作用も抑制することができる。

　食品は凍結点に至らない0℃付近まではそれほど組織の変化は起こらないが、凍結すると水分の結晶化等の影響によって組織に変化が生じる。このため、食品の性質と目的に合わせて、利用する低温貯蔵の温度範囲は決められることになるが、冷凍・冷蔵食品は一般的に次のように大別される。

　　冷蔵食品　　　　　10℃～5℃
　　氷温冷蔵食品　　　5℃～－5℃
　　冷凍食品　　　　　－18℃以下

　食品の組織中の水分は、凍結する際に細胞内に氷結晶を生成する。緩慢な凍結の場合は氷結晶が大きく成長し細胞組織が破壊されやすいが、急速な凍結の場合には小さな氷結晶が多数生じ、細胞に与える影響は小さい。0℃から－5℃までの間は氷結晶の生成が最も進む温度帯（最大氷結晶生成帯）であり、この温度帯をできるだけ早く通過させることが、良質の冷凍食品を作るために必要であるとされている。　一般に、この最大氷結晶生成帯を30分以内に通過させる方法を急速凍結といい、それ以上かかる場合の緩慢凍結と区別している。

(1) 冷凍エビ

　日本は世界有数のエビ消費国であり、約95％を輸入している。エビは多種に及ぶが、日本で食用に供される主な種類としては、クルマエビ類－クルマエビ科、コエビ類－タラバエビ科、イセエビ類－イセエビ科が挙げられる。一般的には、ブラックタイガー、バナメイエビ、メキシコ・ブラウン、大正エビ、インド・ホワイトエビ、ピンクエビ（以上、クルマエビ科）、ボタンエビ、甘エビ（以上、タラバエビ科）、伊勢エビ（以上、イセエビ類）などの名称で呼ばれている。さらには、加工処理形態により、有頭エビ、無頭エビ、ムキエビ等の呼称も合わせて使用される。

　主な輸入先は、タイ、ベトナム、インドネシア、インド、中国などである。エビの漁獲高を国別でみると中国、インドネシア、インド、ベトナム、アメリカ合衆国の順になっ

ている。エビの収穫量の過半は養殖によるものであり、日本へ輸入されるエビも養殖ものが多い。サイズの呼称は1ポンド当たりの尾数を、13/15（13匹から15匹という意味）のように表示される。例えば、16/20と31/40のエビを比較すれば、前者の方が大型のエビである。

　一般に、漁獲されたエビは水洗いされ、サイズごとに選別された後に冷凍パン（皿）に載せ、一般に－35℃～－40℃で4～5時間以内で急速凍結される。凍結の際には、空気に触れて乾燥・変質するのを防ぐため、グレーズと呼ばれる氷の膜で表面を覆うが、1匹ごとにばらばらに凍結して表面にグレーズを施したものを個別急速凍結（IQF: Individual Quick Frozen）と呼び、冷凍パンをグレーズ水で満たして凍結するものをブロック凍結と呼ぶ。

(2) 冷凍・冷蔵肉

　日本に輸入される食肉は牛肉、豚肉、鶏肉がほとんどで、通常、冷凍の場合は-18℃以下、冷蔵の場合は0℃前後で輸送される。

　一般に、輸入される食肉は屠畜、解体の後、部位ごとに分けて梱包され、冷凍または冷蔵される。牛肉・豚肉は冷蔵で輸入されることも多くなっており、長距離の輸送の場合には、保存寿命を延ばすために真空パックされることも多い。

　主な輸入先は、牛肉はオーストラリア・米国、豚肉は米国・カナダ・デンマーク、鶏肉はブラジル・米国である。

(3) 冷凍食品

　近年は、海外の工場でパッケージングまで施された各種フライ類、焼鳥、ハンバーグ、煮物などの調理冷凍食品や、冷凍野菜・果物の輸入が増えている。調理冷凍食品の主な輸入先は中国、タイ、ベトナムで、冷凍野菜は中国、米国（ポテト・コーンが大部分）である。

　これらの冷凍食品は、日本国内での製造とほぼ同様の加工・調理工程を経た後、個別急速凍結され、袋詰めの上カートン詰めされる。

2. 物流実態

(1) 輸送用具

　冷凍・冷蔵貨物は、輸送中の温度を一定に保つため、輸送手段としては、リーファーコンテナが主に用いられるが、特定の貨物・航路に特化した冷凍・冷蔵貨物船が用いられることもある。これらの輸送手段により、一般に、冷凍貨物は－18℃以下（冷凍エビは－20℃から－25℃が多い）、冷蔵貨物は0℃前後以上でその貨物の保存に適した温度で輸送される。この他、生のマグロなどの高価格の貨物の場合には、凍結せず氷温で産地から消費地に短時間で届けるために、航空輸送することもある。

　① リーファーコンテナ

　　リーファーコンテナとは、冷凍・冷蔵貨物など、温度を一定に保つ必要がある貨物の輸送に用いられるコンテナで、電源と接続することにより作動する定温維持装置（リーファーユニット）を備え、壁面に断熱材を施され、床面は冷気循環のためレール状の凹凸があるのが特徴である。必ずしも外気より低い温度に設定されるとは限らないが、定温コンテナ、保温コンテナと呼ばれる他、冷凍コンテナや冷蔵コンテナと呼ばれることもある。今日では冷凍・冷蔵貨物の輸送手段の主流を占めている。

　　リーファーユニットの冷却の原理は蒸気圧縮式冷凍法によるもので、液化した冷媒が気化する際に周囲から気化熱を奪うのを利用して、コンテナ内から吸入された空気を冷却して送風口からコンテナ内に送り込むという仕組みである。気化した冷媒は、次に圧縮されて高温（高圧）のガスとなり、冷却水や空気により冷却され液化される。この気化と圧縮・液化のサイクルを繰り返すことによって、冷却を連続的に行うことができるようになっている。リーファーユニットはこのように、液化された冷媒を気化させ冷気を作るエバポレーター、気化した冷媒を圧縮するコンプレッサー、圧縮された冷媒から熱を取り除き液化させるコンデンサーと、送風機等により構成されている。

　　一般的なリーファーユニットの定温維持性能は－25℃～＋25℃の間であり、サーモスタットの働きにより連続的に一定の設定された温度を保つことができる。ただし、温度の高い貨物を設定温度まで急速に冷却する能力はないので、リーファーコンテナ

ドア側から見たリーファーコンテナ内部床面はレール構造となっている

リーファーコンテナの前面（コンテナドアの反対面）に備えられたリーファーユニット

に積込む貨物は、事前に指定温度まで冷却しておく必要がある。

近年では冷凍マグロなど−50℃以下に保つことが求められる貨物の輸送ニーズに応えるため、−60℃までの温度設定が可能な超低温冷凍コンテナなども登場している。

冷凍コンテナの温度測定・記録は、ゆっくり回転し31日分記録できる同心円状の温度目盛りが印刷された円形の記録紙に測定温度が記録される方式が、かつては一般的であった。現在では記録媒体に電子データとして記録する方式が主流となっている。温度記録は、温度変化による損害の発生時点・原因の有力な証拠となるので、このデータやコピーの開示を運送人に要求し、取付けることが望ましいが、運送人は自己の責任にも関わるため開示に非協力的であることが多い。

温度記録には、デフロスト（除霜、霜取り。エバポレーターの冷却管に付着した霜を電気ヒーターで除去すること）が定期的に行われるため、概ね規則的な間隔・幅で急な温度上昇・下降が記録されるが、それ以外の不規則な温度変化が記録された場合、何らかの異常があったと疑われる。

冷凍コンテナの事故原因は温度記録によってある程度推定できる場合もあるが、可能であれば荷卸し後にコンテナヤードに空で返送された後のコンテナの機能テストに立会うことも有用な場合がある。

② 冷凍・冷蔵貨物船

冷凍・冷蔵貨物はコンテナ輸送が主流となった今日でも、冷凍・冷蔵貨物の運搬に特化した専用船は、冷凍マグロのように−50℃以下での超低温での輸送を要求され

る貨物や、南米から欧州向けの果物の大量定温輸送等に用いられている。本船積込み中のためのハッチオープン中の外気温の影響があったり、船倉内温度の自動記録装置が必ずしもなく輸送中の温度の十分な調査ができないなどの問題がある。

(2) 輸入食品審査・検査

　食品として輸入される貨物は、食品衛生法第27条に基づき、輸入地を所管する厚生労働省検疫所に届け出ることが義務付けられている。

　検疫所は、提出された食品等輸入届出書、輸出国政府機関の衛生証明書（食肉など）、１年以内に実施した登録検査機関による自主検査成績書（同一食品の継続輸入の場合）等の書類を基にそれまでの同様の食品の違反事例や、検査強化対象の品目であるか等も考慮し審査を行う。

　審査の結果、検査不要と判断された場合には、食品等輸入届出書に届出済印が押印された食品等輸入届出済証が交付され、通関し国内流通が可能となる。

　要検査と判断された場合には、食品衛生法26条3項に基づき検査命令書が交付され、輸入者は登録検査機関による検査を自社の費用で手配することが必要となる。検査結果は検疫所に通知され、合格すれば食品等輸入届出済証が交付され、通関することができる。不合格の場合には、食品衛生法（6条）違反の通知書が交付され、輸入者は当該貨物を積戻しまたは廃棄しなければならない。

　輸入貨物の検査には、他にも食品衛生法28条に基づき、検疫所が輸入食品の安全性の実態を把握するために計画的に実施するモニタリング検査等がある。モニタリング検査が行われる場合には、検査結果を待たずに通関を進めることができるが、結果として不合格となった場合には、積戻しや廃棄の命令、食品衛生法54条に基づく回収命令など、必要な行政措置が講じられる。

3. 主な損害形態・原因

(1) 主な損害形態

　冷凍・冷蔵貨物の典型的な損害は、温度変化によるものである。

冷凍貨物に温度上昇が発生した場合、グレーズが失われ乾燥・酸化により表面から収縮・変色・変質が進み、肉質中の氷結晶が「ドリップ」として流失し食感も損なわれる他、著しい温度上昇がある場合には組織内の酵素が活性化し劣化が進み、また微生物の働きにより異臭や腐敗に至る場合もある。一旦解凍後に再度凍結したとしても、外観上これらの変化が明らかであったり、個別急速凍結されていた商品がブロック状に凍結した塊になっていたり、内箱が氷で互いに固着したり、梱包内に異常な霜が付着しているなどの事象から、輸送中に一旦解凍したことが分かることもある。

冷蔵貨物については、冷蔵肉を例にとると、温度上昇による劣化、腐敗の他、温度下降や設定ミス等による凍結してしまうことがあり、この場合は緩慢凍結により肉質が影響を受け、正常な冷凍肉よりも低い価額でしか売却できなくなってしまうことが多い。温度変化の他にも、微生物の影響により、変色（肉質表面がグリーンから黒色に、脂肪は灰色になる）したり、真空パックの場合にはガスが発生して真空パックが膨張したりすることもある。

この他、荷崩れや荒い荷扱い等により梱包に損害が発生すると、リーファーコンテナ内の循環する冷気に晒されることによる乾燥、酸化や、真空パックなどの場合は腐敗に至ることもある。

(2) 主な損害原因

リーファーコンテナの場合、輸送中の温度変化による損害は、主に次のような原因によって発生する。

❶ リーファーユニットの破損、故障、停止、冷媒不足、電源入れ忘れ、電源喪失
❷ リーファーコンテナの破損箇所、開閉部の隙間やラバーガスケットの欠損箇所、ドレンホールの閉め忘れ箇所からの外気の流入（冷凍貨物）
❸ 上記のような箇所から浸入した水、あるいはリーファーユニットから流入したデフロスト水が凍結してコンテナ床面のレールを塞いだことによる、冷気循環不良

この他、輸送開始前に以下のような問題があった場合にも、上記のような損害が見られることがある。

❹ リーファーユニットの温度設定ミス

❺ コンテナ内天井近くまで貨物を積み過ぎた等の積付け方法の不適切による冷気循環不良

❻ 加工中の凍結不十分、保管中の温度管理の不適切

❼ 殺菌の不十分（冷蔵肉など）

前述の通り温度記録が入手できた場合には、異常があれば原因を推定することが可能な場合もあるが、例えば、設定温度より明らかに高い温度から始まり、徐々に設定温度に近づいている温度記録から、❻のように輸送開始前に保管中の冷凍貨物が十分に冷却されていなかったことが推定されることもある。また、温度センサーは、庫内の温度を正確に計測するため、一般に冷気がコンテナ内を循環してリーファーユニットに戻った位置に取付けられていることから、❺のようにコンテナ内の積付けが悪いために冷気循環が妨げられている場合などには、貨物の一部に損害が発生しているのに、温度記録上は異常が見られないこともある。

4．一般的な保険条件

(1) 冷凍貨物（冷凍水産物、食肉、加工食品など）

ICC（A）、Warranty for Refrigerated Cargo, Quarantine Clauseが一般的な保険条件である。

"Warranty for Refrigerated Cargo" は、保険開始時の貨物の状態を含め、冷凍・冷蔵貨物が安全に輸送されるために被保険者が満たすべき条件や、保険者への事故報告や運送人への求償権保全のための事故通知等採るべき対応をワランティとして明確化したものである。

また、"Quarantine Clause" は、協会戦争約款（IWC）やICCの規定にかかわらず、検疫等の規制に基づいて行われた拿捕、強留、抑止、抑留、輸入禁止または廃棄処分による損害を免責とし、また有害な微生物による損害については海水濡れ・雨淡水濡れ、冷凍冷蔵機械・設備の故障・破損・停止による場合に限定して担保することを規定している。

Warranty for Refrigerated Cargo
Notwithstanding anything to the contrary contained herein, it is a warranty of this insurance that: −
(i) The goods are in sound condition and properly prepared packed and frozen at the time of attachment of the insurance.
(ii) The period between the first passing of the goods into a Freezing Chamber and shipment on board the overseas vessel (or loading on aircraft) shall not exceed 60 days.
(iii) The Assured shall take all precautions to ensure that the goods are kept in refrigerated or insulated space during the currency of the policy except during actual loading or unloading operations.
(iv) On discovery by the Assured, his servants or agents of any loss of, deterioration of or damage to any part of the goods immediate notice shall be given to Underwriters. In no case shall any claim be recoverable hereunder where notice is given to Underwriters more than 30 days after the termination of the insurance.
(v) Claim against the carrier shall be immediately filed in writing, a copy of which must accompany any claim presented under this insurance.

冷蔵貨物についての「ワランティ」
この保険証券に規定された反対の規定にかかわらず、下記がこの保険のワランティである。
（ⅰ）この保険の開始時において、貨物が正常な状態にあり、かつ、適切に調理・梱包・冷蔵されていること。
（ⅱ）貨物が最初に冷蔵庫に搬入された時から航洋船舶（航空機）に積み込まれるトキまでの期間は、60日を超えないこと。
（ⅲ）実際の積込み作業または荷卸し作業の間を除き、この保険の担保期間を通じて貨物が冷蔵または断熱された場所に保管されることを確実にするために、被保険者がすべての予防措置を講じること。
（ⅳ）被保険者、その使用人または代理人が、貨物のいかなる一部についてであれ滅失、品質低下または損傷を発見したときは、保険者に直ちに通知すること。この保険の終了時から30日を経過した後に保険者に通知された場合は、この保険はいかなる保険求償に対しても支払わない。
（ⅴ）運送人に対する賠償請求を書面で直ちに行わなければならず、この保険の保険求償に当たっては、その書面の写しを添付しなければならない。

(2) 冷蔵貨物（冷蔵牛肉など）

　ICC（A）, Standard Clause for Refrigerated Cargo, Quarantine Clauseが一般的な保険条件である。
　"Standard Clause for Refrigerated Cargo"は、ICCの担保危険を変更し、温度変化による損害については、輸送用具の座礁・沈没・火災・衝突・他物接触や避難港での荷卸し、ならびに冷凍・冷蔵装置の破損または連続して24時間以上の停止を原因とするものに担保範囲を限定するもので、前述のWarranty for Refrigerated Cargoの内容も含まれている。冷凍・冷蔵装置の不調による温度変化損害も含む場合もあり、一様ではな

いので適用される約款の文言に即して対応する必要がある。また、温度変化による損害は、一旦不担保とした上で原因を列挙して復活担保しているので、事故が発生した場合には、列挙された危険が発生し、その危険によって損害が発生したことの立証が求められる。

(3) Rejection（輸入不許可）特約

「2.物流実態（2）無仕切り積合せ輸送」（239頁）で述べた通り、輸入時の審査・検査の結果、食品衛生法違反とされた場合には、検疫所により積戻しまたは廃棄が命じられる。このリスクは通常のマリンリスクとは性質が異なることから、一般的にはQuarantine Clauseを付帯して、対象外とされている。

　このリスクを担保する特約としてRejection（輸入不許可）特約があり、一般に、輸入不許可あるいは廃棄命令が出されたことによって生じる損害や費用を担保する内容となっている一方で次の❶～❸が満たされていることが条件となっている。
- ❶ 貨物の製造・調整・梱包等が輸出国の諸法規に従っており、かつ輸入国の諸法規に定める規格に合致していること。
- ❷ 消毒、燻蒸（くんじょう）等の処置について輸出国の諸法規に従っていること。
- ❸ 保険期間の開始前に検査が行われ、異常のないことを証明する書類が発行されていること。

一般的なRejection特約では、輸入不許可により廃棄を余儀なくされた場合の貨物の損害、積戻しを行う場合に被る損害や、積戻しに伴う保管料、海上運賃や海上保険料、輸出通関手続き費用その他の費用が対象となる他、消毒や燻蒸等の処置を行うことを条件に輸入が許可された場合の消毒や燻蒸等に要する費用、転用を条件に輸入を許可された場合にはその結果として生じる貨物の格落ち損害等も対象となっている。

5.損害対応方法

(1) 担保危険と原因の究明

引受条件により、解凍・品質低下損害の原因を冷凍・冷蔵装置の故障・破損・停止等に限定しているので、まず引受条件の把握が重要である。前述の通り貨物の状態の確認、

温度記録の入手、積地での荷動きと温度や状態の記録の入手、リーファーコンテナの機能テスト等を通じて原因究明に努め、引受条件に照らしててん補責任を判断する必要がある。

例えば、保険期間開始前に行われていれば、リーファーコンテナへの積付けの不適切や、温度設定のミスによる損害は免責となる。

(2) 保険期間

損害が保険期間内に発生したことが保険金支払いの要件であるが、損害が発見されるのは仕向地到着後であることが多く、損害発生時点、原因を特定することが容易でないことも多い。前述と同様に、輸送中の温度記録、積出し地における出荷前の貨物の状態や、船会社への引渡しまでの動静等の確認にも努める必要がある場合もある。

例えば、輸送開始前の温度管理の不十分による損害や、FCA等の売買条件での輸入貨物の場合の売主の危険負担下での輸出国内での陸送中の損害は、保険期間開始前であるため、対象外となる。

(3) 損品処分・損害額の算出

温度変化による損害が生じても、食品としての使用が困難なほどの腐敗のような著しい損害でなければ、一般に元々の納入先への値引き売却となることが多い。値引き売却の場合、必要に応じサーベイヤー等からの助言を得て、被保険者が極力高値で売却できるよう努め、その売却価格を損品市価として分損計算により損害額を算出するのが原則である。代位求償が可能な高額の損害の場合などには、売却価格のバウチャー等を取付けて、損害額の立証に備えておくことが重要である。

損品全量の売却には時間がかかる場合もあるので、損害事例が多い貨物で、損害の程度による格落ちの割合が経験上推定できる、比較的少額の損害の場合には、実際の全量の売却結果が揃うのを待つことなく、サーベイヤーとも協議の上、損率協定により損害額を算出することもある。冷凍・冷蔵貨物の損率協定に当たっては、リーファーコンテナ内の貨物は積付け場所によっても損害の程度は一様でなく、全数検査を行うことは困難であるため、サンプル検査によって損率・損害額を算出することが多い。

冷凍機の故障の場合など、一般的には、コンテナ全体からまんべんなくサンプルを採るが、コンテナの穴あきによる損害など解凍損害の範囲がはっきりしている場合はその周辺からサンプルを採り、損害の範囲を確定していくことが必要である。

サンプル数量は、一概にはいえないが全体の数量の3〜10％程度以上であることが望ましく、また、サンプルの採取方法についてもサーベイ・レポートに記録して適当な方法であったことを示すことが、代位求償の観点からも望ましい。

冷凍エビを例に損率算出方法の一例を挙げると、損害の程度によりサンプルを正品、軽度（解凍の跡があり、肉質にも一部変化が生じており一級品とならないもの）、中度（解凍の跡があり、肉質が変化し一部蒸れ臭のあるもの）、重度（変色、変質、臭気があるもの）に分け、それぞれにつき見込まれる用途変更を考慮して格落ちの割合を決め、加重平均で損率を算出する。

冷蔵肉の場合には、腐敗等により食用として不適となった場合には残存価値がほとんどなくなってしまうこともあるが、表面の変色等であれば、表面を削り手直しすることにより比較的低い格落ちとなることもある。また、誤って凍結されたり、一旦温度上昇してしまい劣化の進行を止めるため意図的に凍結させた場合には、冷凍肉としての二級品相当の価額を見込んだ格落ちとなることもある。

調理冷凍食品の場合は、解凍によるダメージが発生すると、パッケージングまでされて輸入されていることも多いため、用途変更や転売に困難を伴うことも多い。

(4) Rejection（輸入不許可）

Rejection損害の場合には、検疫所の食品衛生法違反の通知を入手するとともに、前述のRejection特約で説明した輸出国・輸入国の諸法規を充足していること等の条件を満たしていることを確認するため、輸出国で発行された証明書を取付ける。

なお、損害対応上、Rejection特約では一般に❶〜❸のように定められていることにも、注意が必要である。

❶ 保険期間が本船・航空機から荷卸し後一定の日数までと定められていること。
❷ 輸入通関した時点でRejection特約の効力は終了し、通関後に輸入許可が取消されたり回収が命令されても対象にならないこと。
❸ 輸入された個別の貨物ごとの審査・検査に基づく輸入不許可ではなく、特定国

からの特定品目の全面的な輸入禁止命令（Embargo）の場合には、輸出国への積戻しのための海上運賃・諸掛等に限定されるなど、支払い対象となる損害・費用に制限があること。

第3節 青果物

1. 商品知識

高級フルーツなどわが国から海外に輸出される青果物もあるが、わが国には輸出をはるかに上回る多種多様な青果物が輸入されている。

果実の年間輸入数量は約167万トンであり、その60%近くを占めているのがバナナである。数量的にはパイナップル・グレープフルーツ・オレンジ・キウイフルーツ・アボカドがこれに続き、上位6種類だけで全体の85%を占めている。

一方、生鮮野菜の年間輸入数量は約77万トンであり、タマネギが数量の約40%を占め、カボチャ・ニンジン及びカブ・ネギがこれに続いている。

2015年果実輸入数量

品目	数量（トン）
バナナ	959,680
パイナップル	150,598
グレープフルーツ	100,960
オレンジ	84,113
キウイフルーツ	78,648
アボカド	57,588
その他	246,970
合計	1,678,557

2015年生鮮野菜輸入量

品目	数量（トン）
タマネギ	303,422
カボチャ	106,862
ニンジン・カブ	70,933
ネギ	56,764
ゴボウ	44,054
ジャンボピーマン	39,679
その他	152,687
合計	774,401

主な輸入青果物	主な輸入先
バナナ	フィリピン、エクアドル、台湾、ペルー
グレープフルーツ	米国、南アフリカ
オレンジ	米国、オーストラリア
パイナップル	フィリピン
キウイフルーツ	ニュージーランド、米国、チリ
タマネギ	中国、米国、ニュージーランド
カボチャ	ニュージーランド、メキシコ

出典：農林水産省ホームページ（http://www.maff.go.jp/j/tokei/kouhyou/kokusai/houkoku_gaikyou.html）「農林水産物輸出入概況2015（平成27）年確定値」より抜粋・加工

2. 物流実態

青果物は一般的に次のような過程を経てわが国に輸入されている。

(1) 収穫

天候等の影響により作物の出来上がり状態に差が生じるため、買付けを行う畑を指定し、その畑のほぼ全量の青果物が収穫される。

(2) 梱包・荷姿

収穫品は、輸出国の輸出規格と買手の規格に応じた選別が実施され、その後、個々の青果物に適当な梱包・荷姿に包装される。

代表的な青果物の一般的な荷姿は以下の通りである。

バナナ	カートン入り
柑橘類	通気孔のあるカートン入り
チェリー・マンゴー	カートンまたは発泡スチロール製の箱入り
カボチャ	通気孔のあるカートン・クレートまたは木製のビン・ボックス（300～500kg）入り
タマネギ	ネット、カートン（20 kg）入り
アスパラガス	木箱またはプラスチック製の箱（5kg～10kg）入り

カートン詰めのタマネギ

(3) 輸出検査

輸出国の検査官が選別作業中または包装後に、植物検疫（病害虫による汚染有無、輸

出規格および輸入国の植物防疫法に合致しているか否かの検査）を行い、検査に合格した青果物はPhytosanitary Certificate（植物検疫証明書）が発行される（輸出検査に合格することは、貨物が輸出時良好であったことを推定する証拠となる）。

(4) 輸送

　青果物の保管にはそれぞれに適した温度や湿度の条件がある。急激な温度の変化は青果物に発汗・湿気の凝結・カビの生育等を生じ、品質低下をきたすこととなる。湿度の低下は青果物の気孔を開き、有害細菌の侵入を容易にしたり、鮮度の保持を困難にさせる。

　そこで青果物の輸送に際してはそのような問題が生じないよう、貨物の特性を勘案して、リーファーコンテナや冷蔵物運搬船が使用される。リーファーコンテナには温度記録計が取付けられているが、荷主が独自に温度記録計をコンテナ内に積載することもある。

　主要青果物の一般的な輸送に適した温度は以下の通りである。

バナナ	輸送中の適温は約13〜14°Cである。
グレープフルーツ	輸送中の適温は10°Cである。
オレンジ	輸送中の適温は5°C前後である。
キウイフルーツ	輸送中の適温は0°Cである。
カボチャ・タマネギ	常温輸送されることが多い。

(5) 植物検疫

　海外からわが国に有害な動植物が侵入し、国内の農業林業等に被害が及ぶことを防止する目的で、植物防疫法等に基づき植物検疫が実施されている。検査はコンテナの場合は揚地コンテナ・ヤードで実施される。

　輸入禁止品は次の通り。

| ❶ | 有害動物（植物に有害な昆虫やダニ等）または有害植物（植物に有害な細菌等を含む植物） |
| ❷ | 土または土の付着する植物 |

❸	省令で定める地域から発送され、または当該地を経由した植物で省令で定めるもの（重要病菌・害虫の生息、蔓延地域からそれらの宿主となる植物の輸入を禁止する）
❹	前記❶❷❸の容器・梱包
❺	輸出国の検査証明書が添付されていないもの

なお、日本から派遣された植物検疫官が消毒に立会い、その後密封・封印されたもののみ輸入を認める等、輸出国輸入国の交渉・話し合いにより、条件付きで輸入解禁措置が講じられることがある。

輸入植物に付着した有害な生物を殺菌・駆除するための一般的な消毒方法として、燻蒸がある。主要な燻蒸剤は臭化メチル（加熱・気化）、リン化アルミニウム（自然気化）、青酸ガス（加熱ガス化）であり、大半は港頭地区にある指定倉庫・指定サイロで実施されている。

(6) 青果物の国内流通

商品によって若干差があるが、輸入青果物の国内流通実態は概ね以下の通りである。また、一部のスーパーなどは、市場を通さず輸入商社から直接、青果物を仕入れている。

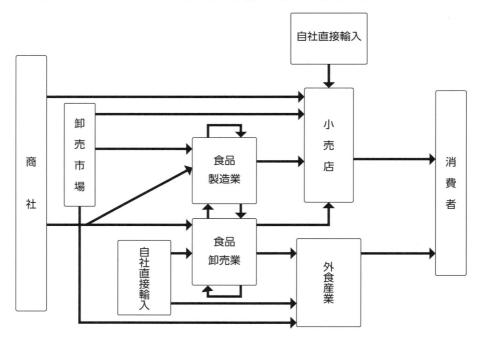

3. 主な損害形態・原因

　青果物は輸送中の温度管理上の問題や経時変化による腐敗などの品質低下が問題となることが多い。

4. 一般的な保険条件

　一般的な保険条件はICC（C）、Theft, Pilferage、Non-Delivery、Quarantine Clauseである。また、これにDecay（腐敗）や、前節で説明したRejectionが担保危険として追加されることもある。青果物は、植物検疫に加え、食品として輸入される場合には、食品衛生法に基づく輸入食品審査・検査を受ける必要がある。

カビが発生し腐敗したレモン

5. 損害対応方法

(1) Decay

① サーベイの時期

　貨物特性上、時間の経過とともに損害が拡大してしまうことから、本船より揚荷後早期にサーベイを実施することが肝要である。また、保険条件によっては、Survey Time Limit Clauseにより、一定期間内にサーベイを行うことが要件とされている場合もある。このClauseは、リスクの発生につき、貨物の本船荷卸し後何日以内とい

う日数が定められており、このタイムリミットは厳密に適用される点、注意を要する。

② サンプル検査

　輸入数量全量の検品は不可能であるため、全体の半数以上のパレットから採取した約5％程度のサンプルを検査することで、Decayの発生割合を把握することが多い。

③ 損率協定（Decay）

　Decayが発生したものは商品価値を喪失するので、Decayの発生割合を損率として協定する。Decay（腐敗）には、変色、潰れ、変形、傷等は含まれない。

(2) Rejection

前節で述べた冷凍・冷蔵貨物の場合と同様である。

第4節 コーヒー豆・カカオ豆

1. コーヒー豆

(1) 商品知識

　コーヒー豆の種類は100種以上に及ぶが、現在栽培されているのは、主にアラビカ種とロブスタ種である。アラビカ種の原産地はエチオピアで、標高600メートルから2000メートルの高地で栽培され、世界総産出量の約60％を占めている。ロブスタ種はコンゴが原産地で、600メートルまでの低地で栽培され、世界総産出量の約40％を占める。一般にコーヒー豆の栽培に適する地域は、南北回帰線付近（北緯25度〜南緯25度）間のベルト地帯といわれている。

　栽培の適温は20℃前後で、年間を通じて、1000〜2000ミリの雨量が必要であるため、このベルト地帯の山岳地あるいは高原地（標高300〜1,500メートル）が最も適した条件を備えているといわれる。コーヒー豆は、播種後3年くらいで開花し、採種できるよ

うになり、1本の樹当たり乾燥した実で1回0.5～1.0キログラム、高地栽培のものは年1～2回、低地栽培のものは、1年中収穫可能となっている。

コーヒー豆は、サイズ、等級により分類される。サイズによる分類は、形と大きさから分類するもので、通常の豆（平豆）の場合は次の4種類になる。

大きさ	分類名
大　粒	First Flat
中　粒	Second Flat
小　粒	Third Flat
砕け豆	Broken Bean

等級による分類は、一定量の生豆中に混入する黒豆、未熟豆、砕け豆、虫喰い豆、殻皮、サヤ等の不完全豆（Imperfection）の数量による分類である。混入する不完全豆の種類や数量によって等級が定められる（Grading）が、その基準は国により一様でない。ニューヨーク商品取引所の例では、1ポンド（約453グラム）のサンプル豆の中に不完全豆がどれだけ混入しているかにより、1～8級までGradingされている。

コーヒー豆の価格は、マーケットでの需給バランスにより決定されるのが基本だが、ニューヨークの市場での取引価格がその指標となっている。なお、コーヒー価格の安定を図るなどを目的とした国際機関として、コーヒー生産国、消費国で構成されるICO（International Coffee Organization、国際コーヒー機関）があり、消費国メンバーとして日本、アメリカなどが加盟している。

(2) 物流実態

日本の2015年の輸入量は約44万トンであり、主な輸入先はブラジル（約32%）、ベトナム（約18%）、コロンビア（約13%）などがある。コーヒー豆は、赤い果実の状態で収穫された後に、果皮・果肉を除去し、洗浄後に乾燥された、「生豆」（焙煎前）の状態で60kg程度の麻袋に入れられ、コンテナで輸送されることが多い。

輸入業者による輸入から、消費までの流通経路をまとめると次の通りとなる。

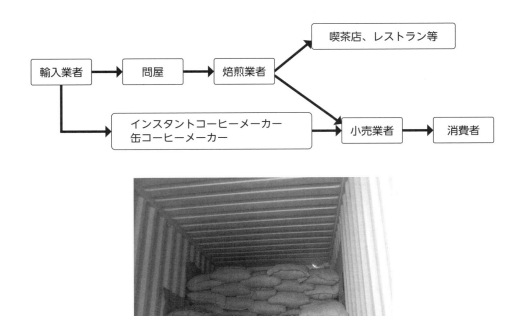

コンテナ詰めされたバッグ入りコーヒー豆

(3) 主な損害形態・原因

コーヒー豆に多い損害は、汚損と不足損害である。輸入されたBagはまず倉庫業者によりDevanning時に正品（Sound）と汚損（Stained）のRemarkの付いたものに仕分けられ、損害処理が行われる。以下、主な損害発生原因ごとに説明する。

①汗濡れ損害

一般的なコーヒー豆の水分含有率は11～12％であるが、航海中および陸上保管中の温度変化により、Container Sweatが発生することがある。

②海水濡れ損と雨水濡れ損

コンテナの損傷箇所等から浸入した海水や雨水により濡れ損を被ると、貨物に黒変、カビ、固結、悪臭等の損害が発生する。損害の程度が甚だしい場合には、麻袋にも外観上明らかな変色が生じる。

③汚染と異臭の付着による損害

　コンテナによる輸送においては、前荷の臭気が床材などに吸着され残留し、輸送中に発散され貨物に付着して臭損を生じることがある。09年ICCにおいては第5条にコンテナが安全輸送に適さない場合の免責規定があることから留意する必要がある。

(4) 一般的な保険条件

　一般的な保険条件はICC（A）である。

(5) 損害対応方法

　Devanning時にStainなどのリマークが付いた袋は一般に値引きで引き取られるため、通常は分損計算により損害額を算出し、保険条件に従って支払うこととなる。

2. カカオ豆

(1) 商品知識

　カカオ豆の産地は西アフリカ、東南アジア、中南米に跨がり、コートジボワール、インドネシア、ガーナなどが主要な原産国である。また、関連商品としてココアバター、ココアプレパレーション、ココアパウダーが一般的である。

(2) 物流実態

　収穫されたカカオの実から取り出されたカカオ豆（種子）は、発酵、乾燥の工程を経た後出荷される。コーヒー豆と同様、麻袋詰めでコンテナ輸送されるのが一般的である。

(3) 主な損害形態・原因

　主な損害の形態はコーヒー豆と同じであるが、カカオ豆は特に湿気を吸収しやすく、

輸送中も常に乾燥した場所に保管しなければならないとされている。

損害が生じた場合は、損品はチョコレートの原料としては不適となるので、ココアバター等の原料として転用されるのが普通である。

(4) 一般的な保険条件

一般的な保険条件はICC（A）である。

(5) 損害対応方法

概ねコーヒー豆と同様である。

第5節 木材

1. 商品知識

わが国では国土の7割を森林が占めるが、木材の自給率は近年は20％台に留まっており、多くを輸入に依存している。輸入される木材を大きく分類すると、丸太と、加工された製品である製材、チップがあり、丸太輸出を規制する国もあることから、近年は製材の輸入が多い。なお、チップをさらに加工し植物繊維を取り出したものがパルプであるが、これは次節で説明する。

(1) 丸太（Log）

丸太は主に建築材として輸入されているが、最も多いのが米材（米国、カナダ）で、その他南洋材（マレーシア、パプアニューギニア）、北洋材（ロシア）、ニュージーランド材などがある。

(2) 製材、合板

輸入木材製品は、製材（Lumber、Timber）、単板（Veneer）、合板（Plywood）に大別される。

① 製材（Lumber、Timber）

製材は丸太を角材や板に加工したもので、建築用材、家具・建具用材、包装用材、造船用材等として利用されている。主にカナダ、ロシア、フィンランド、米国、スウェーデンより輸入されている。

② 単板（Veneer）

単板とは木材を薄く切り取った板で、輸入されるものは多くが合板用で、他は化粧用単板である。単板は製造法により数種類に分かれるが、合板用のものはほとんどがロータリ単板と呼ばれる、ロータリレース（ベニヤレース）という機械で丸太の両木口の中心を軸としてつかみ回転させながら外周部に当てたナイフで薄板を連続的に剥き取ったものである。

③ 合板（Plywood）

合板は、単板を接着剤で貼り合わせて1枚の板にしたもので、収縮性や強度等を良くするために、通常は奇数枚の単板を繊維方向を互いに直角になるように重ね合わせて作られる。住宅の内装材料（内壁、天井、床等）、型枠（コンクリートパネル等）、家具・建材（ドア等）、輸送用材（梱包用材、パレット材等）として使用されている。主にインドネシアやマレーシアから輸入されている。

合板の荷姿

(3) チップ（Woodchip）

　木材チップ（ウッドチップ）は木材を破砕し細かくしたもので、用途としては製紙材料が大部分を占め、他にもバイオマス燃料、ガーデニング資材などに使用される。
　ベトナム、オーストラリア、チリ、南アフリカ、タイが主な輸入先である。

2．物流実態

(1) 丸太

　丸太は、在来船で輸送されることが多く、航海用船契約による場合が多い。
　輸出国における本船積込みの際には、売主の水上貯木場から沖に停泊中の本船まで筏に組んで、専用の曳航船で曳航され、本船船側で筏が解体され（その作業のため船側に木材を縦に連結したもので作られた囲いをアバという）クレーンで甲板上に積込まれる。到着港では、逆に本船船上から船側のアバに卸されそこで筏に組まれて荷受人の水上貯木場に曳航されるか、本船荷卸し後に陸上貯木場に野積みされる。水上貯木場は、国内各地の消費工場に運搬されるまでの仮置場とされている。
　また、近年では物流の小口化が進み、個別ユーザー向けにコンテナに積載して輸送されることもある。

(2) 製材・合板

　製材・合板は、在来船で輸送されるのが一般的であるが、高品質のものはコンテナ船で輸送される場合もある。

本船クレーンで在来船から荷卸しされる合板

(3) チップ

チップは主にばら積み船で輸送され、港や工場のヤードに野積み保管されるのが一般的である。本船荷役は一般にグラブバケットを用いて行われる。

3.主な損害形態・原因・損害対応方法

(1) 丸太

①不着

丸太は、船積の際の数量の確認が正確にはできないため、陸卸し時の数量との不一致が発生することが多い。

②波ざらい

丸太は、本船の船倉内のみならず甲板上にも積付けられるため、航行中の荒天遭遇により波ざらいの危険に晒されやすい。

(2) 製材・合板

❶ 積地荷役中の降雨による濡れ損害
❷ 船倉内の結露による濡れ損害
❸ 積地および揚地荷役中の荷扱い不良による破損・凹損・擦傷

❹ 航海中の荷崩れによる破損・擦傷
❺ 船倉内に浸入した海水、雨水による濡れ損

船倉内で発生した合板の荷崩れ

(3) チップ

チップは通常屋外保管されるため雨濡れや異物混入は損害とならないが、チップ材内部での微生物の繁殖・温度上昇による自然発火、海水混入による変色・品質劣化、ヤード野積み中の台風などによる大量の潮濡れや飛散が発生したりする例がある。

4．一般的な保険条件

(1) 丸太

ICC（C）、Jettison and Washing Overboard（投荷波ざらい）、Non-Delivery（不着）が一般的な保険条件である。Non-Deliveryについては、前述の通り船積み時の正確な数量の把握に限界があることから、Owner's Risk（被保険者の自己負担割合）を25〜50％程度付すことが多い。

(2) 製材・合板

ICC（A）

(3) チップ

ICC（C）

5. 損害対応方法

(1) 丸太

　丸太は容積単位の値決めで取引されるのが一般的であるが、損害対応に当たっては数量の差異を本数で把握することとなるため、材種別に1本ごとの平均保険金額を算出し、量的な損害の場合には不足本数を乗じることで損害額を算出することとなる。不着の場合には、証券に記載されたOwner's Riskを控除する。波ざらいの場合も、前述の通り正確な数量の把握に困難を伴うため、到着時の本船の状態を調査して実際の流失数量を推定するなど、慎重な処理が必要となる。

　B/Lに"said to be"（数量は申告通り）とリマークが付されていることが多く、用船契約上も申告された数量について運送人が責任を負わないとしている場合もあり、運送人への求償は、運送人が責任を負うべき何らかの事故性が明らかにならない限りは困難なことが多い。

(2) 製材・合板

① 製材

　一般的に、製材は種々の用途に応じてさらに加工されるものであり、軽度の表面の損傷や汚れであれば、そのまま、あるいは二級品（家具の見えない部分等）として使用される。表面のみの削り取り等で十分な手直しができない場合には、級外品（足場など）として使用されることもある。

　一方、カビ、ふやけ、しなり、著しい割れ・傷を被った場合には手直しができず、薪としての用途程度しかなく、汚損品に比べて損率が高くなりがちである。

　損害が発生した場合には、乾燥、削り取り、切断作業等の手直しに要する費用を推定した上で、正品市価と売却価額との差に基づき損率を計算する。

〈損率の算出例〉

製材が濡れ損害を被り、港頭倉庫より他地域へ輸送し、別ユーザーが乾燥作業を行った場合。

イ．	正品市価		@¥70,000/㎥
ロ．	正品市価		@¥70,000/㎥
	腐敗による使用不能部分	（－）	@¥9,000/㎥
	腐敗部分除去によるサイズダウン	（－）	@¥13,000/㎥
	切断費用他	（－）	@¥3,000/㎥
	乾燥費用	（－）	@¥10,000/㎥
	再梱包費用	（－）	@¥3,000/㎥
	運送料（港頭倉庫→他地域の別ユーザー）	（－）	@¥4,000/㎥
	損品価額		@¥28,000/㎥

ハ．損率

$$\frac{@¥70,000/㎥ － @¥28,000/㎥}{@¥70,000} = 60\%$$

② 合板

損害が発生した場合には、値引きで売却されることが多い。一般的には、本船からの荷卸し時のカーゴ・ボート・ノート等のリマークが付されたロットごと、受損程度ごとに仕分けて入庫し、仕分けられたロットからサンプルとするクレートを抽出し、その中の損害程度ごとの数量を確認する。損害程度ごとに、見込まれる手直しや使用方法を基に適当な格落ちの割合を適用し、受損したロット全体の全損換算数量を算出する。

一般的な仕分けに当たっての基準は次の通りである。

損傷	軽度	板の縦・横いずれか一方向あるいは一角・端面のみ傷がある場合（傷が深いものを除く）
	重度	板の縦・横両方向あるいは二角に傷がある場合
濡れ損	軽度	濡れ損の面積が5％以内の場合
	重度	濡れ損の面積が5〜20％以内の場合

なお、単板については、合板に比べてダメージは少ないが、合板の処理要領に準じて処理されている。

(3) チップ

保険事故となるチップの損害は例が少ないが、本船事故による船倉内への海水浸入で腐敗したり、本船火災で焼損が生じたような場合には、元々の正品の単価も高くないこともあり、損害が発生した部分については残存価値がほとんど望めないことが多い。

第6節 紙、パルプ

1. 紙

(1) 商品知識

紙にはいろいろな種類があるが、最も多く生産されているのは一般の印刷用紙で、新聞用紙がこれに続く。この他、コンピューター用紙などの情報用紙、クラフト紙やロール紙といった包装用紙、ミルクカートン紙と呼ばれる飲料パック用の紙、ダンボール原紙や白板紙などの板紙がある。

現在、紙の最大の生産国は中国であり、そのシェアは約25％を占める。日本は中国、米国に次ぐ第3の生産国で、シェアは約7％である。

包装方法によって、一枚ずつ規格寸法で裁断された「平判紙」と、規格の幅に揃えられロール状に巻かれた「巻取紙」の2種類がある。新聞用紙は全て巻取状で輸送され、「新聞巻取紙」と呼ばれる。

巻取紙

(2) 物流実態

輸入紙はコンテナ輸送が多くなっているが、国内輸送される巻取紙等はRORO船の他、巻取紙専用船で輸送される場合もある。巻取紙専用船で輸送される巻取紙は、ホールドに直接積付けられ、バキューム式の吊り具により鏡面を吸引しての本船荷役も行われている。

(3) 主な損害形態・原因

巻取紙の主たる損害は、輸送中あるいは積卸し荷役中に他の貨物と接触し、あるいは他物にぶつかって生じる側面および鏡面の損傷である。

平判紙の損害としては、輸送中振動による外装破れが多い。

この他、コンテナ穴あきなどによる雨淡水濡れや、結露、臭損なども稀に発生する。

(4) 一般的な保険条件

通常ICC（A）条件で引受けられる。

(5) 損害対応方法

鏡面に損傷を被った巻取紙については、鏡面に平行に輪切りして損傷部を切り落とし

サイズダウン（連落ち）して使用するスリット処理や、転用可能な規格のサイズが残らない場合や損傷のため輪転機や裁断機に装着できない場合等には古紙（再生紙原料）として損品業者に売却する転売処分などが行われている。巻取紙に深い傷があると、コンピューター制御された高速輪転機にかけた際に切断を起こし、稼動停止に陥る可能性があるため、一定の深さを超える損傷の場合も、古紙として処分されている。

平判紙はサイズダウンで販売ができることもあるが、巻取紙と同様に転用可能な規格サイズが残せなければ古紙としての処分となることが多い。

2．パルプ

(1) 商品知識

パルプは現在、製紙原料としてだけでなく、繊維（レーヨン、アセテートなど）原料の他、不織布、食品添加物（増粘剤等）、医療用品などの原料としても使用されている。

パルプは製法によって「機械パルプ」と「化学パルプ」に大別される。機械パルプは木材あるいは小片化したチップを物理的に破砕して繊維分を取り出したものであり、短繊維を多く含むため、耐久性に乏しい。そのため機械パルプは、新聞用紙、低質な印刷用紙、板紙などに使用される。一方、化学パルプは化学薬品を用いてチップなどの原料を分解し樹脂を分離して繊維分を取り出したもので、純度、強度共に機械パルプより優れているため、上中質紙や、レーヨンを始めとした繊維の原料として使用されている。

(2) 物流実態

パルプは北米からの輸入が全体の5割を占めているが、近年、東南アジアからの輸入量が増加している。パルプは専用船またはコンテナで輸送されるのが一般的である。パルプ専用船での輸送の場合には、専用バースにて専用設備を用いて船倉より巻き揚げられ、直接トラックに積込まれる。

取引は重量単位で行われるが、特に木材パルプにおいては原料自体が水分を含んでおり、輸送途上での水分蒸発等により値決めが困難な場合があることから、風乾（Air

Dry）や絶乾（Bone Dry）といった概念が用いられ、風乾の重量単位はADMT（Air Dry Metric Ton）といい、絶乾の重量単位はBDMT（Bone Dry Metric Ton）である。

　輸送の際には、シート状のパルプを荷造り機で圧縮し長方形の形状にし、ベール梱包を施すことが一般的である。

パルプの荷役

（3）主な損害形態・原因

　荷役中開放されたハッチからの雨淡水濡れ、荷役中・航海中に発生する汚損や擦れ損の他、航海中の海水濡れなどが主な損害形態である。

船倉内に積み付けられたパルプ

(4) 一般的な保険条件

ICC（A）が一般的であるが、特に在来船での輸送の場合等には一定程度の汚損を見込んでExcess（免責歩合）が付される場合もある。

(5) 損害対応方法

基本的に損傷部分を除去すれば残りは使用可能であるため、通常は港湾倉庫において仕分け・手直しをした上で、損傷部分が一定程度の数量であれば格落ちで売却することとなる。濡れ損等の損害を被った部分は、医療用品、食品添加物、繊維等の用途には不適となり、製紙用の格落ち品として売却処分されることとなる。手直し費用等は一般に揚港ごとに決まっている。

第7節 化学品

1．商品知識

化学品とは、一般には主な生産工程で化学反応を応用して製造された物質や、そのような物質を含む商品を指し、多種多様である。合成樹脂（プラスチック）、合成繊維、塗料・溶剤、肥料、洗剤、医薬品、化粧品など様々な製品の原料ともなっている。化学品の原料も石油、天然ガス、その他の鉱産資源、農産資源など、幅広い。化学品の形状も、粉末、粒状、液状（高圧・低温により液化したガスを含む）と様々であり、輸送形態も多様である。

本節では、ひとたび事故が発生すると高額の損害になるリスクが大きいバルクケミカル[107]を中心に説明する。バルクケミカルとは、主に液状貨物で、ケミカルタンカーと呼ばれるばら積み液状化学品専用のタンカーなどで輸送される、大量生産・大量輸送される化学品を指す。

バルクケミカルのうち主要なものは石油や天然ガスなどが原料となる有機化学品を主

107　バルクケミカルに対し、付加価値の高い多品種少量生産される化学品は、ファインケミカルと呼ばれることもある。

とする石油化学製品であるが、他にも酸・アルカリなどの無機化学品もある。

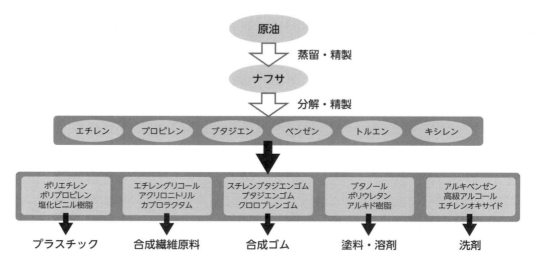

石油化学製品ができるまでの流れ

2. 物流形態

　ケミカルタンカーで輸送されるバルクケミカルのほか、液体化学品はドラムや缶に入れてコンテナで輸送されたり、液体化学品専用のタンクコンテナで輸送されることもある。粉状・粒状の化学品は、バッグ詰めされてコンテナで輸送されることが多い。

　ドラムは輸送の度に新品が使用されることが多く、またタンクコンテナも特定の貨物専用であることも多く、またいずれの場合も比較的少量のロットであるため、異物混入リスクは限定的である。一方、ケミカルタンカーは航海の都度輸送する貨物の種類が異なることが多く、比較的少量の異物の混入でもそのタンクの貨物全量が汚染され大口の損害となるリスクがある。

① ケミカルタンカーの構造（タンク）

　ケミカルタンカーの各タンクは前後方向および左右方向の間仕切りによって分割されている。前後方向は、船首部を1番として船尾部にかけて順番に番号が付けられている。左右方向は、「S（Starboard、右舷側）」、「P（Port、左舷側）」、「C（Center、中央部）」という。各タンクは番号と英字を組み合わせて、「1S」や「2P」などと表記されている（図参照）。最船尾部にはタンク洗浄などで発生する汚水を貯留するための汚水タンクが

あり、SLOPタンクという。SLOPタンクには輸送によっては貨物を積載する場合もある。

タンカーのタンク配置（例）

② タンカーの主な設備

❶ Ullage Hole（検尺孔）、Gauging Stand（ゲージングスタンド）

甲板上（デッキ上）に30cm〜50cm程突出している構造物であり、本船タンク内の積荷の検量やサンプル採取のために設置されている。各タンクに1〜2個設置されているのが通常である。低引火点の貨物を輸送する一部のケミカルタンカーや石油製品を輸送するプロダクトタンカーの場合、引火や爆発を未然に防ぐため、イナートガス（Inert Gas、不活性ガス）[108]を注入してタンク内の酸素量を抑制している。従って、検尺孔には内圧が逆流しないような弁（Vapor Lock）が付けられている。

ケミカルタンカーのデッキ　　　　　検尺孔

108　SOLAS条約（海上における人命の安全のための国際条約、The International Convention for the Safety of Life at Sea）、IBCコード（危険化学品のばら積運送のための船舶の構造及び設備に関する国際規則、International Code for the Construction and Equipment of Ships carrying Dangerous Chemicals in Bulk）により、引火点が60℃以下の貨物を輸送する一定以上の載貨トン数のタンカーには、イナートガス装置の搭載が義務付けられている。2016年1月1日に発効した改正SOLAS条約・IBCコードにより、対象となるタンカーが20,000載貨トン以上から、8,000載貨トン以上に拡大された。イナートガス装置は、主に排気ガスや空気中の窒素ガスを素に、酸素濃度を低下させた不活性ガスを供給する。

❷ マニホールド（Manifold）

　タンクの底から伸びたパイプと陸上タンクからのパイプラインの接続部をマニホールドという。貨物を本船に積載する場合は陸上のポンプを使い、陸上に荷揚げする場合には本船のポンプが使用される。マニホールドサンプルは、マニホールドに付いているドレンコック（排液栓）から採取するのが一般的である。

本船右舷側にあるマニホールド。上記写真では陸上施設からのローディングアームと接続しており、本船から陸上施設に荷揚げ中。

③ ケミカルタンカーによる一般的な海上輸送方法

　一般的なバルクケミカルの本船積込み・荷卸しの流れは以下の通りである。

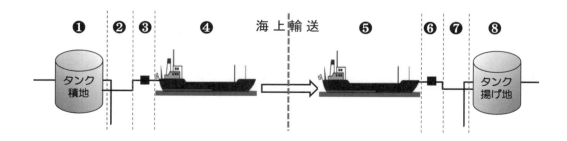

❶ 積地陸上タンク
❷ 積地陸上パイプライン
❸ 本船マニホールド（積地）
❹ 本船タンク（積地）

❺ 本船タンク（揚地）
❻ 本船マニホールド（揚地）
❼ 揚地陸上パイプライン
❽ 揚地陸上タンク

④ サンプリング

　一般的に、前項❶～❽の各段階でサンプルが採取される。損害が発生した場合には、各段階のサンプルを分析することにより、損害発生時点、原因調査、責任の所在の特定につながる。積地サンプルは本船で託送されることが多い。

　サンプル採取方法は、本船デッキ上のサンプリングハッチを開放して採取する場合と、検尺孔から採取する場合がある。引火性の高い液体貨物の場合はタンク内にイナートガスが充填されているため、ハッチを開放せず検尺孔から採取する。

　化学品は、成分の沈澱や相分離等によりタンク内の位置によって品質にバラつきが生じることがある。より正確なサンプルとするために、タンク内の上層・中層・下層からサンプルを採取し、それらを混合することが一般的である。これをタンク・コンポジット・サンプル（Tank Composite Sample）という。また、各タンクのコンポジット・サンプルを混合させたサンプルもあり、これをマルチプル・タンク・コンポジット・サンプル（Multiple Tank Composite Sample）という。

　サンプリングに使用されるサンプル採取器具は、本船に備え付けられているものか、サーベイヤーが持参したものが用いられるのが一般的である。

⑤ 契約スペック

　バルクケミカルは、売買契約が締結されるときには、必ず品質に関していくつかの項目について遵守される基準としてスペック（Specification、品質明細書）が作成される。スペックには、成分に関するものと性状に関するものがあり、性状に関しては外観、色、匂い、比重、粘度、沸点、凝固点等々がある。ただし、成分、性状のいずれにおいても、分析方法や比較すべき基準を一致させておかないと実際の商取引に支障が生じるため、円滑な取引のために、国際機関や主要工業国の組織が工業規格を設けている。代表的なものに、ISO（国際規格）[109]、JIS（日本）[110]、ASTM（米国）[111]、BS（英国）[112]等があるが、同じ試験項目であっても規格が異なれば試験方法は必ずしも同一ではないことに注意する必要がある。

---

[109] スイスに本拠を置く国際標準化機構（International Organization for Standardization）が定める規格。
[110] 日本工業標準調査会（Japan Industrial Standards Committee）が定める日本工業規格。
[111] 米国材料試験協会（American Society for Testing and Materials）が定める規格。
[112] 英国規格協会（The British Standards Institution）が定める規格。

契約スペックには上記の公的規格のいずれかを使用することが多いが、売主と買主との間で個別に設定する場合もある。

⑥ 分析方法

バルクケミカルは、輸出入にあたってケミカルが契約スペックに適合しているかどうかを確認するために、平時でも分析は行われている。分析項目は製品の性状を測るものが大半で、直接製品の純度を測る技術や混入した異物が何であるかを特定する技術は十分ではない。例えば、色がついたということは簡単に分かるが、その原因を分析のみによって決定することは困難なことが多い。このような場合、その原因について混入した可能性のある異物を推測し、その異物の有無を分析により確認するという手法がとられる。

主な分析方法は以下の通りである。

(a) 外観（Appearance）

無色透明や浮遊物がないというスペックが規定されていることがあり、技法としては目視による識別が基本である。

(b) 色相（Color）

段階的に色付けした色標準溶液とサンプルを目視により比較して付ける黄色味の濃さの番数。

一般的に、JISで規定されているハーゼン色数、ガードナー色数（油脂に適用される）、セーボルト色数、ASTM色数といった指標が使用されることが多い（ASTM規格でいうAPHA色数は、JISのハーゼン色数と同じ色標準であり、通常Pt-Co色数〈白金コバルト色数〉と言われる）。

それぞれの指標により色調に差があるので、スペックに指定された指標に基づき比較することが必要である。

【APHA色標準溶液とサンプルとの比較】

(c) 匂い（Odor）

　無臭、特有臭などと表記される。機器を使用せず、人間の嗅覚で評価される。評価の方法としては、ろ紙等に浸して直接匂いを嗅ぐ方法、ろ紙に浸した後ある程度液体部分を揮発させてからの残臭を嗅ぐ方法等がある。

(d) 水分（Water）

　一般的に化学品の水分測定はカールフィッシャー法が適用されることが多い。

　その一つである電量滴定法は、サンプル中に含まれる水がヨウ素と反応することを利用した滴定法である。装置内では、反応に必要な分のヨウ素を電気分解によって生成し、その消費した電気量から水分量を求めている。

$$2I^- - 2e \rightarrow I_2$$ （電気が消費され、ヨウ化物イオンからヨウ素分子を生成）

　ヨウ素分子と水分子は1：1の関係で反応するため、水1 molと反応するヨウ素1 molを発生させるためには $2 \times 96,500$ クーロンの電気が必要となる。

　このように微量な電気量を測定しているため、数ppmからの測定が可能である。

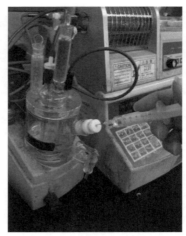

カールフィッシャー水分計(電気法)

(e) 密度、比重

化学物質にはそれぞれ固有の重さがあるため、ある一定容量の化学品の重さを測ることで密度を求めることができる(密度:g/cm³)。

比重は、ある一定容量の中に置いた水の重さと同じ容量の化学品の重さの比である。

密度や比重は、化学品の純度指標の一つであり、測定方法として、比重ビン法、浮ひょう法および振動式密度計等がある。

(f) 蒸留試験

サンプルを蒸留フラスコに採取し、加熱沸騰させて発生した蒸気を冷却して回収する。回収された容量%ごとに蒸気温度を測定する試験を蒸留試験という。

回収した最初の1滴が滴下したときの温度を初留点、5%、10%、50%、95%の各容量分を回収したときの温度並びに蒸留フラスコの底部の液体が蒸発して乾燥したときの温度を乾点として記録する。液体がすべて蒸発した後フラスコ内の蒸気温度が示す最高温度を終点として記録する。

蒸留試験器

(g) 不揮発残分（Non-volatile matter）

　サンプルを容器内で加熱し、蒸発させた際に残留したものが不揮発分である。

　化学品では10質量ppm以下が通常だが、前荷の残留や沸点が高い物質の混入などによって不揮発分が増加することがある。

(h) 水素イオン指数（pH）

　水素イオン濃度のことをいう。通常は0から14までの数字で表され、7は中性、水素イオン濃度が多いほど酸性に傾き数値が低くなり（6〜0）、水素イオン濃度が少ないほどアルカリ性に傾き数値は高くなる（8〜14）。

(i) 酸価

　サンプルをアルカリ（水酸化カリウム等）で中性になるまで滴定し、その滴定量から酸性物質の量を算出する方法。

　サンプル中の酸性物質の量を表しており、酢酸換算（質量%）あるいは滴定に要したアルカリ消費量（KOH mg/g）として表示される。

(j) 塩基価（アルカリ価）

　塩基価は酸価と逆であり、サンプルを酸（塩酸等）で中性になるまで滴定し、その滴定量から塩基性物質の量を算出する方法。

サンプル1グラム中に含まれる塩基性成分を中和するのに要する塩酸と同量のアルカリ消費量（KOH mg/g）で表す。

(k) 水溶性試験（Water Solubility）

サンプルを水と混合させ、濁りの有無や程度を見る方法。

水に混ざりにくい非水溶性物質が水溶性のアルコール等に混入している際に濁りとして析出する（白濁）原理を利用している。

(l) 塩分反応

ケミカル品に海水由来の塩分が混入しているかどうかを調べるための試験。水に溶けやすい硝酸銀（$AgNO_3$）を用いた塩分反応を利用した試験である。

塩分が混入していれば難溶性の塩化銀（AgCl）が生成するため、濁りが生じたり、沈殿物が析出する。

以下の方法は、主に損害が発生した場合に、異物を特定するために利用する分析方法である。

❶ 赤外線吸収スペクトル

物質（分子）を構成する原子の結合により固有の赤外線を吸収する性質を利用した分析。液体状態のまま測定すれば、個々の吸収強度の違いにより、定量分析が可能である（0.1％以上の定量）。

液状の化学品に異物が混入したと疑われる場合には、液体中の不揮発分や混入した異物の赤外線吸収スペクトルから、物質の特定（定性分析）が可能である。

❷ 紫外線吸収スペクトル

赤外線吸収スペクトル同様、物質個々の官能基によって特有の紫外線の吸収がある。分子内にカルボニル基、アルデヒド基、ケトン基やベンゼン環などがあれば紫外線を吸収するため、定量分析や異物混入の有無の確認に使用される。

❸ ガスクロマトグラフィー（Gas Chromatography）

　ガスクロマトグラフィーとは、混合物を成分ごとに分離して、各成分の定性や定量を行う分析手法（クロマトグラフィー）の一つで、気化しやすい物質の場合に用いられる。分析を行う装置をガスクロマトグラフといい、分離部に使用されている部品をカラムという。

　カラムには、パックドカラムやキャピラリーカラムがあるが、現在一般的に使用されているのはキャピラリーカラムである（パックドカラムは主にガス分析に使用されている）。

　心臓部である検出器には、FID（水素炎イオン化検出器）、TCD（熱伝導度検出器）、ECD（電子捕捉型検出器）、SCD（化学発光硫黄検出器）、FPD（炎光光度検出器）、MS（質量検出器）等があるが、有機物に汎用されているのはFIDである。ただし、FIDでは水やホルムアルデヒド等、検出できない物質がいくつかある。

　定量したい成分が特定されている場合、FID以外の特定の検出器を使用した方が感度を上げ定量することが可能になる。また、検出された物質が不明な時にはMSを使うことで物質特定が可能となる。

　クロマトグラフィーの結果として、時間の経過に沿った検出量の変化として記録したチャートをクロマトグラムと呼ぶ。294頁の図（下段）では、本来の化学品と異なるピークを示す物質が混入した場合のクロマトグラムを示している。

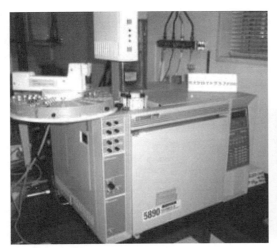

ガスクロマトグラフ

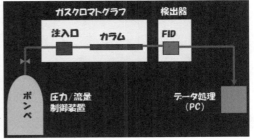

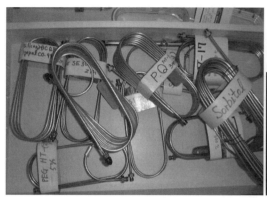

パックドカラム
ステンレスやガラス製のチューブの中に成分を分離させる単体が入っている。1 m から 50 m 程度の長さで、主にガス分析等に使用される

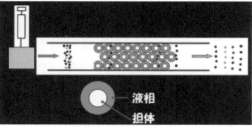

パックドカラムの分離イメージ図

キャピラリーカラム

キャピラリーカラムの内部

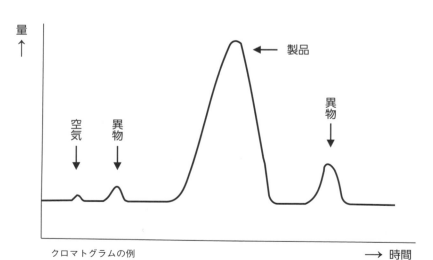

クロマトグラムの例

3．一般的な保険条件

バルクケミカルの一般的な保険条件は以下の通りである。

ICC（B）、Pipe Line Clause、Contamination、Shortage（Excess付き）

Pipe Line Clauseは以下の文言の通り、パイプラインを用いた液状ばら積み貨物の船積み・荷卸しの実態に合わせて、保険期間の始期と終期を変更する条項である。

Notwithstanding anything contained in the Transit Clause of the Institute Cargo Clauses to the contrary, it is understood and agreed that this insurance attaches from the time the goods have passed the coupling of the pipe of shore tank at the port of shipment and continues thereafter as stipulated in the said clause, until the goods are discharged into the consignee's or other shore tank at the port of destination named in the policy

協会貨物約款の輸送条項に含まれるいかなる規定にかかわらず、この保険は保険の目的が仕出港のShore Tankのパイプ連結点を通過したときに開始し、前述の条項に規定された通り、保険の目的が保険証券に記載された仕向港において荷受人もしくは他のShore Tankに注入されるまで継続するものとする。

4．主な損害形態と原因

バルクケミカルの主な損害形態は以下の通りである。

① コンタミネーション（Contamination）

バルクケミカルの代表的な損害は、外来の異物の混入によるコンタミネーション（汚染）である。混入する異物としては、前荷や海水等が多い。原因としては、船積み前のタンクや配管のクリーニングの不十分による前荷の残留、輸送中の海水の混入、洗浄水や洗浄液の混入、タンクコーティングの表面の分子の間への前荷の残留、バルブの不具合または誤操作などである。

② 変性・品質劣化

バルクケミカルには、輸送中のタンク内での保管状態によって品質劣化が起こるものがある。温度変化によって性状が変化してしまうものや、酸素に触れると劣化してしま

うものもある。変性や品質劣化に事故性があるか、担保危険に起因するものであるかを確認する必要がある。

③ 数量欠減（Shortage）

　積地数量から揚地数量を差し引いた数量を欠減数量と呼ぶ。バルクケミカルのような液体貨物は、積地陸上タンク搬出時と揚地陸上タンク搬入時とでは、数量にある程度の差異が生じることが不可避であり、欠減が発生するのが一般的である。原因は大きく分けて3つあり、トランジットロス、タンク・配管・バルブ等の破損やクラックによる漏出、積地と揚地の検量の誤差である。トランジットロスとは、輸送の各段階でケミカルを荷役する度に配管やタンクに残留することで発生する欠減や、揮発性の高いケミカルであれば輸送中に蒸発することで発生する欠減などである。また、タンク・配管の破損やクラックによる漏出で発生する欠減もある。積地と揚地の検量の誤差とは、それぞれで使用している計量器およびタンク容量表の精度にバラつきがあったり、検量時にサーベイヤーが適用する容量補正テーブルが異なっていること等の要因で「見かけ上」の欠減が発生するものである。

5．損害対応方法

　バルクケミカルの典型的なクレームであるコンタミネーションを例に、事故発生時のポイントを説明する。

(1) サーベイヤーの手配

　本船が揚港に到着した際に、本船上で検査機関によりサンプリングおよび簡易分析が通常実施される。ここで貨物に異常が発見されれば、早急にダメージサーベイヤーを手配し、本船のタンク、パイプラインの構造や積合せ貨物の種類を調べさせ原因を調査する。あわせて損害の程度も確認する。バルクケミカルのダメージの場合、損害額も大きくなることが多く、原因の特定も困難なこともあるので、化学品に精通したサーベイヤーを起用することが重要である。また、代位求償を見据えて、ダメージサーベイは本船側のサーベイヤーと同時に立会って実施することが望ましい。本船側からの情報収集、損

品のサンプル採取、原因調査を実施する。

(2) サンプルの確保

輸送の各段階で採取されたサンプルを可能な限り取り揃えることは極めて重要である。サンプルを分析することで、事故発生地点・原因・混入異物の特定、塡補責任の検討および運送人への代位求償の裏付けとして活用するためである。なお、積地で採取したサンプルは本船に託送されていることが多いため、ダメージサーベイ時にサーベイヤーに入手を依頼しておくと良い。

(3) 原因調査

確保できたサンプルはサーベイ機関等の分析施設での分析を依頼する。分析への立会いも本船側サーベイヤーを招聘することが望ましい。なお、サンプル分析だけでは事故原因や異物の特定をすることは容易でないため、本船タンクの前荷の履歴（一般に、直前の航海のみでなく、3～5回前の航海まで遡る）や、タンククリーニングの証明書（Cleaning Certificate、Dry Certificate等）も入手が必要である。

(4) 損品処理方法

バルクケミカルの一般的な損品処理方法は以下の通りである。損品の数量、混入異物の種類や混入の程度等によって、最適な方法は異なる。当該バルクケミカルの用途・特性、損品の量、異物混入の程度、他用途への転用・転売の可否、タンクの空き状況など確認し、損品の保険金額を念頭に、転売の場合は必要に応じ複数業者から相見積もりを取り、損品処分に伴う費用（保管費用、横持ち費用等も含む）も適正に見込んで、最も経済的で合理的な手段を検討する必要がある。

① 濾過

濾過装置を用いて固体の異物を除去する方法である。比較的安価な方法であるが、除去できるのは溶解していない固形物のみであるため、対象となる異物は限定的である。

② バブリング

　一般に窒素などの不活性ガスを液中に「バブリング」（泡状で注入すること）することで、液中に溶存する酸素などの気体や水分などを除去する方法である。バブリングするガスの費用がかかるものの、一般に濾過に次いで安価な手直し方法である。ただし、専用設備が必要となる上、除去できる異物が限定的である。

③ ブレンド（Blending）

　コンタミネーションによるスペックからの乖離がそれほどひどくない場合には、正品と混合（ブレンド）することでスペックの範囲内に収め、正品として使用することが可能である。正品とのブレンド比率についてはスペック・オフの程度から算出することができる。

　ユーザー（需要者）が予備のタンクを保有していれば、そこに一旦損害貨物を保管し、少量ずつ損品を正品とブレンドしながら使用することができるので、余分なコストはほとんど生じない。ユーザーが損品用に使用できるタンクを有していない場合には、貸タンクの費用および貸タンクへの輸送費用が発生する。

　後述する蒸留費用と比較すると、ブレンドの方が経済的である場合が多いが、処分完了までに長期間を要するに場合には、タンク代が高額となってしまう。

④ 蒸留

　正品と異物の沸点の差を利用して、蒸留により異物を除去する方法である。異なる液状化学品の混合物をボイラーで加熱すると、沸点の低い物質ほど早く気化する。物質はそれぞれ固有の沸点を有しているので、この沸点の差で異物と貨物が分離できる。

　圧力を下げると沸点も下がることから、常圧では沸点が高く、高温下では分解や変質してしまう貨物の場合には減圧蒸留または真空蒸留が有効なこともある。

　様々な液状の不純物の除去に有効な手法である一方、損品の蒸留に使用できる場所や設備が限られ、また蒸留費用そのものも高額である他、輸送費用やタンク保管料を要することも考慮する必要がある。

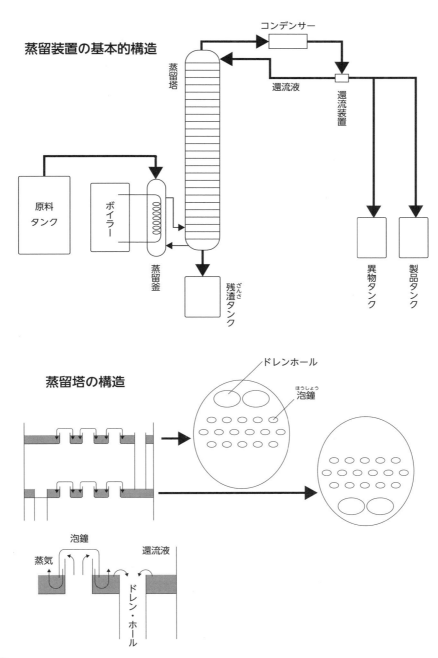

⑤ 転売

用途変更や格落ち品として転売処理する方法である。エチレングリコールを繊維原料用から不凍液として転売する等の例が知られている。

第8節 石油

1. 商品知識

　石油とは、狭義には炭化水素を主成分とした天然の鉱物油（原油、天然ガソリン等）を指し、広義には石油製品を含む。このうち、原油とは、油田から採掘されたままの精製されていない石油からガス・異物・水分などを大まかに除去したものである。原油を精製すると石油製品（ナフサ、ガソリン、灯油、軽油、重油、潤滑油、アスファルト等）が製造される。さらに、ナフサを主原料として、石油化学プラントで石油化学製品（プラスチック原料、合成繊維、合成ゴム、合成洗剤、肥料、塗料等）が分離製造される。

　現在のわれわれの日常生活をなす様々なものの原材料に石油が使われ、石油製品なしには生活が成り立たないほど依存度が高まっている。ただし、日本における石油自給率は低く、消費するほぼ全量を輸入に頼っている。日本の輸入石油の大半は中東に依存しているのが現状である。

　次に、石油の精製について説明をする。石油は多様な成分を含んでいるため、常圧蒸留（トッピング）装置により沸点の差を利用して各成分ごとに分離する「蒸留」を行う。

　石油蒸留装置で分離される主な各留分の沸点の範囲は、概ね次の通りである。

ガス分	メタン（沸点-163°C）
	エタン（沸点-89°C）
LPG	プロパン（沸点-42°C）
	ブタン（沸点-1°C）
ガソリン	35～180°C
灯油	170～260°C
軽油	240～350°C
残油	350°C以上

　蒸留された石油は、さらに精製や化学的処理による改質の末、様々な燃料や工業原料などの製品となる。通常の石油精製工程は次図の通りである。

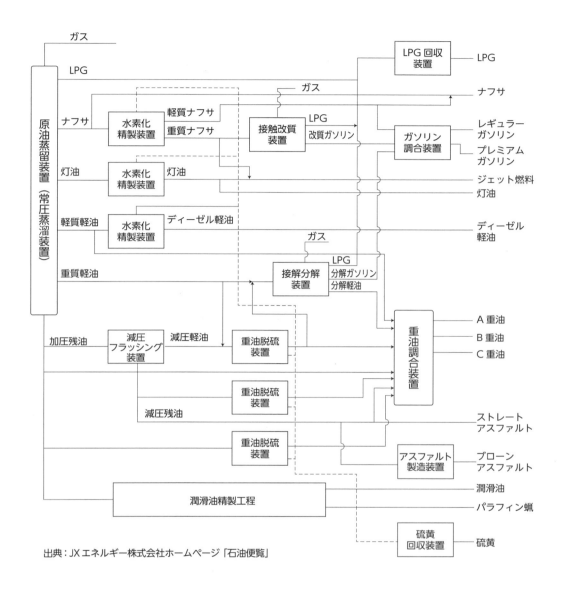

出典：JXエネルギー株式会社ホームページ「石油便覧」

　ナフサやガソリンなどの石油製品は、物流形態や損害処理についてバルクケミカルとの共通点が多いことから、本節では原油を中心に説明する。

2．物流形態

　島国である日本は、石油の輸入は全てタンカーによって行われている。石油輸送に使用されるタンカーは載貨重量別に種類が分かれており、大型タンカーではULCC（Ultra

Large Crude Carrier）や VLCC（Very Large Crude Carrier）などがある[113]。

　近年では物流の大型化が進んだことから、タンカー1隻あたりの積載量が増えている。世界の海上石油輸送においてはいくつかのチョークポイント（狭くなっている海峡）があり、これらポイントではタンカーの本船事故の危険性や海賊リスクが存在する。ひとたび事故が発生すると大事故につながりやすい特徴があるといえる。

3．一般的な保険条件

　輸入原油は英国のバルク・オイル・クローズ（Bulk Oil Clauses）で引受けられているのが一般的である。以下、国内で用いられることが多い1962年 Bulk Oil Clauses および1983年 Institute Bulk Oil Clauses につき概要を説明する[114]。

(1) Bulk Oil Clauses（1962）

　オールリスクを基本とする約款構成であるが、不足、漏損および汚染（コンタミネーション）については、以下の列挙した原因によって生じた場合に限定されている。

> 7条　船舶もしくは艀の座礁、沈没、大火災、衝突または水以外の他物（氷を含む）との接触、火災、爆発によって生じた場合または貨物の強制荷卸しがあった場合。
> 8条　汽罐の破裂、軸の破損または機械船体もしくは属具の潜在欠陥、あるいは船長船員等の航海上の過失および船舶の取扱い上の過失から生じた場合。

　この他、積込み・積替え・荷卸しの際の接続パイプラインから流出した原油の損害や、異常な荒天の結果生じた汚染も列挙危険として担保される。なお、不足損害の場合は、通常の不足（normal shortage）は控除する旨が規定されている。

(2) Institute Bulk Oil Clauses（1983）

　英国保険市場における1982年ICCへの移行に軸を合わせる形で、1983年に新たにIn-

113　載貨重量トン数が20〜32万トンの原油タンカーをVLCC、32万トン以上のものをULCCという。
114　ロンドン国際保険業協会がInstitute Bulk Oil Clausesの改定に取組んでおり、2009年ICC改定と歩調を合わせた表現の変更が行われるものの、担保危険、保険期間、損害額の算出方法等含め、概ね1983年Institute Bulk Oil Clausesの趣旨が踏襲される見通しである。

stitute Bulk Oil Clausesが制定された。大きな変更点は、担保危険が以下の通り列挙危険に限定された点である。

> 第1条 この保険は、下記第4条、第5条、第6条および第7条の規定により除外された場合を除き、以下のものをてん補する。
> 1.1 以下の事由に原因を合理的に帰し得る保険の目的物の滅失または汚染
> 1.1.1 火災または爆発
> 1.1.2 船舶または艀の座礁、乗揚げ、沈没または転覆
> 1.1.3 船舶、艀または輸送用具の、水以外の他物との衝突または接触
> 1.1.4 遭難港における貨物の荷卸し
> 1.1.5 地震、噴火または雷
> 1.2 以下の事由によって生じる保険の目的物の滅失または汚染
> 1.2.1 共同海損犠牲
> 1.2.2 投荷
> 1.2.3 積込み、積替えまたは荷卸しの際の接続パイプラインからの漏出
> 1.2.4 貨物、バラストまたは燃料のポンプ作業における船長、高級船員もしくは船員の過失
> 1.3 異常な荒天の結果生じた保険の目的物の汚染

　座礁、沈没、大火災、衝突などの本船事故による不足や汚染損害が担保される点は1962年 Bulk Oil Clausesと同様であり、前述の1962年Bulk Oil Clauses 8条に替えて、航海過失か商業過失かを問わず「貨物、バラストまたは燃料のポンプ作業における船長、高級船員もしくは船員の過失」による不足および汚染が担保されるとしており、担保範囲はより明確になっている。一方、オールリスクベースであった1962年Bulk Oil Clausesでは担保されていた盗難は担保されない。

　その他の主な変更点としては、不足数量の算出に当たっては積地のタンクを出庫した体積と揚地タンクに入庫した体積との差を基本とし、温度変化による体積の変動を除くよう調整する等明記した精算規定を新設したことや、1962年Bulk Oil Clausesでは6条にあった被保険者の子会社等に対する求償権放棄条項を廃止した点などがある。

4.主な損害形態と原因

　原油の主な損害は、不足および漏損である。原油は精製前の石油であり様々な成分が混在していることもあり、異物の性質にもよるが、多少の異物混入では汚染損害にはならない。

　原油は品種にもよるが粘度が高く流動性も低いため、ポンプで揚げきれず配管内やタ

ンカー内に残留しやすい。ケミカルタンカーと異なり航海の都度タンククリーニングは行わないためタンカー内に必ず残留する。これが不足損害の一つの要因となっている。

漏損も不足の一形態であり、本船事故以外では、荷役中のパイプラインの接続部や損傷箇所からの漏出が主と考えられる。

5.損害対応方法

(1) 不足損害（Shortage）

原油の不足損害も、ケミカルと同様に積地の陸上タンクの搬出数量と仕向地の陸上タンクの受入れ数量の差を算出するが、エクセスが設定されていないことが多く、その場合には約款の規定に従い、通常の不足（normal shortage）を控除する必要がある。Normal shortageの算出方法は約款には定めがないが、直近の一定期間における同一品種の原油の同一輸送区間の輸送実績から平均の不足割合を算出することが望ましい。エクセスが設定されている場合には、normal shortageを算出することなく、エクセスを控除して算出する。

原油の不足損害は、一定温度下での体積から重量換算し、積地、揚地重量を比較して計算するが、独特の度量衡が使用される。

通常、原油は不純物が多く含まれる。この不純物の中には水分も含まれており、「夾雑物および水分」という意味で当該不純物は「S&W（Sediment & Water）」と称される。従って、原油の取引においてはこの不純物を含めた数量で売買するのか、含めない数量とするのか、が重要な売買の要素となってくる。

この際、不純物込の数量で取引する場合の体積を「Gross Standard Volume（GSV）」といい、不純物抜きの数量での体積を「Net Standard Volume（NSV）」という。

不純物の含有量は船積みの時点で総量を厳密に計測することは事実上困難であるため、一定量をサンプル検査してこれに含まれる不純物の含有率を分析し、これを全体に敷衍させるという方法をとる。このため、原油のB/LやInvoiceには「S&W 0.5%」等という具合に不純物含有率が明記されている。不足損害計算においてはこの不純物の含有量は理論上変わらないものとされている。

一方、原油の輸送中に不純物に含まれる水分が輸送中の振動で分離することがある。

これを遊離水（Free Water）と称し、揚地でのタンク納入後にその遊離水を抜く作業を行う。これを「水切り」という。上記のGSVにはこの「水切り」によって排除された水分の体積が含まれない。このため、単純に「積地GSV−揚地GSV」で不足損害を計算すると、当該「水切り」分だけ見かけの不足数量が増加してしまう。そこで、不足損害計算の際には、揚地数量はGSVに水切り分を加算した数値を採用する。この数値は「TCV（Total Calculated Volume）」と称される。よく「グロス/グロス」などという計算略称を用いるが、揚地数値は上記の通り厳密にはGSVではないので注意が必要である。

　輸入や三国間の原油等のShortageに関してさらに注意を要するのは、体積から比重を使用して重量に換算する方法や見かけ容量を補正する方法が国によって規格が異なる場合があることである。規格が異なると、使用されるテーブル（数値表）や係数が異なるため、計算上Shortageが生じることがある。国によって適用する計算方法やテーブルが定められていることもあるため、積地・揚地で揃えて計算上のShortageを完全に防ぐことは実務的には困難である。

(2) 汚染（Contamination）損害

　原油はもっぱら原油タンカーにて輸送されるため、バルクケミカルと違って前荷による汚染やクリーニング不足による汚染が発生することは稀である。そもそも、原油には元々ある程度の水分は含まれており、精製工程の最初に脱水処理を行うので、少量の水分の混入はほとんど問題が生じない。海水混入による塩分の影響が懸念される場合もあるが、精製工程の脱水処理や水切り処理の段階で水分を分離させる際に、海水の塩分は水側に回収されるため、混入したのが清水であろうと海水であろうと、通常の工程で十分な脱水が行われるので問題とならないことが多い。

第9節 鋼材

1. 商品知識

(1) 鉄鋼業界の動向

現在、世界の鋼材輸出を牽引しているのは、日本・中国・韓国の東アジア3カ国である。日本で生産される鋼材は、自動車産業を中心とした製造業の生産拠点の海外移転に呼応し、自動車関連の輸出が多く、付加価値の高い商品に強みがある。

(2) 鋼材の種類

鋼材の種類は多種多様であるが、形状により分類するのが一般的であり、通常は鋼板類、条鋼類、鋼管類に大別される。

① 鋼板類（Plate、Sheet）

鋼板には板厚、形状、製造法等により多くの種類がある。たとえば、板厚では厚板、中板、薄板、形状では定尺、切板、広幅帯鋼、帯鋼、製造法では熱延薄板（高い温度の下で圧延した鋼板）、冷延薄板（熱延鋼板を常温の下で再圧延した鋼板）、電磁鋼板、ステンレス鋼板、ハイテン鋼材（高張力鋼）等多岐にわたっている。

以下に、主たるものとして、厚中板、熱延薄板、冷延薄板につき説明する。

薄板（コイル）の荷姿

a. 厚中板（Plate and sheet）

　厚中板とは、熱間圧延された鋼板で板厚3ミリメートル以上のものをいう。統計上は、板厚3ミリメートル以上6ミリメートル未満を「中板」、6ミリメートル以上を「厚板」と規定している。主な用途は造船、建築、自動車、橋梁等である。

b. 熱延薄板（Hot-rolled sheet）

　薄板とは熱間圧延された鋼板で板厚3mm未満のものをいう。熱延広幅帯鋼（ホットコイル）を製鉄所やコイルセンターで切断して製造されている。最小1.2ミリメートルまであるが、需要の多いものは1.6〜2.3ミリメートルである。近年は、表面の仕上げがよく機械的性質に優れた冷延薄板が鋼材としての需要の多くを満たしており、現在では熱延鋼板は半製品的性格が強く、大半は亜鉛メッキ鋼板用に使用されている。

c. 冷延薄板（Cold-rolled Sheet）

　熱延の後に冷却圧延機で冷却圧延を行い、コイルラインを通して冷延コイルに仕上げる。冷延コイルは、その工程で酸洗い（錆を硫酸や塩酸などの薬品で除去する作業）、洗浄（塗装性の観点から極めて清浄な板面を必要とする鋼板は電解脱脂洗浄で、油等の除去を行う）、焼鈍（冷間圧延されたコイルは著しく硬化するので焼鈍によって再結晶させ延性をもたらす）、調整圧延、精製の作業が行われるため、表面形状や加工性が優れており、加工、塗装前の最終製品となる。主に、電気製品部品や完成自動車のボディー外板などに使用されている。

② 条鋼類

長さがその断面積の大きさと比較して著しく長い鋼材を条鋼類といい、その断面の形状によって、棒鋼、形鋼、線材、軌条に分けられる。

a. 棒鋼（Steel bar）

棒鋼は、その断面の形状によって異形棒鋼、丸鋼、平鋼等に分類される。

異形棒鋼（Deformed bar）	熱間加工によって棒鋼に突起をつけたもので、土木、建築のコンクリート補強用に使用されている。
丸鋼（Round bar）	断面が円形で直線の棒鋼であり、土木、建築用の鉄筋材、ボルト、ナット等に幅広く使用されている。
平鋼（Flat bar）	断面が長方形の棒鋼で機械、鉄骨構造用等に使用されている。

b. 形鋼（Steel shape or section）

形鋼は、その断面の形状によって山形鋼、H形鋼等に分けられる。

山形鋼（Angle）	断面がL型の型鋼で、建設用、船舶用、機械用等に使用されている。
H形鋼（Wide flange beam）	断面の幅が大きく、内外面が平行なものをH型鋼という。主に建築、機械の構造材や橋梁、高速道路等建築物の基礎坑として使用されている。

c. 線材（Wire rod）

線材は精錬で作られたブルーム（鋼片）を圧延鋼板し、伸線加工工程を通した線状の製品である。2次製品用素材として使用され、通常、コイル状に巻かれた状態で流通している。材質によって普通線材と特殊線材に区分される。

普通線材（Ordinary wire rods）	軟鋼または極軟鋼で炭素量が0.15～0.25％の線材であり、釘、針金、ねじ等の材料となる。
特殊線材（Special wire rods）	炭素量が0.09％以下の低炭素特殊線材と0.25％以上の高炭素特殊線材があり、前者は溶接棒、リベット等の材料となり、後者は自動車タイヤ用のスチールコード、コイルばねやスポーク等となる。また炭素が0.65～0.95％の最硬鋼は、ピアノ等楽器用に使用されたことからピアノ線と呼ばれるが、現在ではエンジン用の弁ばね等の自動車部品用に使用されることが多い。

船倉内に積付けられた線材

    d. 軌条（Rail）

　炭素量の比較的多い耐摩耗性に富んだ鋼塊、鋼片から作られるレールである。鉄道用、クレーン用等がある。

③ 鋼管類（Steel pipe or tube）

　鋼管は、鋼を圧延して作られる管形をしたもので、継目の有無によって継目無鋼管（Seamless steel pipe）と溶鍛接鋼管（Butt welded pipe）に分けられる。配管用鋼管、熱伝導用鋼管、油井管、構造用鋼管などがある。

2. 物流実態

　鋼材の物流は、多種多様な製品かつ重量物を取扱うこと、そして水などの錆の原因となる現象に弱いのが特徴的である。以下、薄板（コイル）を例としてその物流について説明する。

(1) 工場ラインオフ～工場ヤード保管

　工場で作られた鋼材は、工場でラインオフ後の検査を経て、工場内の倉庫に保管されることが一般的である。また、ヤード内での移動は、貨物が重量物であることから、鉄鋼用の特殊車両やフォークリフト、またはクレーンを用いて運搬される。輸送やヤードで一時保管される際には、ターポリンシートなど、水濡れを防ぐシートが使われること

が多い。

(2) 本船への積込み～海上輸送

艀や本船への積込みでは、クレーンを使ってホールド内に積付けられることが多い。なお、コイルの場合は、2段積みなどによる積付けが一般的である。輸送中にコイルが動かないように、コイルの積付けに際してはスキッドやストッパーなどの滑り止めを用いることが必須である。

船倉内に積付けられたコイル　　　　　　コイルの荷役

(3) 本船からの荷降し

本船からの荷降しは、積込み時点同様クレーンを用いて実施される。クレーンから下ろされたコイルは、通常倉庫に輸送され保管されるが、新興国などではヤードに野積保管される場合もある。野積みされる場合には、ターポリンシートを掛けられ保管されることが多いが、ターポリンシートの状態が悪かったり、ヤードの水はけが悪かったりすると、錆損が発生するリスクが高くなる。

(4) 陸上輸送～コイルセンター

港頭の倉庫やヤードから、一般にトラック等でコイルセンターまで輸送される。保管中は前述と同様に安定のためスキッド等が使用される。なお、コイルはユーザーの需要

動向により長期保管となることもあるので、保管期間などについても注意が必要である。

3. 一般的な保険条件

鋼材の保険条件は、ICC（A）が一般的である。

4. 主な損害形態・原因

鋼材は、品質やその用途に応じて、その損害形態に差異があるが、最も多い損害は錆損と凹損・曲損の2つに大きく分類することができる。鋼材の用途は多岐にわたるため、損害のため当初の用途に使用できなくても、熱延鋼板の場合は他の用途に転用できる場合も多い。また、最終製品に加工されるまでの工程で、その損傷が製品に何らかの悪影響を及ぼすこともある。従って、損害貨物がどのように処理され、どのような製品となるのかを理解しておくことが必要である。

(1) 錆損

錆とは、金属の表面が大気中の酸素と水分などに反応して生じる酸化物や水酸化物などの固体、またはそのような錆を生じさせる現象を指す。錆損を被った鋼材は、強度の低下、表面の不均一などの劣化、錆除去のための作業効率低下、塗装時の不具合等を生じ、製品の製造工程に悪影響を与える。

錆の発生原因としては、輸送中の海水濡れ、保管中・仮置き中等の水濡れ、航海中・保管中の温度変化による結露、空気中の酸素による酸化などが挙げられる。

そもそも、鉄は空気に触れると酸化して錆びる性質を持っているため、表面処理、塗油などにより、空気との接触による酸化で錆が発生しないようにするのが通常である。空気中の酸素との接触で生じた通常の錆（酸化）は、貨物固有の性質（inherent vice or nature）のため、オールリスクベースのICC（A）条件下でもてん補対象外となるので、注意が必要である。

本船上で荒天や台風に遭遇した際には、雨濡れや海水濡れなどによって、あるいは、荷役中や揚げ地でのヤード仮置き中の降雨により錆損が見られることがある。

(2) 凹損害・曲損害

　錆に次いで多いのが、荷役・輸送中の衝撃による凹損・曲損害である。特にコイルの場合には、巻取型の形状のため、外側からの凹みが中心に向かって及び大きな損害につながることもある。コイルを小石や釘の上に置いてしまいそのまま輸送した際に発生したと見られることが多く、特に輸送環境が良好でない新興国での輸送・荷役で発生することが多い。

5.損害対応方法

(1) 錆

　錆の程度にもよるが、損傷程度が軽微な場合には格落ち処理を行い、損傷程度の大きい場合は酸洗いで原状復帰できるのであれば、酸洗い費用と付随費用を損害額として認定する。ただし、昨今はユーザー側の基準が厳しく、酸洗いを行うとその分表面が減るので基準に合わないとして受け入れられない場合もあり、その場合は損傷部分のカットを行い、それをスクラップとして売却せざるを得ない。

　なお、鋼材のスクラップ価格は国内外の市況の影響を受けるため変動も大きく、その都度市況を確認する必要がある。

(2) 凹損害・曲損害

　損傷部位がコイルの外周部分のみであれば、これらの受損した外周部分をカットし、残りの内周の部分は正品として引取ってもらうことで損害額の軽減を一定程度図ることができる。この場合は、余分に要したコイルのカット費用が損害額の一部となる。これに、カットした受損部分をスクラップとして売却し正品価格より売却益を差し引いた額を合算して、損害額として協定する方法が一般的である。

　端（エッジ）部分のみに凹損や曲損が発生した場合には、コイルの寸法と切板の寸法によって異なるものの、用途により端部から10〜30ミリメートルはシャーリング（金

属板を必要な寸法に切り出すこと）の際に切除されてスクラップとなるため、これよりも中央よりに凹みや曲損害が発生しているかの確認を行う。もし損害が発生している場合は上記のようにカットし、スクラップ価格を控除した上で損害額を算出することとなる。

なお、前述のようなカットによるスクラップなど手直しが不可能なほど損傷の酷い場合は、コイル単位で転売を検討することとなる。

第10節 自動車

1. 商品知識

自動車産業は、資材調達・製造を始め販売・整備・運送など各分野にわたる広範な関連産業を持つ総合産業である。自動車は長年代表的な輸出品目であったが、1970年代の米国との貿易摩擦をきっかけに欧米での現地生産が始まり、その後、新興国での生産も進み、最もグローバル化が進んでいる産業の一つといえる。

日本国内の自動車販売台数は1990年にピークを迎えたが、自動車メーカー各社は新興国など海外を重点マーケットとして拡大を続けており、長期的に見れば世界の自動車市場は拡大傾向にあるといえるであろう。

2. 物流実態

前述の通り、日系自動車メーカーの物流は、以前は日本から海外への輸出が中心であったが、近年は海外生産の進展に伴い、日本を経由しない三国間貿易も増加してきている。貨物として自動車の輸送の特徴は、その形状より、基本的には梱包のない裸貨物であること、自走による物流工程があること、自動車専用船[115]により一度に大量輸送されること、屋外ヤードで保管され集積リスクが高いことが挙げられる。

115　自動車の積載効率を高めるために開発された自動車専用船はPCC（Pure Car Carrier）と呼ばれ、1隻で最大6,000台以上を輸送することができ、自動車の自走による荷役、自動車の海上輸送に適した安全性を有していることなどが大きな特徴である。

この節では、メーカーの商品車（新車）の物流を対象として、中古車や個人輸入の自動車については除く。

通常は、工場からラインオフをし、様々なプロセスを経て、最終仕向地のディーラーに搬入される。具体的には、下記の通りである。

① 工場ラインオフ（Line-off）
車両が「完成車」となって生産ラインから外れる時点である。

② 完成検査（Final Inspection）
ラインオフ直後に実施される工場での最終チェックを完成検査という。外観検査、水密検査、内装検査、エンジン・排ガス・走行性・ブレーキなどの各種機能テストが行われる。ここで見つかった不具合は、全て工場内で手直しの上、再度検査を受けることとなる。

③ 工場ヤード保管
完成検査を合格した完成車は、出荷までの間は工場内のヤードに保管される。保管期間は工場の生産方針や販売状況によって大きく異なるが、後述するPDIセンターでの保管に比べてそれほど長期間とはならないのが一般的である。

④ 運送人引渡し
出荷が決まった完成車は工場内の所定の場所で内陸運送人に引渡される（日本国内の場合は物流業者）。運送人のドライバーは完成車引取り時に「一回り点検」（完成車を一回りしながら外観の損傷有無の検査を行うこと）した上で、自走でキャリアカーに積込むこととなる。

⑤ 陸上輸送
日本国内の場合は、工場から港への陸上輸送は、物流業者による専用のキャリアカー、もしくは自走であるが、北米、欧州など海外では、鉄道輸送も行われている。

⑥ 港への搬入

　日本の自動車輸出港には通常各メーカー専用の自動車保管ヤードがあり、工場から出荷された完成車はまずここに搬入される。完成車は海貨業者によって一回り点検が行われる。

⑦ 完成車専用ヤード保管

　本船積込みまでの間に自動車保管ヤード（通常はメーカー専用）に保管される。保管中の管理は海貨業者によって行われる。

⑧ 浜出し

　本船積込み当日もしくは前日に、ヤードから岸壁へ対象車両をシフトする。通常は数百メートル程度の近距離のため、ステベドア（ステベ）のドライバーが自走で行う。ステベは通常海貨業者が手配する（「陸側ステベ」と呼ぶ）。

⑨ LPR（Last Point of Rest）

　本船積込み直前に岸壁に一時保管される場所をLPR（Last Point of Rest、本船積込み前の最終保管場所）と呼ぶ。日本の輸出港では、通常この時点で責任区間が海貨業者から船社に切り替わる。このため船社側ステベドライバーによる一回り点検が行われる。

⑩ 本船積込み

　岸壁から本船への積込み作業は船社が手配するステベのドライバーが自走で実施する。

⑪ 船内積付け

　本船内デッキに積込まれた車両は、ラッシャーと呼ばれる作業員によりラッシングベルトを使用してデッキ上に固縛（ラッシング）される。ラッシャーはステベ会社所属だがドライバーとは別の部隊で、本船内に待機している。

⑫ 海上輸送

　海上輸送は、ほとんどの場合は自動車専用船で行われる。ただし近海（例：日本から韓国・中国）で小ロットの場合はフェリーやRORO船を使用する場合もある。

⑬ 本船荷卸し

　本船積込みとは逆の工程で、船側ステベがラッシングを外し（アンラッシング）、ドライバーが自走で荷卸しする。

⑭ FPR（First Point of Rest）

　本船荷卸し直後に、岸壁近くに一時保管される場所をFPR（First Point of Rest、本船荷卸後の最初の保管場所）と呼ぶ。船社責任区間の終点とみなされるため、通常はここでサーベイヤーによる全車サーベイが行われている（FPRサーベイ）。

⑮ PDI（Pre-Delivery Inspection）センター搬入・保管

　PDIとは納車前点検・整備のことである。FPRサーベイを終えた完成車は、専用の整備工場（PDIセンター）にて点検・整備がなされ、ディーラーへ出荷されるまでの間、ヤードで保管されることとなる。PDIセンターは荷卸港内もしくは隣接した場所にあるのが一般的である。

⑯ 陸上輸送

　PDIセンターからディーラーへの輸送形態はキャリアカーもしくは鉄道輸送である。米国や欧州は鉄道とキャリアカーの併用が一般的である一方、アジアはキャリアカーのみであることが多い。

⑰ ディーラー搬入

　最終的にディーラーへはキャリアカーで搬入される。ディーラーは受取り時に一回り点検し、不具合があれば引き渡し書類にその旨を記録する。

3.主な損害形態、原因

(1) 輸送中の損害

輸送中に発生する損害は、自動車表面にできる線キズ、凹みなどが大部分を占め、一般的には、自走中の衝突、接触といった大口事故の発生率は低い。

また、近年はカーナビゲーションシステムなどの付属品も普及したことで、これら付属品の盗難事案が見られることも物流損害の特徴である。下記に主だった損害事例を挙げる。

① 線キズ（Scratch）

物流において最も多い損害である。完成車のボディの塗装面や樹脂部品に1本または数本単位で微細な線が入るものであり、ドア、フェンダー、バンパーに多い。原因は、ドライバーやラッシャーの装身具、衣服の金具などの硬い突起物の点接触によることが多い。

② 擦りキズ（Scuff）

前述の線キズに対して、「面」で擦った跡のようなキズであり、塗装面でも生じるが、ゴム（ドアサッシュ）や樹脂（バンパー）などの素材表面に生じることが多い。発生原因は、硬いものとの面接触による。

③ 欠損、チッピング（Chipping）

ボディの塗装膜やガラス表面の一部が欠けるものであるが、当該損害が車両の広範囲にわたる場合もある。原因は、飛び石の接触などが多く、先の尖ったものとの点衝突もある。

④ 凹み（Dent）／ゆがみ（Deform）

ボディ（外板）が凹んだり変形したりするものである。原因が作業者や設備等との接触の場合は、車両外周の垂直パネル面に発生し、異物の落下等の場合は、ルーフやボンネットなど水平面に発生しやすい。鋼板パネルは非常に薄く、作業員の手など柔

らかいものが接触しても凹みが発生することがある。

⑤ 汚れ（Stain）

　塗装面もしくは樹脂に悪影響を及ぼす物質の付着であり、キャリアカーや船内デッキから滴下した油脂類や、錆を含んだ水分（錆汁）などが付着することが多い。油脂類が付着して放置されると変色の原因となる場合があり、また錆汁は塗装膜に浸透し除去が困難になる場合があり注意が必要である。

(2) 保管中の損害

　自動車の物流は、裸貨物の輸送であり、港やPDIのヤードで大規模・長期間に保管されることもあるため、大量の自動車が保管されているヤード保管中なども常にリスクに晒されており、集積リスクが極めて高い貨物である点、注意が必要である。以下に掲げた事故は、ヤード保管中の完成商品自動車が晒される主な集積リスクである。昨今の環境変化に伴って、こうしたリスクは益々増加する傾向にあり、甚大な被害がたびたび発生している。

① 水害（Flood）

　港やPDIセンターにおける保管中は、台風などによる高潮や河川の氾濫による洪水リスクに晒され、完成車が冠水することがある。

② 雹害（Hail）

　一定以上のサイズの雹は、自動車のボディに多数の凹みを発生させる（凹みが発生する粒径はだいたい直径1センチメートル以上といわれている）。

③ 風害（Wind）

　台風・竜巻などによりヤード周辺の小石や異物が大量に巻上げられ自動車のボディに衝突し、チッピングやガラス割れを生じさせる。

④ 降下物（Fallout）

工業地帯に隣接する場所では、煤煙、ペイント、鉄粉、酸化物質、化学物質などが保管中の自動車の表面に付着し、塗装面を傷つけてしまうことがある。

　こうした保管中の損害の場合、大量に損害を被る可能性があること、簡単な手直しで修復できない場合が多いこと、必要な修理要員、設備、場所の確保が急務となること等から、専門性や経験に基づく迅速かつ適切な対応が求められる。

4．一般的な保険条件

　一般的な保険条件は、新車の場合はICC（A）、中古車の場合にはICC（C）、Theft、Pilferage、Non-deliveryである。中古車でBBDS（breakage、bending、denting & scratching：破損・曲損・凹損・掻損）を担保する場合には、一定額のExcessを設定するのが一般的である。

5．損害対応方法

(1) 輸送中の損害

　自動車物流にて生じる主な損害は、前述の通りであるが、これらの損害が保険請求される場合は主に以下のようなパターンがある。

① PDIクレーム
　PDIセンターにて発見され修理されるダメージのほとんどは小損害であるため、その都度事故通知を受けることはなく、1カ月分をまとめてPDIセンター（もしくはメーカー経由）から請求を受けるのが通常である。また、1件ごとは小額（数万円～十数万円）であるため、サーベイは行わないのが一般的である。

② ディーラークレーム
　ディーラー到着時に発見された物流ダメージをディーラーが修理して保険請求してくるものである。ディーラーが直接保険会社（または、クレーム代理店）に請求する

場合と、メーカー販社がディーラー請求を一旦取りまとめの上で請求してくる場合がある。

ディーラークレームについては、工場損害（輸送開始前の工場における損害）と物流損害（物流工程における損害）の仕分けなどが正しくなされているか等を見極める必要がある。

③ 本船船積み前のクレーム

本船船積み前の工場〜積港間にて生じる事故による損害。キャリアカーの交通事故、キャリアカー積載・荷卸し時の事故、港ヤード内での移動中の事故、本船積込み作業中の事故などがある。また強風、台風などによる海水濡れ（潮被り）などもある。

(2) 保管中の損害

① 水害

洪水によって自動車が冠水した場合の損害程度は、冠水の水位によって大きく異なる。すなわち、フロアまでの冠水であれば洗浄・乾燥および一部部品取替えで新車元旧が可能な場合が多いが、水位がフロアを越えて室内に浸水した場合は非耐水性の電装系統にも浸水し、修理範囲が極めて膨大になり新車復元は極めて困難になり、格落ち処理もしくは全損となる場合もある。自動車のどの高さまで冠水したかなどを早期に把握し、損害対応方針を協議することが大切である。

② 雹害

雹による凹みの多くは、揉み出し[116]という修理技法で修理可能ではあるが、一度に大量の台数が受損するため、専門の修理業者を手配し対応することが多い。

③ 風害

チッピングは本来、筆さし[117]を行うが、1パネルに多数のチッピングが生じている

116　Paintless Dent Repair。塗装膜が壊れていないような軽微な凹みは、鉄板の裏側から特殊な器具を使って凹み部分を揉み出すように整形し、綺麗に直すことができる。塗装膜を含め元のように整形できるので、再塗装が必要とならず、修理費が安価で収まる。
117　塗膜の小さな小キズや擦り傷等を、小筆に塗料をつけて塗る簡便な補修方法。

場合はスプレーによる再塗装を行う。ガラス割れはガラスの取替えとなるが、車内にガラスの破片が飛び散っている場合は、細かい破片の除去が困難となり新車としての取扱いができなくなることもある。

④ 降下物

降下物付着の早期発見による洗車などが肝要であり、軽微な損傷であれば洗車のみで修復可能であるが、塗装面への浸食が見られるようであれば再塗装が必要となる。

多くの場合、高額のクレームとなるため、サーベイヤーと共に早期に事故概要、受損台数などを把握し、早期に対応方針を決める必要がある。

(3) 損害対応上の注意点

商品自動車にダメージが生じた場合には、一般的に、その損害程度に応じて3段階で評価を行っている。

　　a. 修理して新車復元が可能。
　　b. 修理により機能は回復するが、新車としての商品性（美観、耐久性等）や品質の均一性を確保できない。
　　c. 修理しても機能回復不可（全損）。

新車としての販売が難しいと判断される2級品等の判定に当たっては、あくまで物理的損傷による理由を前提としており、修理によって新車として販売できる状態まで復帰できているかどうかで判断している点がポイントである。

第11節 機械類

1. 商品知識

前節で取り上げた自動車と並び、機械類もまた、日本の重要な輸出貨物であるとともに、

海外拠点での生産も進んでいる。機械類は、身の回りにある冷蔵庫、エアコン、テレビ、パソコン、携帯電話などを始めとする家電製品、自動車製品、医療用、研究用などに用いられる精密機械、またこうした家電製品、精密機械などの製造や組立てに使用される工作機械や検査機械などの産業機械等々、用途によっても非常に多種多様である。

2.物流実態

機械類の商品は多種多様であることは前述の通りであるが、その種類や形によっても様々な物流形態となる。

例えば、家電製品などはカートンと呼ばれる箱に入れられた後にドライコンテナに積載されて海上輸送されることが一般的であり、精密機械などの高価で小さいものについては航空機で輸送されることも多い。

一方で、大型の産業機械については、オープントップ・コンテナ[118]やフラットラック・コンテナ[119]などに積付けたり、さらに大きなサイズの機械の場合には木枠梱包して「ブレイクバルク貨物」として在来船で輸送される場合もある。産業機械は、塗装できない金属面の防錆のため、グリースや防錆剤を施したり、乾燥材を封入して、アルミ蒸着シートなどの防湿性のあるシートで真空状にして密閉梱包（バリア包装）した上で、木枠に固定することも多い。

木枠梱包され在来船に積載される貨物　　バリア包装された貨物

118　ドライコンテナの高さを超える背の高い貨物を積載する場合に用いられるコンテナで、天井面をキャンバスシートで覆って輸送される。詳しくは本章12節参照。
119　ドライコンテナやオープントップ・コンテナで対応できないような幅の広い大型の機械類など大型の貨物を積載する外壁のない形のコンテナ。特別なラッシング作業等が必要となることが多い。詳しくは本章12節参照。

3. 主な損害形態・原因

比較的頻度が高い損害は、破損、水濡れ・錆、盗難・抜き荷である。

破損の原因としては、荷扱い中や輸送中の過度の衝撃や、他物との接触などがある。売買条件によっては保険期間開始前の損害であったり、保険期間開始前のコンテナへの積付け・固縛の不良等による荷崩れであることもある。

水濡れ損害は、コンテナ貨物の場合、コンテナの穴や隙間からの雨水や海水の浸入、コンテナヤード等における集中豪雨や高潮による浸水等が原因であることが多いが、パレットや梱包・固定に使用した木材の水分過多による結露が原因となることもある。錆は工作機械等で水濡れにより発生することが多いが、錆びやすい金属の露出面は防錆剤を塗布したり、乾燥材を封入して密封するなど防錆処置を施すのが一般的であり、特段の水濡れがなく錆が発生している場合には、防錆処置の不十分である可能性もある。

盗難や抜き荷は、消費者向けの家電製品などに見られる損害である。航空貨物やLCL貨物の場合には、梱包が開けられ一部が抜き取られていることがある。FCL貨物の場合には、盗難や抜き荷が行われた場合には、コンテナに穴があけられていたり、コンテナのドアが開けられ到着時にコンテナシールが元の状態でなくなっていることが一般的である。コンテナシールに異常がなく中の数量が不足している場合には、元々コンテナ詰めした時点でInvoice・Packing ListやB/Lに記載された通りの数量が積込まれなかったという可能性もある。

4. 一般的な保険条件

(1) 一般的な保険条件（基本条件）

一般的な保険条件はICC（A）であるが、一般的な英文証券に含まれるInstitute Replacement Clause（協会機械修繕約款）も適用される。この約款は、機械類の損害額算出時における修理費のてん補方式を定めたものであり、下記の内容となっている。

> Institute Replacement Clause 01/12/2008
> In the event of loss of or damage to any part (s) of an insured machine or other manufactured item consisting of more than one part caused by a peril covered by this insurance, the sum recoverable shall not exceed the cost of replacement or repair of such part (s) plus labor for (re) fitting and carriage costs. Duty incurred in the provision of replacement or repaired part (s) shall also be recoverable provided that the full duty payable on the insured machine or manufactured item is included in the amount insured. The total liability of Insurers shall in no event exceed the amount insured of the machine or manufactured item.
>
> 協会機械修繕約款(2008年)
> 　複数の部品で構成された被保険機械またはその他の製品の一部に、本保険が担保する危険によって滅失または損傷が生じた場合、てん補額は、当該損害を受けた部分の取替部品代金または修繕費用に、(再)取付費用および輸送費用を加えた額を超えないものとする。取替えまたは修理部品の供給に関わる関税も、被保険機械または製品に課される関税全額が保険金額に含まれている場合には、てん補する。
> 　保険者の総責任額は、いかなる場合もその機械または製品の保険金額を超えないものとする。

　元々、MIA第71条(3)に規定されている通り、貨物が損傷を被って仕向け地に到着した場合のてん補額の算出方法は、分損計算が原則である。しかしながら、機械類においては、一般に損傷部位の交換や修理によって原状復帰できるため、損品をそのまま損品価格で売却処分する分損計算の考え方がなじまないことが多い。従って、このInstitute Replacement Clauseでは、該当機械または製品の保険金額を限度として修理費実費を担保することと規定され、貨物を修理の上で交換部品代やその輸送費・取付け費用を含めた修理実費を支払うこととしている。

　Institute Replacement Clauseは2009年のICC改訂に合わせて修正され、現在は前掲の約款が使用されている。旧約款との差異は、本約款の対象貨物を"insured machine"より、"insured machine or other manufactured item consisting of more than one part"と拡大し、機械のみならず、複数の部品で構成された家具のような貨物も対象とした点である。

　Institute Replacement Clauseでは、本特約で認められる修理費としての取替え・修繕費用は、損傷部品の取り外し、代替部品の取り寄せ、取付等に要する費用を含んでいる。なお、代替部品の輸送費用は、受損貨物と同一の輸送手段による費用を限度とするため、受損機械が海上輸送され、代替部品のみ航空便利用の場合は全額のてん補を受けられない。同様に、修理のための代替部品の修理地への輸入に際して関税が課された場合にも、その関税額は、当該保険契約で関税が付保されていない限り、本特約に基づき

不担保となる。

(2) 機械類の保険条件に追加されることが多い特約

① Special Replacement Clause（Air Freight）、Special Replacement Clause（Duty）

　Institute Replacement Clauseにより、機械類の修理のために取り寄せた交換部品の輸送費は、元々の被保険輸送が海上輸送であった場合には、海上運賃が限度となるが、修理を急ぐために航空輸送した場合にその妥当な航空運賃を全額てん補できるようにするための特別約款が、Special Replacement Clause（Air Freight）である。

　同様に、元々関税が付保されていなかった貨物の修理部品に関税がかかる場合に、その関税をてん補するための特別約款が、Special Replacement Clause（Duty）である。

　ただし、これらの特約が付帯されていても、保険金として支払われる部品代・輸送費用等も含め修理に要した費用の総額は、該当の機械類の保険金額が限度となる。

Special Replacement Clause（Air Freight）
It is specially understood and agreed that charges for forwarding part (s) for replacement or repair provided for in the Institute Replacement Clause attached hereto shall include those for forwarding by air.

　この保険は、協会機械修繕約款に規定される取替えや修繕に要する部品の輸送費用には、航空輸送による費用を含むものとする。

Special Replacement Clause（Duty）
Notwithstanding the provision in the Institute Replacement Clause attached hereto, it is specially understood and agreed that this Company shall also be liable to pay for loss, if any, sustained by payment of duty on part (s) for replacement or repair in case the full duty is not included in the amount insured.

　この保険契約に付帯される協会機械修繕約款の規定にかかわらず、当会社は保険金額に関税全額が含まれていない場合に、取替え部品・修繕部品に課される関税を被保険者が支払うことによって生じた損害をてん補することが、ここに合意された。

---

② Special Clause for Inspection

　機械類の場合は、輸送途上に衝撃を被ったと推測はできるものの、内部にダメージを受けているかどうかが分かりにくいことも多く、現地に技術師を派遣するなどの特別な検査を実施してみないとその損傷有無が判別できない場合もある。その際に特別

に支出した検査費用を保険金として支払うことを規定した特約である。

In case an accident should occur during the period of this insurance and there should be a possibility of loss or damage covered by the Policy, this company shall be liable for any inspection &/or survey fees and charges incurred from such an accident irrespective of actual loss or damage, provided that the inspector &/or surveyor duly authorized by this Company shall regard the inspection of the goods hereby insured as appropriate and reasonable.
In no case shall this Company be liable under this Clause for more than JPYx,xxx,xxx per any one accident.

検査費用特別約款
　この保険の保険期間中に事故が発生し、この保険証券でてん補される滅失・損傷の可能性がある場合は、実際の滅失・損傷にかかわらず、当会社は当該事故により発生した検査費用、サーベイ費用をてん補する。ただし、当会社が承認する検査人、サーベイヤーが保険の目的の検査を適切かつ合理的に行うものとする。
　いかなる場合もこの約款における当会社の責任は、1事故につきXXX万円を超えないものとする。

5.損害対応方法

(1) 原因の検討

　前述の通り、機械類の損害は破損、水濡れ・錆、盗難・抜荷が多いが、特にコンテナ貨物の場合には、保険期間内の損害であるか、免責事由に該当しないかを確認することが必要である。

　例えば、破損の場合であれば、コンテナターミナル等での他のコンテナとの接触によりコンテナにも変形が生じるほどの衝撃があったことが明らかである場合もあるが、FCL貨物であれば、売買条件によっては保険期間開始前となるコンテナへの積込み中の損害であったり、緩衝梱包やコンテナへの積付け・固定の不備・不十分などの免責事由に該当する場合もある。

　また、結露による水濡れや錆損害の場合は、パレットや木箱などに使用された木材が十分乾燥されたものでなかったり、適切な防錆処置が施されていなかったり、乾燥剤を封入してバリアパックで密封したが木製の台座に固定する際にボルトがバリアパックを貫通し外気と遮断されていなかった等の場合には、梱包や準備の不十分として免責事由

に該当することもある。

　FCL貨物の数量の不足の場合にも、コンテナシールに異常がなければ、保険期間開始前に行われたコンテナ詰めの際に積込んだ数量が元々不足していたことが一般に推定される。

　このように、FCL貨物の場合には、必要に応じて、損害発見時の状況や、コンテナへの積込み時の状況を確認したり、Equipment Interchange Receiptなどの書類も取付けて、原因をよく検討する必要がある。

　LCL貨物で梱包の外観上明らかな損害であったり、梱包ごとの数量不足である場合には、Clean B/Lが発行されていれば、積地での運送人への引渡し後の損害であることが推定される。航空貨物の場合にも一般に同様である。

(2) 損害額の検討

　機械類の損害額は、前述の通りInstitute Replacement Clauseに従い妥当な修理実費となり、妥当な修理費が該当保険金額を超過する場合や物理的に修理が不可能である場合には全損となる。機械によっては、ひとたび損傷を被るとメーカーに返送しないと修理不可能なこともあるばかりではなく、機械の損傷程度や修理可否さえもメーカーの専門の技師でないと判定できないとされることもあり、これが妥当である場合には、メーカーからの仕向地への技師の派遣費用や、修理のための仕向け地からメーカーへの輸送費用も、修理費の一部として損害額に含められる場合もある。

　一般に妥当な修理費の算出に当たっては、メーカーや当該機械の修理業者からの修理費見積もりや明細を入手して修理のための部品代・送料や工賃を検証することとなる。機械類は種類や性能も様々であり、特に高額の機械類の損害の場合には高度な機械についての専門性が求められることもあり、専門性のあるサーベイヤーに加えて、必要に応じて特定の機械により高度な専門性を有する技術士等を起用することも検討を要する。

(3) 問題となる点

　機械類の損害が発生すると、以下のような点が問題となることがある。

① 品質保証

　修理を行うことにより原状が回復可能と見られる場合でも、修理を行うとメーカーの品質保証（Guarantee）が得られないとして、全損として保険金の支払いを求められることがある。

　前述の通り、Institute Replacement Clauseにより、機械類の損害につき支払い対象となる保険金の額は、該当保険金額の範囲内で、当該機械類が元の状態を回復するのに必要な、妥当な修理実費が限度となる。

　品質保証が得られないことで全損となるものではないので、元の状態に回復するのにどのような修理が必要であるかを、根拠に基づき、サーベイヤーや技術士と共に被保険者やメーカーとも十分に検証し、そのような仕様の修理のための妥当な修理費を算出し、損害額や経済的な修理の可否を判断することが求められる。

② 納期

　大型の工作機械等は、現地での工場の立ち上げやラインの増設などに使用されることも多いため納期管理が非常に重要であり、貨物に損害が発生すると、修理に時間がかかってしまい、工場やラインの稼働スケジュールに間に合わず、遅延による損害が問題となることがある。同様に、輸送中の機械部品の損害のため、修理や代替品の手配・輸送に時間を要し、納入先における当該部品のストックが枯渇して製造がストップし、遅延による損害が問題となることがある。

　前述の通り機械類の損害はInstitute Replacement Clauseにより該当保険金額を限度として妥当な修理実費が保険金支払額となり、また遅延による損害は貨物保険の免責事由に該当するため、納期遅延は対象外となる。

第12節 海上コンテナ

1.商品知識

　コンテナは現在の海上輸送の主流となっており、コンテナ船のみならず、トレーラーや鉄道などの異なる輸送手段での輸送や積替えが可能（国際複合一貫輸送）となるよう、

その寸法や構造は、国際標準化機構（International Organization for Standardization, 略称ISO）により規格化されている。

コンテナはその使用目的から様々な種類があるが、代表的なものとしては以下が挙げられる。

(1) ドライコンテナ（Dry Container）

温度調節を必要としない貨物に最も多く使用されている標準的なものであり、一般雑貨輸送に適している密閉型のコンテナである。標準的なサイズとしては、20フィート[120]コンテナ（幅2.44m×高さ2.62m×長さ6.1m）と40フィートコンテナ（幅2.44m×高さ2.62m×長さ12.2m）がある。コンテナの自重と最大積載重量を合わせた最大総重量は国によってある程度規制値が異なるが、日本国内では、20フィートコンテナ（自重約2,300kg）で最大24,000kg、40フィートコンテナ（自重約3,900kg）で最大30,480kgとなっている。また、日本国内では45フィートコンテナ物流特区に指定された一部の地区でしか公道走行が認められていないが、米国や東南アジア各国等では45フィートコンテナも普及している。なお、背高コンテナ（High Cube Container）（幅2.44m×高さ2.93m×長さ12.2m）はトレーラー積載時に日本国内では一般道路の通行高さ制限値の3.8mを超えるため、高さ制限値を4.1mとする高さ指定道路[121]を通行する必要がある。

(2) リーファー（定温）コンテナ（Reefer Container, Refrigerated Container）

高い断熱性を持ち、冷凍ユニットが内蔵されているコンテナで、内装は断熱材とアルミパネルで作られている。冷凍・冷蔵貨物（肉・野菜・果実・魚介類の生鮮食品、薬品、化学品など）の輸送に使用し、一般に－25℃～＋25℃までの温度調節が可能となっている（高機能な冷凍コンテナでは－35℃、冷凍マグロ輸送用のコンテナでは－60℃まで温度調節が可能な超低温コンテナもある）。リーファーコンテナもドライコンテナと同様に20フィート、40フィートが標準であるが、リーファーコンテナには冷却ユニットが内蔵され、コンテナ壁面に断熱材が施され、床面にはレールと呼ばれる冷気循環の

---

[120] 1フィート＝0.3048メートル。
[121] 道路法・車両制限令に基づき定められる。

ための前後方向の溝状の凹凸が設けられており、ドライコンテナよりも内容量及び最大積荷重量は小さい。（本章第２節の写真〈255頁〉参照）

(3) バルクコンテナ（Bulk Container）

モルト・小麦粉・飼料などの粉体もしくは粒状の物質輸送に適する。コンテナ上部に直径50センチメートルのマンホールが３つあり、生産ラインやサイロから直接貨物を充填できるようになっているものが代表的である。

(4) オープントップ・コンテナ（Open Top Container）

天井が取り外し可能なキャンバスカバーになっており、コンテナ上方から荷役できるため、機械類・鋼製品など重量やかさのある貨物に適している。

(5) フラットラック・コンテナ（Flat Rack Container）

長尺物、重量物等の密閉型コンテナに入らない大型貨物を対象とし、屋根部分、両側面を持たず、一般に前面・後面に折りたたみ式の壁あるいは四隅に柱を有し、左右及び上方から荷役が可能な構造となっている（折りたたみ式の壁もなく、床面だけのものは、フラットベッドコンテナ〈Flat Bed Container〉と呼ばれる）。

フラットラック・コンテナ

(6) タンクコンテナ (Tank Container)

液状化学品、飲料用アルコール、食用油脂などの液状貨物を対象とした特殊構造・設備を備えたコンテナである。加圧装置、保温装置、加熱装置を有する機器もあり、他のコンテナと比較して高額である。荷主が特定の液状貨物専用に使用するために所有していることもある。

タンクコンテナ

2. 一般的な保険条件

　コンテナ所有者または賃借人は、コンテナ自体の滅失や損傷、コンテナ輸送中の事故によるコンテナ内貨物の損害に関する荷主に対する法律上または運送契約上の賠償責任、コンテナ輸送中の事故による第三者への法律上の賠償責任、といった危険に晒される。このようなリスクに対応し、コンテナ保険は、次の3種類の補償内容から構成される。
　① コンテナ自体の保険（Container Itself Insurance）、② コンテナ運営者の貨物損害賠償責任保険（Container Operator's Cargo Indemnity Insurance）、③ コンテナ所有者（賃借人も含む）の第三者に対する賠償責任保険（Container Owner's Third Party Liability Insurance）、また④ 残骸除去・消毒・検疫費用担保特約（Special Clause for Wreck Removal, Disinfection and Quarantine Expenses）を①に付帯することもできる。
　コンテナ保険は、通常の一輸送ごとの航海建契約を基本とする貨物海上保険とは異なり世界各地各港相互間を保険区間とする1年単位の期間建保険として引き受けるのが一

般的である。なお、②と③はそれぞれ単独での契約はできず、必ず①と共に付保する方式がとられている。

① コンテナ自体の保険

　コンテナ保険の主契約となる物保険で、コンテナ自体の滅失、損傷による損害をてん補する。ロンドン保険業者協会（Institute of London Underwriters）制定の協会コンテナ約款（Institute Container Clauses –Time〈1/1/87〉）により引受けられ、「All Risks担保」条件と「Total Loss、General Average、Salvage, Salvage Charges、Sue and Laborのみ担保」条件がある。All Risks担保条件の場合、保険期間内に発生する被保険コンテナの滅失または損傷に関する一切の危険が担保される。ただし、自然の消耗や経年劣化、遅延、固有の欠陥や性質、原因不明の紛失、支払不能、経済上の窮乏、戦争、ストライキなどによる滅失、損傷もしくは費用は免責されている。

　リーファーコンテナの冷却・送風機などのようにコンテナに装備されている機械類の滅失・損傷に関しては、All Risks担保条件であっても、コンテナの全損、機械部分に対する外来的な火災または爆発、船舶もしくは艀の座礁、沈没または衝突など、約款に列挙された限定的な場合にのみてん補の対象となるので注意が必要である。これに対し、Total Loss、General Average、Salvage、Salvage Charges、Sue and Laborのみ担保条件の場合、分損は担保されず、全損、共同海損分担額、契約救助費、任意救助料、損害防止費用のみが担保される。

　戦争危険並びにストライキ危険については、ロンドン保険業者協会制定の協会コンテナ戦争約款（Institute War and Strikes Clauses Container –Time〈1/1/87〉）により引受けられる。

　コンテナ保険では保険価額を契約時に協定しておくのが通常であり（評価済保険）、所有コンテナについては簿価を、リースコンテナについてはリース会社と協定されているコンテナ価額を保険価額として協定し、これらを保険金額とすることが一般的である。

　コンテナは、コンテナターミナルやコンテナ専用船に一時に多数が集積することから、ひとたび天災等の大規模事故が発生すると損害額が巨額になる可能性があるため、コンテナ自体の保険には一事故当たりのてん補限度額が設定されるのが一般的である。また、コンテナはその使用上、本船やその他の輸送用具、貨物や他のコンテナ

等と頻繁に接触することから、小損害免責（Deductible）が設定され、1コンテナごとに適用されるのが一般的である。

コンテナ協会約款の準拠法は英法であり、てん補責任や保険金の支払いについては英国の法律及び慣習に準拠する。

② コンテナ運営者の貨物損害賠償責任保険

コンテナ運営者によって運送される証券記載のコンテナ内貨物の滅失または損傷に関し、被保険者が荷主に対して負う法律上または船荷証券に規定された運送契約上の賠償責任を担保する。また、訴訟費用、損害防止費用等も合理的な範囲内でてん補される。

運送契約上の高価品、貴重品に対する損害賠償責任および一般貨物に対する責任限度額超過部分の賠償責任は免責されている。また、被保険者の故意または重過失、戦争、ストライキ、地震、原子力危険などによるものも免責となる。

一般に本邦標準約款により引き受けられ、準拠法は日本法となっている。

③ コンテナ所有者（賃借人も含む）の第三者に対する賠償責任保険

証券記載のコンテナを使用する輸送業務に関連して発生した事故による第三者の身体傷害、死亡、または財物の損傷に対して、コンテナ所有者もしくは賃借人が、法律上の賠償責任を負うことにより被る損害をてん補する。また、当該賠償額の他、訴訟費用、損害防止費用なども合理的な範囲内でてん補される。

免責事由として、第三者との契約責任、被保険者の被用者が被った身体傷害、被保険者が所有、使用、管理する財物の滅失または損傷などがある。

この保険は、基本的にコンテナ所有者もしくは賃借人の賠償責任を担保するものであるが、特約により、コンテナオペレータとしての第三者賠償責任を担保することもできる。②と同様に、一般に本邦標準約款により引き受けられ、準拠法は日本法となっている。

④ 残骸除去・消毒・検疫費用担保特約

法律、規則、当局の命令などにより、被保険者が負担を義務付けられた場合に、保険金額を限度として、コンテナ自体の残骸除去などの費用並びに消毒・検疫費用をて

ん補する。これらの費用はコンテナ自体の保険ではてん補されないので、契約者の要望に応じ、この特約を付帯しててん補するものである。

この特約では、コンテナ運営者の貨物損害賠償責任保険がついていれば、コンテナ内収容貨物の消毒検疫費用をもてん補することができる。

3. 損害対応方法

コンテナの損害は、積込み・積卸し時の取扱いによる破損および甲板積載中の風波による損害が主なものである。損害サービス対応に関しては、一般的な外航貨物海上保険の事故時の対応と大きく違う点は無いが、下記補足する。

(1) サーベイ手配について

コンテナはその種類や使用年数により保険価額に幅が生じ得る。例えば、中古の20フィートドライコンテナであれば価額はそれほど高くないのに対し、リーファーコンテナやタンクコンテナはドライコンテナに比べて価額も高いので、損傷状況にもよるがサーベイが必要となってくる可能性が高くなる。また、集積損害が発生した場合は損害額も大きくなるため、一般的にサーベイが手配されることとなる。

なお、コンテナ所有者が自身でHouse B/L[122]を発行して運送人として貨物の輸送に携わる場合、コンテナ自体の保険と共に貨物損害賠償責任保険を引受けていることもあり、コンテナ内の貨物に損害がある場合等には防御の観点からのサーベイが必要になることもある。船会社等の第三者がコンテナの損傷について責任を有すると認められる場合には、後日の代位求償を見越して、事前に当該船社等をサーベイに招くことも検討することが必要である。

(2) 共同海損

本船が海難事故に遭遇して船会社が共同海損を宣言した場合、一般の貨物と同様にコンテナの引渡しに先立ち、船会社からコンテナ所有者に対してコンテナ保険会社による

122　海上輸送手段を所有しない契約上の運送人(NVOCC)が発行する船荷証券。

共同海損分担額支払保証状（Letter of Guarantee, L/G）の提出が要求される。

コンテナの負担価額（Contributory Value）は到着地における時価となるため、コンテナ保険者としてL/Gを提出する際には、コンテナ所有者のAverage Bondに加え、時価を示す資料を取付ける必要がある。時価の算出や根拠となる資料の入手が困難であれば、保険価額または減価償却資産帳簿価額を使用することも考えられる。

なお、前述の協会コンテナ約款第2条に、共同海損、契約救助費、任意救助料がてん補される際に、被保険コンテナは全部保険とみなされる旨規定されている。

巻末資料

1. 英文保険証券（MARフォーム）

2. INSTITUTE CARGO CLAUSES (A) 1/1/09

INSTITUTE CARGO CLAUSES (A)　1/1/09
RISKS COVERED
Risks
1. This insurance covers all risks of loss of or damage to the subject-matter insured except as excluded by the provisions of Clauses 4, 5, 6 and 7 below.

General Average
2. This insurance covers general average and salvage charges, adjusted or determined according to the contract of carriage and/or the governing law and practice, incurred to avoid or in connection with the avoidance of loss from any cause except those excluded in Clauses 4, 5, 6 and 7 below.

"Both to Blame Collision Clause"
3. This insurance indemnifies the Assured, in respect of any risk insured herein, against liability incurred under any Both to Blame Collision Clause in the contract of carriage. In the event of any claim by carriers under the said Clause, the Assured agree to notify the Insurers who shall have the right, at their own cost and expense, to defend the Assured against such claim.

EXCLUSIONS
4. In no case shall this insurance cover
4.1 loss damage or expense attributable to wilful misconduct of the Assured
4.2 ordinary leakage, ordinary loss in weight or volume, or ordinary wear and tear of the subject-matter insured
4.3 loss damage or expense caused by insufficiency or unsuitability of packing or preparation of the subject-matter insured to withstand the ordinary incidents of the insured transit where such packing or preparation is carried out by the Assured or their employees or prior to the attachment of this insurance (for the purpose of these Clauses "packing" shall be deemed to include stowage in a container and "employees" shall not include independent contractors)
4.4 loss damage or expense caused by inherent vice or nature of the subject-matter insured
4.5 loss damage or expense caused by delay, even though the delay be caused by a risk insured against (except expenses payable under Clause 2 above)
4.6 loss damage or expense caused by insolvency or financial default of the owners managers charterers or operators of the vessel where, at the time of loading of the subject-matter insured on board the vessel, the Assured are aware, or in the ordinary course of business should be aware, that such insolvency or

【試訳】　協会貨物約款（A）（2009年1月1日）
担保危険
危険
第1条　この保険は、下記第4条、第5条、第6条および第7条の規定により除外された場合を除き、保険の目的物の滅失または損傷の一切の危険を担保する。

共同海損
第2条　この保険は、下記第4条、第5条、第6条および第7条において除外された事由を除く一切の事由による損害を避けるためかまたはこれを避けることに関連して生じ、運送契約および／または準拠法および慣習に従って精算されまたは決定された共同海損および救助料をてん補する。

「双方過失衝突」条項
第3条　この保険は、この保険の一切の担保危険に関して、運送契約の双方過失衝突条項により被保険者が負担する責任額をてん補する。上記条項によって運送人から請求があった場合には、被保険者はその旨を保険者に通知することを約束する。保険者は自己の費用で、運送人の請求に対して被保険者を防護する権利を有する。

免責事由
第4条　この保険は、いかなる場合においても以下のものをてん補しない。
4.1　被保険者の故意の違法行為に原因を帰し得る滅失、損傷または費用
4.2　保険の目的物の通常の漏損、重量もしくは容積の通常の減少または自然の消耗
4.3　この保険の対象となる輸送に通常生じる出来事に堪えることができるはずの保険の目的物の梱包または準備が、不十分または不適切であることによって生じる滅失、損傷または費用。ただし、その梱包または準備が、被保険者もしくはその使用人によって行われる場合またはこの保険の危険開始前に行われる場合に限る（本約款においては、「梱包」にはコンテナへの積付けを含むものとし、「使用人」には独立した請負業者を含まない）。
4.4　保険の目的物の固有の瑕疵（かし）または性質によって生じる滅失、損傷または費用
4.5　遅延が担保危険によって生じた場合でも、遅延によって生じる滅失、損傷または費用（上記第2条によって支払われる費用を除く）
4.6　船舶の所有者、管理者、用船者または運航者の支払不能または金銭債務不履行によって生じる滅失、損傷または費用。ただし、保険の目的物を船舶に積込む時に、被保険者がそのような支払不能または金銭債務不履行が、その航海の通常の遂行を妨げることになり得ると知っているか、または通常の業務上当然知っているべき

financial default could prevent the normal prosecution of the voyage

This exclusion shall not apply where the contract of insurance has been assigned to the party claiming hereunder who has bought or agreed to buy the subject-matter insured in good faith under a binding contract

4.7 loss damage or expense directly or indirectly caused by or arising from the use of any weapon or device employing atomic or nuclear fission and/or fusion or other like reaction or radioactive force or matter.

5. 5.1 In no case shall this insurance cover loss damage or expense arising from

5.1.1 unseaworthiness of vessel or craft or unfitness of vessel or craft for the safe carriage of the subject-matter insured, where the Assured are privy to such unseaworthiness or unfitness, at the time the subject-matter insured is loaded therein

5.1.2 unfitness of container or conveyance for the safe carriage of the subject-matter insured, where loading therein or thereon is carried out

prior to attachment of this insurance or

by the Assured or their employees and they are privy to such unfitness at the time of loading.

5.2 Exclusion 5.1.1 above shall not apply where the contract of insurance has been assigned to the party claiming hereunder who has bought or agreed to buy the subject-matter insured in good faith under a binding contract.

5.3 The Insurers waive any breach of the implied warranties of seaworthiness of the ship and fitness of the ship to carry the subject-matter insured to destination.

6. In no case shall this insurance cover loss damage or expense caused by

6.1 war civil war revolution rebellion insurrection, or civil strife arising therefrom, or any hostile act by or against a belligerent power

6.2 capture seizure arrest restraint or detainment (piracy excepted), and the consequences thereof or any attempt threat

6.3 derelict mines torpedoes bombs or other derelict weapons of war.

7. In no case shall this insurance cover loss damage or expense

である場合に限る。

本免責規定はある拘束力のある契約に従って、善意で保険の目的物を購入した者もしくは購入することに同意した者に保険契約が譲渡され、その者が本保険により保険金を請求する場合には適用されない。

4.7　直接であると間接であるとを問わず、原子核の分裂および／もしくは融合もしくはその他類似の反応または放射能もしくは放射性物質を利用した兵器または装置の使用によって生じる、またはそれらの使用から生じる滅失、損傷または費用

第5条
5.1　この保険は、いかなる場合においても以下の事由から生じる滅失、損傷または費用をてん補しない。
5.1.1　船舶もしくは艀の不堪航、または船舶もしくは艀が保険の目的物の安全な運送に適さないこと。ただし、被保険者が、保険の目的物がこれらの輸送用具に積込まれる時に、その不堪航または安全な運送に適さないことを知っている場合に限る。
5.1.2　コンテナまたは輸送用具が保険の目的物の安全な運送に適さないこと。ただし、これらの輸送用具への積込みが、この保険の危険開始前に行われる場合、または被保険者もしくはその使用人によって行われ、かつ、これらの者が積込みの時に運送に適さないことを知っている場合に限る。
5.2　上記第5条1項1号の免責規定は、ある拘束力のある契約に従って、善意で保険の目的物を購入した者または購入することに同意した者にこの保険契約が譲渡され、その者が本保険により保険金を請求する場合には適用されない。
5.3　保険者は、船舶の堪航性および船舶が保険の目的物の仕向地までの運送に適することについての黙示担保の違反があっても、これを問わない。

第6条　この保険は、いかなる場合においても、以下の事由によって生じる滅失、損傷または費用をてん補しない。
6.1　戦争、内乱、革命、謀反、反乱もしくはこれらから生じる国内闘争、または敵対勢力によってもしくは敵対勢力に対して行なわれる一切の敵対的行為
6.2　捕獲、拿捕（だほ）、拘束、抑止または抑留（海賊行為を除く）およびこれらの結果またはこれらの一切の企図
6.3　遺棄された機雷、魚雷、爆弾またはその他の遺棄された兵器

第7条　この保険は、いかなる場合においても、以下の滅失、損傷または費用をてん補しない。

7.1 caused by strikers, locked-out workmen, or persons taking part in labour disturbances, riots or civil commotions
7.2 resulting from strikes, lock-outs, labour disturbances, riots or civil commotions
7.3 caused by any act of terrorism being an act of any person acting on behalf of, or in connection with, any organisation which carries out activities directed towards the overthrowing or influencing, by force or violence, of any government whether or not legally constituted
7.4 caused by any person acting from a political, ideological or religious motive.

DURATION
Transit Clause
8. 8.1 Subject to Clause 11 below, this insurance attaches from the time the subject-matter insured is first moved in the warehouse or at the place of storage (at the place named in the contract of insurance) for the purpose of the immediate loading into or onto the carrying vehicle or other conveyance for the commencement of transit,
continues during the ordinary course of transit
and terminates either
8.1.1 on completion of unloading from the carrying vehicle or other conveyance in or at the final warehouse or place of storage at the destination named in the contract of insurance,
8.1.2 on completion of unloading from the carrying vehicle or other conveyance in or at any other warehouse or place of storage, whether prior to or at the destination named in the contract of insurance, which the Assured or their employees elect to use either for storage other than in the ordinary course of transit or for allocation or distribution, or
8.1.3 when the Assured or their employees elect to use any carrying vehicle or other conveyance or any container for storage other than in the ordinary course of transit or
8.1.4 on the expiry of 60 days after completion of discharge overside of the subject-matter insured from the oversea vessel at the final port of discharge,
whichever shall first occur.
8.2 If, after discharge overside from the oversea vessel at the final port of discharge, but prior to termination of this insurance, the subject-matter insured is to be forwarded to a destination other than that to which it is insured, this insurance, whilst remaining subject to termination as provided in Clauses 8.1.1 to 8.1.4, shall not extend beyond the time the subject-matter insured

7.1 ストライキに参加する者、職場閉鎖を受けた労働者、または労働争議、騒じょうもしくは暴動に参加している者によって生じるもの
7.2 ストライキ、職場閉鎖、労働争議、騒じょうまたは暴動から生じるもの
7.3 一切のテロ行為、すなわち、合法的にあるいは非合法に設立された一切の政体を、武力または暴力によって転覆させあるいは支配するために仕向けられた活動を実行する組織のために活動し、あるいはその組織と連携して活動する者の行為によって生じるもの
7.4 政治的、思想的、または宗教的動機から活動する一切の者によって生じるもの

保険期間
輸送条項
第8条
8.1 下記第11条に従うこととして、この保険は（この保険契約で指定された地の）倉庫または保管場所において、この保険の対象となる輸送の開始のために輸送車両またはその他の輸送用具に保険の目的物を直ちに積込む目的で、保険の目的物が最初に動かされた時に開始し、通常の輸送過程にある間継続し、

8.1.1 この保険契約で指定された仕向地の最終の倉庫または保管場所において、輸送車両またはその他の輸送用具からの荷卸しが完了した時、

8.1.2 この保険契約で指定された仕向地到着前にあると仕向地にあるとを問わず、被保険者もしくはその使用人が、通常の輸送過程以外の保管のため、または割当もしくは分配のためのいずれかに使用することを選ぶその他の倉庫もしくは保管場所において、輸送車両またはその他の輸送用具からの荷卸しが完了した時、または

8.1.3 被保険者もしくはその使用人が、通常の輸送過程以外の保管のため、輸送車両もしくはその他の輸送用具またはコンテナを使用することを選んだ時、または

8.1.4 最終荷卸港における保険の目的物の航洋船舶からの荷卸完了後60日を経過した時、
のうち、いずれか最初に起きた時に終了する。

8.2 最終荷卸港における航洋船舶からの荷卸後でこの保険の終了前に、保険の目的物が保険に付けられた仕向地以外の地に継搬される場合は、この保険は第8条1項1号から第8条1項4号の保険終了の規定に従って存続するが、変更された仕向地への輸送の開始のために保険の目的物が最初に動かされる時以降は延長されない。

is first moved for the purpose of the commencement of transit to such other destination.
8.3 This insurance shall remain in force (subject to termination as provided for in Clauses 8.1.1 to 8.1.4 above and to the provisions of Clause 9 below) during delay beyond the control of the Assured, any deviation, forced discharge, reshipment or transhipment and during any variation of the adventure arising from the exercise of a liberty granted to carriers under the contract of carriage.

Termination of Contract of Carriage
9. If owing to circumstances beyond the control of the Assured either the contract of carriage is terminated at a port or place other than the destination named therein or the transit is otherwise terminated before unloading of the subject-matter insured as provided for in Clause 8 above, then this insurance shall also terminate unless prompt notice is given to the Insurers and continuation of cover is requested when this insurance shall remain in force, subject to an additional premium if required by the Insurers, either
9.1 until the subject-matter insured is sold and delivered at such port or place, or, unless otherwise specially agreed, until the expiry of 60 days after arrival of the subject-matter insured at such port or place, whichever shall first occur,
or
9.2 if the subject-matter insured is forwarded within the said period of 60 days (or any agreed extension thereof) to the destination named in the contract of insurance or to any other destination, until terminated in accordance with the provisions of Clause 8 above.

Change of Voyage

10. 10.1 Where, after attachment of this insurance, the destination is changed by the Assured, this must be notified promptly to Insurers for rates and terms to be agreed. Should a loss occur prior to such agreement being obtained cover may be provided but only if cover would have been available at a reasonable commercial market rate on reasonable market terms.
10.2 Where the subject-matter insured commences the transit contemplated by this insurance (in accordance with Clause 8.1), but, without the knowledge of the Assured or their employees the ship sails for another destination, this insurance will nevertheless be deemed to have attached at commencement of such transit.

CLAIMS

8.3 この保険は、(上記第8条1項1号から第8条1項4号に規定された保険終了の規定、および下記第9条の規定に従うこととして) 被保険者の支配しえない遅延、一切の離路、やむを得ない荷卸し、再積込または積替の期間中および運送契約によって運送人に与えられた自由裁量権の行使から生じる一切の危険の変更の期間中有効に存続する。

運送契約の打切り
第9条 被保険者の支配しえない事情により、運送契約がその契約で指定された仕向地以外の港または地において打切られたか、または上記第8条に規定するとおり、保険の目的物が荷卸しされる前に輸送が打切られた場合には、この保険もその時点で終了する。ただし、被保険者が、遅滞なくその旨を保険者に通知し、担保の継続を要請する場合は、保険者が割増保険料を請求するときはその支払いを条件として、この保険は、

9.1 輸送が打切られた港もしくは地において保険の目的物が売却の上引渡される時、または特に別段の協定が行われない限りは、これらの港または地への保険の目的物の到着後60日を経過した時、のうち、いずれか最初に起きた時、
または
9.2 保険の目的物が、上記60日の期間 (もしくは協定によりこれを延長した期間) 内に、この保険契約で指定された仕向地もしくはいずれか他の仕向地へ継搬される場合は、上記第8条の規定によって保険が終了する時まで、有効に存続する。

航海の変更
第10条
10.1 この保険の危険開始後に被保険者が仕向地を変更する場合は、遅滞なくその旨を保険者に通知し、保険料率および保険条件の協定をしなければならない。その協定前に損害が発生した場合は、営利保険市場において妥当と考えられる保険条件および保険料率による担保が得られるときに限り、担保が提供される。
10.2 保険の目的物が、(第8条1項に従い) この保険によって企図された輸送を開始したが、被保険者およびその使用人が知らずして、船舶が別の仕向地に向けて出帆した場合であっても、この保険はその輸送開始の時に危険が開始したものとする。

保険金の請求

Insurable Interest

11. 11.1 In order to recover under this insurance the Assured must have an insurable interest in the subject-matter insured at the time of the loss.

11.2 Subject to Clause 11.1 above, the Assured shall be entitled to recover for insured loss occurring during the period covered by this insurance, notwithstanding that the loss occurred before the contract of insurance was concluded, unless the Assured were aware of the loss and the Insurers were not.

Forwarding Charges

12. Where, as a result of the operation of a risk covered by this insurance, the insured transit is terminated at a port or place other than that to which the subject-matter insured is covered under this insurance, the Insurers will reimburse the Assured for any extra charges properly and reasonably incurred in unloading storing and forwarding the subject-matter insured to the destination to which it is insured.

This Clause 12, which does not apply to general average or salvage charges, shall be subject to the exclusions contained in Clauses 4, 5, 6 and 7 above, and shall not include charges arising from the fault negligence insolvency or financial default of the Assured or their employees.

Constructive Total Loss

13. No claim for Constructive Total Loss shall be recoverable hereunder unless the subject-matter insured is reasonably abandoned either on account of its actual total loss appearing to be unavoidable or because the cost of recovering, reconditioning and forwarding the subject-matter insured to the destination to which it is insured would exceed its value on arrival.

Increased Value

14. 14.1 If any Increased Value insurance is effected by the Assured on the subject-matter insured under this insurance the agreed value of the subject-matter insured shall be deemed to be increased to the total amount insured under this insurance and all Increased Value insurances covering the loss, and liability under this insurance shall be in such proportion as the sum insured under this insurance bears to such total amount insured.

In the event of claim the Assured shall provide the Insurers with evidence of the amounts insured under

被保険利益
第11条
11.1　この保険によって損害のてん補を受けるためには、被保険者は、損害発生の時に保険の目的物について被保険利益を有していなければならない。

11.2　上記第11条1項の規定に従うこととして、保険契約の締結前にこの保険の対象となる損害が発生していたとしても、被保険者がその損害発生の事実を知り、かつ保険者がこれを知らなかった場合を除き、被保険者はこの保険によって担保されている期間内に発生するこの損害についててん補を受ける権利がある。

継搬費用
第12条　この保険によって担保される危険の作用の結果として、この保険の対象となる輸送が、この保険によって保険の目的物がそこまで担保されている港または地以外の港または地で打切られる場合には、保険者は、保険の目的物の荷卸し、保管およびこの保険に付けられた仕向地までの継搬のために適切かつ合理的に支出された一切の追加費用を被保険者にてん補する。

この第12条は、共同海損または救助料には適用されないが、上記第4条、第5条、第6条および第7条に規定された免責規定の適用を受ける。また、この第12条は被保険者またはその使用人の過失、怠慢、支払不能または金銭債務不履行から生じる費用を含まない。

推定全損
第13条　保険の目的物の現実全損が避け難いと思われるため、または保険の目的物の回収、補修および保険に付けられた仕向地までの継搬に要する費用の合計額が到着時の保険の目的物の価額を超える見込であるために、保険の目的物が合理的に遺棄される場合を除き、推定全損に対する保険金はこの保険ではてん補されない。

増値
第14条
14.1　この保険に付けられた保険の目的物について被保険者が増値保険を付けた場合は、保険の目的物の協定価額は、この保険の保険金額および同じ損害をてん補するすべての増値保険の保険金額の合計額まで増額されたものとみなされ、この保険による保険者の責任額は、この保険の保険金額の上記合計保険金額に対する割合による。
保険金の請求に際しては、被保険者は、この保険以外のすべての保険の保険金額についての証拠を保険者に提供しなければならない。

all other insurances.

14.2 Where this insurance is on Increased Value the following clause shall apply:
The agreed value of the subject-matter insured shall be deemed to be equal to the total amount insured under the primary insurance and all Increased Value insurances covering the loss and effected on the subject-matter insured by the Assured, and liability under this insurance shall be in such proportion as the sum insured under this insurance bears to such total amount insured.
In the event of claim the Assured shall provide the Insurers with evidence of the amounts insured under all other insurances.

BENEFIT OF INSURANCE
15. This insurance
15.1 covers the Assured which includes the person claiming indemnity either as the person by or on whose behalf the contract of insurance was effected or as an assignee,
15.2 shall not extend to or otherwise benefit the carrier or other bailee.

MINIMISING LOSSES
Duty of Assured
16. It is the duty of the Assured and their employees and agents in respect of loss recoverable hereunder

16.1 to take such measures as may be reasonable for the purpose of averting or minimising such loss,
and
16.2 to ensure that all rights against carriers, bailees or other third parties are properly preserved and exercised
and the Insurers will, in addition to any loss recoverable hereunder, reimburse the Assured for any charges properly and reasonably incurred in pursuance of these duties.

Waiver
17. Measures taken by the Assured or the Insurers with the object of saving, protecting or recovering the subject-matter insured shall not be considered as a waiver or acceptance of abandonment or otherwise prejudice the rights of either party.

AVOIDANCE OF DELAY
18. It is a condition of this insurance that the Assured

14.2　この保険が増値についての保険である場合には、以下の規定を適用する。
保険の目的物の協定価額は、原保険の保険金額および被保険者によってその保険の目的物について保険に付けられ、同じ損害をてん補するすべての増値保険の保険金額の合計額と同額とみなされるものとし、この保険における保険者の責任額は、この保険の保険金額の上記合計保険金額に対する割合による。
保険金の請求に際しては、被保険者は、この保険以外のすべての保険の保険金額についての証拠を保険者に提供しなければならない。

保険の利益
第15条　この保険は
15.1　被保険者を対象とする。被保険者には、この保険契約を自ら締結した者もしくは自己のためにこの保険契約を締結された者として、または譲受人として、保険金の請求を行う者を含む。
15.2　拡張解釈またはその他の方法によって運送人その他の受託者を利するために利用されてはならない。

損害の軽減
被保険者の義務
第16条　この保険によって損害がてん補されるためには、以下を被保険者ならびにその使用人および代理人の義務とする。
16.1　その損害を回避または軽減するために合理的な処置を講じること、
および
16.2　運送人、受託者またはその他の第三者に対するすべての権利が適切に保全され、かつ行使されることを確保すること。
保険者は、この保険によっててん補されるすべての損害に加えて、これらの義務を履行することにより適切かつ合理的に支出された一切の費用についても被保険者に支払う。

権利放棄
第17条　保険の目的物の救助、保護または回復のために被保険者または保険者が講じる処置は、委付の放棄または承諾とみなされず、またいずれの当事者の権利を害するものでもない。

遅延の回避
第18条　被保険者が自己の支配しうるすべての状況下

shall act with reasonable despatch in all circumstances within their control.

LAW AND PRACTICE
19. This insurance is subject to English law and practice.

NOTE:- Where a continuation of cover is requested under Clause 9, or a change of destination is notified under Clause 10, there is an obligation to give prompt notice to the Insurers and the right to such cover is dependent upon compliance with this obligation.

において相当な迅速さをもって行動することがこの保険の条件である。

法律および慣習
第19条　この保険は、英国の法律および慣習に従う。

注意：　第9条により担保の継続が要請される場合、または第10条により仕向地の変更が通知される場合には、遅滞なくその旨を保険者に通知する義務があり、担保の継続を受ける権利は、この義務が履行されることを条件とする。

3. INSTITUTE CARGO CLAUSES (B) 1/1/09

INSTITUTE CARGO CLAUSES (B)　1/1/09 RISKS COVERED Risks 1. This insurance covers, except as excluded by the provisions of Clauses 4, 5, 6 and 7 below, 1.1 loss of or damage to the subject-matter insured reasonably attributable to 1.1.1 fire or explosion 1.1.2 vessel or craft being stranded grounded sunk or capsized 1.1.3 overturning or derailment of land conveyance 1.1.4 collision or contact of vessel craft or conveyance with any external object other than water 1.1.5 discharge of cargo at a port of distress 1.1.6 earthquake volcanic eruption or lightning, 1.2 loss of or damage to the subject-matter insured caused by 1.2.1 general average sacrifice 1.2.2 jettison or washing overboard 1.2.3 entry of sea lake or river water into vessel craft hold conveyance container or place of storage, 1.3 total loss of any package lost overboard or dropped whilst loading on to, or unloading from, vessel or craft. General Average 2. (Same as Article 2 of ICC (A)) "Both to Blame Collision Clause" 3. (Same as Article 3 of ICC (A)) EXCLUSIONS 4. In no case shall this insurance cover 4.1 loss damage or expense attributable to wilful misconduct of the Assured 4.2 ordinary leakage, ordinary loss in weight or volume, or ordinary wear and tear of the subject-matter insured 4.3 loss damage or expense caused by insufficiency or unsuitability of packing or preparation of the subject-matter insured to withstand the ordinary incidents of the insured transit where such packing or preparation is carried out by the Assured or their employees or prior to the attachment of this insurance (for the purpose of these Clauses "packing" shall be deemed to include stowage in a container and "employees" shall not include independent contractors) 4.4 loss damage or expense caused by inherent vice or nature of the subject-matter insured 4.5 loss damage or expense caused by delay, even	【試訳】　協会貨物約款（B）（2009年1月1日） 担保危険 危険 第1条　この保険は、下記第4条、第5条、第6条および第7条の規定により除外された場合を除き、以下のものをてん補する。 1.1　以下の事由に原因を合理的に帰し得る保険の目的物の滅失または損傷 1.1.1　火災または爆発 1.1.2　船舶または艀の座礁、乗揚げ、沈没または転覆 1.1.3　陸上輸送用具の転覆または脱線 1.1.4　船舶、艀または輸送用具の、水以外の他物との衝突または接触 1.1.5　遭難港における貨物の荷卸し 1.1.6　地震、噴火または雷 1.2　以下の事由によって生じる保険の目的物の滅失または損傷 1.2.1　共同海損犠牲 1.2.2　投荷または波ざらい 1.2.3　船舶、艀、船艙、輸送用具、コンテナまたは保管場所への海水、湖水または河川の水の浸入 1.3　船舶もしくは艀への積込みまたはそれらからの荷卸中における水没または落下による梱包1個ごとの全損 共同海損 第2条（ICC（A）第2条と同文） 「双方過失衝突」条項 第3条　（ICC（A）第3条と同文） 免責事由 第4条　この保険は、いかなる場合においても以下のものをてん補しない。 4.1　被保険者の故意の違法行為に原因を帰し得る滅失、損傷または費用 4.2　保険の目的物の通常の漏損、重量もしくは容積の通常の減少または自然の消耗 4.3　この保険の対象となる輸送に通常生じる出来事に堪えることができるはずの保険の目的物の梱包または準備が、不十分または不適切であることによって生じる滅失、損傷または費用。ただし、その梱包または準備が、被保険者もしくはその使用人によって行われる場合またはこの保険の危険開始前に行われる場合に限る（本約款においては、「梱包」にはコンテナへの積付けを含むものとし、「使用人」には独立した請負業者を含まない）。 4.4　保険の目的物の固有の瑕疵（かし）または性質によって生じる滅失、損傷または費用 4.5　遅延が担保危険によって生じた場合でも、遅延に

though the delay be caused by a risk insured against (except expenses payable under Clause 2 above)

4.6 loss damage or expense caused by insolvency or financial default of the owners managers charterers or operators of the vessel where, at the time of loading of the subject-matter insured on board the vessel, the Assured are aware, or in the ordinary course of business should be aware, that such insolvency or financial default could prevent the normal prosecution of the voyage

This exclusion shall not apply where the contract of insurance has been assigned to the party claiming hereunder who has bought or agreed to buy the subject-matter insured in good faith under a binding contract

4.7 deliberate damage to or deliberate destruction of the subject-matter insured or any part thereof by the wrongful act of any person or persons

4.8 loss damage or expense directly or indirectly caused by or arising from the use of any weapon or device employing atomic or nuclear fission and/or fusion or other like reaction or radioactive force or matter.

5. (Same as Article 5 of ICC (A))

6. In no case shall this insurance cover loss damage or expense caused by

6.1 war civil war revolution rebellion insurrection, or civil strife arising therefrom, or any hostile act by or against a belligerent power

6.2 capture seizure arrest restraint or detainment, and the consequences thereof or any attempt threat

6.3 derelict mines torpedoes bombs or other derelict weapons of war.

7. (Same as Article 7 of ICC (A))

DURATION
Transit Clause
8. (Same as Article 8 of ICC (A))

Termination of Contract of Carriage
9. (Same as Article 9 of ICC (A))

Change of Voyage
10. (Same as Article 10 of ICC (A))

CLAIMS
Insurable Interest
11. (Same as Article 11 of ICC (A))

よって生じる滅失、損傷または費用（上記第2条によって支払われる費用を除く）

4.6 船舶の所有者、管理者、用船者または運航者の支払不能または金銭債務不履行によって生じる滅失、損傷または費用。ただし、保険の目的物を船舶に積込む時に、被保険者がそのような支払不能または金銭債務不履行が、その航海の通常の遂行を妨げることになり得ると知っているか、または通常の業務上当然知っているべきである場合に限る。

本免責規定はある拘束力のある契約に従って、善意で保険の目的物を購入した者もしくは購入することに同意した者に保険契約が譲渡され、その者が本保険により保険金を請求する場合には適用されない。

4.7 一切の人または人々の不法な行為による保険の目的物の全部または一部の故意の損傷または故意の破壊

4.8 直接であると間接であるとを問わず、原子核の分裂および／もしくは融合もしくはその他類似の反応または放射能もしくは放射性物質を利用した兵器または装置の使用によって生じる、またはそれらの使用から生じる滅失、損傷または費用

第5条　（ICC（A）第5条と同文）

第6条　この保険は、いかなる場合においても、以下の事由によって生じる滅失、損傷または費用をてん補しない。

6.1 戦争、内乱、革命、謀反、反乱もしくはこれらから生じる国内闘争、または敵対勢力によってもしくは敵対勢力に対して行なわれる一切の敵対的行為

6.2 捕獲、拿捕（だほ）、拘束、抑止または抑留およびこれらの結果またはこれらの一切の企図

6.3 遺棄された機雷、魚雷、爆弾またはその他の遺棄された兵器

第7条　（ICC（A）第7条と同文）

保険期間
輸送条項
第8条　（ICC（A）第8条と同文）

運送契約の打切り
第9条　（ICC（A）第9条と同文）

航海の変更
第10条　（ICC（A）第10条と同文）

保険金の請求
被保険利益
第11条　（ICC（A）第11条と同文）

Forwarding Charges
12. (Same as Article 12 of ICC（A）)

Constructive Total Loss
13. (Same as Article 13 of ICC（A）)

Increased Value
14. (Same as Article 14 of ICC（A）)

BENEFIT OF INSURANCE
15. (Same as Article 15 of ICC（A）)

MINIMISING LOSSES
Duty of Assured
16. (Same as Article 16 of ICC（A）)

Waiver
17. (Same as Article 17 of ICC（A）)

AVOIDANCE OF DELAY
18. (Same as Article 18 of ICC（A）)

LAW AND PRACTICE
19. (Same as Article 19 of ICC（A）)

NOTE:- (Same as "NOTE" of ICC（A）)

継搬費用
第12条（ICC（A）第12条と同文）

推定全損
第13条（ICC（A）第13条と同文）

増値
第14条（ICC（A）第14条と同文）

保険の利益
第15条（ICC（A）第15条と同文）

損害の軽減
被保険者の義務
第16条（ICC（A）第16条と同文）

権利放棄
第17条（ICC（A）第１７条と同文）

遅延の回避
第18条（ICC（A）第18条と同文）

法律および慣習
第19条（ICC（A）第19条と同文）

注意：（ICC（A）第19条「注意」と同文）

4. INSTITUTE CARGO CLAUSES (C) 1/1/09

INSTITUTE CARGO CLAUSES (C) 1/1/09 RISKS COVERED Risks 1. This insurance covers, except as excluded by the provisions of Clauses 4, 5, 6 and 7 below, 1.1 loss of or damage to the subject-matter insured reasonably attributable to 1.1.1 fire or explosion 1.1.2 vessel or craft being stranded grounded sunk or capsized 1.1.3 overturning or derailment of land conveyance 1.1.4 collision or contact of vessel craft or conveyance with any external object other than water 1.1.5 discharge of cargo at a port of distress, 1.2 loss of or damage to the subject-matter insured caused by 1.2.1 general average sacrifice 1.2.2 jettison. General Average 2. (Same as Article 2 of ICC (A)) "Both to Blame Collision Clause" 3. (Same as Article 3 of ICC (A)) EXCLUSIONS 4. (Same as Article 4 of ICC (B)) 5. (Same as Article 5 of ICC (A)) 6. (Same as Article 6 of ICC (B)) 7. (Same as Article 7 of ICC (A)) DURATION Transit Clause 8. (Same as Article 8 of ICC (A)) Termination of Contract of Carriage 9. (Same as Article 9 of ICC (A)) Change of Voyage 10. (Same as Article 10 of ICC (A)) CLAIMS Insurable Interest 11. (Same as Article 11 of ICC (A)) Forwarding Charges	【試訳】 協会貨物約款（C）（2009年1月1日） 担保危険 危険 第1条　この保険は、下記第4条、第5条、第6条および第7条の規定により除外された場合を除き、以下のものをてん補する。 1.1　以下の事由に原因を合理的に帰し得る保険の目的物の滅失または損傷 1.1.1　火災または爆発 1.1.2　船舶または艀の座礁、乗揚げ、沈没または転覆 1.1.3　陸上輸送用具の転覆または脱線 1.1.4　船舶、艀または輸送用具の、水以外の他物との衝突または接触 1.1.5　遭難港における貨物の荷卸し 1.2　以下の事由によって生じる保険の目的物の滅失または損傷 1.2.1　共同海損犠牲 1.2.2　投荷 共同海損 第2条　（ICC (A) 第2条と同文） 「双方過失衝突」条項 第3条　（ICC (A) 第3条と同文） 免責事由 第4条　（ICC (B) 第4条と同文） 第5条　（ICC (A) 第5条と同文） 第6条　（ICC (B) 第6条と同文） 第7条　（ICC (A) 第7条と同文） 保険期間 輸送条項 第8条　（ICC (A) 第8条と同文） 運送契約の打切り 第9条　（ICC (A) 第9条と同文） 航海の変更 第10条　（ICC (A) 第10条と同文） 保険金の請求 被保険利益 第11条　（ICC (A) 第11条と同文） 継搬費用

12. (Same as Article 12 of ICC（A）)

Constructive Total Loss
13. (Same as Article 13 of ICC（A）)

Increased Value
14. (Same as Article 14 of ICC（A）)

BENEFIT OF INSURANCE
15. (Same as Article 15 of ICC（A）)

MINIMISING LOSSES
Duty of Assured
16. (Same as Article 16 of ICC（A）)

Waiver
17. (Same as Article 17 of ICC（A）)

AVOIDANCE OF DELAY
18. (Same as Article 18 of ICC（A）)

LAW AND PRACTICE
19. (Same as Article 19 of ICC（A）)

NOTE:- (Same as "NOTE" of ICC（A）)

第12条　（ICC（A）第12条と同文）

推定全損
第13条　（ICC（A）第13条と同文）

増値
第14条（ICC（A）第14条と同文）

保険の利益
第15条　（ICC（A）第15条と同文）

損害の軽減
被保険者の義務
第16条　（ICC（A）第16条と同文）

権利放棄
第17条　（ICC（A）第１７条と同文）

遅延の回避
第18条　（ICC（A）第18条と同文）

法律および慣習
第19条　（ICC（A）第19条と同文）

注意：　（ICC（A）第19条「注意」と同文）

5. INSTITUTE CARGO CLAUSES (AIR) (excluding sendings by Post) 1/1/09

INSTITUTE CARGO CLAUSES (AIR) (excluding sendings by Post) 1/1/09 RISKS COVERED Risks 1. This insurance covers all risks of loss of or damage to the subject-matter insured except as excluded by the provisions of Clauses 3, 4 and 5 below. Salvage Charges 2. This insurance covers salvage charges incurred to avoid or in connection with the avoidance of loss from any cause except those excluded in Clauses 3, 4 and 5 below. EXCLUSIONS 3. In no case shall this insurance cover 3.1 loss damage or expense attributable to wilful misconduct of the Assured 3.2 ordinary leakage, ordinary loss in weight or volume, or ordinary wear and tear of the subject-matter insured 3.3 loss damage or expense caused by insufficiency or unsuitability of packing or preparation of the subject-matter insured to withstand the ordinary incidents of the insured transit where such packing or preparation is carried out by the Assured or their employees or prior to the attachment of this insurance (for the purpose of these Clauses "packing" shall be deemed to include stowage in a container and "employees" shall not include independent contractors) 3.4 loss damage or expense caused by inherent vice or nature of the subject-matter insured 3.5 loss damage or expense arising from unfitness of aircraft conveyance or container for the safe carriage of the subject-matter insured, where loading therein or thereon is carried out prior to attachment of this insurance or by the Assured or their employees and they are privy to such unfitness at the time of loading. This exclusion shall not apply where the contract of insurance has been assigned to the party claiming hereunder who has bought or agreed to buy the subject-matter insured in good faith under a binding contract. 3.6 loss damage or expense caused by delay, even though the delay be caused by a risk insured against 3.7 loss damage or expense caused by insolvency or financial default of the owners managers charterers or operators of the aircraft where, at the time of loading of the subject-matter insured on board the aircraft,	【試訳】 協会貨物約款（航空）（2009年1月1日） （郵便物を除く） 担保危険 危険 第1条　この保険は、下記第3条、第4条および第5条の規定により除外された場合を除き、保険の目的物の滅失または損傷の一切の危険を担保する。 救助料 第2条　この保険は、下記第3条、第4条および第5条において除外された事由を除く一切の事由による損害を避けるためまたはこれを避けることに関連して生じる救助料をてん補する。 免責事由 第3条　この保険は、いかなる場合においても以下のものをてん補しない。 3.1　被保険者の故意の違法行為に原因を帰し得る滅失、損傷または費用 3.2　保険の目的物の通常の漏損、重量もしくは容積の通常の減少または自然の消耗 3.3　この保険の対象となる輸送に通常生じる出来事に堪えることができるはずの保険の目的物の梱包または準備が、不十分または不適切であることによって生じる滅失、損傷または費用。ただし、その梱包または準備が、被保険者もしくはその使用人によって行われる場合またはこの保険の危険開始前に行われる場合に限る（本約款においては、「梱包」にはコンテナへの積付けを含むものとし、「使用人」には独立した請負業者を含まない）。 3.4　保険の目的物の固有の瑕疵（かし）または性質によって生じる滅失、損傷または費用 3.5　航空機、輸送用具またはコンテナが保険の目的物の安全な運送に適さないことによって生じる滅失、損傷または費用。ただし、これらの輸送用具への積込みが、この保険の危険開始前に行われる場合、または被保険者もしくはその使用人によって行われ、かつ、これらの者が積込みの時に運送に適さないことを知っている場合に限る。この免責規定は、ある拘束力のある契約に従って、善意で保険の目的物を購入した者または購入することに同意した者にこの保険契約が譲渡され、その者が本保険により保険金を請求する場合には適用されない。 3.6　遅延が担保危険によって生じた場合でも、遅延によって生じる滅失、損傷または費用 3.7　航空機の所有者、管理者、チャーターまたは運航者の支払不能または金銭債務不履行によって生じる滅失、損傷または費用。ただし、保険の目的物を航空機に積込む時に、被保険者がそのような支払不能または金銭

the Assured are aware, or in the ordinary course of business should be aware, that such insolvency or financial default could prevent the normal prosecution of the transit	債務不履行が、その輸送の通常の遂行を妨げることになり得ると知っているか、または通常の業務上当然知っているべきである場合に限る。
This exclusion shall not apply where the contract of insurance has been assigned to the party claiming hereunder who has bought or agreed to buy the subject-matter insured in good faith under a binding contract	本免責規定はある拘束力のある契約に従って、善意で保険の目的物を購入した者もしくは購入することに同意した者に保険契約が譲渡され、その者が本保険により保険金を請求する場合には適用されない。
3.8 loss damage or expense directly or indirectly caused by or arising from the use of any weapon or device employing atomic or nuclear fission and/or fusion or other like reaction or radioactive force or matter.	3.8　直接であると間接であるとを問わず、原子核の分裂および／もしくは融合もしくはその他類似の反応または放射能もしくは放射性物質を利用した兵器または装置の使用によって生じる、またはそれらの使用から生じる滅失、損傷または費用
4. In no case shall this insurance cover loss damage or expense caused by	第4条　この保険は、いかなる場合においても、以下の事由によって生じる滅失、損傷または費用をてん補しない。
4.1 war civil war revolution rebellion insurrection, or civil strife arising therefrom, or any hostile act by or against a belligerent power	4.1　戦争、内乱、革命、謀反、反乱もしくはこれらから生じる国内闘争、または敵対勢力によってもしくは敵対勢力に対して行なわれる一切の敵対的行為
4.2 capture seizure arrest restraint or detainment (piracy excepted), and the consequences thereof or any attempt threat	4.2　捕獲、拿捕（だほ）、拘束、抑止または抑留（海賊行為を除く）およびこれらの結果またはこれらの一切の企図
4.3 derelict mines torpedoes bombs or other derelict weapons of war.	4.3　遺棄された機雷、魚雷、爆弾またはその他の遺棄された兵器
5. In no case shall this insurance cover loss damage or expense	第5条　この保険は、いかなる場合においても、以下の滅失、損傷または費用をてん補しない。
5.1 caused by strikers, locked-out workmen, or persons taking part in labour disturbances, riots or civil commotions	5.1　ストライキに参加する者、職場閉鎖を受けた労働者、または労働争議、騒じょうもしくは暴動に参加している者によって生じるもの
5.2 resulting from strikes, lock-outs, labour disturbances, riots or civil commotions	5.2　ストライキ、職場閉鎖、労働争議、騒じょうまたは暴動から生じるもの
5.3 caused by any act of terrorism being an act of any person acting on behalf of, or in connection with, any organisation which carries out activities directed towards the overthrowing or influencing, by force or violence, of any government whether or not legally constituted	5.3　一切のテロ行為、すなわち、合法的にあるいは非合法に設立された一切の政体を、武力または暴力によって転覆させあるいは支配するために仕向けられた活動を実行する組織のために活動し、あるいはその組織と連携して活動する者の行為によって生じるもの
5.4 caused by any person acting from a political, ideological or religious motive.	5.4　政治的、思想的、または宗教的動機から活動する一切の者によって生じるもの
DURATION Transit Clause	保険期間 輸送条項 第6条
6. 6.1 Subject to Clause 9 below, this insurance attaches from the time the subject-matter insured is first moved in the warehouse, premises or at the place of storage (at the place named in the contract of insurance) for	6.1　下記第9条に従うこととして、この保険は（この保険契約で指定された地の）倉庫、構内または保管場所において、この保険の対象となる輸送の開始のために輸送車両またはその他の輸送用具に保険の目的物を直ちに積

the purpose of the immediate loading into or onto the carrying vehicle or other conveyance for the commencement of transit,
continues during the ordinary course of transit
and terminates either
6.1.1 on completion of unloading from the carrying vehicle or other conveyance in or at the final warehouse, premises or place of storage at the destination named in the contract of insurance,
6.1.2 on completion of unloading from the carrying vehicle or other conveyance in or at any other warehouse, premises or place of storage, whether prior to or at the destination named in the contract of insurance, which the Assured or their employees elect to use either for storage other than in the ordinary course of transit or for allocation or distribution, or
6.1.3 when the Assured or their employees elect to use any carrying vehicle or other conveyance or any container for storage other than in the ordinary course of transit or
6.1.4 on the expiry of 30 days after completion of unloading of the subject-matter insured from the aircraft at the final place of discharge,
whichever shall first occur.
6.2 If, after unloading from the aircraft at the final place of discharge, but prior to termination of this insurance, the subject-matter insured is to be forwarded to a destination other than that to which it is insured, this insurance, whilst remaining subject to termination as provided in Clauses 6.1.1 to 6.1.4, shall not extend beyond the time the subject-matter insured is first moved for the purpose of the commencement of transit to such other destination.
6.3 This insurance shall remain in force (subject to termination as provided for in Clauses 6.1.1 to 6.1.4 above and to the provisions of Clause 7 below) during delay beyond the control of the Assured, any deviation, forced discharge, reshipment or transhipment and during any variation of the adventure arising from the exercise of a liberty granted to the air carriers under the contract of carriage.

Termination of Contract of Carriage
7. If owing to circumstances beyond the control of the Assured either the contract of carriage is terminated at a place other than the destination named therein or the transit is otherwise terminated before unloading of the subject-matter insured as provided for in Clause 6 above, then this insurance shall also terminate unless prompt notice is given to the Insurers and continuation of cover is requested when this insurance shall remain

込む目的で、保険の目的物が最初に動かされた時に開始し、
通常の輸送過程にある間継続し、

6.1.1 この保険契約で指定された仕向地の最終の倉庫、構内または保管場所において、輸送車両またはその他の輸送用具からの荷卸しが完了した時、

6.1.2 この保険契約で指定された仕向地到着前にあると仕向地にあるとを問わず、被保険者もしくはその使用人が、通常の輸送過程以外の保管のため、または割当もしくは分配のためのいずれかに使用することを選ぶその他の倉庫、構内もしくは保管場所において、輸送車両またはその他の輸送用具からの荷卸しが完了した時、または

6.1.3 被保険者もしくはその使用人が、通常の輸送過程以外の保管のため、輸送車両もしくはその他の輸送用具またはコンテナを使用することを選んだ時、または

6.1.4 最終荷卸地における保険の目的物の航空機からの荷卸完了後30日を経過した時、
のうち、いずれか最初に起きた時に終了する。

6.2 最終荷卸地における航空機からの荷卸後でこの保険の終了前に、保険の目的物が保険に付けられた仕向地以外の地に継搬される場合は、この保険は第6条1項1号から第6条1項4号の保険終了の規定に従って存続するが、変更された仕向地への輸送の開始のために保険の目的物が最初に動かされる時以降は延長されない。

6.3 この保険は、（上記第6条1項1号から第6条1項4号に規定された保険終了の規定、および下記第7条の規定に従うこととして）被保険者の支配しえない遅延、一切の離路、やむを得ない荷卸し、再積込または積替の期間中および運送契約によって航空運送人に与えられた自由裁量権の行使から生じる一切の危険の変更の期間中有効に存続する。

運送契約の打切り
第7条 被保険者の支配しえない事情により、運送契約がその契約で指定された仕向地以外の地において打切られたか、または上記第6条に規定するとおり、保険の目的物が荷卸しされる前に輸送が打切られた場合には、この保険もその時点で終了する。ただし、被保険者が、遅滞なくその旨を保険者に通知し、担保の継続を要請する場合は、保険者が割増保険料を請求するときはその支払いを条件として、この保険は、

in force, subject to an additional premium if required by the Insurers, either

7.1 until the subject-matter insured is sold and delivered at such place, or, unless otherwise specially agreed, until the expiry of 30 days after arrival of the subject-matter insured at such place, whichever shall first occur,

or

7.2 if the subject-matter insured is forwarded within the said period of 30 days (or any agreed extension thereof) to the destination named in the contract of insurance or to any other destination, until terminated in accordance with the provisions of Clause 6 above.

Change of Transit

8. 8.1 Where, after attachment of this insurance, the destination is changed by the Assured, this must be notified promptly to Insurers for rates and terms to be agreed. Should a loss occur prior to such agreement being obtained cover may be provided but only if cover would have been available at a reasonable commercial market rate on reasonable market terms.

8.2 Where the subject-matter insured commences the transit contemplated by this insurance (in accordance with Clause 6.1), but, without the knowledge of the Assured or their employees the aircraft leaves for another destination, this insurance will nevertheless be deemed to have attached at commencement of such transit.

CLAIMS
Insurable Interest

9. 9.1 In order to recover under this insurance the Assured must have an insurable interest in the subject-matter insured at the time of the loss.

9.2 Subject to Clause 9.1 above, the Assured shall be entitled to recover for insured loss occurring during the period covered by this insurance, notwithstanding that the loss occurred before the contract of insurance was concluded, unless the Assured were aware of the loss and the Insurers were not.

Forwarding Charges

10. Where, as a result of the operation of a risk covered by this insurance, the insured transit is terminated at a place other than that to which the subject-matter insured is covered under this insurance, the Insurers will reimburse the Assured for any extra charges properly and reasonably incurred in unloading storing

7.1 輸送が打切られた地において保険の目的物が売却の上引渡される時、または特に別段の協定が行われない限りは、これらの地への保険の目的物の到着後30日を経過した時、のうち、いずれか最初に起きた時、
または

7.2 保険の目的物が、上記30日の期間（もしくは協定によりこれを延長した期間）内に、この保険契約で指定された仕向地もしくはいずれか他の仕向地へ継搬される場合は、上記第6条の規定によって保険が終了する時まで、有効に存続する。

輸送の変更
第8条
8.1 この保険の危険開始後に被保険者が仕向地を変更する場合は、遅滞なくその旨を保険者に通知し、保険料率および保険条件の協定をしなければならない。その協定前に損害が発生した場合は、営利保険市場において妥当と考えられる保険条件および保険料率による担保が得られるときに限り、担保が提供される。

8.2 保険の目的物が、（第6条1項に従い）この保険によって企図された輸送を開始したが、被保険者およびその使用人が知らずして、航空機が別の仕向地に向けて出航した場合であっても、この保険はその輸送開始の時に危険が開始したものとする。

保険金の請求
被保険利益
第9条
9.1 この保険によって損害のてん補を受けるためには、被保険者は、損害発生の時に保険の目的物について被保険利益を有していなければならない。

9.2 上記第9条1項の規定に従うこととして、保険契約の締結前にこの保険の対象となる損害が発生していたとしても、被保険者がその損害発生の事実を知り、かつ保険者がこれを知らなかった場合を除き、被保険者はこの保険によって担保されている期間内に発生するこの損害についててん補を受ける権利がある。

継搬費用
第10条　この保険によって担保される危険の作用の結果として、この保険の対象となる輸送が、この保険によって保険の目的物がそこまで担保されている地以外の地で打切られる場合には、保険者は、保険の目的物の荷卸し、保管およびこの保険に付けられた仕向地までの継搬のために適切かつ合理的に支出された一切の追加費用を被保

and forwarding the subject-matter insured to the destination to which it is insured.
This Clause 10, which does not apply to salvage charges, shall be subject to the exclusions contained in Clauses 3, 4 and 5 above, and shall not include charges arising from the fault negligence insolvency or financial default of the Assured or their employees.

Constructive Total Loss
11. No claim for Constructive Total Loss shall be recoverable hereunder unless the subject-matter insured is reasonably abandoned either on account of its actual total loss appearing to be unavoidable or because the cost of recovering, reconditioning and forwarding the subject-matter insured to the destination to which it is insured would exceed its value on arrival.

Increased Value

12. 12.1 If any Increased Value insurance is effected by the Assured on the subject-matter insured under this insurance the agreed value of the subject-matter insured shall be deemed to be increased to the total amount insured under this insurance and all Increased Value insurances covering the loss, and liability under this insurance shall be in such proportion as the sum insured under this insurance bears to such total amount insured.
In the event of claim the Assured shall provide the Insurers with evidence of the amounts insured under all other insurances.
12.2 Where this insurance is on Increased Value the following clause shall apply:
The agreed value of the subject-matter insured shall be deemed to be equal to the total amount insured under the primary insurance and all Increased Value insurances covering the loss and effected on the subject-matter insured by the Assured, and liability under this insurance shall be in such proportion as the sum insured under this insurance bears to such total amount insured. In the event of claim the Assured shall provide the Insurers with evidence of the amounts insured under all other insurances.

BENEFIT OF INSURANCE
13. This insurance
13.1 covers the Assured which includes the person claiming indemnity either as the person by or on whose behalf the contract of insurance was effected or as an assignee,

険者にてん補する。

この第10条は、救助料には適用されないが、上記第3条、第4条および第5条に規定された免責規定の適用を受ける。また、この第10条は被保険者またはその使用人の過失、怠慢、支払不能または金銭債務不履行から生じる費用を含まない。

推定全損
第11条　保険の目的物の現実全損が避け難いと思われるため、または保険の目的物の回収、補修および保険に付けられた仕向地までの継搬に要する費用の合計額が到着時の保険の目的物の価額を超える見込であるために、保険の目的物が合理的に遺棄される場合を除き、推定全損に対する保険金はこの保険ではてん補されない。

増値
第12条
12.1　この保険に付けられた保険の目的物について被保険者が増値保険を付けた場合は、保険の目的物の協定価額は、この保険の保険金額および同じ損害をてん補するすべての増値保険の保険金額の合計額まで増額されたものとみなされ、この保険による保険者の責任額は、この保険の保険金額の上記合計保険金額に対する割合による。
保険金の請求に際しては、被保険者は、この保険以外のすべての保険の保険金額についての証拠を保険者に提供しなければならない。

12.2　この保険が増値についての保険である場合には、以下の規定を適用する。
保険の目的物の協定価額は、原保険の保険金額および被保険者によってその保険の目的物について保険に付けられ、同じ損害をてん補するすべての増値保険の保険金額の合計額と同額とみなされるものとし、この保険における保険者の責任額は、この保険の保険金額の上記合計保険金額に対する割合による。
保険金の請求に際しては、被保険者は、この保険以外のすべての保険の保険金額についての証拠を保険者に提供しなければならない。

保険の利益
第13条　この保険は
13.1　被保険者を対象とする。被保険者には、この保険契約を自ら締結した者もしくは自己のためにこの保険契約を締結された者として、または譲受人として、保険金の請求を行う者を含む。

13.2 shall not extend to or otherwise benefit the carrier or other bailee.

MINIMISINGLOSSES
Duty of Assured
14. It is the duty of the Assured and their employees and agents in respect of loss recoverable hereunder

14.1 to take such measures as may be reasonable for the purpose of averting or minimising such loss, and
14.2 to ensure that all rights against carriers, bailees or other third parties are properly preserved and exercised
and the Insurers will, in addition to any loss recoverable hereunder, reimburse the Assured for any charges properly and reasonably incurred in pursuance of these duties.

Waiver
15. Measures taken by the Assured or the Insurers with the object of saving, protecting or recovering the subject-matter insured shall not be considered as a waiver or acceptance of abandonment or otherwise prejudice the rights of either party.

AVOIDANCE OF DELAY
16. It is a condition of this insurance that the Assured shall act with reasonable despatch in all circumstances within their control.

LAW AND PRACTICE
17. This insurance is subject to English law and practice.

NOTE:- Where a continuation of cover is requested under Clause 7, or a change of destination is notified under Clause 8, there is an obligation to give prompt notice to the Insurers and the right to such cover is dependent upon compliance with this obligation.

13.2 拡張解釈またはその他の方法によって運送人その他の受託者を利するために利用されてはならない。

損害の軽減
被保険者の義務
第14条　この保険によって損害がてん補されるためには、以下のことを被保険者ならびにその使用人および代理人の義務とする。
14.1　その損害を回避または軽減するために合理的な処置を講じること、
および
14.2　運送人、受託者またはその他の第三者に対するすべての権利が適切に保全され、かつ行使されることを確保すること。
保険者は、この保険によっててん補されるすべての損害に加えて、これらの義務を履行することにより適切かつ合理的に支出された一切の費用についても被保険者に支払う。

権利放棄
第15条　保険の目的物の救助、保護または回復のために被保険者または保険者が講じる処置は、委付の放棄または承諾とみなされず、またいずれの当事者の権利を害するものでもない。

遅延の回避
第16条　被保険者が自己の支配しうるすべての状況下において相当な迅速さをもって行動することがこの保険の条件である。

法律および慣習
第17条　この保険は、英国の法律および慣習に従う。

注意：　第7条により担保の継続が要請される場合、または第8条により仕向地の変更が通知される場合には、遅滞なくその旨を保険者に通知する義務があり、担保の継続を受ける権利は、この義務が履行されることを条件とする。

6.INSTITUTE WAR CLAUSES (CARGO) 1/1/09

INSTITUTE WAR CLAUSES (CARGO) 1/1/09
RISKS COVERED
Risks
1. This insurance covers, except as excluded by the provisions of Clauses 3 and 4 below, loss of or damage to the subject-matter insured caused by
1.1 war civil war revolution rebellion insurrection, or civil strife arising therefrom, or any hostile act by or against a belligerent power
1.2 capture seizure arrest restraint or detainment, arising from risks covered under 1.1 above, and the consequences thereof or any attempt threat
1.3 derelict mines torpedoes bombs or other derelict weapons of war.

General Average
2. This insurance covers general average and salvage charges, adjusted or determined according to the contract of carriage and/or the governing law and practice, incurred to avoid or in connection with the avoidance of loss from a risk covered under these Clauses.

EXCLUSIONS
3. In no case shall this insurance cover

3.1 loss damage or expense attributable to wilful misconduct of the Assured
3.2 ordinary leakage, ordinary loss in weight or volume, or ordinary wear and tear of the subject-matter insured
3.3 loss damage or expense caused by insufficiency or unsuitability of packing or preparation of the subject-matter insured to withstand the ordinary incidents of the insured transit where such packing or preparation is carried out by the Assured or their employees or prior to the attachment of this insurance (for the purpose of these Clauses "packing" shall be deemed to include stowage in a container and "employees" shall not include independent contractors)
3.4 loss damage or expense caused by inherent vice or nature of the subject-matter insured
3.5 loss damage or expense caused by delay, even though the delay be caused by a risk insured against (except expenses payable under Clause 2 above)
3.6 loss damage or expense caused by insolvency or financial default of the owners managers charterers or operators of the vessel where, at the time of loading of the subject-matter insured on board the vessel, the Assured are aware, or in the ordinary course of business should be aware, that such insolvency or

【試訳】 協会戦争約款（貨物）（2009年1月1日）
担保危険
危険
第1条　この保険は、下記第3条および第4条の規定により除外された場合を除き、以下の事由によって生じる保険の目的物の滅失または損傷をてん補する。
1.1　戦争、内乱、革命、謀反、反乱もしくはこれらから生じる国内闘争、または敵対勢力によってもしくは敵対勢力に対して行なわれる一切の敵対的行為
1.2　上記第1条1項で担保される危険から生じる捕獲、拿捕（だほ）、拘束、抑止または抑留およびそれらの結果またはそれらの一切の企図
1.3　遺棄された機雷、魚雷、爆弾またはその他の遺棄された兵器

共同海損
第2条　この保険は、本約款で担保される危険による損害を避けるためかまたはこれを避けることに関連して生じ、運送契約および／または準拠法および慣習に従って精算されまたは決定された共同海損および救助料をてん補する。

免責事由
第3条　この保険は、いかなる場合においても以下のものをてん補しない。
3.1　被保険者の故意の違法行為に原因を帰し得る滅失、損傷または費用
3.2　保険の目的物の通常の漏損、重量もしくは容積の通常の減少または自然の消耗
3.3　この保険の対象となる輸送に通常生じる出来事に堪えることができるはずの保険の目的物の梱包または準備が、不十分または不適切であることによって生じる滅失、損傷または費用。ただし、その梱包または準備が、被保険者もしくはその使用人によって行われる場合またはこの保険の危険開始前に行われる場合に限る（本約款においては、「梱包」にはコンテナへの積付けを含むものとし、「使用人」には独立した請負業者を含まない）。
3.4　保険の目的物の固有の瑕疵（かし）または性質によって生じる滅失、損傷または費用
3.5　遅延が担保危険によって生じた場合でも、遅延によって生じる滅失、損傷または費用（上記第2条によって支払われる費用を除く）
3.6　船舶の所有者、管理者、用船者または運航者の支払不能または金銭債務不履行によって生じる滅失、損傷または費用。ただし、保険の目的物を船舶に積込む時に、被保険者がそのような支払不能または金銭債務不履行が、その航海の通常の遂行を妨げることになり得ると知っているか、または通常の業務上当然知っているべき

financial default could prevent the normal prosecution of the voyage
This exclusion shall not apply where the contract of insurance has been assigned to the party claiming hereunder who has bought or agreed to buy the subject-matter insured in good faith under a binding contract
3.7 any claim based upon loss of or frustration of the voyage or adventure
3.8 loss damage or expense directly or indirectly caused by or arising from any hostile use of any weapon or device employing atomic or nuclear fission and/or fusion or other like reaction or radioactive force or matter.

4. 4.1 In no case shall this insurance cover loss damage or expense arising from
4.1.1 unseaworthiness of vessel or craft or unfitness of vessel or craft for the safe carriage of the subject-matter insured, where the Assured are privy to such unseaworthiness or unfitness, at the time the subject-matter insured is loaded therein
4.1.2 unfitness of container or conveyance for the safe carriage of the subject-matter insured, where loading therein or thereon is carried out
prior to attachment of this insurance or
by the Assured or their employees and they are privy to such unfitness at the time of loading.
4.2 Exclusion 4.1.1 above shall not apply where the contract of insurance has been assigned to the party claiming hereunder who has bought or agreed to buy the subject-matter insured in good faith under a binding contract.
4.3 The Insurers waive any breach of the implied warranties of seaworthiness of the ship and fitness of the ship to carry the subject-matter insured to destination.

DURATION
Transit Clause
5. 5.1 This insurance

5.1.1 attaches only as the subject-matter insured and as to any part as that part is loaded on an oversea vessel and
5.1.2 terminates, subject to 5.2 and 5.3 below, either as the subject-matter insured and as to any part as that part is discharged from an oversea vessel at the final port or place of discharge,

である場合に限る。
本免責規定はある拘束力のある契約に従って、善意で保険の目的物を購入した者もしくは購入することに同意した者に保険契約が譲渡され、その者が本保険により保険金を請求する場合には適用されない。

3.7 航海もしくは航海事業の喪失または中絶に基づく一切の保険金請求
3.8 直接であると間接であるとを問わず、原子核の分裂および／もしくは融合もしくはその他類似の反応または放射能もしくは放射性物質を利用した兵器または装置の敵対的使用によって生じる、またはそれらの敵対的使用から生じる滅失、損傷または費用

第4条
4.1 この保険は、いかなる場合においても以下の事由から生じる滅失、損傷または費用をてん補しない。
4.1.1 船舶もしくは艀の不堪航、または船舶もしくは艀が保険の目的物の安全な運送に適さないこと。ただし、被保険者が、保険の目的物がこれらの輸送用具に積込まれる時に、その不堪航または安全な運送に適さないことを知っている場合に限る。
4.1.2 コンテナまたは輸送用具が保険の目的物の安全な運送に適さないこと。ただし、これらの輸送用具への積込みが、この保険の危険開始前に行われる場合、または被保険者もしくはその使用人によって行われ、かつ、これらの者が積込みの時に運送に適さないことを知っている場合に限る。
4.2 上記第4条1項1号の免責規定は、ある拘束力のある契約に従って、善意で保険の目的物を購入した者もしくは購入することに同意した者にこの保険契約が譲渡され、その者が本保険により保険金を請求する場合には適用されない。
4.3 保険者は、船舶の堪航性および船舶が保険の目的物の仕向地までの運送に適することについての黙示担保の違反があっても、これを問わない。

保険期間
輸送条項
第5条
5.1 この保険は
5.1.1 保険の目的物およびその一部についてはその部分が航洋船舶に積込まれた時にのみ開始し、

5.1.2 下記第5条2項および第5条3項の規定に従うこととして、保険の目的物およびその一部についてはその部分が最終荷卸港または荷卸地において航洋船舶から荷卸される時、

or

on expiry of 15 days counting from midnight of the day of arrival of the vessel at the final port or place of discharge,

whichever shall first occur;

nevertheless,

subject to prompt notice to the Insurers and to an additional premium, such insurance

5.1.3 reattaches when, without having discharged the subject-matter insured at the final port or place of discharge, the vessel sails therefrom,

and

5.1.4 terminates, subject to 5.2 and 5.3 below, either as the subject-matter insured and as to any part as that part is thereafter discharged from the vessel at the final (or substituted) port or place of discharge,

or

on expiry of 15 days counting from midnight of the day of re-arrival of the vessel at the final port or place of discharge or arrival of the vessel at a substituted port or place of discharge,

whichever shall first occur.

5.2 If during the insured voyage the oversea vessel arrives at an intermediate port or place to discharge the subject-matter insured for on-carriage by oversea vessel or by aircraft, or the subject-matter insured is discharged from the vessel at a port or place of refuge, then, subject to 5.3 below and to an additional premium if required, this insurance continues until the expiry of 15 days counting from midnight of the day of arrival of the vessel at such port or place, but thereafter reattaches as the subject-matter insured and as to any part as that part is loaded on an on-carrying oversea vessel or aircraft. During the period of 15 days the insurance remains in force after discharge only whilst the subject-matter insured and as to any part as that part is at such port or place. If the subject-matter insured is oncarried within the said period of 15 days or if the insurance reattaches as provided in this Clause 5.2

5.2.1 where the on-carriage is by oversea vessel this insurance continues subject to the terms of these Clauses,

or

5.2.2 where the on-carriage is by aircraft, the current Institute War Clauses (Air Cargo) (excluding sendings by Post) shall be deemed to form part of the contract of insurance and shall apply to the on-carriage by air.

5.3 If the voyage in the contract of carriage is terminated at a port or place other than the destination agreed therein, such port or place shall be deemed the

または

最終荷卸港または荷卸地に航洋船舶が到着した日の午後12時から起算して15日を経過する時のうち、

いずれか先に生じた時に終了する。

上記にかかわらず、

遅滞なく保険者に通知し、かつ割増保険料が支払われることを条件として、この保険は

5.1.3 航洋船舶が最終荷卸港または荷卸地において保険の目的物を荷卸しすることなく、そこから出航する時に再開し、

5.1.4 下記第5条2項および第5条3項の規定に従うこととして、保険の目的物およびその一部についてはその部分が、その後最終の（または代替の）荷卸港または荷卸地において航洋船舶から荷卸しされる時、

または

航洋船舶が最終荷卸港もしくは荷卸地に再び到着した日、または代替の荷卸港もしくは荷卸地に到着した日の午後12時から起算して15日間を経過する時、

のうち、いずれか最初に起きた時に終了する。

5.2 この保険の対象となる航海中に、他の航洋船舶または航空機によって継搬するために、航洋船舶が中間の港または地に保険の目的物を荷卸しすべく到着する場合、または保険の目的物が避難港もしくは避難地において荷卸しされる場合には、この保険は、下記第5条3項の規定に従い、かつ要請に応じて割増保険料が支払われることを条件として、航洋船舶がこれらの港または地に到着した日の午後12時から起算して15日を経過する時まで継続するが、その後は保険の目的物およびその一部についてはその部分が継搬用の航洋船舶または航空機に積込まれる時に再開する。上記15日の期間内においては、保険の目的物およびその一部についてはその部分が、荷卸し後これらの港または地にある間のみこの保険契約は有効に存続する。保険の目的物がその15日の期間内に継搬されるか、または本第5条2項に従い保険が再開する場合において、

5.2.1 継搬が航洋船舶によるときは、この保険は本約款の条件に従って継続し、

または

5.2.2 継搬が航空機によるときは、現行協会戦争約款（航空貨物）（郵便物を除く）がこの保険の一部を構成するものとみなされ、航空輸送による継搬に適用される。

5.3 運送契約上の航海が同契約において合意された仕向地以外の港または地において打切られる場合には、その港または地をもって最終荷卸港とみなし、この保険は

final port of discharge and this insurance terminates in accordance with 5.1.2. If the subject-matter insured is subsequently reshipped to the original or any other destination, then provided notice is given to the Insurers before the commencement of such further transit and subject to an additional premium, this insurance reattaches

5.3.1 in the case of the subject-matter insured having been discharged, as the subject-matter insured and as to any part as that part is loaded on the on-carrying vessel for the voyage;

5.3.2 in the case of the subject-matter not having been discharged, when the vessel sails from such deemed final port of discharge;

thereafter this insurance terminates in accordance with 5.1.4.

5.4 The insurance against the risks of mines and derelict torpedoes, floating or submerged, is extended whilst the subject-matter insured or any part thereof is on craft whilst in transit to or from the oversea vessel, but in no case beyond the expiry of 60 days after discharge from the oversea vessel unless otherwise specially agreed by the Insurers.

5.5 Subject to prompt notice to Insurers, and to an additional premium if required, this insurance shall remain in force within the provisions of these Clauses during any deviation, or any variation of the adventure arising from the exercise of a liberty granted to carriers under the contract of carriage.

(For the purpose of Clause 5
"arrival" shall be deemed to mean that the vessel is anchored, moored or otherwise secured at a berth or place within the Harbour Authority area. If such a berth or place is not available, arrival is deemed to have occurred when the vessel first anchors, moors or otherwise secures either at or off the intended port or place of discharge

"oversea vessel" shall be deemed to mean a vessel carrying the subject-matter from one port or place to another where such voyage involves a sea passage by that vessel)

Change of Voyage

6. 6.1 Where, after attachment of this insurance, the destination is changed by the Assured, this must be notified promptly to Insurers for rates and terms to be agreed. Should a loss occur prior to such agreement being obtained cover may be provided but only if cover would have been available at a reasonable commercial

第5条1項2号に従って終了する。保険の目的物が、その後、元の仕向地またはその他の仕向地へ再び積送される場合には、再輸送の開始前に保険者に通知がなされ、かつ割増保険料が支払われることを条件として、この保険は以下の時に再び開始する。

5.3.1 保険の目的物が荷卸しされた場合には、保険の目的物およびその一部についてはその部分が航海のために継搬航洋船舶に積込まれる時、

5.3.2 保険の目的物が荷卸しされなかった場合には、航洋船舶が最終荷卸港とみなされた港を出航する時、
上記いずれかの時以後、この保険は第5条1項4号に従って終了する。

5.4 浮遊しているかまたは水面下に沈んでいる機雷および遺棄魚雷の危険に関しては、この保険は、保険の目的物またはその一部が航洋船舶へのまたは航洋船舶からの輸送中に艀に積まれている間にも担保が拡張されるが、保険者によって特に認められた場合を除き、いかなる場合においても航洋船舶からの荷卸後60日間を超えて担保しない。

5.5 遅滞なく保険者に通知がなされ、かつ要請に応じて割増保険料が支払われることを条件として、この保険は、運送契約によって運送人に与えられた自由裁量権の行使から生じる一切の離路または危険の変更の期間中も、本約款の諸規定の範囲内で有効に存続する。

(第5条を適用するにあたっては、
「到着」とは、船舶が港湾当局管轄区域内のバースまたは場所に投錨、係留またはその他の方法で定置されることをいう。そのようなバースまたは場所を使用できない場合には、到着は、荷卸しを予定した港もしくは地またはその沖合に船舶が最初に投錨、係留またはその他の方法で定置された時に生じたものとみなされる。
「航洋船舶」とは、ある港または地から他の港または地に保険の目的物を輸送する船舶で、その航海中に当該船舶による海上航行を含む場合の船舶をいう。)

航海の変更
第6条
6.1 この保険の危険開始後に被保険者が仕向地を変更する場合は、遅滞なくその旨を保険者に通知し、保険料率および保険条件の協定をしなければならない。その協定前に損害が発生した場合は、営利保険市場において妥当と考えられる保険条件および保険料率による担保が得られるときに限り、担保が提供される。

market rate on reasonable market terms.
6.2 Where the subject-matter insured commences the transit contemplated by this insurance (in accordance with Clause 5.1), but, without the knowledge of the Assured or their employees the ship sails for another destination, this insurance will nevertheless be deemed to have attached at commencement of such transit.

7. Anything contained in this contract which is inconsistent with Clauses 3.7, 3.8 or 5 shall, to the extent of such inconsistency, be null and void.

CLAIMS
Insurable Interest
8. 8.1 In order to recover under this insurance the Assured must have an insurable interest in the subject-matter insured at the time of the loss.

8.2 Subject to Clause 8.1 above, the Assured shall be entitled to recover for insured loss occurring during the period covered by this insurance, notwithstanding that the loss occurred before the contract of insurance was concluded, unless the Assured were aware of the loss and the Insurers were not.

Increased Value

9. 9.1 If any Increased Value insurance is effected by the Assured on the subject-matter insured under this insurance the agreed value of the subject-matter insured shall be deemed to be increased to the total amount insured under this insurance and all Increased Value insurances covering the loss, and liability under this insurance shall be in such proportion as the sum insured under this insurance bears to such total amount insured.
In the event of claim the Assured shall provide the Insurers with evidence of the amounts insured under all other insurances.
9.2 Where this insurance is on Increased Value the following clause shall apply:
The agreed value of the subject-matter insured shall be deemed to be equal to the total amount insured under the primary insurance and all Increased Value insurances covering the loss and effected on the subject-matter insured by the Assured, and liability under this insurance shall be in such proportion as the sum insured under this insurance bears to such total amount insured.
In the event of claim the Assured shall provide the Insurers with evidence of the amounts insured under

6.2 保険の目的物が、（第5条1項に従い）この保険によって企図された輸送を開始したが、被保険者およびその使用人が知らずして、船舶が別の仕向地に向けて出帆した場合であっても、この保険はその輸送開始の時に危険が開始したものとする。

第7条 この保険契約に規定された事項のうち、第3条7項、第3条8項または第5条に抵触するものは、その抵触の範囲において無効とする。

保険金の請求
被保険利益
第8条
8.1 この保険によって損害のてん補を受けるためには、被保険者は、損害発生の時に保険の目的物について被保険利益を有していなければならない。

8.2 上記第8条1項の規定に従うこととして、保険契約の締結前にこの保険の対象となる損害が発生していたとしても、被保険者がその損害発生の事実を知り、かつ保険者がこれを知らなかった場合を除き、被保険者はこの保険によって担保されている期間内に発生するこの損害についててん補を受ける権利がある。

増値
第9条
9.1 この保険に付けられた保険の目的物について被保険者が増値保険を付けた場合は、保険の目的物の協定価額は、この保険の保険金額および同じ損害をてん補するすべての増値保険の保険金額の合計額まで増額されたものとみなされ、この保険による保険者の責任額は、この保険の保険金額の上記合計保険金額に対する割合による。
保険金の請求に際しては、被保険者は、この保険以外のすべての保険の保険金額についての証拠を保険者に提供しなければならない。

9.2 この保険が増値についての保険である場合には、以下の規定を適用する。
保険の目的物の協定価額は、原保険の保険金額および被保険者によってその保険の目的物について保険に付けられ、同じ損害をてん補するすべての増値保険の保険金額の合計額と同額とみなされるものとし、この保険における保険者の責任額は、この保険の保険金額の上記合計保険金額に対する割合による。
保険金の請求に際しては、被保険者は、この保険以外のすべての保険の保険金額についての証拠を保険者に提供しなければならない。

巻末資料

all other insurances.

BENEFIT OF INSURANCE
10. This insurance
10.1 covers the Assured which includes the person claiming indemnity either as the person by or on whose behalf the contract of insurance was effected or as an assignee,

10.2 shall not extend to or otherwise benefit the carrier or other bailee.

MINIMISING LOSSES
Duty of Assured
11. It is the duty of the Assured and their employees and agents in respect of loss recoverable hereunder

11.1 to take such measures as may be reasonable for the purpose of averting or minimising such loss, and
11.2 to ensure that all rights against carriers, bailees or other third parties are properly preserved and exercised
and the Insurers will, in addition to any loss recoverable hereunder, reimburse the Assured for any charges properly and reasonably incurred in pursuance of these duties.

Waiver
12. Measures taken by the Assured or the Insurers with the object of saving, protecting or recovering the subject-matter insured shall not be considered as a waiver or acceptance of abandonment or otherwise prejudice the rights of either party.

AVOIDANCE OF DELAY
13. It is a condition of this insurance that the Assured shall act with reasonable despatch in all circumstances within their control.

LAW AND PRACTICE
14. This insurance is subject to English law and practice.

NOTE:- Where a reattachment of cover is requested under Clause 5, or a change of destination is notified under Clause 6, there is an obligation to give prompt notice to the Insurers and the right to such cover is dependent upon compliance with this obligation.

保険の利益
第10条　この保険は
10.1　被保険者を対象とする。被保険者には、この保険契約を自ら締結した者もしくは自己のためにこの保険契約を締結された者として、または譲受人として、保険金の請求を行う者を含む。

10.2　拡張解釈またはその他の方法によって運送人その他の受託者を利するために利用されてはならない。

損害の軽減
被保険者の義務
第11条　この保険によって損害がてん補されるためには、以下のことを被保険者ならびにその使用人および代理人の義務とする。

11.1　その損害を回避または軽減するために合理的な処置を講じること、
および
11.2　運送人、受託者またはその他の第三者に対するすべての権利が適切に保全され、かつ行使されることを確保すること。
保険者は、この保険によっててん補されるすべての損害に加えて、これらの義務を履行することにより適切かつ合理的に支出された一切の費用についても被保険者に支払う。

権利放棄
第12条　保険の目的物の救助、保護または回復のために被保険者または保険者が講じる処置は、委付の放棄または承諾とみなされず、またいずれの当事者の権利を害するものでもない。

遅延の回避
第13条　被保険者が自己の支配しうるすべての状況下において相当な迅速さをもって行動することがこの保険の条件である。

法律および慣習
第14条　この保険は、英国の法律および慣習に従う。

注意：　第5条により担保の再開が要請される場合、または第6条により仕向地の変更が通知される場合には、遅滞なくその旨を保険者に通知する義務があり、担保の継続を受ける権利は、この義務が履行されることを条件とする。

7. INSTITUTE WAR CLAUSES (AIR CARGO) (excluding sendings by Post) 1/1/09

INSTITUTE WAR CLAUSES (AIR CARGO) (excluding sendings by Post) 1/1/09

RISKS COVERED

Risks

1. This insurance covers, except as excluded by the provisions of Clause 3 below, loss of or damage to the subject-matter insured caused by

1.1 war civil war revolution rebellion insurrection, or civil strife arising therefrom, or any hostile act by or against a belligerent power

1.2 capture seizure arrest restraint or detainment, arising from risks covered under 1.1 above, and the consequences thereof or any attempt thereat

1.3 derelict mines torpedoes bombs or other derelict weapons of war.

Salvage Charges

2. This insurance covers salvage charges, incurred to avoid or in connection with the avoidance of loss from any cause except those excluded in Clause 3 below.

EXCLUSIONS

3. In no case shall this insurance cover

3.1 loss damage or expense attributable to wilful misconduct of the Assured

3.2 ordinary leakage, ordinary loss in weight or volume, or ordinary wear and tear of the subject-matter insured

3.3 loss damage or expense caused by insufficiency or unsuitability of packing or preparation of the subject-matter insured to withstand the ordinary incidents of the insured transit where such packing or preparation is carried out by the Assured or their employees or prior to the attachment of this insurance (for the purpose of these Clauses "packing" shall be deemed to include stowage in a container and "employees" shall not include independent contractors)

3.4 loss damage or expense caused by inherent vice or nature of the subject-matter insured

3.5 loss damage or expense arising from unfitness of aircraft conveyance or container for the safe carriage of the subject-matter insured, where loading therein or thereon is carried out prior to attachment of this insurance or by the Assured or their employees and they are privy to such unfitness at the time of loading. This exclusion shall not apply where the contract of insurance has been assigned to the party claiming hereunder who has bought or agreed to buy the subject-matter insured in good faith under a binding

【試訳】 協会戦争約款（航空貨物）（2009年1月1日）（郵便物を除く）

担保危険

危険

第1条 この保険は、下記第3条の規定により除外された場合を除き、以下の事由によって生じる保険の目的物の滅失または損傷をてん補する。

1.1 戦争、内乱、革命、謀反、反乱もしくはこれらから生じる国内闘争、または敵対勢力によってもしくは敵対勢力に対して行なわれる一切の敵対的行為

1.2 上記第1条1項で担保される危険から生じる捕獲、拿捕（だほ）、拘束、抑止または抑留およびそれらの結果またはそれらの一切の企図

1.3 遺棄された機雷、魚雷、爆弾またはその他の遺棄された兵器

救助料

第2条 この保険は、下記第3条において除外された事由を除く一切の事由による損害を避けるためまたはこれを避けることに関連して生じる救助料をてん補する。

免責事由

第3条 この保険は、いかなる場合においても以下のものをてん補しない。

3.1 被保険者の故意の違法行為に原因を帰し得る滅失、損傷または費用

3.2 保険の目的物の通常の漏損、重量もしくは容積の通常の減少または自然の消耗

3.3 この保険の対象となる輸送に通常生じる出来事に堪えることができるはずの保険の目的物の梱包または準備が、不十分または不適切であることによって生じる滅失、損傷または費用。ただし、その梱包または準備が、被保険者もしくはその使用人によって行われる場合またはこの保険の危険開始前に行われる場合に限る（本約款においては、「梱包」にはコンテナへの積付けを含むものとし、「使用人」には独立した請負業者を含まない）。

3.4 保険の目的物の固有の瑕疵（かし）または性質によって生じる滅失、損傷または費用

3.5 航空機、輸送用具またはコンテナが保険の目的物の安全な運送に適さないことによって生じる滅失、損傷または費用。ただし、これらの輸送用具への積込みが、この保険の危険開始前に行われる場合、または被保険者もしくはその使用人によって行われ、かつ、これらの者が積込みの時に運送に適さないことを知っている場合に限る。この免責規定は、ある拘束力のある契約に従って、善意で保険の目的物を購入した者または購入することに同意した者にこの保険契約が譲渡され、その者が本保険により保険金を請求する場合には適用されない。

巻末資料

contract.

3.6 loss damage or expense caused by delay, even though the delay be caused by a risk insured against

3.7 loss damage or expense caused by insolvency or financial default of the owners managers charterers or operators of the aircraft where, at the time of loading of the subject-matter insured on board the aircraft, the Assured are aware, or in the ordinary course of business should be aware, that such insolvency or financial default could prevent the normal prosecution of the transit

This exclusion shall not apply where the contract of insurance has been assigned to the party claiming hereunder who has bought or agreed to buy the subject-matter insured in good faith under a binding contract

3.8 any claim based upon loss of or frustration of the transit or adventure

3.9 loss damage or expense directly or indirectly caused by or arising from any hostile use of any weapon or device employing atomic or nuclear fission and/or fusion or other like reaction or radioactive force or matter.

DURATION
Transit Clause

4. 4.1 This insurance

4.1.1 attaches only as the subject-matter insured and as to any part as that part is loaded on the aircraft for the commencement of the air transit insured
and

4.1.2 terminates, subject to 4.2 and 4.3 below, either as the subject-matter insured and as to any part as that part is discharged from the aircraft at the final place of discharge
or
on expiry of 15 days counting from midnight of the day of arrival of the aircraft at the final place of discharge, whichever shall first occur;
nevertheless,
subject to prompt notice to the Insurers and to an additional premium, such insurance

4.1.3 reattaches when, without having discharged the subject-matter insured at the final place of discharge, the aircraft departs therefrom,
and

4.1.4 terminates, subject to 4.2 and 4.3 below, either as the subject-matter insured and as to any part as that part is thereafter discharged from the aircraft at the final (or substituted) place of discharge,

3.6 遅延が担保危険によって生じた場合でも、遅延によって生じる滅失、損傷または費用

3.7 航空機の所有者、管理者、チャーターラーまたは運航者の支払不能または金銭債務不履行によって生じる滅失、損傷または費用。ただし、保険の目的物を航空機に積込む時に、被保険者がそのような支払不能または金銭債務不履行が、その輸送の通常の遂行を妨げることになり得ると知っているか、または通常の業務上当然知っているべきである場合に限る。

本免責規定はある拘束力のある契約に従って、善意で保険の目的物を購入した者もしくは購入することに同意した者に保険契約が譲渡され、その者が本保険により保険金を請求する場合には適用されない。

3.8 航空輸送もしくは航行事業の喪失または中絶に基づく一切の保険金請求

3.9 直接であると間接であるとを問わず、原子核の分裂および／もしくは融合もしくはその他類似の反応または放射能もしくは放射性物質を利用した兵器または装置の敵対的使用によって生じる、またはそれらの敵対的使用から生じる滅失、損傷または費用

保険期間
輸送条項
第4条
4.1 この保険は

4.1.1 保険の目的物およびその一部についてはその部分が被保険航空輸送開始のために航空機に積込まれた時にのみ開始し、

4.1.2 下記第4条2項および第4条3項の規定に従うこととして、保険の目的物およびその一部についてはその部分が最終荷卸地において航空機から荷卸される時、
または
最終荷卸地に航空機が到着した日の午後12時から起算して15日を経過する時のうち、
いずれか先に生じた時に終了する。
上記にかかわらず、
遅滞なく保険者に通知し、かつ割増保険料が支払われることを条件として、この保険は

4.1.3 航空機が最終荷卸地において保険の目的物を荷卸しすることなく、そこから出航する時に再開し、

4.1.4 下記第4条2項および第4条3項の規定に従うこととして、保険の目的物およびその一部についてはその部分が、その後最終の（または代替の）荷卸地において航空機から荷卸しされる時、

or

on expiry of 15 days counting from midnight of the day of re-arrival of the aircraft at the final place of discharge or arrival of the aircraft at a substituted place of discharge,

whichever shall first occur.

4.2 If during the insured transit the aircraft arrives at an intermediate place to discharge the subject-matter insured for on-carriage by aircraft or oversea vessel, then, subject to 4.3 below and to an additional premium if required, this insurance continues until the expiry of 15 days counting from midnight of the day of arrival of the aircraft at such place, but thereafter reattaches as the subject-matter insured and as to any part as that part is loaded on an on-carrying aircraft or oversea vessel. During the period of 15 days the insurance remains in force after discharge only whilst the subject-matter insured and as to any part as that part is at such intermediate place. If the subject-matter insured is on-carried within the said period of 15 days or if the insurance reattaches as provided in this Clause 4.2

4.2.1 where the on-carriage is by aircraft this insurance continues subject to the terms of these Clauses,

or

4.2.2 where the on-carriage is by oversea vessel, the current Institute War Clauses (Cargo) shall be deemed to form part of the contract of insurance and shall apply to the on-carriage by sea.

4.3 If the air transit in the contract of carriage is terminated at a place other than the destination agreed therein, that place shall be deemed to be the final place of discharge and this insurance terminates in accordance with 4.1.2. If the subject-matter insured is subsequently consigned to the original or any other destination, then, provided notice is given to the Insurers before the commencement of such further transit and subject to an additional premium, this insurance reattaches

4.3.1 in the case of the subject-matter insured having been discharged, as the subject-matter insured and as to any part as that part is loaded on the on-carrying aircraft for the transit;

4.3.2 in the case of the subject-matter insured not having been discharged, when the aircraft departs from such deemed final place of discharge;

thereafter this insurance terminates in accordance with 4.1.4.

4.4 Subject to prompt notice to Insurers, and to an additional premium if required, this insurance shall remain in force within the provisions of these Clauses during any deviation, or any variation of the adventure

または

航空機が最終荷卸地に再び到着した日、または代替の荷卸地に到着した日の午後12時から起算して15日間を経過する時、

のうち、いずれか最初に起きた時に終了する。

4.2 この保険の対象となる輸送中に、他の航空機または航洋船舶によって継搬するために、航空機が中間の地に保険の目的物を荷卸しすべく到着する場合、または保険の目的物が避難地において荷卸しされる場合には、この保険は、下記第5条3項の規定に従い、かつ要請に応じて割増保険料が支払われることを条件として、航空機がこれらの地に到着した日の午後12時から起算して15日を経過する時まで継続するが、その後は保険の目的物およびその一部についてはその部分が継搬用の航空機または航洋船舶に積込まれる時に再開する。上記15日の期間内においては、保険の目的物およびその一部についてはその部分が、荷卸し後これらの地にある間のみこの保険契約は有効に存続する。保険の目的物がその15日の期間内に継搬されるか、または本第5条2項に従い保険が再開する場合において、

4.2.1 継搬が航空機によるときは、この保険は本約款の条件に従って継続し、

または

4.2.2 継搬が航洋船舶によるときは、現行協会戦争約款（貨物）がこの保険の一部を構成するものとみなされ、海上輸送による継搬に適用される。

4.3 運送契約上の航空輸送が同契約において合意された仕向地以外の地において打切られる場合には、その地をもって最終荷卸地とみなし、この保険は第4条1項2号に従って終了する。保険の目的物が、その後、元の仕向地またはその他の仕向地へ再び積送される場合には、再輸送の開始前に保険者に通知がなされ、かつ割増保険料が支払われることを条件として、この保険は以下の時に再び開始する。

4.3.1 保険の目的物が荷卸しされた場合には、保険の目的物およびその一部についてはその部分が輸送のために継搬航空機に積込まれる時、

4.3.2 保険の目的物が荷卸しされなかった場合には、航空機が最終荷卸地とみなされた地を出航する時、

上記いずれかの時以後、この保険は第4条1項4号に従って終了する。

4.4 遅滞なく保険者に通知がなされ、かつ要請に応じて割増保険料が支払われることを条件として、この保険は、運送契約によって運送人に与えられた自由裁量権の行使から生じる一切の離路または危険の変更の期間中

arising from the exercise of a liberty granted to the air carriers under the contract of carriage.
(For the purpose of Clause 4
"oversea vessel" shall be deemed to mean a vessel carrying the subject-matter from one port or place to another where such voyage involves a sea passage by that vessel)

Change of Transit
5. 5.1 Where, after attachment of this insurance, the destination is changed by the Assured, this must be notified promptly to Insurers for rates and terms to be agreed.Should a loss occur prior to such agreement being obtained cover may be provided but only if cover would have been available at a reasonable commercial market rate on reasonable market terms.
5.2 Where the subject-matter insured commences the transit contemplated by this insurance (in accordance with Clause 4.1), but, without the knowledge of the Assured or their employees the aircraft leaves for another destination, this insurance will nevertheless be deemed to have attached at commencement of such transit.

6. Anything contained in this contract which is inconsistent with Clauses 3.8, 3.9 or 4 shall, to the extent of such inconsistency, be null and void.

CLAIMS
Insurable Interest

7. 7.1 In order to recover under this insurance the Assured must have an insurable interest in the subject-matter insured at the time of the loss.
7.2 Subject to Clause 7.1 above, the Assured shall be entitled to recover for insured loss occurring during the period covered by this insurance, notwithstanding that the loss occurred before the contract of insurance was concluded, unless the Assured were aware of the loss and the Insurers were not.

Increased Value

8. 8.1 If any Increased Value insurance is effected by the Assured on the subject-matter insured under this insurance the agreed value of the subject-matter insured shall be deemed to be increased to the total amount insured under this insurance and all Increased Value insurances covering the loss, and liability under this insurance shall be in such proportion as the sum insured under this insurance bears to such total

も、本約款の諸規定の範囲内で有効に存続する。

(第4条を適用するにあたっては、「航洋船舶」とは、ある港または地から他の港または地に保険の目的物を輸送する船舶で、その航海中に当該船舶による海上航行を含む場合の船舶をいう。)

輸送の変更
第5条
5.1　この保険の危険開始後に被保険者が仕向地を変更する場合は、遅滞なくその旨を保険者に通知し、保険料率および保険条件の協定をしなければならない。その協定前に損害が発生した場合は、営利保険市場において妥当と考えられる保険条件および保険料率による担保が得られるときに限り、担保が提供される。
5.2　保険の目的物が、(第5条1項に従い)この保険によって企図された輸送を開始したが、被保険者およびその使用人が知らずして、航空機が別の仕向地に向けて出航した場合であっても、この保険はその輸送開始の時に危険が開始したものとする。

第6条　この保険契約に規定された事項のうち、第3条8項、第3条9項または第4条に抵触するものは、その抵触の範囲において無効とする。

保険金の請求
被保険利益
第7条
7.1　この保険によって損害のてん補を受けるためには、被保険者は、損害発生の時に保険の目的物について被保険利益を有していなければならない。
7.2　上記第7条1項の規定に従うこととして、保険契約の締結前にこの保険の対象となる損害が発生していたとしても、被保険者がその損害発生の事実を知り、かつ保険者がこれを知らなかった場合を除き、被保険者はこの保険によって担保されている期間内に発生するこの損害についててん補を受ける権利がある。

増値
第8条
8.1　この保険に付けられた保険の目的物について被保険者が増値保険を付けた場合は、保険の目的物の協定価額は、この保険の保険金額および同じ損害をてん補するすべての増値保険の保険金額の合計額まで増額されたものとみなされ、この保険による保険者の責任額は、この保険の保険金額の上記合計保険金額に対する割合による。
保険金の請求に際しては、被保険者は、この保険以外の

amount insured.

In the event of claim the Assured shall provide the Insurers with evidence of the amounts insured under all other insurances.

8.2 Where this insurance is on Increased Value the following clause shall apply:

The agreed value of the subject-matter insured shall be deemed to be equal to the total amount insured under the primary insurance and all Increased Value insurances covering the loss and effected on the subject-matter insured by the Assured, and liability under this insurance shall be in such proportion as the sum insured under this insurance bears to such total amount insured.

In the event of claim the Assured shall provide the Insurers with evidence of the amounts insured under all other insurances.

BENEFIT OF INSURANCE

9. This insurance

9.1 covers the Assured which includes the person claiming indemnity either as the person by or on whose behalf the contract of insurance was effected or as an assignee,

9.2 shall not extend to or otherwise benefit the carrier or other bailee.

MINIMISING LOSSES

Duty of Assured

10. It is the duty of the Assured and their employees and agents in respect of loss recoverable hereunder

10.1 to take such measures as may be reasonable for the purpose of averting or minimising such loss,
and
10.2 to ensure that all rights against carriers, bailees or other third parties are properly preserved and exercised

and the Insurers will, in addition to any loss recoverable hereunder, reimburse the Assured for any charges properly and reasonably incurred in pursuance of these duties.

Waiver

11. Measures taken by the Assured or the Insurers with the object of saving, protecting or recovering the subject-matter insured shall not be considered as a waiver or acceptance of abandonment or otherwise prejudice the rights of either party.

すべての保険の保険金額についての証拠を保険者に提供しなければならない。

8.2　この保険が増値についての保険である場合には、以下の規定を適用する。

保険の目的物の協定価額は、原保険の保険金額および被保険者によってその保険の目的物について保険に付けられ、同じ損害をてん補するすべての増値保険の保険金額の合計額と同額とみなされるものとし、この保険における保険者の責任額は、この保険の保険金額の上記合計保険金額に対する割合による。

保険金の請求に際しては、被保険者は、この保険以外のすべての保険の保険金額についての証拠を保険者に提供しなければならない。

保険の利益

第9条　この保険は

9.1　被保険者を対象とする。被保険者には、この保険契約を自ら締結した者もしくは自己のためにこの保険契約を締結された者として、または譲受人として、保険金の請求を行う者を含む。

9.2　拡張解釈またはその他の方法によって運送人その他の受託者を利するために利用されてはならない。

損害の軽減

被保険者の義務

第10条　この保険によって損害がてん補されるためには、以下のことを被保険者ならびにその使用人および代理人の義務とする。

10.1　その損害を回避または軽減するために合理的な処置を講じること、

および

10.2　運送人、受託者またはその他の第三者に対するすべての権利が適切に保全され、かつ行使されることを確保すること。

保険者は、この保険によっててん補されるすべての損害に加えて、これらの義務を履行することにより適切かつ合理的に支出された一切の費用についても被保険者に支払う。

権利放棄

第11条　保険の目的物の救助、保護または回復のために被保険者または保険者が講じる処置は、委付の放棄または承諾とみなされず、またいずれの当事者の権利を害するものでもない。

AVOIDANCE OF DELAY

12. It is a condition of this insurance that the Assured shall act with reasonable despatch in all circumstances within their control.

LAW AND PRACTICE

13. This insurance is subject to English law and practice.

NOTE:- Where a reattachment of cover is requested under Clause 4, or a change of destination is notified under Clause 5, there is an obligation to give prompt notice to the Insurers and the right to such cover is dependent upon compliance with this obligation.

遅延の回避

第12条　被保険者が自己の支配しうるすべての状況下において相当な迅速さをもって行動することがこの保険の条件である。

法律および慣習

第13条　この保険は、英国の法律および慣習に従う。

注意：　第4条により担保の再開が要請される場合、または第5条により仕向地の変更が通知される場合には、遅滞なくその旨を保険者に通知する義務があり、担保の継続を受ける権利は、この義務が履行されることを条件とする。

8. INSTITUTE STRIKES CLAUSES (CARGO) 1/1/09

INSTITUTE STRIKES CLAUSES (CARGO) 1/1/09 RISKS COVERED Risks 1. This insurance covers, except as excluded by the provisions of Clauses 3 and 4 below, loss of or damage to the subject-matter insured caused by 1.1 strikers, locked-out workmen, or persons taking part in labour disturbances, riots or civil commotions 1.2 any act of terrorism being an act of any person acting on behalf of, or in connection with, any organisation which carries out activities directed towards the overthrowing or influencing, by force or violence, of any government whether or not legally constituted 1.3 any person acting from a political, ideological or religious motive. General Average 2. This insurance covers general average and salvage charges, adjusted or determined according to the contract of carriage and/or the governing law and practice, incurred to avoid or in connection with the avoidance of loss from a risk covered under these Clauses. EXCLUSIONS 3. In no case shall this insurance cover 3.1 loss damage or expense attributable to wilful misconduct of the Assured 3.2 ordinary leakage, ordinary loss in weight or volume, or ordinary wear and tear of the subject-matter insured 3.3 loss damage or expense caused by insufficiency or unsuitability of packing or preparation of the subject-matter insured to withstand the ordinary incidents of the insured transit where such packing or preparation is carried out by the Assured or their employees or prior to the attachment of this insurance (for the purpose of this Clause 3.3 "packing" shall be deemed to include stowage in a container and "employees" shall not include independent contractors) 3.4 loss damage or expense caused by inherent vice or nature of the subject-matter insured 3.5 loss damage or expense caused by delay, even though the delay be caused by a risk insured against (except expenses payable under Clause 2 above) 3.6 loss damage or expense caused by insolvency or financial default of the owners managers charterers or operators of the vessel where, at the time of loading of the subject-matter insured on board the vessel,	【試訳】　協会ストライキ約款（貨物）（2009年1月1日） 担保危険 危険 第1条　この保険は、下記第3条および第4条の規定により除外された場合を除き、以下の事由によって生じる保険の目的物の滅失または損傷をてん補する。 1.1　ストライキに参加する者、職場閉鎖を受けた労働者、または労働争議、騒じょうもしくは暴動に参加している者 1.2　一切のテロ行為、すなわち、合法的にあるいは非合法に設立された一切の政体を、武力または暴力によって転覆させあるいは支配するために仕向けられた活動を実行する組織のために活動し、あるいはその組織と連携して活動する者の行為 1.3　政治的、思想的、または宗教的動機から活動する一切の者 共同海損 第2条　この保険は、本約款で担保される危険による損害を避けるためかまたはこれを避けることに関連して生じ、運送契約および／または準拠法および慣習に従って精算されまたは決定された共同海損および救助料をてん補する。 免責事由 第3条　この保険は、いかなる場合においても以下のものをてん補しない。 3.1　被保険者の故意の違法行為に原因を帰し得る滅失、損傷または費用 3.2　保険の目的物の通常の漏損、重量もしくは容積の通常の減少または自然の消耗 3.3　この保険の対象となる輸送に通常生じる出来事に堪えることができるはずの保険の目的物の梱包または準備が、不十分または不適切であることによって生じる滅失、損傷または費用。ただし、その梱包または準備が、被保険者もしくはその使用人によって行われる場合またはこの保険の危険開始前に行われる場合に限る（この第3条3項においては、「梱包」にはコンテナへの積付けを含むものとし、「使用人」には独立した請負業者を含まない）。 3.4　保険の目的物の固有の瑕疵（かし）または性質によって生じる滅失、損傷または費用 3.5　遅延が担保危険によって生じた場合でも、遅延によって生じる滅失、損傷または費用（上記第2条によって支払われる費用を除く） 3.6　船舶の所有者、管理者、用船者または運航者の支払不能または金銭債務不履行によって生じる滅失、損傷または費用。ただし、保険の目的物を船舶に積込む時に、被保険者がそのような支払不能または金銭債務不履

the Assured are aware, or in the ordinary course of business should be aware, that such insolvency or financial default could prevent the normal prosecution of the voyage

This exclusion shall not apply where the contract of insurance has been assigned to the party claiming hereunder who has bought or agreed to buy the subject-matter insured in good faith under a binding contract

3.7 loss damage or expense arising from the absence shortage or withholding of labour of any description whatsoever resulting from any strike, lockout, labour disturbance, riot or civil commotion

3.8 any claim based upon loss of or frustration of the voyage or adventure

3.9 loss damage or expense directly or indirectly caused by or arising from the use of any weapon or device employing atomic or nuclear fission and/or fusion or other like reaction or radioactive force or matter

3.10 loss damage or expense caused by war civil war revolution rebellion insurrection, or civil strife arising therefrom, or any hostile act by or against a belligerent power.

4. 4.1 In no case shall this insurance cover loss damage or expense arising from

4.1.1 unseaworthiness of vessel or craft or unfitness of vessel or craft for the safe carriage of the subject-matter insured, where the Assured are privy to such unseaworthiness or unfitness, at the time the subject-matter insured is loaded therein

4.1.2 unfitness of container or conveyance for the safe carriage of the subject-matter insured, where loading therein or thereon is carried out

prior to attachment of this insurance or

by the Assured or their employees and they are privy to such unfitness at the time of loading.

4.2 Exclusion 4.1.1 above shall not apply where the contract of insurance has been assigned to the party claiming hereunder who has bought or agreed to buy the subject-matter insured in good faith under a binding contract.

4.3 The Insurers waive any breach of the implied warranties of seaworthiness of the ship and fitness of the ship to carry the subject-matter insured to destination.

DURATION
Transit Clause

行が、その航海の通常の遂行を妨げることになり得ると知っているか、または通常の業務上当然知っているべきである場合に限る。
本免責規定はある拘束力のある契約に従って、善意で保険の目的物を購入した者もしくは購入することに同意した者に保険契約が譲渡され、その者が本保険により保険金を請求する場合には適用されない。

3.7 一切のストライキ、職場閉鎖、労働争議、騒じょうもしくは暴動から生じる一切の種類の労働者の不在、不足または引上げから生じる滅失、損傷または費用

3.8 航海もしくは航海事業の喪失または中絶に基づく一切の保険金請求

3.9 直接であると間接であるとを問わず、原子核の分裂および／もしくは融合もしくはその他類似の反応または放射能もしくは放射性物質を利用した兵器または装置の使用によって生じる、またはそれらの使用から生じる滅失、損傷または費用

3.10 戦争、内乱、革命、謀反、反乱もしくはこれらから生じる国内闘争、または敵対勢力によってもしくは敵対勢力に対して行なわれる一切の敵対的行為によって生じる滅失、損傷または費用

第4条
4.1 この保険は、いかなる場合においても以下の事由から生じる滅失、損傷または費用をてん補しない。
4.1.1 船舶もしくは艀の不堪航、または船舶もしくは艀が保険の目的物の安全な運送に適さないこと。ただし、被保険者が、保険の目的物がこれらの輸送用具に積込まれる時に、その不堪航または安全な運送に適さないことを知っている場合に限る。
4.1.2 コンテナまたは輸送用具が保険の目的物の安全な運送に適さないこと。ただし、これらの輸送用具への積込みが、この保険の危険開始前に行われる場合、または被保険者もしくはその使用人によって行われ、かつ、これらの者が積込みの時に運送に適さないことを知っている場合に限る。
4.2 上記第4条1項1号の免責規定は、ある拘束力のある契約に従って、善意で保険の目的物を購入した者または購入することに同意した者にこの保険契約が譲渡され、その者が本保険により保険金を請求する場合には適用されない。
4.3 保険者は、船舶の堪航性および船舶が保険の目的の仕向地までの運送に適することについての黙示担保の違反があっても、これを問わない。

保険期間
輸送条項

5. 5.1 Subject to Clause 8 below, this insurance attaches from the time the subject-matter insured is first moved in the warehouse or at the place of storage (at the place named in the contract of insurance) for the purpose of the immediate loading into or onto the carrying vehicle or other conveyance for the commencement of transit,
continues during the ordinary course of transit
and terminates either
5.1.1 on completion of unloading from the carrying vehicle or other conveyance in or at the final warehouse or place of storage at the destination named in the contract of insurance,
5.1.2 on completion of unloading from the carrying vehicle or other conveyance in or at any other warehouse or place of storage, whether prior to or at the destination named in the contract of insurance, which the Assured or their employees elect to use either for storage other than in the ordinary course of transit or for allocation or distribution, or
5.1.3 when the Assured or their employees elect to use any carrying vehicle or other conveyance or any container for storage other than in the ordinary course of transit or
5.1.4 on the expiry of 60 days after completion of discharge overside of the subject-matter insured from the oversea vessel at the final port of discharge,
whichever shall first occur.
5.2 If, after discharge overside from the oversea vessel at the final port of discharge, but prior to termination of this insurance, the subject-matter insured is to be forwarded to a destination other than that to which it is insured, this insurance, whilst remaining subject to termination as provided in Clauses 5.1.1 to 5.1.4, shall not extend beyond the time the subject-matter insured is first moved for the purpose of the commencement of transit to such other destination.
5.3 This insurance shall remain in force (subject to termination as provided for in Clauses 5.1.1 to 5.1.4 above and to the provisions of Clause 6 below) during delay beyond the control of the Assured, any deviation, forced discharge, reshipment or transhipment and during any variation of the adventure arising from the exercise of a liberty granted to carriers under the contract of carriage.

Termination of Contract of Carriage
6. If owing to circumstances beyond the control of the Assured either the contract of carriage is terminated at a port or place other than the destination named therein or the transit is otherwise terminated before

第5条
5.1　下記第8条に従うこととして、この保険は（この保険契約で指定された地の）倉庫または保管場所において、この保険の対象となる輸送の開始のために輸送車両またはその他の輸送用具に保険の目的物を直ちに積込む目的で、保険の目的物が最初に動かされた時に開始し、
通常の輸送過程にある間継続し、

5.1.1　この保険契約で指定された仕向地の最終の倉庫または保管場所において、輸送車両またはその他の輸送用具からの荷卸しが完了した時、

5.1.2　この保険契約で指定された仕向地到着前にあると仕向地にあるとを問わず、被保険者もしくはその使用人が、通常の輸送過程以外の保管のため、または割当もしくは分配のためのいずれかに使用することを選ぶその他の倉庫もしくは保管場所において、輸送車両またはその他の輸送用具からの荷卸しが完了した時、または

5.1.3　被保険者もしくはその使用人が、通常の輸送過程以外の保管のため、輸送車両もしくはその他の輸送用具またはコンテナを使用することを選んだ時、または
5.1.4　最終荷卸港における保険の目的物の航洋船舶からの荷卸完了後60日を経過した時、
のうち、いずれか最初に起きた時に終了する。

5.2　最終荷卸港における航洋船舶からの荷卸後でこの保険の終了前に、保険の目的物が保険に付けられた仕向地以外の地に継搬される場合は、この保険は第5条1項1号から第5条1項4号の保険終了の規定に従って存続するが、変更された仕向地への輸送の開始のために保険の目的物が最初に動かされる時以降は延長されない。

5.3　この保険は、（上記第5条1項1号から第5条1項4号に規定された保険終了の規定、および下記第6条の規定に従うこととして）被保険者の支配しえない遅延、一切の離路、やむを得ない荷卸し、再積込または積替の期間中および運送契約によって運送人に与えられた自由裁量権の行使から生じる一切の危険の変更の期間中有効に存続する。

運送契約の打切り
第6条　被保険者の支配しえない事情により、運送契約がその契約で指定された仕向地以外の港または地において打切られたか、または上記第5条に規定するとおり、保険の目的物が荷卸しされる前に輸送が打切られた場合

unloading of the subject-matter insured as provided for in Clause 5 above, then this insurance shall also terminate unless prompt notice is given to the Insurers and continuation of cover is requested when this insurance shall remain in force, subject to an additional premium if required by the Insurers, either

6.1 until the subject-matter insured is sold and delivered at such port or place, or, unless otherwise specially agreed, until the expiry of 60 days after arrival of the subject-matter insured at such port or place, whichever shall first occur,

or

6.2 if the subject-matter insured is forwarded within the said period of 60 days (or any agreed extension thereof) to the destination named in the contract of insurance or to any other destination, until terminated in accordance with the provisions of Clause 5 above.

Change of Voyage

7. 7.1 Where, after attachment of this insurance, the destination is changed by the Assured, this must be notified promptly to Insurers for rates and terms to be agreed. Should a loss occur prior to such agreement being obtained cover may be provided but only if cover would have been available at a reasonable commercial market rate on reasonable market terms.

7.2 Where the subject-matter insured commences the transit contemplated by this insurance (in accordance with Clause 5.1), but, without the knowledge of the Assured or their employees the ship sails for another destination, this insurance will nevertheless be deemed to have attached at commencement of such transit.

CLAIMS
Insurable Interest

8. 8.1 In order to recover under this insurance the Assured must have an insurable interest in the subject-matter insured at the time of the loss.

8.2 Subject to Clause 8.1 above, the Assured shall be entitled to recover for insured loss occurring during the period covered by this insurance, notwithstanding that the loss occurred before the contract of insurance was concluded, unless the Assured were aware of the loss and the Insurers were not.

Increased Value

9. 9.1 If any Increased Value insurance is effected by the Assured on the subject-matter insured under

には、この保険もその時点で終了する。ただし、被保険者が、遅滞なくその旨を保険者に通知し、担保の継続を要請する場合は、保険者が割増保険料を請求するときはその支払いを条件として、この保険は、

6.1 輸送が打切られた港もしくは地において保険の目的物が売却の上引渡される時、または特に別段の協定が行われない限りは、これらの港または地への保険の目的物の到着後60日を経過した時、のうち、いずれか最初に起きた時、

または

6.2 保険の目的物が、上記60日の期間（もしくは協定によりこれを延長した期間）内に、この保険契約で指定された仕向地もしくはいずれか他の仕向地へ継搬される場合は、上記第5条の規定によって保険が終了する時まで、有効に存続する。

航海の変更
第7条

7.1 この保険の危険開始後に被保険者が仕向地を変更する場合は、遅滞なくその旨を保険者に通知し、保険料率および保険条件の協定をしなければならない。その協定前に損害が発生した場合は、営利保険市場において妥当と考えられる保険条件および保険料率による担保が得られるときに限り、担保が提供される。

7.2 保険の目的物が、（第5条1項に従い）この保険によって企図された輸送を開始したが、被保険者およびその使用人が知らずして、船舶が別の仕向地に向けて出帆した場合であっても、この保険はその輸送開始の時に危険が開始したものとする。

保険金の請求
被保険利益
第8条

8.1 この保険によって損害のてん補を受けるためには、被保険者は、損害発生の時に保険の目的物について被保険利益を有していなければならない。

8.2 上記第8条1項の規定に従うこととして、保険契約の締結前にこの保険の対象となる損害が発生していたとしても、被保険者がその損害発生の事実を知り、かつ保険者がこれを知らなかった場合を除き、被保険者はこの保険によって担保されている期間内に発生するこの損害についててん補を受ける権利がある。

増値
第9条

9.1 この保険に付けられた保険の目的物について被保険者が増値保険を付けた場合は、保険の目的物の協定価

this insurance the agreed value of the subject-matter insured shall be deemed to be increased to the total amount insured under this insurance and all Increased Value insurances covering the loss, and liability under this insurance shall be in such proportion as the sum insured under this insurance bears to such total amount insured.

In the event of claim the Assured shall provide the Insurers with evidence of the amounts insured under all other insurances.

9.2 Where this insurance is on Increased Value the following clause shall apply:

The agreed value of the subject-matter insured shall be deemed to be equal to the total amount insured under the primary insurance and all Increased Value insurances covering the loss and effected on the subject-matter insured by the Assured, and liability under this insurance shall be in such proportion as the sum insured under this insurance bears to such total amount insured.

In the event of claim the Assured shall provide the Insurers with evidence of the amounts insured under all other insurances.

BENEFIT OF INSURANCE

10. This insurance

10.1 covers the Assured which includes the person claiming indemnity either as the person by or on whose behalf the contract of insurance was effected or as an assignee,

10.2 shall not extend to or otherwise benefit the carrier or other bailee.

MINIMISING LOSSES

Duty of Assured

11. It is the duty of the Assured and their employees and agents in respect of loss recoverable hereunder

11.1 to take such measures as may be reasonable for the purpose of averting or minimising such loss, and

11.2 to ensure that all rights against carriers, bailees or other third parties are properly preserved and exercised

and the Insurers will, in addition to any loss recoverable hereunder, reimburse the Assured for any charges properly and reasonably incurred in pursuance of these duties.

Waiver

12. Measures taken by the Assured or the Insurers

額は、この保険の保険金額および同じ損害をてん補するすべての増値保険の保険金額の合計額まで増額されたものとみなされ、この保険による保険者の責任は、この保険の保険金額の上記合計保険金額に対する割合による。

保険金の請求に際しては、被保険者は、この保険以外のすべての保険の保険金額についての証拠を保険者に提供しなければならない。

9.2　この保険が増値についての保険である場合には、以下の規定を適用する。

保険の目的物の協定価額は、原保険の保険金額および被保険者によってその保険の目的物について保険に付けられ、同じ損害をてん補するすべての増値保険の保険金額の合計額と同額とみなされるものとし、この保険における保険者の責任額は、この保険の保険金額の上記合計保険金額に対する割合による。

保険金の請求に際しては、被保険者は、この保険以外のすべての保険の保険金額についての証拠を保険者に提供しなければならない。

保険の利益

第10条　この保険は

10.1　被保険者を対象とする。被保険者には、この保険契約を自ら締結した者もしくは自己のためにこの保険契約を締結された者として、または譲受人として、保険金の請求を行う者を含む。

10.2　拡張解釈またはその他の方法によって運送人その他の受託者を利するために利用されてはならない。

損害の軽減

被保険者の義務

第11条　この保険によって損害がてん補されるためには、以下のことを被保険者ならびにその使用人および代理人の義務とする。

11.1　その損害を回避または軽減するために合理的な処置を講じること、

および

11.2　運送人、受託者またはその他の第三者に対するすべての権利が適切に保全され、かつ行使されることを確保すること。

保険者は、この保険によっててん補されるすべての損害に加えて、これらの義務を履行することにより適切かつ合理的に支出された一切の費用についても被保険者に支払う。

権利放棄

第12条　保険の目的物の救助、保護または回復のため

with the object of saving, protecting or recovering the subjectmatter insured shall not be considered as a waiver or acceptance of abandonment or otherwise prejudice the rights of either party.

AVOIDANCE OF DELAY
13. It is a condition of this insurance that the Assured shall act with reasonable despatch in all circumstances within their control.

LAW AND PRACTICE
14. This insurance is subject to English law and practice.

NOTE:- Where a continuation of cover is requested under Clause 6, or a change of destination is notified under Clause 7, there is an obligation to give prompt notice to the Insurers and the right to such cover is dependent upon compliance with this obligation.

に被保険者または保険者が講じる処置は、委付の放棄または承諾とみなされず、またいずれの当事者の権利を害するものでもない。

遅延の回避
第13条 被保険者が自己の支配しうるすべての状況下において相当な迅速さをもって行動することがこの保険の条件である。

法律および慣習
第14条 この保険は、英国の法律および慣習に従う。

注意: 第6条により担保の継続が要請される場合、または第7条により仕向地の変更が通知される場合には、遅滞なくその旨を保険者に通知する義務があり、担保の継続を受ける権利は、この義務が履行されることを条件とする。

9. INSTITUTE STRIKES CLAUSES (AIR CARGO) 1/1/09

INSTITUTE STRIKES CLAUSES (AIR CARGO) 1/1/09 RISKS COVERED Risks 1. This insurance covers, except as excluded by the provisions of Clause 3 below, loss of or damage to the subject-matter insured caused by 1.1 strikers, locked-out workmen, or persons taking part in labour disturbances, riots or civil commotions 1.2 any act of terrorism being an act of any person acting on behalf of, or in connection with, any organisation which carries out activities directed towards the overthrowing or influencing, by force or violence, of any government whether or not legally constituted 1.3 any person acting from a political, ideological or religious motive. Salvage Charges 2. This insurance covers salvage charges incurred to avoid or in connection with the avoidance of loss from any cause except those excluded in Clause 3 below. EXCLUSIONS 3. In no case shall this insurance cover 3.1 loss damage or expense attributable to wilful misconduct of the Assured 3.2 ordinary leakage, ordinary loss in weight or volume, or ordinary wear and tear of the subject-matter insured 3.3 loss damage or expense caused by insufficiency or unsuitability of packing or preparation of the subject-matter insured to withstand the ordinary incidents of the insured transit where such packing or preparation is carried out by the Assured or their employees or prior to the attachment of this insurance (for the purpose of this Clause 3.3 "packing" shall be deemed to include stowage in a container and "employees" shall not include independent contractors) 3.4 loss damage or expense caused by inherent vice or nature of the subject-matter insured 3.5 loss damage or expense arising from unfitness of aircraft conveyance or container for the safe carriage of the subject-matter insured, where loading therein or thereon is carried out prior to attachment of this insurance or by the Assured or their employees and they are privy to such unfitness at the time of loading. This exclusion shall not apply where the contract of	【試訳】 協会ストライキ約款（航空貨物）（2009年1月1日） 担保危険 危険 第1条　この保険は、下記第3条の規定により除外された場合を除き、以下の事由によって生じる保険の目的物の滅失または損傷をてん補する。 1.1　ストライキに参加する者、職場閉鎖を受けた労働者、または労働争議、騒じょうもしくは暴動に参加している者 1.2　一切のテロ行為、すなわち、合法的にあるいは非合法に設立された一切の政体を、武力または暴力によって転覆させあるいは支配するために仕向けられた活動を実行する組織のために活動し、あるいはその組織と連携して活動する者の行為 1.3　政治的、思想的、または宗教的動機から活動する一切の者 救助料 第2条　この保険は、下記第3条において除外された事由を除く一切の事由による損害を避けるためまたはこれを避けることに関連して生じる救助料をてん補する。 免責事由 第3条　この保険は、いかなる場合においても以下のものをてん補しない。 3.1　被保険者の故意の違法行為に原因を帰し得る滅失、損傷または費用 3.2　保険の目的物の通常の漏損、重量もしくは容積の通常の減少または自然の消耗 3.3　この保険の対象となる輸送に通常生じる出来事に堪えることができるはずの保険の目的物の梱包または準備が、不十分または不適切であることによって生じる滅失、損傷または費用。ただし、その梱包または準備が、被保険者もしくはその使用人によって行われる場合またはこの保険の危険開始前に行われる場合に限る（この第3条3項においては、「梱包」にはコンテナへの積付けを含むものとし、「使用人」には独立した請負業者を含まない）。 3.4　保険の目的物の固有の瑕疵（かし）または性質によって生じる滅失、損傷または費用 3.5　航空機、輸送用具またはコンテナが保険の目的物の安全な運送に適さないことによって生じる滅失、損傷または費用。ただし、これらの輸送用具への積込みが、この保険の危険開始前に行われる場合、または被保険者もしくはその使用人によって行われ、かつ、これらの者が積込みの時に運送に適さないことを知っている場合に限る。この免責規定は、ある拘束力のある契約に従って、

insurance has been assigned to the party claiming hereunder who has bought or agreed to buy the subject-matter insured in good faith under a binding contract.

3.6 loss damage or expense caused by delay, even though the delay be caused by a risk insured against

3.7 loss damage or expense caused by insolvency or financial default of the owners managers charterers or operators of the aircraft where, at the time of loading of the subject-matter insured on board the aircraft, the Assured are aware, or in the ordinary course of business should be aware, that such insolvency or financial default could prevent the normal prosecution of the transit

This exclusion shall not apply where the contract of insurance has been assigned to the party claiming hereunder who has bought or agreed to buy the subject-matter insured in good faith under a binding contract

3.8 loss damage or expense arising from the absence shortage or withholding of labour of any description whatsoever resulting from any strike, lockout, labour disturbance, riot or civil commotion

3.9 any claim based upon loss of or frustration of the transit or adventure

3.10 loss damage or expense directly or indirectly caused by or arising from the use of any weapon or device employing atomic or nuclear fission and/or fusion or other like reaction or radioactive force or matter

3.11 loss damage or expense caused by war civil war revolution rebellion insurrection, or civil strife arising therefrom, or any hostile act by or against a belligerent power.

DURATION
Transit Clause

4. 4.1 Subject to Clause 7 below, this insurance attaches from the time the subject-matter insured is first moved in the warehouse, premises or at the place of storage (at the place named in the contract of insurance) for the purpose of the immediate loading into or onto the carrying vehicle or other conveyance for the commencement of transit,
continues during the ordinary course of transit
and terminates either

4.1.1 on completion of unloading from the carrying vehicle or other conveyance in or at the final warehouse, premises or place of storage at the

善意で保険の目的物を購入した者または購入することに同意した者にこの保険契約が譲渡され、その者が本保険により保険金を請求する場合には適用されない。

3.6 遅延が担保危険によって生じた場合でも、遅延によって生じる滅失、損傷または費用

3.7 航空機の所有者、管理者、チャータラーまたは運航者の支払不能または金銭債務不履行によって生じる滅失、損傷または費用。ただし、保険の目的物を航空機に積込む時に、被保険者がそのような支払不能または金銭債務不履行が、その輸送の通常の遂行を妨げることになり得ると知っているか、または通常の業務上当然知っているべきである場合に限る。

本免責規定はある拘束力のある契約に従って、善意で保険の目的物を購入した者もしくは購入することに同意した者に保険契約が譲渡され、その者が本保険により保険金を請求する場合には適用されない。

3.8 一切のストライキ、職場閉鎖、労働争議、騒じょうもしくは暴動から生じる一切の種類の労働者の不在、不足または引上げから生じる滅失、損傷または費用

3.9 航空輸送もしくは航行事業の喪失または中絶に基づく一切の保険金請求

3.10 直接であると間接であるとを問わず、原子核の分裂および／もしくは融合もしくはその他類似の反応または放射能もしくは放射性物質を利用した兵器または装置の使用によって生じる、またはそれらの使用から生じる滅失、損傷または費用

3.11 戦争、内乱、革命、謀反、反乱もしくはこれらから生じる国内闘争、または敵対勢力によってもしくは敵対勢力に対して行なわれる一切の敵対的行為によって生じる滅失、損傷または費用

保険期間
輸送条項
第4条

4.1 下記第7条に従うこととして、この保険は（この保険契約で指定された地の）倉庫、構内または保管場所において、この保険の対象となる輸送の開始のために輸送車両またはその他の輸送用具に保険の目的物を直ちに積込む目的で、保険の目的物が最初に動かされた時に開始し、
通常の輸送過程にある間継続し、

4.1.1 この保険契約で指定された仕向地の最終の倉庫、構内または保管場所において、輸送車両またはその他の輸送用具からの荷卸しが完了した時、

destination named in the contract of insurance,
4.1.2 on completion of unloading from the carrying vehicle or other conveyance in or at any other warehouse, premises or place of storage, whether prior to or at the destination named in the contract of insurance, which the Assured or their employees elect to use either for storage other than in the ordinary course of transit or for allocation or distribution, or
4.1.3 when the Assured or their employees elect to use any carrying vehicle or other conveyance or any container for storage other than in the ordinary course of transit or
4.1.4 on the expiry of 30 days after completion of unloading of the subject-matter insured from the aircraft at the final place of discharge,
whichever shall first occur.
4.2 If, after unloading from the aircraft at the final place of discharge, but prior to termination of this insurance, the subject-matter insured is to be forwarded to a destination other than that to which it is insured, this insurance, whilst remaining subject to termination as provided in Clauses 4.1.1 to 4.1.4, shall not extend beyond the time the subject-matter insured is first moved for the purpose of the commencement of transit to such other destination.
4.3 This insurance shall remain in force（subject to termination as provided for in Clauses 4.1.1 to 4.1.4 above and to the provisions of Clause 5 below）during delay beyond the control of the Assured, any deviation, forced discharge, reshipment or transhipment and during any variation of the adventure arising from the exercise of a liberty granted to the air carriers under the contract of carriage.

Termination of Contract of Carriage
5. If owing to circumstances beyond the control of the Assured either the contract of carriage is terminated at a place other than the destination named therein or the transit is otherwise terminated before unloading of the subject-matter insured as provided for in Clause 4 above, then this insurance shall also terminate unless prompt notice is given to the Insurers and continuation of cover is requested when this insurance shall remain in force, subject to an additional premium if required by the Insurers, either
5.1 until the subject-matter insured is sold and delivered at such place, or, unless otherwise specially agreed, until the expiry of 30 days after arrival of the subject-matter insured at such place, whichever shall first occur,
or

4.1.2　この保険契約で指定された仕向地到着前にあると仕向地にあるとを問わず、被保険者もしくはその使用人が、通常の輸送過程以外の保管のため、または割当もしくは分配のためのいずれかに使用することを選ぶその他の倉庫、構内もしくは保管場所において、輸送車両またはその他の輸送用具からの荷卸しが完了した時、または

4.1.3　被保険者もしくはその使用人が、通常の輸送過程以外の保管のため、輸送車両もしくはその他の輸送用具またはコンテナを使用することを選んだ時、または

4.1.4　最終荷卸地における保険の目的物の航空機からの荷卸完了後30日を経過した時、
のうち、いずれか最初に起きた時に終了する。

4.2　最終荷卸地における航空機からの荷卸後でこの保険の終了前に、保険の目的物が保険に付けられた仕向地以外の地に継搬される場合は、この保険は第4条1項1号から第4条1項4号の保険終了の規定に従って存続するが、変更された仕向地への輸送の開始のために保険の目的物が最初に動かされる時以降は延長されない。

4.3　この保険は、（上記第4条1項1号から第4条1項4号に規定された保険終了の規定、および下記第5条の規定に従うこととして）被保険者の支配しえない遅延、一切の離路、やむを得ない荷卸し、再積込または積替の期間中および運送契約によって航空運送人に与えられた自由裁量権の行使から生じる一切の危険の変更の期間中有効に存続する。

運送契約の打切り
第5条　被保険者の支配しえない事情により、運送契約がその契約で指定された仕向地以外の地において打切られたか、または上記第4条に規定するとおり、保険の目的物が荷卸しされる前に輸送が打切られた場合には、この保険もその時点で終了する。ただし、被保険者が、遅滞なくその旨を保険者に通知し、担保の継続を要請する場合は、保険者が割増保険料を請求するときはその支払いを条件として、この保険は、

5.1　輸送が打切られた地において保険の目的物が売却の上引渡される時、または特に別段の協定が行われない限りは、これらの地への保険の目的物の到着後30日を経過した時、のうち、いずれか最初に起きた時、
または

5.2 if the subject-matter insured is forwarded within the said period of 30 days (or any agreed extension thereof) to the destination named in the contract of insurance or to any other destination, until terminated in accordance with the provisions of Clause 4 above.

Change of Transit

6. 6.1 Where, after attachment of this insurance, the destination is changed by the Assured, this must be notified promptly to Insurers for rates and terms to be agreed. Should a loss occur prior to such agreement being obtained cover may be provided but only if cover would have been available at a reasonable commercial market rate on reasonable market terms.

6.2 Where the subject-matter insured commences the transit contemplated by this insurance (in accordance with Clause 4.1), but, without the knowledge of the Assured or their employees the aircraft leaves for another destination, this insurance will nevertheless be deemed to have attached at commencement of such transit.

CLAIMS
Insurable Interest

7. 7.1 In order to recover under this insurance the Assured must have an insurable interest in the subject-matter insured at the time of the loss.

7.2 Subject to Clause 7.1 above, the Assured shall be entitled to recover for insured loss occurring during the period covered by this insurance, notwithstanding that the loss occurred before the contract of insurance was concluded, unless the Assured were aware of the loss and the Insurers were not.

Increased Value

8. 8.1 If any Increased Value insurance is effected by the Assured on the subject-matter insured under this insurance the agreed value of the subject-matter insured shall be deemed to be increased to the total amount insured under this insurance and all Increased Value insurances covering the loss, and liability under this insurance shall be in such proportion as the sum insured under this insurance bears to such total amount insured.

In the event of claim the Assured shall provide the Insurers with evidence of the amounts insured under all other insurances.

8.2 Where this insurance is on Increased Value the

5.2 保険の目的物が、上記30日の期間（もしくは協定によりこれを延長した期間）内に、この保険契約で指定された仕向地もしくはいずれか他の仕向地へ継搬される場合は、上記第4条の規定によって保険が終了する時まで、有効に存続する。

輸送の変更
第6条

6.1 この保険の危険開始後に被保険者が仕向地を変更する場合は、遅滞なくその旨を保険者に通知し、保険料率および保険条件の協定をしなければならない。その協定前に損害が発生した場合は、営利保険市場において妥当と考えられる保険条件および保険料率による担保が得られるときに限り、担保が提供される。

6.2 保険の目的物が、(第4条1項に従い)この保険によって企図された輸送を開始したが、被保険者およびその使用人が知らずして、航空機が別の仕向地に向けて出航した場合であっても、この保険はその輸送開始の時に危険が開始したものとする。

保険金の請求
被保険利益
第7条

7.1 この保険によって損害のてん補を受けるためには、被保険者は、損害発生の時に保険の目的物について被保険利益を有していなければならない。

7.2 上記第7条1項の規定に従うこととして、保険契約の締結前にこの保険の対象となる損害が発生していたとしても、被保険者がその損害発生の事実を知り、かつ保険者がこれを知らなかった場合を除き、被保険者はこの保険によって担保されている期間内に発生するこの損害についててん補を受ける権利がある。

増値
第8条

8.1 この保険に付けられた保険の目的物について被保険者が増値保険を付けた場合は、保険の目的物の協定価額は、この保険の保険金額および同じ損害をてん補するすべての増値保険の保険金額の合計額まで増額されたものとみなされ、この保険による保険者の責任額は、この保険の保険金額の上記合計保険金額に対する割合による。

保険金の請求に際しては、被保険者は、この保険以外のすべての保険の保険金額についての証拠を保険者に提供しなければならない。

8.2 この保険が増値についての保険である場合には、

following clause shall apply:
The agreed value of the subject-matter insured shall be deemed to be equal to the total amount insured under the primary insurance and all Increased Value insurances covering the loss and effected on the subject-matter insured by the Assured, and liability under this insurance shall be in such proportion as the sum insured under this insurance bears to such total amount insured.
In the event of claim the Assured shall provide the Insurers with evidence of the amounts insured under all other insurances.

BENEFIT OF INSURANCE
9. This insurance
9.1 covers the Assured which includes the person claiming indemnity either as the person by or on whose behalf the contract of insurance was effected or as an assignee,
9.2 shall not extend to or otherwise benefit the carrier or other bailee.

MINIMISING LOSSES
Duty of Assured
10. It is the duty of the Assured and their employees and agents in respect of loss recoverable hereunder

10.1 to take such measures as may be reasonable for the purpose of averting or minimising such loss,
and
10.2 to ensure that all rights against carriers, bailees or other third parties are properly preserved and exercised
and the Insurers will, in addition to any loss recoverable hereunder, reimburse the Assured for any charges properly and reasonably incurred in pursuance of these duties.

Waiver
11. Measures taken by the Assured or the Insurers with the object of saving, protecting or recovering the subject-matter insured shall not be considered as a waiver or acceptance of abandonment or otherwise prejudice the rights of either party.

AVOIDANCE OF DELAY
12. It is a condition of this insurance that the Assured shall act with reasonable despatch in all circumstances within their control.

以下の規定を適用する。
保険の目的物の協定価額は、原保険の保険金額および被保険者によってその保険の目的物について保険に付けられ、同じ損害をてん補するすべての増値保険の保険金額の合計額と同額とみなされるものとし、この保険における保険者の責任額は、この保険の保険金額の上記合計保険金額に対する割合による。
保険金の請求に際しては、被保険者は、この保険以外のすべての保険の保険金額についての証拠を保険者に提供しなければならない。

保険の利益
第9条　この保険は
9.1　被保険者を対象とする。被保険者には、この保険契約を自ら締結した者もしくは自己のためにこの保険契約を締結された者として、または譲受人として、保険金の請求を行う者を含む。
9.2　拡張解釈またはその他の方法によって運送人その他の受託者を利するために利用されてはならない。

損害の軽減
被保険者の義務
第10条　この保険によって損害がてん補されるためには、以下のことを被保険者ならびにその使用人および代理人の義務とする。
10.1　その損害を回避または軽減するために合理的な処置を講じること、
および
10.2　運送人、受託者またはその他の第三者に対するすべての権利が適切に保全され、かつ行使されることを確保すること。
保険者は、この保険によっててん補されるすべての損害に加えて、これらの義務を履行することにより適切かつ合理的に支出された一切の費用についても被保険者に支払う。

権利放棄
第11条　保険の目的物の救助、保護または回復のために被保険者または保険者が講じる処置は、委付の放棄または承諾とみなされず、またいずれの当事者の権利を害するものでもない。

遅延の回避
第12条　被保険者が自己の支配しうるすべての状況下において相当な迅速さをもって行動することがこの保険の条件である。

LAW AND PRACTICE 13. This insurance is subject to English law and practice. NOTE:- Where a continuation of cover is requested under Clause 5, or a change of destination is notified under Clause 6, there is an obligation to give prompt notice to the Insurers and the right to such cover is dependent upon compliance with this obligation.	法律および慣習 第13条　この保険は、英国の法律および慣習に従う。 注意：　第5条により担保の継続が要請される場合、または第6条により仕向地の変更が通知される場合には、遅滞なくその旨を保険者に通知する義務があり、担保の継続を受ける権利は、この義務が履行されることを条件とする。

10. 英文保険証券・英文包括予定証券に付帯される主な約款
(2015年1月1日現在、東京海上日動火災保険株式会社が発行する外航貨物海上保険の英文保険証券・英文包括予定証券に証券に使用される、主な約款)

	【試訳】
INSTITUTE RADIOACTIVE CONTAMINATION, CHEMICAL, BIOLOGICAL, BIO-CHEMICAL AND ELECTROMAGNETIC WEAPONS EXCLUSION CLAUSE	協会放射能汚染、化学兵器、生物兵器、生物化学兵器および電磁気兵器免責約款（2003年11月10日）
This clause shall be paramount and shall override anything contained in this insurance inconsistent therewith	この約款は至上のものとし、この保険に含まれたこれと抵触する他の一切の規定に優先する。
1. In no case shall this insurance cover loss damage liability or expense directly or indirectly caused by or contributed to by or arising from	1.いかなる場合もこの保険は、直接・間接に下記による、または下記を一原因とする、または下記から生ずる滅失・損傷・責任または費用を担保しない。
1.1 ionising radiations from or contamination by radioactivity from any nuclear fuel or from any nuclear waste or from the combustion of nuclear fuel	1.1一切の核燃料の、または一切の核廃棄物の、または核燃料の燃焼による、電離放射線または放射能汚染。
1.2 the radioactive, toxic, explosive or other hazardous or contaminating properties of any nuclear installation, reactor or other nuclear assembly or nuclear component thereof	1.2一切の原子力設備、原子炉もしくはその他の原子力構造物、またはそれらの原子力構成部分の放射性の、有毒な、爆発性の、またはその他危険な、または汚染させる性質。
1.3 any weapon or device employing atomic or nuclear fission and/or fusion or other like reaction or radioactive force or matter	1.3原子核分裂もしくは原子核融合または他の同種の反応または放射能もしくは放射性物質を利用する一切の武器もしくは装置。
1.4 the radioactive, toxic, explosive or other hazardous or contaminating properties of any radioactive matter. The exclusion in this sub-clause does not extend to radioactive isotopes, other than nuclear fuel, when such isotopes are being prepared, carried, stored, or used for commercial, agricultural, medical, scientific or other similar peaceful purposes.	1.4一切の放射性物質の放射性の、有毒な、爆発性の、またはその他の危険な、または汚染させる性質。本号の免責規定は、核燃料以外のラジオ・アイソトープ（放射性同位元素）には、それが商業用、農業用、医療用、科学用またはその他の同様な平和的目的のために作られ、輸送され、保管され、または使用される場合に限り、適用されない。
1.5 any chemical, biological, bio-chemical, or electromagnetic weapon.	1.5一切の化学兵器、生物兵器、生物化学兵器または電磁気兵器。
INSTITUTE REPLACEMENT CLAUSE 01/12/2008	協会機械修繕約款（2008年12月1日）
In the event of loss of or damage to any part (s) of an insured machine or other manufactured item consisting of more than one part caused by a peril covered by this insurance, the sum recoverable shall not exceed the cost of replacement or repair of such part (s) plus labour for (re) fitting and carriage costs. Duty incurred in the provision of replacement or repaired part (s) shall also be recoverable provided that the full duty payable on the insured machine or manufactured	複数の部品で構成された被保険機械またはその他の製品の一部に、本保険が担保する危険によって滅失または損傷が生じた場合、てん補額は、当該損害をうけた部分の取替部品代金または修繕費用に、（再）取付費用および輸送費用を加えた額を超えないものとする。取替または修理部品の供給にかかわる関税も、被保険機械または製品に課される関税全額が保険金額に含まれている場合には、てん補する。

item is included in the amount insured.

The total liability of Insurers shall in no event exceed the amount insured of the machine or manufactured item.

UNDER DECK OR ON DECK CLAUSE

In consideration of an additional premium, goods and/or merchandise shipped in containers are insured subject to the provisions of this policy applying to under deck shipments even though stowed on deck, provided such shipments are carried under an "optional" Bill of Lading permitting the carrier to stow containers under deck or on deck. Furthermore, coverage afforded under this clause shall include loss of or damage to goods in containers jettisoned or lost overboard.

LABEL CLAUSE (applying to labeled goods)

In case of damage from perils insured against affecting labels only, loss to be limited to an amount sufficient to pay the cost of reconditioning, cost of new labels and relabelling the goods, provided the damage will have amounted to a claim under the conditions (including "franchise" whether deductible or not, if any) of the policy.

DUTY CLAUSE (applicable only when import duty is separately insured under this policy)

Subject to the conditions (including "franchise" whether deductible or not, if any) of the policy, this Company is liable to pay partial loss sustained on duty imposed on the goods insured hereunder, and also to pay total loss if the goods are totally lost after the duty is paid.

In case of the insured amount of duty stated herein being in excess of the full amount of duty imposed on the goods insured hereunder according to the relevant regulations when they arrive at the final port of discharge named herein in sound condition, this Company's liability shall not exceed the amount of actual loss of duty.

In case of the insured amount of duty stated herein being less than the full amount of duty mentioned above, this Company's liability shall not exceed such proportion of the loss sustained on duty as the former bears to the latter.

保険者の総責任額は、いかなる場合もその機械または製品の保険金額を超えないものとする。

艙内積または甲板積約款

割増保険料を条件として，コンテナ詰貨物は甲板積の場合でも本証券の艙内積貨物に適用される条件に従って担保されることとするが，その運送が，運送人にコンテナを艙内積にするか甲板積にするかの自由裁量権を与える「自由裁量権付き」船荷証券の下で行われる場合に限る。更に本約款により、コンテナ詰貨物の投荷または船外への喪失による滅失または損傷を担保する。

ラベル約款

担保危険による損傷がラベルに対してのみである場合、当該損傷が保険証券の条件（絶対的小損害免責であるか否かを問わず、小損害免責があればそれを含む）で保険金請求に至ることを条件として、損害は手直し費用・新しいラベルの費用および再貼付に要する費用に限り支払われる。

輸入税担保約款

保険証券上の条件（絶対的小損害免責であるか否かを問わず、小損害免責があればそれを含む）に従い、当会社は被保険貨物に賦課される輸入税につき被った分損、および輸入税支払後貨物が全損となった場合には全損をてん補する。

この保険証券に記載された輸入税にかかわる保険金額が，この保険証券記載の最終荷卸港に被保険貨物が正品で到着した時に関連法規に従って賦課される当該貨物の輸入税額を超える場合には，当会社の責任は，輸入税にかかわる実際の損害額を限度とする。

この保険証券に記載された輸入税の保険金額が上記輸入税額を下回る場合には、当会社の責任は、輸入税にかかわる損害額に保険金額の輸入税額に対する割合を乗じて得た額を限度とする。

The Assured shall, when this Company so elects, surrender the goods to the Customs Authorities and avoid duty payment, and in case of any reduction in duty the amount so reduced shall be deducted in setting any loss for which this Company may be liable.

WILD FAUNA AND FLORA CLAUSE

It is understood and agreed that
(1) no claim will be paid unless the trades of the goods covered hereunder are lawful in the light of any rules, regulations and/or laws enforced in compliance with the Convention on International Trade in Endangered Species of wild Fauna and Flora (CITES, so-called "Washington Convention") in each country of origin, export, re-export or import,
(2) the assured, if required by this Company, shall submit certificates, permits, vouchers and/or other documents showing that the trades are not inconsistent with the above rules, regulations and/or laws,
and
(3) this Company shall have the right to investigate facts and legality in respect of the trades in case of claims being presented

CO-INSURANCE CLAUSE (applicable in case of Co-Insurance)

It is hereby understood and agreed that this Policy (Certificate) is issued by Tokio Marine & Nichido Fire Insurance Co., Ltd., on behalf of the following co－insurers who, each for itself and not one for the others, are severally and independently liable for their respective subscriptions hereto as specified below:

Tokio Marine & Nichido Fire Insurance Co.,Ltd.,as the representative company shall act for the Co－Assurers in respect of issuance of Policy or Certificate, receipt of premium, settlement of claim and all other matters regarding this Policy or Certificate.

CARGO ISM ENDORSEMENT

Applicable to shipments on board Ro-Ro passenger ferries.
Applicable with effect from 1 July 1998 to shipments on board:
1) passenger vessels transporting more than 12 passengers and

被保険者は、当会社が指示したときは、被保険貨物を税関当局に引渡し、輸入税の支払を免れるべきものとする。また輸入税が減額された場合には、当該減額分は、当会社がてん補すべき損害額から控除されるものとする。

野生動植物約款

下記につき了解、合意されたものとする。
(1)この保険で付保された貨物の取引が、原産国、輸出国、再輸出国または輸入国のいずれにおいても「絶滅のおそれのある野生動植物の種の国際取引に関する条約」（略称CITES、通称「ワシントン条約」）に応じて施行されている規則、規定および／もしくは法律に照らして合法でない限り、当会社ではてん補の責に任じないこと、

(2) 被保険者は、当会社の要求があれば、当該取引が上記規則、規定および／もしくは法律に抵触していない旨の証明書、許可証、証拠書類および／もしくはその他の書類を提出する義務があること、
および
(3) 損害請求があった場合、当会社は当該取引に関する事実関係および合法性について調査する権利を有すること。

共同保険約款

この保険証券（保険証明書）は、下記保険会社のために、東京海上日動火災保険株式会社が発行するものであり、下記保険会社は、下記記載の各自の引受割合につき単独別個に責任を負い、連帯しないものとする。

東京海上日動火災保険株式会社は、幹事会社として、保険証券または保険証明書の発行、保険料の受取、保険金請求の精算およびその他のこの保険証券または保険証明書にかかわる事項について、共同保険者のために行為するものとする。

貨物保険ＩＳＭ特約

この特約は、RO/RO型旅客フェリーの積荷に適用される。
この特約は、1998年7月1日以降、以下の船舶の積荷に適用される。
1) 12人以上の旅客を運送する旅客船、および

2) oil tankers, chemical tankers, gas carriers, bulk carriers and cargo high speed craft of 500 gt or more.

Applicable with effect from 1 July 2002 to shipments on board all other cargo ships and mobile offshore drilling units of 500 gt or more.

In no case shall this insurance cover loss, damage or expense where the subject matter insured is carried by a vessel that is not ISM Code certified or whose owners or operators do not hold an ISM Code Document of Compliance when, at the time of loading of the subject matter insured on board the vessel, the Assured were aware, or in the ordinary course of business should have been aware:-

a) Either that such vessel was not certified in accordance with the ISM Code,
b) Or that a current Document of Compliance was not held by her owners or operators as required under the SOLAS Convention 1974 as amended.

This exclusion shall not apply where this insurance has been assigned to the party claiming hereunder who has bought or agreed to buy the subject matter insured in good faith under a binding contract.

TERMINATION OF TRANSIT CLAUSE (TERRORISM) 2009

This clause shall be paramount and shall override anything contained in this insurance inconsistent therewith.

1　Notwithstanding any provision to the contrary contained in the contract of insurance or the Clauses referred to therein, it is agreed that in so far as the contract of insurance covers loss of or damage to the subject-matter insured caused by

any act of terrorism being an act of any person acting on behalf of, or in connection with, any organisation which carries out activities directed towards the overthrowing or influencing, by force or violence, of any government whether or not legally constituted or

any person acting from a political, ideological or religious motive,

such cover is conditional upon the subject-matter

2）500グロス・トン以上の石油タンカー、化学品タンカー、ガス運搬船、ばら積み貨物船および高速貨物船。

この特約は、2002年7月1日以降、500グロス・トン以上の上記以外のすべての貨物船および移動式オフ・ショア堀さく装置の積荷に適用される。

この保険は、保険の目的物がＩＳＭ証明を得ていない船舶またはその所有者または運営者がＩＳＭ規則適合書類を保持していない船舶によって運送される場合において、保険の目的物の船舶上への積み込み時に被保険者が下記の事実に気付いていたか、または業務の通常の過程において気付くべきであったときは、滅失、損傷または費用を填補しない。

a）その船舶が1974年改正海上人命安全条約の規定によるＩＳＭ規則に合致する証明を得ていないこと、または
b）その船舶の所有者または運営者が同条約の規定による最新の適合書類を保持していないこと。

この免責規定は、この保険が保険の目的物を拘束力のある契約の下において善意で買った、または買うことに合意した保険金請求者に譲渡された場合には適用されない。

被保険輸送終了条項（テロリズム）2009

この約款は至上のものとし、この保険に含まれたこれと抵触する他の一切の規定に優先する。

1　この保険契約に含まれる、もしくはこの保険契約において引用される条項に含まれる反対の規定にかかわらず、この保険契約において、

一切のテロ行為、すなわち、合法的にあるいは非合法に設立された一切の政体を、武力または暴力によって転覆させあるいは支配するために仕向けられた活動を実行する組織のために活動し、あるいはその組織と連携して活動する者の行為

政治的、思想的、または宗教的動機から活動する一切の者

による保険の目的物の滅失または損傷が担保される場

insured being in the ordinary course of transit and, in any event,
SHALL TERMINATE:
either
1.1 as per the transit clauses contained within the contract of insurance,
or
1.2 on completion of unloading from the carrying vehicle or other conveyance in or at the final warehouse or place of storage at the destination named in the contract of insurance,
1.3 on completion of unloading from the carrying vehicle or other conveyance in or at any other warehouse or place of storage, whether prior to or at the destination named in the contract of insurance, which the Assured or their employees elect to use either for storage other than in the ordinary course of transit or for allocation or distribution, or
1.4 when the Assured or their employees elect to use any carrying vehicle or other conveyance or any container for storage other than in the ordinary course of transit,
or
1.5 in respect of marine transits, on the expiry of 60 days after completion of discharge overside of the subject-matter insured from the oversea vessel at the final port of discharge,
1.6 in respect of air transits, on the expiry of 30 days after unloading the subject-matter insured from the aircraft at the final place of discharge,
whichever shall first occur.

2 If the contract of insurance or the Clauses referred to therein specifically provide cover for inland or other further transits following on from storage, or termination as provided for above, cover will re-attach, and continues during the ordinary course of that transit terminating again in accordance with clause 1.

EXTENTION CLAUSE FOR MAR FORM

Notwithstanding anything contained herein to the contrary, it is specially understood and agreed that the words "arising from risks covered under 1.1 above" in clause 1.2 of the Institute War Clauses (Cargo) shall be deleted, and that this insurance shall cover loss of or damage to the subject-matter insured caused by piracy and the consequences thereof or any attempt thereat.

合、
当該担保は保険の目的が通常の輸送過程にある間であることを条件とし、かつ、いかなる場合においても

1.1 この保険契約に規定された輸送約款に従うか、

または

1.2 この保険契約で指定された仕向地の最終の倉庫または保管場所において、輸送車両またはその他の輸送用具からの荷卸しが完了した時か、

1.3 この保険契約で指定された仕向地到着前にあると仕向地にあるとを問わず、被保険者もしくはその使用人が、通常の輸送過程以外の保管のため、または割当もしくは分配のためのいずれかに使用することを選ぶその他の倉庫もしくは保管場所において、輸送車両またはその他の輸送用具からの荷卸しが完了した時、または

1.4 被保険者もしくはその使用人が、通常の輸送過程以外の保管のため、輸送車両もしくはその他の輸送用具またはコンテナを使用することを選んだ時か、
または

1.5 海上輸送について、最終仕向港における航洋船舶舷側での保険の目的物の荷卸完了後60日を経過するか、

1.6 航空輸送について、最終仕向地における航空機からの保険の目的物の荷卸後30日を経過するか、
その何れが先に生じても、その時に終了することが、ここに合意された。

2 この保険契約、またはこの保険契約において引用された条項において、保管または上に規定された担保終了後の、国内のもしくはその他の継搬中を特別に担保している場合には、担保は再開し、輸送の通常の過程にある間継続するが、上記第1条の規定によって再度終了する。

MARフォーム用拡張担保約款

この保険契約に含まれる他のいかなる規定にかかわらず、協会戦争約款（貨物）第1条2項における「上記第1条1項で担保される危険から生じる」は削除され、この保険は海賊およびこの結果またはこれにおける一切の企図による保険の目的物の滅失または損傷をてん補する。

SANCTION LIMITATION AND EXCLUSITON CLAUSE

No insurer shall be deemed to provide cover and no insurer shall be liable to pay any claim or provide any benefit hereunder to the extent that the provision of such cover, payment of such claim or provision of such benefit would expose that insurer to any sanction, prohibition or restriction under United Nations resolutions or the trade or economic sanctions, laws or regulations of the European Union, Japan, United Kingdom or United States of America.

GOVERNING CLAUSE
Notwithstanding anything contained herein or attached hereto to the contrary, this insurance is understood and agreed to be subject to English law and practice only as to liability for and settlement of any and all claims.

OTHER INSURANCE CLAUSE
This insurance does not cover any loss of or damage to the subject-matter insured which at the time of the happening of such loss of or damage is insured by or would but for the existence of this policy be insured by any fire or other insurance policy or policies except in respect of any excess beyond the amount which would have been payable under the fire or other insurance policy or policies had this insurance not been effected.

（残存物代位に係る特約条項）
Where the Insurer pays for loss of or damage to the subject-matter insured, rights of ownership and/or any other proprietary rights of the Assured in remains of the subject-matter insured shall not transfer to the Insurer,unless the Insurer agrees in writing to take over such rights at the time of paying for the loss of or damage to the subject-matter insured.

IMPORTANT CLAUSE
PROCEDURE IN THE EVENT OF LOSS OR DAMAGE FOR WHICH UNDERWRITERS MAY BE LIABLE
LIABILITY OF CARRIERS, BAILEES OR OTHER THIRD PARTIES
It is the duty of the Assured and their Agents, in all cases, to take such measures as may be reasonable for the purpose of averting or minimising a loss and to | 制裁等に関する特別条項

当会社は、この保険証券のもとで保険の引き受け、保険金の支払いまたは　その他の利益の提供を行うことにより、当会社が国際連合の決議にもとづく制裁、禁止もしくは制限を受けるおそれがあるとき、または欧州連合、日本国、連合王国もしくはアメリカ合衆国の貿易もしくは経済に関する制裁、法律もしくは規則における制裁、禁止、制限を受けるおそれがあるときは、いかなる場合も、保険の引き受け、保険金の支払いまたはその他の利益の提供を行わない。

準拠法条項
この保険証券に規定または添付された反対の規定にかかわらず、この保険は保険金請求に対する責任およびその決済に関してのみ、イギリスの法律および慣習に準拠することが了解され、かつ、同意された。

他保険条項
財物に滅失または損傷が生じた時に、その財物が火災保険証券またはその他の保険証券によって保険に付されているとき、またはこの保険証券が存在しなかったならば保険に付されている筈であるときは、この保険はいかなる滅失または損傷も填補しない。ただし、この保険が付けられていなかったならば火災保険証券またはその他の保険証券によっててん補されたはずの金額を超過する金額に関してはこの限りではない。

残存物代位に係る特約条項
当会社が保険事故による損害に対して保険金を支払った場合でも、貨物の残存物について被保険者が有する所有権その他の物権は、当会社がこれを取得する旨の意思を表示しないかぎり、当会社に移転しない。

重要約款
担保危険によって生じた貨物の滅失、損傷につき保険者に保険金を請求する際の手続き：
運送業者、受託者またはその他第三者の責任
被保険者またはその代理人は、貨物損害の防止・軽減および運送業者、受託者その他第三者に対する損害賠償請求権の保存または行使に努めなければならないが、特に次の点に注意を要する。 |

ensure that all rights against Carriers, Bailees or other third parties are properly preserved and exercised. In particular, the Assured or their Agents
are required:-
1. To claim immediately on the Carriers, Port Authorities or other Bailees for any missing packages.
2. In no circumstances, except under written protest, to give clean receipts where goods are in doubtful condition.
3. When delivery is made by Container, to ensure than the Container and its seals are examined immediately by their responsible official.
If the Container is delivered damaged or with seals broken or missing or with seals other than as stated in the shipping documents, to clause the delivery receipt accordingly and retain all defective or irregular seals for subsequent identification.

4. To apply immediately for survey by Carriers' or other Bailees' Representatives if any loss or damage be apparent and claim on the Carriers or other Bailees for any actual loss or damage found at such survey.

5. To give notice in writing to the Carriers or other Bailees within 3 days of delivery if the loss or damage was not apparent at the time of taking delivery.

NOTE:－The Consignees or their Agents are recommended to make themselves familiar with the Regulations of the Port Authorities at the port of discharge.

INSTRUCTIONS FOR SURVEY
In the event of loss or damage which may involve a claim under this insurance, immediate notice of such loss or damage should be given to and a Survey Report obtained from this Company's Office or Agents specified in this Policy or Certificate.

DOCUMENTATION OF CLAIMS
To enable claims to be dealt with promptly, the Assured or their Agents are advised to submit all available supporting documents without delay, including when applicable:-
1. Original policy or certificate of insurance.
2. Original or certified copy of shipping invoices, together with shipping specification and/or weight notes.
3. Original or certified copy of Bill of Lading and/or other contract of carriage.
4. Survey report or other documentary evidence to

1. 紛失した梱包については，運送業者，港湾当局またはその他の受託者に対して，速やかに求償すべきこと。
2. 書面により抗議した場合を除き，貨物の外観状態が疑わしい場合には，いかなる場合でも無故障受取書（Clean Receipt）を与えないこと。
3.. 貨物の取引きがコンテナ詰めの状態で行われる場合には，当該コンテナおよびそのシールが，被保険者またはその代理人側の責任者によってただちに点検されることを確実ならしめなければならない。
もしも当該コンテナが損傷していたり，あるいはそのシールが破損していたり，船積書類記載のシール以外のシールで封印されていたような場合には，その旨貨物受領書に摘記し，すべての破損シールもしくは不規則なシールを後日のシール確認上の証拠資料として保存しておかなければならない。

4. 減失・損傷の事実が明瞭な場合には，運送業者またはその他の受託者の代表者の立会検査を遅滞なく要求し，この検査によって判明した実際の減失・損傷について運送業者またはその他の受託者に速やかに求償すべきこと。

5. 貨物取引きの際，外観上わからなかった貨物の減失・損傷が後で発見された場合には，貨物の引取り後3日以内に運送業者またはその他の受託者に書面で通知すること。
注意：受荷主またはその代理人は，荷卸港の港湾当局の諸規則を熟知しなければならない。

損害の通知と損害検査
本保険契約によって求償し得る貨物の減失・損傷が発生した場合には，ただちに本保険証券（または保険承認状）記載の弊社の事務所またはその代理店宛その旨を通知して，その損害検査報告書（Survey Report）を入手すること。

保険金請求用必要書類
クレームを円滑に精算するために，被保険者またはその代理人は当該クレーム内容の立証に役立ち得る一切の書類を遅滞なく提出しなければならないが，その場合とくに次の書類を添付すること。
1. 保険証券または保険承認状の本紙
2. 船積送り状（Shipping Invoice）の本紙または写ならびに船積明細書および／もしくは重量明細書

3. 船荷証券および／もしくはその他の運送契約書の本紙または写

4. 損害検査報告書またはその他の減失・損傷の程度を

巻末資料

show the extent of the loss or damage. 5. Landing account and weight notes at port of discharge and final destination. 6. Correspondence exchanged with the Carriers and other Parties regarding their liability for the loss or damage.	証明する書類 5.　荷卸港および最終仕向地における数量および重量明細書 6.　滅失または損傷に関する運送業者その他の関係者に対する求償の往復書状
予定保険証券に含まれる主な条項	予定保険証券に含まれる主な条項
ON-DECK CLAUSE（applicable to insurance for imported goods on conditions broader than "I.C.C.（C）, including the risks of Washing Overboard"） 　　Notwithstanding anything contained herein to the contrary, it is specially understood and agreed that in the event of the subject-matter insured or any part thereof being carried on deck, whether by the exercise of a liberty granted to shipowners or charterers under the contract of affreightment or not, the conditions on such deckload shall be subject to the Institute Cargo Clauses（C）（Clause 4.7 of which being deemed to be deleted in case of the original condition not excluding deliberate damage etc. in the said clause）including the risk of Washing Overboard, as from the commencement of this insurance.	甲板積約款（波ざらいを担保する場合を含めてICC（C）よりも広い保険条件で付保された輸入貨物に適用） この保険証券中の他のいかなる規定にかかわらず、海上運送契約に基づき船主または用船者に与えられた自由裁量権の行使によると否とを問わず、保険の目的の全部または一部が、甲板積となった場合には、当該甲板積貨物に対する保険条件は、この保険の担保開始の時から協会貨物約款（C）（同約款第4条7項は、原保険条件が当該条項の意図的な損傷などを免責としていない場合は、削除されたものと見做す）および投荷、波ざらい危険担保とするものとする。
OPEN-YARD STORAGE CLAUSE（applicable to insurance for imported goods on conditions broader than I.C.C.（C）） Notwithstanding anything contained herein to the contrary, it is specially understood and agreed that in the event of the goods hereby insured or any part thereof being stored in the open-yard at the port of landing named in the policy ,this Company's liability for such goods shall be subject to the Institute Cargo Clauses（C）（Clause 4.7 of which being deemed to be deleted in case of the original condition not excluding deliberate damage etc. in the said clause）so long as they are so stored, provided, however, that the foregoing shall not apply in case of the Assured having given a previous notice of such storage to this Company and agreed to pay an additional premium required.	野積約款（ICC（C）よりも広い保険条件で付保された輸入貨物に適用） この保険証券中の他のいかなる規定にかかわらず、被保険貨物の全部または一部が保険証券記載の陸揚港で野積保管された場合、当該野積貨物に対する当会社の責任は、野積保管されている限り協会貨物約款（C）（同約款第4条7項は、原保険条件が当該条項の意図的な損傷などを免責としていない場合は、削除されたものと見做す）の条件とするものとする。ただし、被保険者が野積みされることにつき、当会社に対し事前に通知し、請求に応じて割増保険料を支払うことに合意した場合には、上記の規定は適用されない。
SPECIAL CLAUSES FOR OPEN POLICY OF MARINE CARGO INSURANCE	包括予定証券用特別約款
ARTICLE 1. DECLARATION CLAUSE and every shipment covered by this Open Policy	第1条　通知約款 被保険者は、この包括予定保険証券（訳注：以下「O/P」

without exception to this Company directly (or through its Agent, if any) as soon as the risk covered by this Open Policy
attaches, advising all the requisite particulars of the shipment as follows:
(a) Subject-matter Insured
(description, quantities, marks and numbers)
(b) Insured Value and Insured Amount
(c) Insured Voyage
(d) Name and Sailing Date of Carrying Vessel, Date of Taking-off of Aircraft
(e) Conditions of Insurance
(f) Date of Attachment of Risk
In the event of any particulars as enumerated above not being known at the time of attachment of the risk;
(a) The Assured shall beforehand make provisional declaration with such particulars as are available, and,
(b) Definite declaration by the Assured shall be made as soon afterwards as practicable.
Against such declaration, this Company shall on request by the Assured issue a Policy or Certificate of Insurance which is necessary for the Assured to make a claim against this Company for any loss or damage happening to the subject-matter insured.
It is, however, agreed that this Open Policy shall not be prejudiced by any omission of, error and/or delay in making declaration, except for those made intentionally or by gross negligence, provided prompt notice be given to this Company as soon as the said omission, error and/or delay has become known to the Assured and subject to the adjustment of premium if and as required.
This Company shall have the privilege, at any time during business hours, to inspect the records of the Assured as respects shipments coming within the provisions of this Open Policy.

ARTICLE 2. PAYMENT OF PREMIUM CLAUSE
Premiums shall be paid monthly by the Assured directly (or through its Agent, if any) to this Company immediately after receipt of the monthly statement of account from this Company or, at the latest, by the end of the month in which the above statement of account is received by the Assured in case of the failure of immediate payment for some justifiable reason.
The rate of exchange for converting the premium in foreign currency into Yen is agreed to be the latest T.T. Selling Rate quoted by The Bank of Tokyo-Mitsubishi UFJ, Ltd., Tokyo, on the day before (or, if any quotation was not made on such day, the latest to)

とします。）により担保されるすべての船積貨物につき、このO/Pによる担保危険が開始すると同時に、当会社に対し、例外なく下記の船積に係わるすべての必要明細を付して確定通知をするものとする。
（a）保険の目的
（明細、数量、荷印および荷番号）
（b）保険価額および保険金額
（c）被保険航海
（d）積載船名および出帆日、航空機離陸日
（e）保険条件
（f）危険開始日
上記記載の明細が危険開始時に不詳の場合には、

（a）被保険者は判明している明細を付して予定通知するものとし、

（b）以後できる限り速やかに確定通知をするものとする。
上記通知に対し、当会社は保険の目的に生ずる滅失または損傷につき被保険者が当会社に求償する場合に必要な保険証券または保険承認状を発行するものとする。

ただし、故意または重過失によらない上記通知の脱漏、誤謬および／または遅延があっても、上記脱漏、誤謬および／または遅延を被保険者が知ったときは直ちに当会社に対し通告がなされ、要求があった場合にはそのとおり保険料の精算が行われることを条件として、それによりこのO/Pの効力は害されないものとする。

当会社は、このO/Pの規定の範疇に入る船積貨物に関する被保険者の記録書類を営業時間中いつでも閲覧する権利を有するものとする。

第2条 保険料支払約款
保険料は被保険者が当会社から毎月の勘定書を受領後、当会社に対し支払われるものとし、正当な事由により速やかな支払いができない場合においても、遅くとも上記勘定書を受領した月の末日までに支払われるものとする。

外貨建保険料の円価換算率は、当会社が被保険者から確定通知を受領した日の前日（もしくは当該日に相場が立たない場合にはその直近日）における株式会社三菱東京ＵＦＪ銀行本店の電信売相場の終り値によることを協定する。

the day on which this Company has accepted definite declaration from the Assured.

ARTICLE 3. PAYMENT OF CLAIM CLAUSE
Should the Assured be exempted, as a result of any loss or accident whether caused by the perils insured against or not during the currency of insurance, from paying freight and/or charges or any part thereof which are included in the insured value, the settlement of claim shall be made on the basis of the amount which is equivalent to the insured value with the deduction of freight and/or charges so saved.
In case the payment of claim is to be made abroad, the amount of claim shall be paid in the foreign currency stated in the Policy or Certificate of Insurance issued under this Open Policy.
In case of any claim payable in Japan, the amount of claim in the foreign currency in which the declaration has been made shall be converted into Yen at the latest T.T. Selling Rate quoted by The Bank of Tokyo-Mitsubishi UFJ, Ltd, Tokyo, on the day before (or, if any quotation was not made on such day, the latest to) the day of settlement of the claim.

ARTICLE 4. LIMIT OF LIABILITY CLAUSE
Notwithstanding anything to the contrary contained in this Open Policy, the sum recoverable, in respect of all losses of and/or damages to and/or sue and labour and other charges for the subject-matter insured loaded and/or to be loaded on any one oversea vessel (or, aircraft) sustained or incurred during any one voyage (including connecting transit), shall not exceed the limit (s) specified in this Open Policy, unless a request is made by the Assured, prior to the attachment of the risk or before any known or reported loss or accident, for the increase of such limit (s) and the special agreement thereto of this Company is obtained.
In settlement of any claim to which this Clause and Article 5. Location Clause are both applicable, the former
shall be first applied and then the latter applied.

ARTICLE 5. LOCATION CLAUSE
In case of losses of and/or damages to and/or sue and labour and other charges for the subject-matter insured covered under this Open Policy on land in any one Locality in Japan as defined in this Open Policy, the sum recoverable, in respect of any one accident or series of accidents arising out of the same event (as for earthquake, accidents happening during the period of 72 consecutive hours to be considered as those arising

第3条 保険金支払約款
被保険危険によると否とを問わず、保険期間中に生じた損害または事故の結果として、被保険者が保険価額の中に含まれている運賃および/または諸掛りの全部またはその一部につき支出を免れた場合には、支出を免れた当該運賃または諸掛りを控除した保険価額に等しい金額を基礎として保険金を決定するものとする。

保険金の支払いが外国においてなされる場合には、保険金はこのO/Pの下で発行された保険証券または保険承認状に記載された外国通貨によって支払われるものとする。
保険金の支払いが日本国内においてなされる場合には、保険通知がなされた外国通貨による保険金は、円価に換算して支払われるものとし、その換算率は株式会社三菱東京UFJ銀行の電信売相場の終り値とし、保険金決定日の前日（もしくは該当日に相場が立たない場合にはその直近日）の換算率による。

第4条 支払限度額約款
このO/P中の別段の定めにかかわらず、1航洋本船（または航空機）に積み込まれたおよび/または積み込まれるべき保険の目的に対し、1輸送（接続輸送を含む）中に生じたすべての滅失および/または損傷および/または損害防止費用およびその他の費用について保険金支払額はこのO/Pに規定された支払限度額を超えないものとする。
ただし、危険開始前または損害・事故の発生を知る以前もしくは報ぜられる以前に上記支払限度額の増額につき要請がなされ、当会社によって特にそれが承認された場合はこの限りではない。

この条項と第5条集積損害支払限度額約款の両者がともに適用される保険金支払処理に際しては、前者がまず適用され、そのうえで後者が適用されるものとする。

第5条 集積支払限度額約款
このO/Pに定められた日本国内の1地区において、このO/Pの対象とすべき陸上にある保険の目的に滅失および/または損傷および/または損害防止費用およびその他の費用の損失があった場合、いかなる場合といえども、同一事件によって生じた1事故または連続事故（地震に関しては、連続72時間以内に生じた事故は1地震によるものとみなす。）について保険金が支払われる額は、O/P記載の地区別支払限度額を超えないものとする。

out of the same event), shall not exceed the location limit (s) specified in this Open Policy, unless a request is made by the Assured, prior to the happening of loss or accident, for the increase of such limit (s) and the special agreement thereto of this Company is obtained.

ARTICLE 6. ALTERATION CLAUSE
This Company reserves the right to alter rates and/or conditions and/or other items contained in this Open Policy by giving a thirty (30) day's previous notice in writing to the Assured.
Such alteration shall become effective on the expiry of thirty (30) days counting from midnight of the day on which such notice is given by this Company, but it shall not apply to any shipment by the vessel which shall have sailed form the port of loading (or by the aircraft which shall have taken off the airport of loading) before such alteration becomes effective.
Nothing in this clause, however, shall affect the War and S.R. & C.C. risks to be covered under this Open Policy, which shall be subject to the respective Cancellation Clauses contained herein.

ARTICLE 7. DURATION CLAUSE
This Open Policy shall continue to remain in force until it shall be cancelled by either party giving to the other a thirty (30) day's previous notice in writing of the intention to terminate.
Such cancellation shall become effective on the expiry of thirty (30) days counting from midnight of the day on which such notice is given by or to this Company, but it shall not apply to any shipment to which the risk shall have attached before such cancellation becomes effective.

N.B.
Each and every Policy of Certificate of Insurance issued under this Open Policy is subject to the terms and conditions of this Open Policy, whether expressly so stated in the Policy or Certificate of Insurance or not, unless otherwise specially agreed by this Company.

ただし、損害または事故の発生する以前に、被保険者によって上記支払限度額の増額につき要請がなされ、当会社によってそれが承認された場合はこの限りではない。

第6条 変更約款
当会社は、被保険者に対し30日前の書面予告によってこのO/Pに記載の料率・条件・その他の事項を変更できる権利を留保する。

この変更は、当会社が書面予告を発した翌日の午前零時から起算して30日を経過したときから効力を発するものとする。ただし、効力を発する前にすでに積地を出帆した船積貨物（または積地を離陸した航空機積貨物）については、この変更規定は適用されないものとする。

上記にかかわらず、戦争危険およびストライキ等危険については、このO/Pに含まれるそれぞれの解約約款に従うものとする。

第7条 有効期間約款
このO/Pは、当事者のいずれか一方が相手方に対し30日前の書面の予告をもって解約するまで有効に存続する。

この解約は、当会社あてまたは当会社により、上記解約の書面予告がなされた日の翌日の午前零時から起算して30日を経過した時から効力を発するものとする。ただし、効力を発する前にすでに危険が開始した船積貨物については、この解約規定は適用されないものとする。

注意規定
このO/Pの下で発行されたすべての個々の保険証券または保険承認状に特にその旨の明示があると否とにかかわりなく、当会社が別途特に承諾した場合を除き、このO/Pに定める全条項の適用を受けるものとする。

11. 貨物海上保険・運送保険証券

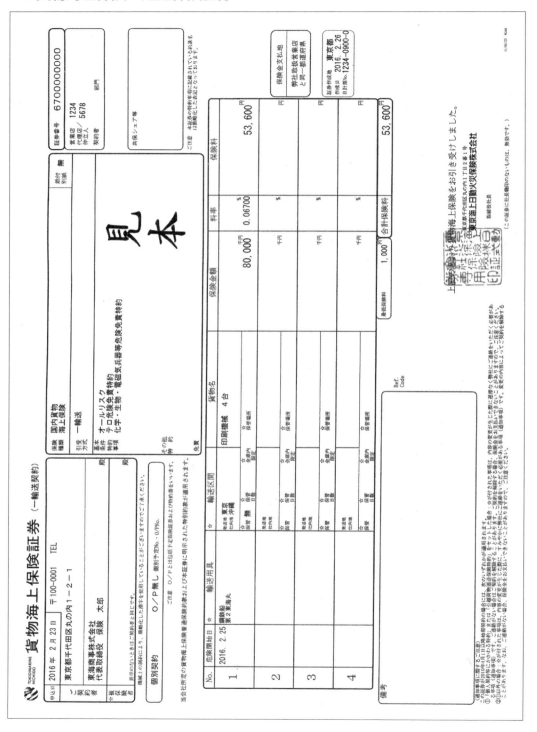

12. 貨物海上保険・運送保険普通保険約款
(2016年1月1日現在の東京海上日動火災保険株式会社が発行する保険証券で使用される約款。貨物海上保険・運送保険とも、同一の普通保険約款。)

第1条（保険金を支払う場合－貨物に生じた損害）
当会社は、保険の対象となる貨物（以下「貨物」といいます。）について生じた次の損害に対して、この約款に従い、保険金を支払います。
① 「オール・リスク担保」条件の場合には、すべての偶然な事故によって生じた損害
② 「特定危険担保」条件の場合には、火災、爆発、もしくは輸送用具の衝突・転覆・脱線・墜落・不時着・沈没・座礁・座州によって生じた損害または共同海損犠牲損害

第2条（保険金を支払う場合－費用の損害）
当会社は、第1条（保険金を支払う場合－貨物に生じた損害）に定める損害のほか、次の費用の損害に対して、この約款に従い、保険金を支払います。
① 損害防止費用
第31条（損害防止義務）に定める損害の発生および拡大の防止義務を履行するために必要または有益な費用をいいます。
② 救助料
当会社が保険金を支払うべき事故（以下「保険事故」といいます。）が発生した場合において、救助契約に基づかないで貨物を救助した者に支払うべき報酬をいいます。
③ 継搬費用
貨物または輸送用具に保険事故が発生した場合において、貨物を保険証券記載の仕向地へ輸送するために要した費用（中間地における荷卸し、陸揚げ、保管または再積込みの費用を含みます。）をいいます。ただし、原運送契約によって運送人が負担すべき費用、貨物について通常要すべき費用または被保険者が任意に支出した費用を除きます。
④ 共同海損分担額
運送契約に定めた法令またはヨーク・アントワープ規則もしくはその他の規則に基づき正当に作成された共同海損精算書によって、被保険者が支払うべき額をいいます。

第3条（保険金を支払わない場合－その1）
当会社は、次のいずれかに該当する事由によって生じた損害に対しては、保険金を支払いません。
① 保険契約者、被保険者、保険金を受け取るべき者（これらの者が法人である場合は、その理事、取締役または法人の業務を執行するその他の機関。以下同様とします。）またはこれらの者の法定代理人もしくは使用人の故意または重大な過失。ただし、上記の使用人については本条②に掲げる者を除きます。
② 貨物の輸送に従事する者が、保険契約者、被保険者または保険金を受け取るべき者の使用人である場合には、これらの者の故意

第4条（保険金を支払わない場合－その2）
(1) 当会社は、次のいずれかに該当する事由によって生じた損害に対しては、保険金を支払いません。
① 貨物の自然の消耗またはその性質もしくは欠陥によって生じた自然発火・自然爆発・むれ・かび・腐敗・変質・変色・さび・蒸発・昇華その他類似の事由
② 荷造りの不完全
③ 輸送用具、輸送方法または輸送に従事する者が出発（中間地からの出発および積込港・寄航港からの発航を含みます。）の当時、貨物を安全に輸送するのに適していなかったこと。ただし、保険契約者、被保険者またはこれらの者の使用人がいずれもその事実を知らず、かつ、知らなかったことについて重大な過失がなかったときは、この規定を適用しません。
④ 運送の遅延
(2) 当会社は、(1)に定める損害のほか、間接損害（第2条（保険金を支払う場合－費用の損害）の費用の損害を除きます。）に対しては、保険金を支払いません。

第5条（保険金を支払わない場合－その3）
(1) 当会社は、次のいずれかに該当する事由によって生じた損害に対しては、保険金を支払いません。
① 戦争、内乱その他の変乱
② 水上または水中にある魚雷または機雷の爆発
③ 公権力によると否とを問わず、捕獲、だ捕、抑留または押収
④ 検疫または③以外の公権力による処分
⑤ ストライキ、ロックアウトその他の労働争議行為または労働争議参加者の行為
⑥ 10人以上の群衆・集団の全部または一部によりなされた暴力的かつ騒動的な行動およびこの行動に際してその群衆・集団の一部によりなされた暴行（放火および盗取を含みます。）ならびにこれらに関連して生じた事件

⑦ 原子核反応または原子核の崩壊。ただし、医学用、科学用または産業用ラジオ・アイソトープ（ウラン、トリウム、プルトニウムおよびこれらの化合物ならびにこれらの含有物は含みません。）の原子核反応または原子核の崩壊を除きます。
(2) 当会社は、陸上（湖川を含みます。）にある貨物について、地震、噴火もしくはこれらによる津波またはこれらに関連のある火災その他これ類似の事故によって生じた損害に対しては、保険金を支払いません。地震、噴火もしくはこれらによる津波により異常な状態が存続する間に生じた損害は、前段に掲げる事故によって生じたものと推定します。

第6条（野積み等の貨物の取扱い）
(1) 当会社は、次の損害に対しては「特定危険担保」条件のみで保険に付けられたものとみなして保険金を支払います。
① 貨物が野積みされている間に生じた損害
② 貨物が船舶またははしけの甲板上に積まれている間に生じた損害
③ 貨物が被覆の完全でない輸送用具（船舶およびはしけを除きます。）に積まれている間に生じた損害。ただし、その輸送用具の被覆が完全であったとしても生じたであろう損害を除きます。(2)(1)の規定は、次の場合には適用しません。
① 貨物が密閉式の金属製または強化プラスチック製コンテナに収容されている場合
② 保険契約者、被保険者またはこれらの者の使用人がいずれも(1)①から③までの事実を知らず、かつ、知らなかったことについて重大な過失がなかった場合
③ 保険契約者、被保険者またはこれらの者の使用人のうち、(1)①から③までの事実を知った者が遅滞なくこれを当会社に通知して、当会社の承認を得て、相当の追加保険料を支払った場合

第7条（保険価額）
(1) 保険価額は、貨物の仕切状面価額または発送の地および時における価額を基準として、保険契約を締結した時に、当会社と保険契約者または被保険者との間で協定した額とします。
(2) あらかじめ保険価額を協定しなかった場合は、保険価額は保険金額と同額とします。ただし、
① 保険金額が仕切状面価額（仕切状面価額が運送賃、保険料その他の諸掛りを含んでいない場合は、これらを加算した額をいいます。以下同様とします。）に、その10％に相当する金額を加算した額を超えるときは、保険価額は仕切状面価額にその10％に相当する金額を加算した額とします。
② 保険金額が仕切状面価額より著しく低い場合は、保険価額は仕切状面価額と同額とします。
(3) 仕切状がない場合は、貨物の発送の地および時における価額に仕向地までの運送賃、保険料その他の諸掛りを加算した額を(2)の仕切状面価額とみなします。

第8条（全損）
(1) 貨物の全部が保険事故によって次の状態になった場合は、貨物に全損があったものとします。
① 貨物が滅失したかまたはこれに類する大損害を受けた場合
② 被保険者が貨物を喪失して回収の見込みがない場合
③ 貨物を保険証券記載の仕向地へ輸送する方法がなくなった場合
④ 第2条（保険金を支払う場合－費用の損害）に定める各費用の見積額の合計額が、貨物が仕向地に到着したならば有するであろう価額を超える場合
(2) 貨物を積載している船舶または航空機の行方が最後の消息のあった日から起算して30日間不明である場合は、保険事故によって貨物に全損があったものとします。ただし、その行方不明が保険事故以外の事故によるものと推定される場合を除きます。
(3) 貨物が複数の鉄道車両、自動車、船舶、はしけまたは航空機に分載されている期間中は、その貨物は1両、1台、1隻または1機ごとに各別に保険に付けられたものとみなして、(1)および(2)の規定を適用します。
(4) この保険契約においては、被保険者は貨物を当会社に委付することができません。

第9条（分損の計算方法）
(1) 貨物の全部または一部が、保険事故によって損傷を被って仕向地に到着したときは、損傷を被らないで到着したならば有したであろう価額（以下「正品市価」といいます。）と損傷した状態で有する価額（以下「損品市価」といいます。）をもとに次の算式によって算出した額を損害額とします。

損害額＝保険価額またはその割当額× (正品市価－損品市価) / 正品市価

(2) 輸入税、消費税、その他の税金が課せられる貨物については、これらの税金を含めた価額を正品市価または損品市価とします。
(3) 当会社と被保険者との間で、損品市価について協定がととのわない場合には、被保険者の勘定で損傷を被った貨物を売却し、その売却代金（税金を買主の負担としたときはその額を加算し、また、売却に要した費用はこれを控除しません。）を損品市価とみな_します。
(4) (1)の規定にかかわらず、貨物のラベルに損害が生じた場合は、そのラベルの代替費（再貼付費を含みます。）を、また貨物が機械類である場合には、その損害部分の代替品購入代金、修繕費および運送賃を合算した額（貨物の関税の全額が保険価額に含まれていた場合に限り、代替品購入のため支払われた関税があればこれを加算します。）を当会社が支払うべき保険金の

限度とします。この場合においても第11条（保険金の支払額の限度）の規定を適用します。
第10条（支払いを免れた運送賃その他の費用の控除）
保険価額に運送賃その他の費用が含まれている場合において、損害発生のために被保険者がこれらの費用の全部または一部について支払いを免れたときは、当会社は、その費用を控除した残額を基礎として、保険金の額を決定します。
第11条（保険金の支払額の限度）
(1) 当会社が保険金として支払う額は、1回の保険事故について保険金額を限度とします。
(2) (1)の規定にかかわらず、貨物が損害を被り、これを修繕または手直ししない状態において、さらに他の保険事故によって損害を被った場合には、当会社が保険金として支払う額は、担保期間中を通算して保険金額を限度とします。
(3) (1)および(2)の規定にかかわらず、第2条（保険金を支払う場合－費用の損害）①に定める損害防止費用については、その費用とその他の保険金とを合算した額が保険金額を超えた場合でも、当会社は、これを支払います。
第12条（一部保険の場合の保険金の支払額）
保険金額が保険価額より低い場合は、当会社は、保険金額の保険価額に対する割合によって算出した額を保険金として支払います。
第13条（他の保険契約等がある場合の保険金の支払額）
他の保険契約等（この保険契約における貨物について締結された第1条（保険金を支払う場合－貨物に生じた損害）および第2条（保険金を支払う場合－費用の損害）の損害または費用を補償する他の保険契約または共済契約をいいます。）がある場合において、それぞれの保険契約または共済契約につき他の保険契約等がないものとして算出した保険金または共済金の額（以下「支払責任額」といいます。）の合計額が損害額を超えるときは、次に定める額を保険金として支払います。
① 他の保険契約等から保険金または共済金が支払われていない場合
この保険契約の支払責任額
② 他の保険契約等から保険金または共済金が支払われた場合
損害額から、他の保険契約等から支払われた保険金または共済金の合計額を差し引いた残額。ただし、この保険契約の支払責任額を限度とします。
第14条（保険責任の始期と終期）
(1) 当会社の保険責任は、輸送開始のために、貨物が保険証券記載の発送地における保管場所から搬出された時またはその保管場所において輸送用具へ直ちに積込む目的で最初に動かされた時のいずれか早い時に始まり、通常の輸送過程を経て、貨物が保険証券記載の仕向地における荷受人の指定した保管場所に搬入された時またはその保管場所において貨物の輸送用具からの荷卸しが完了した時のいずれか遅い時に終わります。ただし、輸送用具が仕向地における荷受人の指定した保管場所に到着した後の担保期間は、輸送用具が到着した日の翌日の正午をもって限度とします。
(2) (1)の本文の規定にかかわらず、積込港において貨物が海上輸送用具に積込まれる前の担保期間は、貨物の保険証券記載の発送地における保管場所からの搬出が開始された日またはその保管場所における輸送用具への積込みが開始された日のいずれか早い日の翌日の午前0時から起算して15日間（発送地が積込港以外の地である場合は30日間）をもって、また、荷卸港において貨物が海上輸送用具から荷卸しされた後の担保期間は、貨物の荷卸しが完了した日の翌日の午前0時から起算して15日間（仕向地が荷卸港以外の地である場合は30日間）をもって、限度とします。
(3) (1)の本文の規定は、搬出された、もしくは積込みが開始された貨物の部分ごと、または搬入された、もしくは荷卸しされた貨物の部分ごとにこれを適用します。
(4) (1)および(2)の時刻は、日本国の標準時によるものとします。
第15条（保険料の支払い）
保険契約者は、保険契約締結の際、保険料の全額を支払わなければなりません。ただし、別途取決めた場合は、この規定を適用しません。
第16条（告知義務）
(1) 保険契約者または被保険者になる者は、保険契約締結の際、危険（損害の発生の可能性をいいます。以下同様とします。）に関する重要な事項のうち、保険契約申込書その他の書類の記載事項とすることによって当会社が告知を求めたもの（他の保険契約等に関する事項を含みます。以下「告知事項」といいます。）について、当会社に事実を正確に告げなければなりません。
(2) 当会社は、保険契約締結の際、保険契約者または被保険者が、告知事項について、故意または重大な過失によって事実を告げなかった場合または事実と異なることを告げた場合は、保険契約者に対する書面による通知をもって、この保険契約を解除することができます。
(3) (2)の規定は、次のいずれかに該当する場合には適用しません。
① (2)に規定する事実がなくなった場合
② 当会社が保険契約締結の際、(2)に規定する事実を知っていた場合または過失によってこれを知らなかった場合（当会社のために保険契約の締結の代理を行う者が、事実を告げることを妨げた場合または事実を告げないこともしくは事実と異なることを告げることを勧めた場合を含みます。）

③　保険契約者または被保険者が、保険事故による損害の発生前に、告知事項につき、書面をもって訂正を当会社に申し出て、当会社がこれを承認した場合。なお、当会社が、訂正の申出を受けた場合において、その訂正を申し出た事実が、保険契約締結の際に当会社に告げられていたとしても、当会社が保険契約を締結していたと認めるときに限り、これを承認するものとします。
④　当会社が、(2)の規定による解除の原因があることを知った時から1か月を経過した場合または保険契約締結時から5年を経過した場合
(4)　(2)の規定による解除が保険事故による損害の発生した後になされた場合であっても、第25条（保険契約解除の効力）の規定にかかわらず、当会社は、保険金を支払いません。この場合において、既に保険金を支払っていたときは、当会社は、その返還を請求することができます。
(5)　(4)の規定は、(2)に規定する事実に基づかずに発生した保険事故による損害については適用しません。

第17条（通知義務）
(1)　保険契約締結の後、次のいずれかに該当する事実が発生した場合には、保険契約者、被保険者またはこれらの者の使用人は、事実の発生がその責めに帰すべき事由によるときはあらかじめ、責めに帰すことのできない事由によるときはその発生を知った後、遅滞なく、その旨を当会社に申し出て、承認を請求しなければなりません。ただし、その事実がなくなった場合、および、切迫した危険を避けるため、または人命救助もしくは輸送用具上にある者の緊急の医療のために必要となった場合には、当会社に申し出る必要はありません。
①　保険証券記載の発送地、積込港、荷卸港もしくは仕向地を変更し、もしくは変更しようとしてその実行に着手すること、または輸送用具が順路外へ出ること。
②　貨物が保険証券記載の輸送用具以外のものに積込まれ、または積替えられること。
③　輸送の開始または遂行が著しく遅延すること。
④　①から③までの事実のほか、保険契約申込書その他の書類の記載事項の内容に変更を生じさせる事実（保険契約申込書その他の書類の記載事項のうち、保険契約締結の際に当会社が交付する書面等においてこの条の適用がある事項として定めたものに関する事実に限ります。）が発生すること。
(2)　(1)の事実がある場合（(4)ただし書の規定に該当する場合を除きます。）には、当会社は、その事実について承認を請求する書面を受領したと否とを問わず、保険契約者に対する書面による通知をもって、この保険契約を解除することができます。
(3)　(2)の規定は、当会社が、(2)の規定による解除の原因があることを知った時から1か月を経過した場合または(1)の事実が生じた時から5年を経過した場合には適用しません。
(4)　(1)に規定する手続を怠った場合には、当会社は、(1)の事実が発生した時から当会社が承認を請求する書面を受領するまでの間に生じた保険事故による損害に対しては、保険金を支払いません。ただし、(1)に規定する事実が発生した場合において、変更後の保険料が変更前の保険料より高くならなかったときは除きます。
(5)　(4)の規定は、(1)の事実に基づかずに発生した保険事故による損害については適用しません。

第18条（保険契約者の住所変更）
保険契約者が保険証券記載の住所または通知先を変更した場合は、保険契約者は、遅滞なく、その旨を当会社に通知しなければなりません。

第19条（保険契約の無効）
保険契約者が、保険金を不法に取得する目的または第三者に保険金を不法に取得させる目的をもって締結した保険契約は無効とします。

第20条（保険契約の失効）
(1)　保険契約締結の後、次のいずれかに該当する場合には、その事実が発生した時に保険契約は効力を失います。
①　貨物の全部が減失した場合。ただし、第38条（保険金支払後の保険契約）(1)の規定により保険契約が終了した場合を除きます。
②　貨物が譲渡された場合
(2)　おのおの別に保険金額を定めた貨物が2以上ある場合には、それぞれについて、(1)の規定を適用します。

第21条（保険契約の取消し）
保険契約者または被保険者の詐欺または強迫によって当会社が保険契約を締結した場合には、当会社は、保険契約者に対する書面による通知をもって、この保険契約を取り消すことができます。

第22条（保険金額の調整）
(1)　保険契約締結の際、保険金額が貨物の価額が超えていた場合であっても、保険契約者は、その超過部分について、この保険契約を取り消すことはできません。
(2)　保険契約締結の後、貨物の価額が著しく減少した場合であっても、保険契約者は、保険金額の減額を請求することはできません。

第23条（保険契約者による保険契約の解除）

保険契約者は、当会社に対する書面による通知をもって、この保険契約を解除することができます。ただし、保険金請求権の上に質権または譲渡担保権が設定されている場合は、この解除権は、質権者または譲渡担保権者の書面による同意を得た後でなければ行使できません。

第24条（重大事由による解除）
(1) 当会社は、次のいずれかに該当する事由がある場合には、保険契約者に対する書面による通知をもって、この保険契約を解除することができます。
① 保険契約者または被保険者が、当会社にこの保険契約に基づく保険金を支払わせることを目的として損害を生じさせ、または生じさせようとしたこと。
② 被保険者が、この保険契約に基づく保険金の請求について、詐欺を行い、または行おうとしたこと。
③ ①および②に掲げるもののほか、保険契約者または被保険者が、①および②の事由がある場合と同程度に当会社のこれらの者に対する信頼を損ない、この保険契約の存続を困難とする重大な事由を生じさせたこと。
(2) (1) の規定による解除が保険事故による損害の発生した後になされた場合であっても、次条の規定にかかわらず、(1) ①から③までの事由が生じた時から解除がなされた時までに発生した保険事故による損害に対しては、当会社は、保険金を支払いません。
この場合において、既に保険金を支払っていたときは、当会社は、その返還を請求することができます。

第25条（保険契約解除の効力）
保険契約の解除は、将来に向かってのみその効力を生じます。

第26条（保険料の返還または請求－告知義務・通知義務等の場合）
(1) 第16条（告知義務）(1) により告げられた内容が事実と異なる場合において、保険料を変更する必要があるときは、当会社は、変更前の保険料と変更後の保険料との差額を返還または請求します。
(2) 第17条（通知義務）(1) の事実が生じた場合において、保険料を変更する必要がある場合であっても、当会社は変更前の保険料の全額を取得することができるものとします。また、追加保険料が必要となる場合は、当会社は、変更前の保険料と変更後の保険料との差額を請求します。
(3) 当会社は、保険契約者が (1) または (2) の規定による追加保険料の支払を怠った場合（当会社が、保険契約者に対し追加保険料の請求をしたにもかかわらず相当の期間内にその支払がなかった場合に限ります。）は、保険契約者に対する書面による通知をもって、この保険契約を解除することができます。
(4) (1) または (2) の規定による追加保険料を請求する場合において、(3) の規定によりこの保険契約を解除できるときは、当会社は、保険金を支払いません。この場合において、既に保険金を支払っていたときは、当会社は、その返還を請求することができます。
(5) (4) の規定は、第17条（通知義務）(1) の事実が生じた場合における、その危険増加が生じた時より前に発生した保険事故による損害については適用しません。
(6) (1) および (2) のほか、保険契約締結の後、保険契約者が書面をもって保険契約の条件の変更を当会社に通知し、承認の請求を行い、当会社がこれを承認する場合において、保険料を変更する必要があるときは、当会社は、変更前の保険料と変更後の保険料との差額を返還または請求します。
(7) (6) の規定による追加保険料を請求する場合において、当会社の請求に対して、保険契約者がその支払を怠ったときは、当会社は、保険契約条件の変更の承認の請求がなかったものとして、この保険契約に適用される普通保険約款および特約に従い、保険金を支払います。

第27条（保険料の返還－保険契約の無効または失効の場合）
(1) 第19条（保険契約の無効）の規定により保険契約が無効となった場合には、当会社は、保険料を返還しません。
(2) 保険契約が失効となる場合であっても、当会社は、保険料の全額を取得することができるものとします。

第28条（保険料の返還－保険契約の取消しの場合）
第21条（保険契約の取消し）の規定により、当会社が保険契約を取り消した場合には、当会社は、保険料を返還しません。

第29条（保険料の返還－解除の場合）
(1) 第16条（告知義務）(2)、第17条（通知義務）(2)、第24条（重大事由による解除）(1) または第26条（保険料の返還または請求－告知義務・通知義務等の場合）(3) の規定により、当会社が保険契約を解除した場合には、当会社は、保険料を返還しません。
(2) 第23条（保険契約者による保険契約の解除）の規定により、保険契約者が保険契約を解除した場合であっても、当会社は、保険料の全額を取得することができるものとします。

第30条（事故の通知）
(1) 保険契約者または被保険者は、貨物について損害が生じたことを知った場合は、損害の発生ならびに他の保険契約等の有無および内容（既に他の保険契約等から保険金または共済金の支払を受けた場合には、その事実を含みます。）を当会社に遅滞なく通知しなければなりません。

(2) 貨物について損害が生じた場合は、当会社は、事故が生じた貨物または事故状況を調査することができます。
(3) 保険契約者または被保険者が、正当な理由がなく (1) の規定に違反した場合は、当会社は、それによって当会社が被った損害の額を差し引いて保険金を支払います。

第31条（損害防止義務）
(1) 保険契約者、被保険者またはこれらの者の使用人は、保険事故が発生したことを知った場合は、これによる損害の発生および拡大の防止に努めなければなりません。保険契約者、被保険者またはこれらの者の使用人が損害の防止の義務を履行しなかった場合は、当会社は、損害の額から損害の発生および拡大を防止することが出来たと認められる額を差し引いた残額を基礎として、保険金の額を決定します。
(2) 保険契約者、被保険者またはこれらの者の使用人は、第三者（他人のためにする保険契約の場合の保険契約者を含みます。以下同じ。）に対して、損害について賠償、補償その他の給付を請求することができる場合には、その請求権の保全または行使に努めなければなりません。保険契約者、被保険者またはこれらの者の使用人が第三者に対する請求権の保全または行使に必要な手続の義務を履行しなかった場合は、当会社は、その請求権の行使によって、損害の額から第三者から給付を受けることができたと認められる額を差し引いた残額を基礎として、保険金の額を決定します。

第32条（残存物）
当会社が保険事故による損害に対して保険金を支払った場合でも、貨物の残存物について被保険者が有する所有権その他の物権は、当会社がこれを取得する旨の意思を表示しないかぎり、当会社に移転しません。

第33条（全損となった貨物上の権利と義務）
(1) 第32条（残存物）で当会社が所有権その他の物権を取得する場合において、貨物に対して留置権、先取特権、質権、抵当権、賃借権、その他の権利が存在するとき、または損害をうけた貨物を取り除く義務その他その貨物に関する義務が存在するときには、被保険者は、遅滞なくその明細を当会社に通知しなければなりません。
(2) 被保険者は、(1) に定める権利を消滅させなければなりません。これに要する金額および費用または (1) に定める義務を履行するために要する金額および費用は、被保険者の負担とします。
(3) 当会社が (2) の金額および費用を支払ったとき、または将来支払う必要があると認めたときは、当会社は、支払うべき保険金の額からこれらを控除することができます。

第34条（保険金の請求）
(1) 当会社に対する保険金請求権は、保険事故による損害が発生した時から発生し、これを行使することができるものとします。
(2) 被保険者が保険金の支払を請求する場合は、次の書類または証拠のうち、当会社が求めるものを当会社に提出しなければなりません。
① 保険金の請求書
② 損害見積書
③ その他当会社が第35条（保険金の支払時期）(1) に定める必要な事項の確認を行うために欠くことのできない書類または証拠として保険契約締結の際に当会社が交付する書面等において定めたもの
(3) 当会社は、事故の内容または損害の額等に応じ、保険契約者または被保険者に対して、(2) に掲げるもの以外の書類もしくは証_拠の提出または当会社が行う調査への協力を求めることがあります。この場合には、当会社が求めた書類または証拠を速やかに提出し、必要な協力をしなければなりません。
(4) 保険契約者または被保険者が、正当な理由がなく (3) の規定に違反した場合または (2) もしくは (3) の書類に事実と異なる記載をし、もしくはその書類もしくは証拠を偽造しもしくは変造した場合は、当会社は、それによって当会社が被った損害の額を差し引いて保険金を支払います。

第35条（保険金の支払時期）
(1) 当会社は、被保険者が第34条（保険金の請求）(2) の手続を完了した日（以下この条において「請求完了日」といいます。）からその日を含めて30日以内に、当会社が保険金を支払うために必要な次の事項の確認を終え、保険金を支払います。
① 保険金の支払事由発生の有無の確認に必要な事項として、事故の原因、事故発生の状況、損害発生の有無および被保険者に該当する事実
② 保険金が支払われない事由の有無の確認に必要な事項として、保険金が支払われない事由としてこの保険契約において定める事由に該当する事実の有無
③ 保険金を算出するための確認に必要な事項として、損害の額（保険価額を含みます。）および事故と損害との関係
④ 保険契約の効力の有無の確認に必要な事項として、この保険契約において定める解除、無効、失効または取消しの事由に該当する事実の有無
⑤ ①から④までのほか、他の保険契約等の有無および内容、損害について被保険者が有する損害賠償請求権その他の債権および既に取得したものの有無および内容等、当会社が支払うべき保険金の額を確定するために確認が必要な事項
(2) (1) の確認をするため、次に掲げる特別な照会または調査が不可欠な場合には、(1) の規定にかかわらず、当会社は、請求完了日からその日を含めて次に掲げる日数（複数に該当する場合は、そのうち最長の日数）を経過する日までに、保険金を支

払います。この場合において、当会社は、確認が必要な事項およびその確認を終えるべき時期を被保険者に対して通知するものとします。
① (1) ①から④までの事項を確認するための、警察、検察、消防その他の公の機関による捜査・調査結果の照会（弁護士法（昭和24年法律第205号）に基づく照会その他法令に基づく照会を含みます。）180日
② (1) ①から④までの事項を確認するための、専門機関による鑑定等の結果の照会　90日
③ 　災害救助法（昭和22年法律第118号）が適用された災害の被災地域における (1) ①から⑤までの事項の確認のための調査　60日
④ (1) ①から⑤までの事項の確認を日本国内において行うための代替的な手段がない場合の日本国外における調査　180日
⑤ 　損害を受けた貨物、損害発生事由もしくは損害発生形態が特殊である場合、または多数の貨物が同一事故により損害を受けた場合、または共同海損が宣言されたことにより、(1) ①から④までの事項を確認するための、専門機関による鑑定等の結果の照会　180日
(3) (2) ①から⑤に掲げる特別な照会または調査を開始した後、(2) ①から⑤に掲げる期間中に保険金を支払う見込みがないことが明らかになった場合には、当会社は、(2) ①から⑤に掲げる期間内に被保険者との協議による合意に基づきその期間を延長することができます。
(4) (1) から (3) までに掲げる必要な事項の確認に際し、保険契約者または被保険者が正当な理由なくその確認を妨げ、またはこれに応じなかった場合（必要な協力を行わなかった場合を含みます。）には、これにより確認が遅延した期間については、(1) から (3) までの期間に算入しないものとします。

第36条（時効）
保険金請求権は、第34条（保険金の請求）(1) に定める時の翌日から起算して3年を経過した場合は、時効によって消滅します。

第37条（求償権代位）
(1) 損害が生じたことにより被保険者が損害賠償請求権その他の債権を取得した場合において、当会社がその損害に対して保険金を支払ったときは、その債権は当会社に移転します。ただし、移転するのは、次の額を限度とします。
① 　当会社が損害の額の全額を保険金として支払った場合
被保険者が取得した債権の全額
② 　①以外の場合
被保険者が取得した債権の額から、保険金が支払われていない損害の額を差し引いた額
(2) (1) ②の場合において、当会社に移転せずに被保険者が引き続き有する債権は、当会社に移転した債権よりも優先して弁済されるものとします。
(3) 保険契約者および被保険者は、当会社が取得する (1) または (2) の債権の保全および行使ならびにそのために当会社が必要とする証拠および書類の入手に協力しなければなりません。この場合において、当会社に協力するために必要な費用は、当会社の負担とします。

第38条（保険金支払後の保険契約）
(1) 貨物に第8条（全損）(1) から (3) までに定める全損があった場合は、保険契約は、その保険金支払の原因となった損害の発生した時に終了します。
(2) (1) の場合を除き、当会社が保険金を支払った場合においても、この保険契約の保険金額は減額することはありません。
(3) (1) の規定により、保険契約が終了した場合には、当会社は保険料を返還しません。
(4) おのおの別に保険金額を定めた貨物が2以上ある場合には、それぞれについて、(1) から (3) までの規定を適用します。

第39条（訴訟の提起）
この保険契約に関する訴訟については、日本国内における裁判所に提起するものとします。

第40条（準拠法）
この約款に規定のない事項については、日本国の法令に準拠します。

(付則)
第24条（重大事由による解除）に以下の規定を追加します。
1（保険契約の解除）
当会社は、次のいずれかに該当する事由がある場合には、保険契約者に対する書面による通知をもって、この保険契約を解除することができます。
(1) 保険契約者が、次のいずれかに該当すること。
① 　反社会的勢力（注）に該当すると認められること。
② 　反社会的勢力（注）に対して資金等を提供し、または便宜を供与する等の関与をしていると認められること。
③ 　反社会的勢力（注）を不当に利用していると認められること。
④ 　法人である場合において、反社会的勢力（注）がその法人の経営を支配し、またはその法人の経営に実質的に関与していると認められること。

⑤　その他反社会的勢力（注）と社会的に非難されるべき関係を有していると認められること。
(2)　(1)に掲げるもののほか、保険契約者または被保険者が、(1)の事由がある場合と同程度に当会社のこれらの者に対する信頼を損ない、この保険契約の存続を困難とする重大な事由を生じさせたこと。
(注)　暴力団、暴力団員（暴力団員でなくなった日から５年を経過しない者を含みます。）、暴力団準構成員、暴力団関係企業その他の反社会的勢力をいいます。
２（被保険者に関する解除）
当会社は、被保険者が１ (1) ①から⑤までのいずれかに該当する場合は保険契約者に対する書面による通知をもって、この保険契約（注）を解除することができます。
(注)　被保険者が複数である場合は、その被保険者に係る部分とします。
３（免責）
(1)　１または２の規定による解除が保険事故による損害の発生した後になされた場合であっても、第25条（保険契約解除の効力）の規定にかかわらず、１または２の解除の原因となる事由が生じた時から解除がなされた時までに発生した保険事故による損害に対しては、当会社は、保険金を支払いません。この場合において、既に保険金を支払っていたときは、当会社は、その返還を請求することができます。
(2)　１の規定により保険契約者に対する解除がなされた場合においても、(1)の規定は次の損害については適用しません。
①　１ (1) ①から⑤までのいずれにも該当しない被保険者に生じた損害
②　１ (1) ①から⑤までのいずれかに該当する被保険者が損害賠償責任を負担したことにより被る損害
(3)　(2)にかかわらず、普通保険約款およびこの保険契約に付帯されたその他の特約で規定された費用の損害に対する保険金のうち、１ (1) ①から⑤までのいずれかに該当する保険契約者または被保険者が支出した費用に対しては、当会社は保険金を支払いません。

13. 1906年英国海上保険法
(2016年8月12日に発効する英国保険法（Insurance Act 2015）により削除または廃止される部分は【　】で示す。被保険者の告知・公正な情報提示の義務、ワランティ等に関し、海上保険についても英国保険法の規定が適用されることとなる。)

THE MARINE INSURANCE ACT, 1906 (6 Edw. 7 c. 41)	【試訳】 1906年英国海上保険法（エドワード7世即位第6年法律第41号）
An Act to codify the Law relating to Marine Insurance (21st December 1906)	海上保険に関する法を法典化する法律（1906年12月21日）
MARINE INSURANCE	海上保険
1　Marine insurance defined	第1条　海上保険の定義
A contract of marine insurance is a contract whereby the insurer undertakes to indemnify the assured in manner and to the extent thereby agreed, against marine losses, that is to say, the losses incident to marine adventure.	海上保険契約は、その契約によって合意した方法と範囲で、海上損害すなわち航海事業に付随する損害を保険者が被保険者にてん補することを引受ける契約である。
2　Mixed sea and land risks	第2条　海陸混合危険
(1) A contract of marine insurance may, by its express terms, or by usage of trade, be extended so as to protect the assured against losses on inland waters or on any land risk which may be incidental to any sea voyage.	(1) 海上保険契約は、その明示の特約または商慣習によって、その担保の範囲を拡張し、海上航行に付随することがある内水または陸上の危険の損害に対しても、被保険者を保護することができる。
(2) Where a ship in course of building, or the launch of a ship, or any adventure analogous to a marine adventure, is covered by a policy in the form of a marine policy, the provisions of this Act, in so far as applicable, shall apply thereto; but, except as by this section provided, nothing in this Act shall alter or affect any rule of law applicable to any contract of insurance other than a contract of marine insurance as by this Act defined.	(2) 建造中の船舶、船舶の進水、または航海事業に類似する一切の事業が海上保険証券様式の保険証券によって保険に付けられる場合には、この法律の諸規定は、その適用が可能である限り、これに適用される。ただし、本条によって定められた場合を除き、この法律の規定は、この法律によって定義された海上保険契約以外の保険契約に適用される一切の法規を変更し、またはこれらの法規に影響を及ぼすものではない。
3　Marine adventure and maritime perils defined	第3条　航海事業および海上危険の定義
(1) Subject to the provisions of this Act, every lawful marine adventure may be the subject of a contract of marine insurance.	(1) この法律の諸規定に従うこととして、一切の合法な航海事業はこれを海上保険契約の目的とすることができる。
(2) In particular there is a marine adventure where –	(2) 特に次の場合には航海事業があるものとする。
(a) any ship goods or other moveables are exposed to maritime perils. Such property is in this Act referred to as "insurable property";	(a) 船舶、貨物またはその他の動産が海上危険にさらされる場合。この法律においては、かかる財産を「被保険財産」という。
(b) the earning or acquisition of any freight, passage money, commission, profit, or other pecuniary benefit, or the security for any advances, loan, or disbursements, is endangered by the exposure of insurable property to maritime perils;	(b) 被保険財産が海上危険にさらされることによって運送賃、旅客運送賃、手数料、利潤もしくはその他の金銭的利益の収得もしくは取得、または前渡金、貸付金もしくは費用に対する担保が脅かされる場合。
(c) any liability to a third party may be incurred by the owner of, or other person interested in or responsible for, insurable property, by reason of maritime perils.	(c) 被保険財産の所有者その他被保険財産に利害関係または責任を有する者が、海上危険のために第三者に対して責任を負担することがある場合。
"Maritime perils" means the perils consequent on,	「海上危険」とは、航海に起因または付随する危険、すなわち海固有の危険、火災、戦争危険、海賊、漂盗、強

or incidental to, the navigation of the sea, that is to say, perils of the seas, fire, war perils, pirates, rovers, thieves, captures, seizures, restraints, and detainments of princes and peoples, jettisons, barratry, and any other perils, either of the like kind or which may be designated by the policy.

INSURABLE INTEREST
4　Avoidance of wagering or gaming contracts
(1) Every contract of marine insurance by way of gaming or wagering is void.
(2) A contract of marine insurance is deemed to be a gaming or wagering contract －
(a) where the assured has not an insurable interest as defined by this Act, and the contract is entered into with no expectation of acquiring such an interest; or
(b) where the policy is made "interest or no interest", or "without further proof of interest than the policy itself", or "without benefit of salvage to the insurer", or subject to any other like term:
Provided that, where there is no possibility of salvage, a policy may be effected without benefit of salvage to the insurer.

5　Insurable interest defined
(1) Subject to the provisions of this Act, every person has an insurable interest who is interested in a marine adventure.
(2) In particular a person is interested in a marine adventure where he stands in any legal or equitable relation to the adventure or to any insurable property at risk therein, in consequence of which be may benefit by the safety or due arrival of insurable property, or may be prejudiced by its loss, or by damage thereto, or by the detention thereof, or may incur liability in respect thereof.

6　When interest must attach
(1) The assured must be interested in the subject-matter insured at the time of the loss though he need not be interested when the insurance is effected:
Provided that where the subject-matter is insured "lost or not lost", the assured may recover although he may not have acquired his interest until after the loss, unless at the time of effecting the contract of insurance the assured was aware of the loss, and the insurer was not.
(2) Where the assured has no interest at the time of the loss, he cannot acquire interest by any act or election after he is aware of the loss.

盗、捕獲、拿捕、王侯および人民の抑止および抑留、投荷、船員の悪行並びに上記の諸危険と同種のまたは保険証券に記載されるその他の危険をいう。

被保険利益
第4条　賭博契約または射倖契約の無効
(1) 射倖または賭博のためにする一切の海上保険契約はこれを無効とする。
(2) 次の場合には、海上保険契約は射倖契約または賭博契約であるとみなされる。
(a) 被保険者がこの法律に定める被保険利益を有せず、かつ、かかる利益を取得する見込なしに契約が締結される場合、または
(b) 保険証券が「被保険利益の有無を問わない」、「保険証券自体以外には被保険利益の存在を証明することを要しない」、「保険者に救助物取得の利益がない」、または上記と同様な文言付きで作成される場合。
ただし、救助物を得る見込がない場合には、保険者に救助物取得の利益がないという条件で保険契約を締結することができる。

第5条　被保険利益の定義
(1) この法律の諸規定に従うこととして、航海事業に利害関係を有するすべての者は、被保険利益を有する。
(2) 特に、ある者が航海事業に対し、または航海事業の危険にさらされる被保険財産に対して、普通法上または衡平法上の関係を有する場合において、その関係を有する結果、被保険財産が安全であることもしくは被保険財産が予定の時期に到達することによって利益を得、または、被保険財産の滅失、損傷もしくは留置によって損害を被り、または、被保険財産に関して責任を負うときは、その者は航海事業について利害関係を有するものとする。

第6条　被保険利益が存在しなければならない時期
(1) 被保険者は、保険契約締結の時に保険の目的物について利害関係を有することを要しないが、損害発生の時にこれを有しなければならない。
ただし、保険の目的物が「滅失したと否とを問わない」という条件で保険に付けられる場合には、損害発生の後まで被保険利益を取得しないことがあっても、保険契約締結の時に被保険者が損害発生の事実を知り、かつ、保険者がこれを知らなかった場合を除き、被保険者は保険者から損害を回収することができる。
(2) 被保険者が損害発生の時に被保険利益を有しない場合には、被保険者は、損害発生の事実を知った後、いかなる行為または選択によっても、被保険利益を取得する

| | ことができない。 |

7　Defeasible or contingent interest
(1) A defeasible interest is insurable, as also is a contingent interest.
(2) In particular, where the buyer of goods has insured them, he has an insurable interest, notwithstanding that he might, at his election, have rejected the goods, or have treated them as at the seller's risk, by reason of the latter's delay in making delivery or otherwise.

第7条　消滅することあるべき利益または未必利益
(1) 消滅することあるべき利益はこれを保険に付けることができる。未必利益についてもまた同様とする。
(2) 特に、貨物の買主がその貨物を保険に付けた場合には、売主の貨物引渡の遅延またはその他の理由により、買主が自己の選択によって、貨物の引取を拒絶しまたは貨物を売主の危険負担として処理することができるときにおいても、買主はその貨物について被保険利益を有する。

8　Partial interest
A partial interest of any nature is insurable.

第8条　部分的利益
部分的利益は、その性質のいかんを問わず、これを保険に付けることができる。

9　Re-insurance
(1) The insurer under a contract of marine insurance has an insurable interest in his risk, and may re-insure in respect of it.
(2) Unless the policy otherwise provides, the original assured has no right or interest in respect of such re-insurance.

第9条　再保険
(1) 海上保険契約の保険者は、自己の危険について被保険利益を有し、これについて再保険を付けることができる。
(2) 保険証券に別段の定めがない限り、原被保険者はその再保険について権利または利益を一切有しない。

10　Bottomry
The lender of money on bottomry or respondentia has an insurable interest in respect of the loan.

第10条　冒険貸借
船舶または貨物の冒険貸借の貸主は、その貸付金について被保険利益を有する。

11　Master's and seamen's wages
The master or any member of the crew of a ship has an insurable interest in respect of his wages.

第11条　船長および海員の給料
船長またはすべての船舶乗組員は、自己の給料について被保険利益を有する。

12　Advance freight
In the case of advance freight, the person advancing the freight has an insurable interest, in so far as such freight is not repayable in case of loss.

第12条　前払運送賃
前払運送賃の場合には、運送賃を前払する者は、損害が発生したときにその運送賃が払戻されない限り、被保険利益を有する。

13　Charges of insurance
The assured has an insurable interest in the charges of any insurance which he may effect.

第13条　保険の費用
被保険者は、自己の付ける一切の保険の費用について、被保険利益を有する。

14　Quantum of interest
(1) Where the subject-matter insured is mortgaged, the mortgagor has an insurable interest in the full value thereof, and the mortgagee has an insurable interest in respect of any sum due or to become due under the mortgage.
(2) A mortgagee, consignee, or other person having an interest in the subject-matter insured may insure on behalf and for the benefit of other persons interested as well as for his own benefit.

第14条　利益の額
(1) 保険の目的物に抵当権が設定された場合には、抵当権設定者は保険の目的物の全価額について被保険利益を有し、抵当権者は抵当権の下に支払われる金額または支払われることとなる金額について被保険利益を有する。
(2) 抵当権者、荷受人その他保険の目的物に利害関係を有する者は、自己のためのみならず、利害関係を有する他人のためにも、保険を付けることができる。

(3) The owner of insurable property has an insurable interest in respect of the full value thereof, notwithstanding that some third person may have agreed, or be liable, to indemnify him in case of loss.

15　Assignment of interest
Where the assured assigns or otherwise parts with his interest in the subject-matter insured, he does not thereby transfer to the assignee his rights under the contract of insurance, unless there be an express or implied agreement with the assignee to that effect.

But the provisions of this section do not affect a transmission of interest by operation of law.

INSURABLE VALUE
16　Measure of insurable value
Subject to any express provision or valuation in the policy, the insurable value of the subject-matter insured must be ascertained as follows:
(1) in insurance on ship, the insurable value is the value, at the commencement of the risk, of the ship, including her outfit, provisions and stores for the officers and crew, money advanced for seamen's wages, and other disbursements (if any) incurred to make the ship fit for the voyage or adventure contemplated by the policy, plus the charges of insurance upon the whole:
The insurable value, in the case of a steamship, includes also the machinery, boilers, and coals and engine stores if owned by the assured, and, in the case of a ship engaged in a special trade, the ordinary fittings requisite for that trade:

(2) in insurance on freight, whether paid in advance or otherwise, the insurable value is the gross amount of the freight at the risk of the assured, plus the charges of insurance:
(3) in insurance on goods or merchandise, the insurable value is the prime cost of the property insured, plus the expenses of and incidental to shipping and the charges of insurance upon the whole:
(4) in insurance on any other subject-matter, the insurable value is the amount at the risk of the assured when the policy attaches, plus the charges of insurance.

DISCLOSURE AND REPRESENTATIONS
17　Insurance is uberrimae fidei
A contract of marine insurance is a contract based upon the utmost good faith, 【and, if the utmost good faith be not observed by either party, the contract may

(3) 被保険財産の所有者は、損害発生の場合に第三者が所有者に損害を補償することを約し、または補償する責めを負うときにおいても、被保険財産の全価額について被保険利益を有する。

第15条　利益の譲渡
被保険者が保険の目的物について有する自己の利益を譲渡し、またはその他の方法でこれを手放す場合には、保険契約上の被保険者の権利を譲受人に移転する旨の明示または黙示の合意が譲受人との間にない限り、これによって、被保険者は保険契約上の権利を譲受人に譲渡するものではない。
ただし、本条の諸規定は法律の効果による利益の移転に影響を及ぼすものではない。

保険価額
第16条　保険価額の算定基準
保険証券に明示の規定または評価額がある場合はこれに従うこととして、保険の目的物の保険価額は、次のようにこれを定めなければならない。
(1) 船舶の保険においては、その保険価額は、艤装船具、高級船員および普通船員用の食料品および貯蔵品、海員の給料の前渡金、並びに保険証券に定めた航海または航海事業に対して船舶を堪航にするために支出したその他の船費（もしあれば）を含む危険開始の時における船舶の価額に、上記の全部に対する保険の費用を加えた額とする。
汽船の場合には、その保険価額は、更に、機械および汽缶を含み、かつ、石炭および機関用貯蔵品で被保険者の所有に属するものがあればこれを含み、また、特殊事業に従事する船舶の場合には、当該事業に必要な通常の艤装品を含む。

(2) 運送賃の保険においては、運送賃が前払であると否とを問わず、その保険価額は、被保険者の危険に属する運送賃の総額に保険の費用を加えた額とする。

(3) 貨物または商品の保険においては、その保険価額は、被保険財産の原価に、船積費用および船積に付随する費用並びに上記の全部に対する保険の費用を加えた額とする。
(4) その他の目的物の保険においては、その保険価額は、保険証券の効力が始まる時に被保険者の危険に属している金額に保険の費用を加えた額とする。

告知および表示
第17条　保険契約は最大善意の契約である
海上保険契約は最大善意に基づく契約であ【って、当事者の一方が最大善意を守らない場合には、相手方はその契約を取消すことができ】る。

be avoided by the other party】.
* 【 】内は2016年8月12日発効の英国保険法（Insurance Act 2015）により削除

*第18条は2016年8月12日発効の英国保険法（Insurance Act 2015）により廃止
【18　Disclosure by assured
（1）Subject to the provisions of this section, the assured must disclose to the insurer, before the contract is concluded, every material circumstance which is known to the assured, and the assured is deemed to know every circumstance which, in the ordinary course of business, ought to be known by him. If the assured fails to make such disclosure, the insurer may avoid the contract.
（2）Every circumstance is material which would influence the judgment of a prudent insurer in fixing the premium, or determining whether he will take the risk.
（3）In the absence of inquiry the following circumstances need not be disclosed, namely:
（a）any circumstance which diminishes the risk;
（b）any circumstance which is known or presumed to be known to the insurer. The insurer is presumed to know matters of common notoriety or knowledge, and matters which an insurer in the ordinary course of his business, as such, ought to know;
（c）any circumstance as to which information is waived by the insurer;
（d）any circumstance which it is superfluous to disclose by reason of any express or implied warranty.
（4）Whether any particular circumstance, which is not disclosed, be material or not is, in each case, a question of fact.
（5）the term "circumstance" includes any communication made to, or information received by, the assured.
（6）This section does not apply in relation to a contract of marine insurance if it is a consumer insurance contract within the meaning of the Consumer Insurance (Disclosure and Representations) Act 2012.】

*第19条は2016年8月12日発効の英国保険法（Insurance Act 2015）により廃止
【19　Disclosure by agent
（1）Subject to the provisions of the preceding section as to circumstances which need not be disclosed, where an insurance is effected for the assured by an agent, the agent must disclose to the insurer –
（a）every material circumstance which is known to himself, and an agent to insure is deemed to know

* 【 】内は2016年8月12日発効の英国保険法（Insurance Act 2015）により削除

*第18条は2016年8月12日発効の英国保険法（Insurance Act 2015）により廃止
【第18条　被保険者による告知
（1）本条の諸規定に従うこととして、被保険者は、自己の知っている一切の重要な事情を契約締結前に保険者に告知しなければならない。被保険者は、通常の業務上当然知っているべき一切の事情についてはこれを知っているものとみなされる。被保険者がかかる告知をすることを怠るときは、保険者はその契約を取消すことができる。

（2）慎重な保険者が保険料を定め、または保険を引受けるかどうかを決定するに当たってその判断に影響を及ぼす一切の事情は、これを重要な事情とする。

（3）次の事情は、質問がない限り、告知することを要しない。すなわち
（a）危険を減少させる一切の事情
（b）保険者が知っているかまたは知っているものと推定される一切の事情。保険者は、周知の事項および保険者が通常の業務上当然知っているべき事項については、これを知っているものと推定される。

（c）保険者が通知を受ける権利を放棄した一切の事情

（d）明示または黙示の担保があるために告知することが余計である一切の事情
（4）告知されない特定の事情が重要であるか否かは、各場合における事実問題とする。

（5）「事情」という文言は、被保険者に対してなされた一切の通信または被保険者の受けた一切の情報を含む。

（6）本条は、2012年消費者保険（開示・表示）法における消費者保険契約に該当する海上保険契約に対しては、これを適用しない。】

*第19条は2016年8月12日発効の英国保険法（Insurance Act 2015）により廃止
【第19条　保険契約を締結する代理人による告知
告知することを要しない事情に関する前条の諸規定に従うこととして、保険契約が被保険者のために代理人によって締結される場合には、代理人は、次の事情を保険者に告知しなければならない。
（a）代理人が知っている一切の重要な事情。保険を付ける代理人は、その通常の業務上当然知っているべきまた

every circumstance which in the ordinary course of business ought to be known by, or to have been communicated to, him; and

(b) every material circumstance which the assured is bound to disclose, unless it come to his knowledge too late to communicate it to the agent.

(2) This section does not apply in relation to a contract of marine insurance if it is a consumer insurance contract within the meaning of the Consumer Insurance (Disclosure and Representations) Act 2012.】

*第20条は2016年8月12日発効の英国保険法(Insurance Act 2015)により廃止
【20　Representations pending negotiation of contract
(1) Every material representation made by the assured or his agent to the insurer during the negotiations for the contract, and before the contract is concluded, must be true. If it be untrue the insurer may avoid the contract.
(2) A representation is material which would influence the judgment of a prudent insurer in fixing the premium, or determining whether he will take the risk.
(3) A representation may be either a representation as to a matter of fact, or as to a matter of expectation or belief.
(4) A representation as to a matter of fact is true, if it be substantially correct, that is to say, if the difference between what is represented and what is actually correct would not be considered material by a prudent insurer.
(5) A representation as to a matter of expectation or belief is true if it be made in good faith.
(6) A representation may be withdrawn or corrected before the contract is concluded.
(7) Whether a particular representation be material or not is, in each case, a question of fact.
(8) This section does not apply in relation to a contract of marine insurance if it is a consumer insurance contract within the meaning of the Consumer Insurance (Disclosure and Representations) Act 2012.】

21　When contract is deemed to be concluded
A contract of marine insurance is deemed to be concluded when the proposal of the assured is accepted by the insurer, whether the policy be then issued or not; and, for the purpose of showing when the proposal was accepted, reference may be made to the slip or covering note or other customary memorandum of the contract...1
*1　This section is printed as amended by the Finance

は当然代理人に通知されたはずの一切の事情を知っているものとみなされる。および

(b) 被保険者が告知しなければならない一切の重要な事情。ただし、被保険者が知るのが遅れたために代理人に通知することができなかった事情については、この限りでない。
(2) 2012年消費者保険(告知・表示)法の意味における消費者保険契約に該当する海上保険契約に対しては、本条は適用されない。】

*第20条は2016年8月12日発効の英国保険法(Insurance Act 2015)により廃止
【第20条　契約締結の交渉中の表示
(1) 契約締結の交渉中であって契約が締結される前に、被保険者またはその代理人が保険者に対して行った一切の重要な表示は、真実でなければならない。それが不実であるならば、保険者は契約を取消すことができる。

(2) 慎重な保険者が保険料を定め、または危険を引受けるかどうかを決定するに当たって、その判断に影響を及ぼす表示は、これを重要な表示とする。
(3) 表示は、事実問題に関する表示であることもあれば、期待または信念の問題に関する表示であることもある。

(4) 事実問題に関する表示は、それが実質的に正確であれば、すなわち、表示されたものと現実に正確なものとの間の相違が慎重な保険者によって重要とみなされないものであれば、これを真実な表示とする。

(5) 期待または信念の問題に関する表示は、それが善意でなされるならば、これを真実な表示とする。
(6) 表示は、契約締結前においては、これを撤回または訂正することができる。
(7) 特定の表示が重要であるか否かは、各場合における事実問題とする。
(8) 本条は、2012年消費者保険(開示・表示)法における消費者保険契約に該当する海上保険契約に対しては、これを適用しない。】

第21条　契約が締結されたものとみなされる時期
海上保険契約は、被保険者の申込が保険者によって承諾された時に締結されたものとみなされ、その時に保険証券が発行されると否とを問わない。申込が承諾された時期を証明する目的のためには、スリップ、カバー・ノートまたはその他の慣習的に使用される覚書を参照することができる。

(注) 1959年財政法によって、本条末尾の「収入印紙を

THE POLICY

22 Contract must be embodied in policy

Subject to the provisions of any statute, a contract of marine insurance is inadmissible in evidence unless it is embodied in a marine policy in accordance with this Act. The policy may be executed and issued either at the time when the contract is concluded, or afterwards.

23 What policy must specify

A marine policy must specify −

(1) The name of the assured, or of some person who effects the insurance on his behalf . . .2

*2 This section is printed as amended by the Finance Act 1959, 8th Sched., Part Ⅱ.

24 Signature of insurer

(1) A marine policy must be signed by or on behalf of the insurer, provided that in the case of a corporation the corporate seal may be sufficient, but nothing in this section shall be construed as requiring the subscription of a corporation to be under seal.

(2) Where a policy is subscribed by or on behalf of two or more insurers, each subscription, unless the contrary be expressed, constitutes a distinct contract with the assured.

25 Voyage and time policies

(1) Where the contract is to insure the subject-matter "at and from", or from one place to another or others, the policy is called a "voyage policy", and where the contract is to insure the subject-matter for a definite period of time the policy is called a "time policy". A contract for both voyage and time may be included in the same policy.3

*3 This section is printed as amended by the Finance Act 1959, 8th Sched., Part Ⅱ.

26 Designation of subject-matter

(1) The subject-matter insured must be designated in a marine policy with reasonable certainty.

(2) The nature and extent of the interest of the assured in the subject-matter insured need not be specified in the policy.

(3) Where the policy designates the subject-matter insured in general terms, it shall be construed to apply to the interest intended by the assured to be covered.

貼付していないものであっても差支えない」の文言は廃止された。

保険証券

第22条　契約は保険証券に具現されなければならない

一切の制定法の諸規定に従うこととして、海上保険契約は、この法律に従って海上保険証券に具現されない限り、証拠として認められない。保険証券は、契約締結の時またはその後において、これを作成し、発行することができる。

第23条　保険証券に記載しなければならない事項

保険証券には次の事項を記載しなければならない。

(1) 被保険者の氏名または被保険者のために保険契約を締結する者の氏名

（注）(2) ～ (5) は1959年財政法（Finance Act、1959）によって廃止された。

第24条　保険者の署名

(1) 海上保険証券は、保険者によって、または保険者のために、署名されなければならない。ただし、法人の場合には、法人の印章で十分である。本条の規定は、法人の署名には印章が必要である旨を定めているものとこれを解してはならない。

(2) 保険証券が、二名以上の保険者によって、または二名以上の保険者のために、署名される場合には、反対の特約がない限り、各署名は被保険者との各別の契約を構成する。

第25条　航海保険証券および期間保険証券

(1) 契約が保険の目的物をある地「において、および、から」、または、ある地から、他の一つまたは二つ以上の地まで保険するものである場合には、その保険証券を「航海保険証券」といい、また、契約が保険の目的物を一定の期間に対して保険するものである場合には、その保険証券を「期間保険証券」という。航海と期間の両者に対する契約を同一保険証券に含めることができる。

（注）(2) は1959年財政法によって廃止された。

第26条　保険の目的物の表示

(1) 保険の目的物は、相当な正確さをもって海上保険証券にこれを記載しなければならない。

(2) 保険の目的物について被保険者の有する利益の性質および範囲は、これを保険証券に明示することを要しない。

(3) 保険証券に保険の目的物が総括的文言で記載されている場合には、その保険証券は、被保険者が保険に付けることを意図した利益に適用されるものとこれを解釈しなければならない。

(4) In the application of this section regard shall be had to any usage regulating the designation of the subject-matter insured.

27 Valued policy
(1) A policy may be either valued or unvalued.

(2) A valued policy is a policy which specifies the agreed value of the subject-matter insured.
(3) Subject to the provisions of this Act, and in the absence of fraud, the value fixed by the policy is, as between the insurer and assured, conclusive of the insurable value of the subject intended to be insured, whether the loss be total or partial.
(4) Unless the policy otherwise provides, the value fixed by the policy is not conclusive for the purpose of determining whether there has been a constructive total loss.

28 Unvalued policy
An unvalued policy is a policy which does not specify the value of the subject-matter insured, but, subject to the limit of the sum insured, leaves the insurable value to be subsequently ascertained, in the manner hereinbefore specified.

29 Floating policy by ship or ships
(1) A floating policy is a policy which describes the insurance in general terms, and leaves the name of the ship or ships and other particulars to be defined by subsequent declaration.
(2) The subsequent declaration or declarations may be made by indorsement on the policy, or in other customary manner.
(3) Unless the policy otherwise provides, the declarations must be made in the order of dispatch or shipment. They must, in the case of goods, comprise all consignments within the terms of the policy, and the value of the goods or other property must be honestly stated, but an omission or erroneous declaration may be rectified even after loss or arrival, provided the omission or declaration was made in good faith.
(4) Unless the policy otherwise provides, where a declaration of value is not made until after notice of loss or arrival, the policy must be treated as an unvalued policy as regards the subject-matter of that declaration.

30 Construction of terms in policy
(1) A policy may be in the form in the First Schedule to this Act.

(4) 本条を適用するに当たっては、保険の目的物の表示を律する一切の慣習を考慮しなければならない。

第27条　評価済保険証券
(1) 保険証券は、評価済または評価未済のいずれかとすることができる。
(2) 評価済保険証券とは保険の目的物の協定価額を記載した保険証券をいう。
(3) この法律の諸規定に従うこととして、かつ、詐欺がない場合には、保険証券で決められた価額は、保険者と被保険者との間においては、損害が全損であると分損であるとを問わず、保険に付けることを意図した目的物の保険価額として決定的なものとする。
(4) 保険証券に別段の定めがない限り、保険証券で決められた価額は、推定全損があったかどうかを確定するためには、決定的なものではない。

第28条　評価未済保険証券
評価未済保険証券とは、保険の目的物の価額を記載せず、保険金額を限度として、この法律において前に定めた方法で後日保険価額を確定する保険証券をいう。

第29条　船名等未詳保険証券
(1) 船名等未詳保険証券とは、総括的文言で保険契約を記述し、船名およびその他の明細を後日の確定通知によって定める保険証券をいう。

(2) 後日の確定通知は、保険証券の裏書またはその他の慣習的方法によって、これを行うことができる。

(3) 保険証券に別段の定めがない限り、確定通知は、発送または船積の順序でこれを行わなければならない。貨物の場合においては、その確定通知は保険証券の文言に該当する一切の積送品を包含しなければならず、また、貨物またはその他の財産の価額は正直にこれを申告しなければならない。ただし、確定通知の脱漏または誤りは、それが善意でなされた場合に限り、損害発生後または貨物の到達後においてもこれを訂正することができる。
(4) 保険証券に別段の定めがない限り、価額の確定通知が損害発生または貨物到達の通知の時までに行われない場合には、その保険証券は、価額の確定通知の目的物については、評価未済保険証券としてこれを取扱わなければならない。

第30条　保険証券の文言の解釈
(1) 保険証券はこの法律の第1付則に掲げた様式によることができる。

(2) Subject to the provisions of this Act, and unless the context of the policy otherwise requires, the terms and expressions mentioned in the First Schedule to this Act shall be construed as having the scope and meaning in that schedule assigned to them.

31　Premium to be arranged
(1) Where an insurance is effected at a premium to be arranged, and no arrangement is made, a reasonable premium is payable.

(2) Where an insurance is effected on the terms that an additional premium is to be arranged in a given event, and that event happens but no arrangement is made, then a reasonable additional premium is payable.

DOUBLE INSURANCE
32　Double insurance
(1) Where two or more policies are effected by or on behalf of the assured on the same adventure and interest or any part thereof, and the sums insured exceed the indemnity allowed by this Act, the assured is said to be over-insured by double insurance.

(2) Where the assured is over-insured by double insurance −
(a) the assured, unless the policy otherwise provides, may claim payment from the insurers in such order as he may think fit, provided that he is not entitled to receive any sum in excess of the indemnity allowed by this Act;
(b) where the policy under which the assured claims is a valued policy, the assured must give credit as against the valuation for any sum received by him under any other policy without regard to the actual value of the subject-matter insured;
(c) where the policy under which the assured claims is an unvalued policy he must give credit, as against the full insurable value, for any sum received by him under any other policy;
(d) where the assured receives any sum in excess of the indemnity allowed by this Act, he is deemed to hold such sum in trust for the insurers, according to their right of contribution among themselves.

WARRANTIES, ETC.
33　Nature of warranty
(1) A warranty, in the following sections relating to warranties, means a promissory warranty, that is to say, a warranty by which the assured undertakes that

(2) この法律の諸規定に従うこととして、かつ、保険証券の文脈上別段の解釈を要しない限り、この法律の第1付則に掲げた文言および表現は、同付則に定めた範囲と意味とを有するものとこれを解さなければならない。

第31条　追って協定される保険料
(1) 保険料は追って協定されるものとするという条件で保険契約が締結された場合において、その協定がなされなかったときは、妥当な保険料が支払われるべきものとする。
(2) 一定の事由が生じたときには割増保険料が追って協定されるものとするという条件で保険契約が締結された場合において、その事由が生じても割増保険料の協定がなされなかったときは、妥当な割増保険料が支払われるべきものとする。

重複保険
第32条　重複保険
(1) 同一の危険および同一の利益またはこれらの一部について、二つ以上の保険契約が被保険者によってまたは被保険者のために締結される場合において、保険金額の合計額がこの法律で認められたてん補額を超えるときは、これを被保険者が重複保険によって超過保険を付けたものという。
(2) 被保険者が重複保険によって超過保険を付けた場合には、
(a) 被保険者は、保険証券に別段の定めがない限り、自己の適当と考える順序に従って各保険者に支払を請求することができる。ただし、被保険者はこの法律で認められたてん補額を超える額を受取る権利はない。

(b) 被保険者が保険金を請求する保険証券が評価済保険証券である場合には、被保険者は、保険の目的物の実価のいかんにかかわらず、他の保険証券の下で受取った額をその評価額から控除しなければならない。

(c) 被保険者が保険金を請求する保険証券が評価未済保険証券である場合には、被保険者は、他の保険証券の下で受取った額をその保険価額の全額から控除しなければならない。
(d) 被保険者がこの法律で認められたてん補額を超える額を受取った場合には、被保険者は、その超過額を保険者相互間の分担請求権に従って、各保険者のために受託したものとみなされる。

担保（ワランティ）その他
第33条　担保の性質
(1) 担保とは、これに関する次条以下の条文においては、確約的担保、すなわち、特定のことが行われることもしくは行われないこと、もしくはある条件が充足されるこ

some particular thing shall or shall not be done, or that some condition shall be fulfilled, or whereby he affirms or negatives the existence of a particular state of facts.
(2) A warranty may be express or implied.
(3) A warranty, as above defined, is a condition which must be exactly complied with, whether it be material to the risk or not. 【If it be not so complied with, then, subject to any express provision in the policy, the insurer is discharged from liability as from the date of the breach of warranty, but without prejudice to any liability incurred by him before that date.】
* 【　】内は2016年8月12日発効の英国保険法(Insurance Act 2015)により削除

*第34条は2016年8月12日発効の英国保険法(Insurance Act 2015)により廃止
【34　When breach of warranty excused
(1) Non-compliance with a warranty is excused when, by reason of a change of circumstances, the warranty ceases to be applicable to the circumstances of the contract, or when compliance with the warranty is rendered unlawful by any subsequent law.
(2) Where a warranty is broken, the assured cannot avail himself of the defence that the breach has been remedied, and the warranty complied with, before loss.
(3) A breach of warranty may be waived by the insurer.】

35　Express warranties
(1) An express warranty may be in any form of words from which the intention to warrant is to be inferred.
(2) An express warranty must be included in, or written upon, the policy, or must be contained in some document incorporated by reference into the policy.
(3) An express warranty does not exclude an implied warranty, unless it be inconsistent therewith.

36　Warranty of neutrality
(1) Where insurable property, whether ship or goods, is expressly warranted neutral, there is an implied condition that the property shall have a neutral character at the commencement of the risk, and that, so far as the assured can control the matter, its neutral character shall be preserved during the risk.
(2) Where a ship is expressly warranted "neutral" there is also an implied condition that, so far as the assured can control the matter, she shall be properly documented, that is to say, that she shall carry the necessary papers to establish her neutrality, and that she shall not falsify or suppress her papers, or use

とを被保険者が約束する担保、または特定の事実状態の存在を被保険者が肯定もしくは否定する担保をいう。
(2) 担保は明示または黙示のいずれかとする。
(3) 上に定義した担保は、危険に対して重要であると否とを問わず、正確に充足されなければならない条件である。【これが正確に充足されなければ、保険証券に明示の規定がある場合はこれに従うこととして、保険者は担保違反の日から責任を免れるが、その日よりも前に生じた保険者の責任はこれによって影響を受けるものではない。】
* 【　】内は2016年8月12日発効の英国保険法(Insurance Act 2015)により削除

*第34条は2016年8月12日発効の英国保険法(Insurance Act 2015)により廃止
【第34条　担保違反が許される場合
(1) 担保の不充足は、事情の変更によって担保が契約の事情に適用できなくなるとき、または、担保の充足がその後の法律によって違法となるときは、許される。
(2) 担保の違反があった場合には、被保険者は、損害発生前にその違反が改められて担保が充足されていたという抗弁を援用することはできない。
(3) 保険者は、担保違反を主張する権利を放棄することができる。】

第35条　明示担保
(1) 明示担保は、担保とするべき意思が推測されるものであれば、その文言のいかんを問わない。
(2) 明示担保は、保険証券に挿入されるか、もしくは書加えられるか、または、引用によって保険証券と一体をなす書類の中に記載されなければならない。
(3) 明示担保は、それが黙示担保と抵触しない限り、黙示担保を排除しない。

第36条　中立担保
(1) 船舶であると貨物であるとを問わず、被保険財産が中立財産であることが明文で担保されている場合には、その財産が危険開始の時に中立的性質を有すること、および、被保険者が事態を支配できる限り、中立的性質が保険期間中維持されることを黙示条件とする。

(2) 船舶が「中立」であることが明文で担保されている場合には、被保険者が事態を支配できる限り、船舶が適当に書類を備付けること、すなわち、船舶がその中立性を立証するのに必要な書類を備付けること、および、船舶がその書類を偽造もしくは隠匿しないことまたは擬装書類を使用しないことをも、黙示条件とする。この条件

simulated papers. If any loss occurs through breach of this condition, the insurer may avoid the contract.

37 No implied warranty of nationality
There is no implied warranty as to the nationality of a ship, or that her nationality shall not be changed during the risk.

38 Warranty of good safety
Where the subject-matter insured is warranted "well" or "in good safety" on a particular day, it is sufficient if it be safe at any time during that day.

39 Warranty of seaworthiness of ship
(1) In a voyage policy there is an implied warranty that at the commencement of the voyage the ship shall be seaworthy for the purpose of the particular adventure insured.
(2) Where the policy attaches while the ship is in port, there is also an implied warranty that she shall, at the commencement of the risk, be reasonably fit to encounter the ordinary perils of the port.
(3) Where the policy relates to a voyage which is performed in different stages, during which the ship requires different kinds of or further preparation or equipment, there is an implied warranty that at the commencement of each stage the ship is seaworthy in respect of such preparation or equipment for the purposes of that stage.
(4) A ship is deemed to be seaworthy when she is reasonably fit in all respects to encounter the ordinary perils of the seas of the adventure insured.
(5) In a time policy there is no implied warranty that the ship shall be seaworthy at any stage of the adventure, but where, with the privity of the assured, the ship is sent to sea in an unseaworthy state, the insurer is not liable for any loss attributable to unseaworthiness.

40 No implied warranty that goods are seaworthy
(1) In a policy on goods or other moveables there is no implied warranty that the goods or moveables are seaworthy.
(2) In a voyage policy on goods or other moveables there is an implied warranty that at the commencement of the voyage the ship is not only seaworthy as a ship, but also that she is reasonably fit to carry the goods or other moveables to the destination contemplated by the policy.

の違反によって損害が生じた場合には、保険者は契約を取消すことができる。

第37条　国籍に関する黙示担保はない
船舶の国籍についての黙示担保または船舶の国籍を保険期間中変更してはならないという黙示担保はない。

第38条　安全担保
保険の目的物が特定の日に「無事」または「安全」であることが担保される場合には、その日の任意の時刻に安全であれば、それで足りる。

第39条　船舶の堪航担保
(1) 航海保険においては、航海開始の時に、船舶が保険に付けられた特定の航海事業遂行のために堪航でなければならないという黙示担保がある。

(2) 船舶が港にある間に保険の効力が開始する場合においては、更に、危険開始の時に船舶がその港の通常の危険に対抗するのに適合していなければならないという黙示担保がある。

(3) 保険が異なる段階に分けて遂行される航海に関するものであって、その航海中段階が異なるに従って船舶が異なる種類のまたは一層完全な準備または艤装をすることが必要な場合には、船舶は、各段階の開始の時に、その準備または艤装について、その段階の航行のために堪航であるという黙示担保がある。

(4) 船舶が保険に付けられた航海事業の通常の海固有の危険に対抗することにすべての点において適合しているときは、船舶は堪航であるものとみなされる。
(5) 期間保険においては、船舶が航海事業のいかなる段階においても堪航でなければならないという黙示担保はない。ただし、被保険者が船舶の不堪航状態であることを知りながらこれを就航させた場合には、保険者は不堪航に起因する一切の損害について責めを負わない。

第40条　貨物が堪航であるという黙示担保はない
(1) 貨物またはその他の動産の保険においては、貨物または動産が堪航であるという黙示担保はない。

(2) 貨物またはその他の動産の航海保険においては、航海開始の時、船舶が、船舶として堪航であるのみでなく、貨物またはその他の動産を保険証券に定めた仕向地まで運送するのに適合しているという黙示担保がある。

41　Warranty of legality
There is an implied warranty that the adventure insured is a lawful one, and that, so far as the assured can control the matter, the adventure shall be carried out in a lawful manner.

THE VOYAGE
42　Implied condition as to commencement of risk
(1) Where the subject-matter is insured by a voyage policy "at and from" or "from" a particular place, it is not necessary that the ship should be at that place when the contract is concluded, but there is an implied condition that the adventure shall be commenced within a reasonable time, and that if the adventure be not so commenced the insurer may avoid the contract.
(2) The implied condition may be negatived by showing that the delay was caused by circumstances known to the insurer before the contract was concluded, or by showing that he waived the condition.

43　Alteration of port of departure
Where the place of departure is specified by the policy, and the ship instead of sailing from that place sails from any other place, the risk does not attach.

44　Sailing for different destination
Where the destination is specified in the policy, and the ship, instead of sailing for that destination, sails for any other destination, the risk does not attach.

45　Change of voyage
(1) Where, after the commencement of the risk, the destination of the ship is voluntarily changed from the destination contemplated by the policy, there is said to be a change of voyage.
(2) Unless the policy otherwise provides, where there is a change of voyage, the insurer is discharged from liability as from the time of change, that is to say, as from the time when the determination to change it is manifested; and it is immaterial that the ship may not in fact have left the course of voyage contemplated by the policy when the loss occurs.

46　Deviation
(1) Where a ship, without lawful excuse, deviates from the voyage contemplated by the policy, the insurer is discharged from liability as from the time of deviation, and it is immaterial that the ship may have regained her route before any loss occurs.
(2) There is a deviation from the voyage contemplated by the policy -

第41条　適法担保
保険に付けられた航海事業が適法な航海事業であり、かつ、被保険者が事態を支配できる限り、その航海事業が適法な方法で遂行されなければならないという黙示担保がある。

航海
第42条　危険開始に関する黙示条件
(1) 保険の目的物が、航海保険証券によって、特定の地「において、および、から」または「から」の条件で保険に付けられる場合には、船舶は、保険契約締結の時にその地にあることを要しないが、航海事業が相当な期間内に開始されなければならないという黙示条件および航海事業が相当な期間内に開始されないときは保険者は契約を取消すことができるという黙示条件がある。
(2) この黙示条件は、保険者が保険契約締結前に知っていた事情に因って遅延が生じたこと、または保険者がこの黙示条件に関する権利を放棄したことを証明することによって、これを否認することができる。

第43条　発航港の変更
発航地が保険証券に記載されている場合において、船舶がその地から出帆せずに他の地から出帆するときは、危険は開始しない。

第44条　異なる仕向地に向かっての出帆
仕向地が保険証券に記載されている場合において、船舶がその仕向地に向かって出帆せずに他の仕向地に向かって出帆するときは、危険は開始しない。

第45条　航海の変更
(1) 危険開始後、船舶の仕向地が保険証券に定めた仕向地から任意に変更される場合には、航海の変更があるものとする。

(2) 保険証券に別段の定めがない限り、航海の変更がある場合には、保険者は、その変更の時、すなわち、航海を変更する決意が表明された時から、その責任を免れる。損害発生の時に船舶が保険証券に定めた航路を実際に離れていなかったとしても、そのことは問わない。

第46条　離路
(1) 船舶が、適法な理由なしに、保険証券に定めた航海から離路する場合には、保険者は離路の時から責任を免れる。船舶が損害発生前に元の航路に復帰していたとしても、そのことは問わない。

(2) 次の場合には、保険証券に定めた航海からの離路があるものとする。

(a) where the course of the voyage is specifically designated by the policy, and that course is departed from; or
(b) where the course of the voyage is not specifically designated by the policy, but the usual and customary course is departed from.
(3) The intention to deviate is immaterial; there must be a deviation in fact to discharge the insurer from his liability under the contract.

47   Several ports of discharge
(1) Where several ports of discharge are specified by the policy, the ship may proceed to all or any of them, but, in the absence of any usage or sufficient cause to the contrary, she must proceed to them, or such of them as she goes to, in the order designated by the policy. If she does not there is a deviation.

(2) Where the policy is to "ports of discharge", within a given area, which are not named, the ship must, in the absence of any usage or sufficient cause to the contrary, proceed to them, or such of them as she goes to, in their geographical order. If she does not there is a deviation.

48   Delay in voyage
In the case of a voyage policy, the adventure insured must be prosecuted throughout its course with reasonable dispatch, and, if without lawful excuse it is not so prosecuted, the insurer is discharged from liability as from the time when the delay became unreasonable.

49   Excuses for deviation or delay
(1) Deviation or delay in prosecuting the voyage contemplated by the policy is excused −
(a) where authorised by any special term in the policy; or
(b) where caused by circumstances beyond the control of the master and his employer; or
(c) where reasonably necessary in order to comply with an express or implied warranty; or
(d) where reasonably necessary for the safety of the ship or subject-matter insured; or
(e) for the purpose of saving human life, or aiding a ship in distress where human life may be in danger; or
(f) where reasonably necessary for the purpose of obtaining medical or surgical aid for any person on board the ship; or
(g) where caused by the barratrous conduct of the master or crew, if barratry be one of the perils insured

(a) 航路が保険証券に特に指定されている場合には、その航路を離れるとき、または

(b) 航路が保険証券に特に指定されていない場合には、通常かつ慣習上の航路を離れるとき。

(3) 離路の意思はこれを問わない。保険者が契約上の責任を免れるためには、実際に離路がなければならない。

第47条   複数の荷卸港
(1) 複数の荷卸港が保険証券に指定されている場合には、船舶はその全部または一部の港に航行することができる。ただし、反対の慣習または十分な理由がないときは、船舶は、保険証券に指定された順序に従って、その全部または一部の港に航行しなければならない。船舶がこの順序に従って航行しなければ、離路があるものとする。
(2) 保険証券が港名を指定せずに一定地域内の「諸荷卸港」までとしている場合に、反対の慣習または十分な理由がないときは、船舶は、地理的順序に従ってその全部または一部の港に航行しなければならない。船舶がこの順序に従って航行しなければ、離路があるものとする。

第48条   航海の遅延
航海保険の場合には、保険に付けられた航海事業はその全行程を通じて相当な迅速さをもって遂行されなければならない。適法な理由なしに相当な迅速さをもって遂行されないときは、保険者は遅延が不当となった時から責任を免れる。

第49条   離路または遅延の許容
(1) 保険証券に定めた航海を遂行するに当たっての離路または遅延は、次の場合には許される。
(a) 保険証券上の明示の規定によって認められた場合、または
(b) 船長およびその雇主の支配できない事情に因って生じた場合、または
(c) 明示もしくは黙示の担保を充足するために合理的に必要である場合、または
(d) 船舶もしくは保険の目的物の安全のために合理的に必要である場合、または
(e) 人命を救助するため、もしくは人命が危険に瀕する恐れのある遭難船を救助するためである場合、または
(f) 船上にある者に内科的もしくは外科的医療を施すために合理的に必要である場合、または
(g) 船長もしくは海員の悪行が被保険危険の一つであるときは、これらの者の悪行行為に因って生じた場合。

against.

(2) When the cause excusing the deviation or delay ceases to operate, the ship must resume her course, and prosecute her voyage, with reasonable dispatch.

ASSIGNMENT OF POLICY

50   When and how policy is assignable

(1) A marine policy is assignable unless it contains terms expressly prohibiting assignment. It may be assigned either before or after loss.

(2) Where a marine policy has been assigned so as to pass the beneficial interest in such policy, the assignee of the policy is entitled to sue thereon in his own name; and the defendant is entitled to make any defence arising out of the contract which he would have been entitled to make if the action had been brought in the name of the person by or on behalf of whom the policy was effected.

(3) A marine policy may be assigned by indorsement thereon or in other customary manner.

51   Assured who has no interest cannot assign

Where the assured has parted with or lost his interest in the subject-matter insured, and has not, before or at the time of so doing, expressly or impliedly agreed to assign the policy, any subsequent assignment of the policy is inoperative:

Provided that nothing in this section affects the assignment of a policy after loss.

THE PREMIUM

52   When premium payable

Unless otherwise agreed, the duty of the assured or his agent to pay the premium, and the duty of the insurer to issue the policy to the assured or his agent, are concurrent conditions, and the insurer is not bound to issue the policy until payment or tender of the premium.

53   Policy effected through broker

(1) Unless otherwise agreed, where a marine policy is effected on behalf of the assured by a broker, the broker is directly responsible to the insurer for the premium, and the insurer is directly responsible to the assured for the amount which may be payable in respect of losses, or in respect of returnable premium.

(2) Unless otherwise agreed, the broker has, as against the assured, a lien upon the policy for the amount of the premium and his charges in respect of effecting

(2) 離路または遅延が許される事由が止んだときは、船舶は、相当な迅速さをもって、元の航路に復帰して航海を遂行しなければならない。

保険証券の譲渡

第50条　保険証券の譲渡の時期および方法

(1) 海上保険証券は、保険証券面に譲渡を禁止する明示の文言がない限り、これを譲渡することができる。海上保険証券は、損害発生の前後を問わず、これを譲渡することができる。

(2) 海上保険証券が保険証券上の権利を移転する目的で譲渡された場合には、保険証券の譲受人は、自己の名において保険証券に基づいて訴えを提起することができる。被告は、その訴えが自ら保険契約を締結した者または自己のために保険契約が締結された者の名において提起されたとするならば被告が援用することができたはずの、契約上の一切の抗弁をすることができる。

(3) 海上保険証券は、保険証券への裏書またはその他の慣習的方法によって、これを譲渡することができる。

第51条　利益を有しない被保険者は保険証券を譲渡することができない

被保険者が保険の目的物について有する自己の利益を手放すか、または失った場合において、その時よりも前またはその時に保険証券を譲渡する明示または黙示の合意をしなかったときは、その後の保険証券の譲渡は効力を生じない。

ただし、本条の規定は損害発生後の保険証券の譲渡に影響を及ぼすものではない。

保険料

第52条　保険料支払の時期

別段の合意がない限り、被保険者またはその代理人が保険料を支払う義務と保険者が被保険者またはその代理人に保険証券を発行する義務とは、同時条件であって、保険者は、保険料の支払または提供があるまでは、保険証券を交付する義務を負わない。

第53条　ブローカーを通じて締結される保険契約

(1) 別段の合意がない限り、海上保険契約が被保険者のためにブローカーによって締結される場合には、ブローカーは、保険料支払について、保険者に対して直接に責任を負い、保険者は、損害または返還保険料に関して支払うことあるべき金額について、被保険者に対して直接に責任を負う。

(2) 別段の合意がない限り、ブローカーは、被保険者に対し、保険料および保険契約締結に関する自己の費用について、保険証券に対して留置権を有する。また、ブロー

the policy; and, where he has dealt with the person who employs him as a principal, he has also a lien on the policy in respect of any balance on any insurance account which may be due to him from such person, unless when the debt was incurred he had reason to believe that such person was only an agent.

54　Effect of receipt on policy
Where a marine policy effected on behalf of the assured by a broker acknowledges the receipt of the premium, such acknowledgment is, in the absence of fraud, conclusive as between the insurer and the assured, but not as between the insurer and broker.

LOSS AND ABANDONMENT
55　Included and excluded losses
(1) Subject to the provisions of this Act, and unless the policy otherwise provides, the insurer is liable for any loss proximately caused by a peril insured against, but, subject as aforesaid, he is not liable for any loss which is not proximately caused by a peril insured against.
(2) In particular, −
(a) the insurer is not liable for any loss attributable to the wilful misconduct of the assured, but, unless the policy otherwise provides, he is liable for any loss proximately caused by a peril insured against, even though the loss would not have happened but for the misconduct or negligence of the master or crew;
(b) unless the policy otherwise provides, the insurer on ship or goods is not liable for any loss proximately caused by delay, although the delay be caused by a peril insured against;
(c) unless the policy otherwise provides, the insurer is not liable for ordinary wear and tear, ordinary leakage and breakage, inherent vice or nature of the subject-matter insured, or for any loss proximately caused by rats or vermin, or for any injury to machinery not proximately caused by maritime perils.

56　Partial and total loss
(1) A loss may be either total or partial. Any loss other than a total loss, as hereinafter defined, is a partial loss.
(2) A total loss may be either an actual total loss, or a constructive total loss.
(3) Unless a different intention appears from the terms of the policy, an insurance against total loss includes a constructive, as well as an actual, total loss.
(4) Where the assured brings an action for a total loss and the evidence proves only a partial loss, he may, unless the policy otherwise provides, recover for a

カーは、本人として自己を使用する者と取引をした場合には、その者がブローカーに支払うべき一切の保険勘定の残高についても、保険証券に対して留置権を有する。ただし、債権が発生した時に、ブローカーがその者を単なる代理人に過ぎなかったと信ずる理由をもっていた場合は、この限りでない。

第54条　保険証券上の保険料領収の効果
被保険者のためにブローカーが締結した海上保険契約の保険証券で、保険料を領収したことを承認している場合において、詐欺がないときは、その承認は、保険者と被保険者との間においては決定的なものであるが、保険者とブローカーとの間においては決定的なものではない。

損害および委付
第55条　てん補される損害および免責される損害
(1) この法律の諸規定に従うこととして、かつ、保険証券に別段の定めがない限り、保険者は被保険危険に近因して生じた一切の損害について責めを負うが、上記二つの条件に従い、保険者は、被保険危険に近因して生じたものでない一切の損害について責めを負わない。
(2) 特に
(a) 保険者は、被保険者の故意の違法行為に起因する一切の損害について責めを負わない。ただし、保険証券に別段の定めがない限り、保険者は、被保険危険に近因して生じた損害については、その損害が船長または海員の違法行為または過失がなかったならば生じなかった場合でも、責めを負う。
(b) 保険証券に別段の定めがない限り、船舶または貨物の保険者は、遅延が被保険危険に因って生じた場合でも、遅延に近因して生じた一切の損害について責めを負わない。
(c) 保険証券に別段の定めがない限り、保険者は、保険の目的物の自然の消耗、通常の漏損および破損、固有の欠陥もしくは性質について、または鼠もしくは虫に近因して生じた一切の損害について、または海上危険に近因して生じたものでない機関の損傷について責めを負わない。

第56条　分損および全損
(1) 損害は全損または分損のいずれかとする。以下に定義する全損以外の一切の損害は分損である。
(2) 全損は現実全損または推定全損のいずれかとする。

(3) 保険証券の文言から異なる意思が明らかでない限り、全損を担保する保険は、現実全損の外に推定全損をも担保する。
(4) 被保険者が全損について訴えを提起した場合において、証拠上分損に過ぎないことが立証されるときは、保険証券に別段の定めがない限り、被保険者は分損について回収することができる。

partial loss.
(5) Where goods reach their destination in specie, but by reason of obliteration of marks, or otherwise, they are incapable of identification, the loss, if any, is partial and not total.

57　Actual total loss
(1) Where the subject-matter insured is destroyed, or so damaged as to cease to be a thing of the kind insured, or where the assured is irretrievably deprived thereof, there is an actual total loss.

(2) In the case of an actual total loss no notice of abandonment need be given.

58　Missing ship
Where the ship concerned in the adventure is missing, and after the lapse of a reasonable time no news of her has been received, an actual total loss may be presumed.

59　Effect of transhipment, etc.
Where, by a peril insured against, the voyage is interrupted at an intermediate port or place, under such circumstances as, apart from any special stipulation in the contract of affreightment, to justify the master in landing and re-shipping the goods or other moveables, or in transhipping them, and sendnig them on to their destination, the liability of the insurer continues, notwithstanding the landing or transhipment.

60　Constructive total loss defined
(1) Subject to any express provision in the policy, there is a constructive total loss where the subject-matter insured is reasonably abandoned on account of its actual total loss appearing to be unavoidable, or because it could not be preserved from actual total loss without an expenditure which would exceed its value when the expenditure had been incurred.
(2) In particular, there is a constructive total loss −
(i) where the assured is deprived of the possession of his ship or goods by a peril insured against, and (a) it is unlikely that he can recover the ship or goods, as the case may be, or (b) the cost of recovering the ship or goods, as the case may be, would exceed their value when recovered; or
(ii) in the case of damage to a ship, where she is so damaged by a peril insured against, that the cost of repairing the damage would exceed the value of the ship when repaired.
In estimating the cost of repairs, no deduction is to be

(5) 貨物が保険に付けられた種類の物として仕向地に到達したが、荷印の消滅またはその他の理由で同一性を識別することができない場合において、もし損害があれば、それは分損であって全損ではない。

第57条　現実全損
(1) 保険の目的物が破壊される場合、もしくは保険に付けられた種類の物として存在することができなくなる程の大きい損傷を被る場合、または、被保険者が保険の目的物を奪われてその回復が不可能である場合には、現実全損があるものとする。
(2) 現実全損の場合には、委付の通知をすることを要しない。

第58条　行方不明の船舶
航海事業に従事する船舶が行方不明となり、相当な期間経過後においてもその消息が得られなかったときは、現実全損と推定することができる。

第59条　積替その他の効果
運送契約に別段の定めがある場合を除き、船長が貨物またはその他の動産を陸揚して再び船積すること、またはこれを積替えてその仕向地に運送することを正当とする事情の下で、航海が被保険危険に因って中間の港または地において中断される場合には、保険者の責任は、陸揚または積替にかかわらず、継続する。

第60条　推定全損の定義
(1) 保険証券に明示の規定がある場合はこれに従うこととして、保険の目的物の現実全損が避け難いと思われるため、または、費用を支出した後における保険の目的物の価額を超える見込の費用を支出しなければ現実全損を免れることができないため、保険の目的物が正当に遺棄される場合には、推定全損があるものとする。

(2) 特に次の場合には推定全損があるものとする。
(i) 被保険者が被保険危険に因って自己の船舶または貨物の占有を奪われた場合において、(a) 被保険者がその船舶もしくは貨物を回収する見込がないとき、もしくは(b) 船舶もしくは貨物を回収する費用が回収した後の船舶もしくは貨物の価額を超える見込であるとき、または
(ii) 船舶の損傷の場合には、船舶が被保険危険に因って大きい損傷を被り、その損傷を修繕する費用が修繕した後の船舶の価額を超える見込であるとき。

修繕費を見積るに当たっては、その修繕に対して他の利

made in respect of general average contributions to those repairs payable by other interests, but account is to be taken of the expense of future salvage operations and of any future general average contributions to which the ship would be liable if repaired; or
(iii) in the case of damage to goods, where the cost of repairing the damage and forwarding the goods to their destination would exceed their value on arrival.

61　Effect of constructive total loss
Where there is a constructive total loss the assured may either treat the loss as a partial loss, or abandon the subject-matter insured to the insurer and treat the loss as if it were an actual total loss.

62　Notice of abandonment
(1) Subject to the provisions of this section, where the assured elects to abandon the subject-matter insured to the insurer, he must give notice of abandonment. If he fails to do so the loss can only be treated as a partial loss.
(2) Notice of abandonment may be given in writing, or by word of mouth, or partly in writing and partly by word of mouth, and may be given in any terms which indicate the intention of the assured to abandon his insured interest in the subject-matter insured unconditionally to the insurer.
(3) Notice of abandonment must be given with reasonable diligence after the receipt of reliable information of the loss, but where the information is of a doubtful character the assured is entitled to a reasonable time to make inquiry.
(4) Where notice of abandonment is properly given, the rights of the assured are not prejudiced by the fact that the insurer refuses to accept the abandonment.
(5) The acceptance of an abandonment may be either express or implied from the conduct of the insurer. The mere silence of the insurer after notice is not an acceptance.
(6) Where notice of abandonment is accepted the abandonment is irrevocable. The acceptance of the notice conclusively admits liability for the loss and the sufficiency of the notice.
(7) Notice of abandonment is unnecessary where, at the time when the assured receives information of the loss, there would be no possibility of benefit to the insurer if notice were given to him.
(8) Notice of abandonment may be waived by the insurer.
(9) Where an insurer has re-insured his risk, no notice of abandonment need be given by him.

益によって支払われる共同海損分担額を控除してはならない。また、将来の救助作業に要する費用、および、船舶が修繕されたならば船舶の負担となる将来の共同海損分担額は、これを修繕費に加算しなければならない。または
(iii) 貨物の損傷の場合には、その損傷を修補する費用と貨物をその仕向地まで継搬する費用との合計額が、到達時の貨物の価額を超える見込であるとき。

第61条　推定全損の効果
推定全損がある場合には、被保険者は、その損害を分損として処理することもできるし、保険の目的物を保険者に委付してその損害を現実全損の場合に準じて処理することもできる。

第62条　委付の通知
(1) 本条の諸規定に従うこととして、被保険者が保険の目的物を保険者に委付することを選ぶ場合には、被保険者は委付の通知をしなければならない。被保険者が委付の通知をすることを怠るならば、損害はこれを分損としてのみ処理することができる。
(2) 委付の通知は、書面、口頭または一部を書面一部を口頭でこれをすることができ、また、保険の目的物上の被保険者の被保険利益を保険者に無条件に委付する被保険者の意思を表示するものであれば、いかなる文言をもってしても差支えない。
(3) 委付の通知は、損害についての信頼すべき情報を受取った後、相当な注意をもってこれをしなければならない。ただし、その情報が疑わしい性質のものである場合には、被保険者は相当な期間これを調査する権利がある。
(4) 委付の通知が正当に行われた場合には、被保険者の権利は、保険者が委付を承諾することを拒絶したという事実によって害されることはない。
(5) 委付の承諾は、明示的に、または保険者の行為によって黙示的に、これをすることができる。委付の通知後の保険者の単なる沈黙は承諾ではない。
(6) 委付の通知が承諾された場合には、委付を撤回することはできない。委付の通知の承諾は、損害に対する責任およびその通知の十分であることを決定的に承認するものである。
(7) 被保険者が損害の情報を受けた時に保険者に委付の通知をしたとしても、保険者に利益を与える見込が全くない場合には、委付の通知は不要である。
(8) 保険者は委付の通知を受ける権利を放棄することができる。
(9) 保険者が自己の危険を再保険に付けた場合には、保険者は委付の通知をすることを要しない。

63　Effect of abandonment
(1) Where there is a valid abandonment, the insurer is entitled to take over the interest of the assured in whatever may remain of the subject-matter insured, and all proprietary rights incidental thereto.
(2) Upon the abandonment of a ship, the insurer thereof is entitled to any freight in course of being earned, and which is earned by her subsequent to the casualty causing the loss, less the expenses of earning it incurred after the casualty; and where the ship is carrying the owner's goods, the insurer is entitled to a reasonable remuneration for the carriage of them subsequent to the casualty causing the loss.

PARTIAL LOSSES (INCLUDING SALVAGE AND GENERAL AVERAGE AND PARTICULAR CHARGES)

64　Particular average loss
(1) A particular average loss is a partial loss of the subject-matter insured caused by a peril insured against, and which is not a general average loss.
(2) Expenses incurred by or on behalf of the assured for the safety or preservation of the subject-matter insured, other than general average and salvage charges, are called particular charges. Particular charges are not included in particular average.

65　Salvage charges
(1) Subject to any express provision in the policy, salvage charges incurred in preventing a loss by perils insured against may be recovered as a loss by those perils.
(2) "Salvage charges" means the charges recoverable under maritime law by a salvor independently of contract. They do not include the expenses of services in the nature of salvage rendered by the assured or his agents, or any person employed for hire by them, for the purpose of averting a peril insured against. Such expenses, where properly incurred, may be recovered as particular charges or as a general average loss, according to the circumstances under which they were incurred.

66　General average loss
(1) A general average loss is a loss caused by or directly consequential on a general average act. It includes a general average expenditure as well as a general average sacrifice.
(2) There is a general average act where any extraordinary sacrifice or expenditure is voluntarily

第63条　委付の効果
(1) 有効な委付がある場合には、保険者は、保険の目的物の残存部分についての被保険者の利益、および保険の目的物に付随するすべての財産権を承継する権利がある。
(2) 船舶の委付があった場合には、船舶保険者は、船舶の収得中の運送賃であって損害を引起した災害後に船舶が収得する一切の運送賃から、その運送賃を収得するために災害後に支出した費用を控除したものを取得する権利がある。船舶がその船舶の所有者の貨物を運送している場合には、保険者は、損害を引起した災害後のその貨物の運送に対して妥当な報酬を受ける権利がある。

分損（救助料、共同海損および特別費用を含む）

第64条　単独海損損害
(1) 単独海損損害とは、被保険危険に因って生ずる保険の目的物の分損であって、共同海損損害でないものをいう。
(2) 保険の目的物の安全または保存のため被保険者によってまたは被保険者のために支出された費用であって共同海損および救助料以外のものは、これを特別費用という。特別費用は単独海損に含まれない。

第65条　救助料
(1) 保険証券に明示の規定がある場合はこれに従うこととして、被保険危険に因る損害を防止するために支出した救助料は、被保険危険に因る損害としてこれを回収することができる。
(2) 「救助料」とは、契約に基づかないで海法上救助者が回収することができる費用をいう。救助料には、被保険者、その代理人またはこれらの者に報酬を得て雇われた者が被保険危険を避けるために行った救助の性質を有する役務の費用を含まない。この種の費用であって正当に支出されたものは、その支出された事情によって、特別費用または共同海損損害としてこれを回収することができる。

第66条　共同海損損害
(1) 共同海損損害とは、共同海損行為に因って、または共同海損行為の直接の結果として生ずる損害をいう。共同海損損害は共同海損犠牲および共同海損費用を含む。

(2) 共同の航海事業において危険にさらされた財産を保存する目的のために、危険に際し故意に、かつ合理的に

and reasonably made or incurred in time of peril for the purpose of preserving the property imperilled in the common adventure.
(3) Where there is a general average loss, the party on whom it falls is entitled, subject to the conditions imposed by maritime law, to a rateable contribution from the other parties interested, and such contribution is called a general average contribution.
(4) Subject to any express provision in the policy, where the assured has incurred a general average expenditure, he may recover from the insurer in respect of the proportion of the loss which falls upon him; and in the case of a general average sacrifice he may recover from the insurer in respect of the whole loss without having enforced his right of contribution from the other parties liable to contribute.
(5) Subject to any express provision in the policy, where the assured has paid, or is liable to pay, a general average contribution in respect of the subject insured, he may recover therefor from the insurer.

(6) In the absence of express stipulation, the insurer is not liable for any general average loss or contribution where the loss was not incurred for the purpose of avoiding, or in connection with the avoidance of, a peril insured against.
(7) Where ship, freight, and cargo, or any two of those interests, are owned by the same assured, the liability of the insurer in respect of general average losses or contributions is to be determined as if those subjects were owned by different persons.

MEASURE OF INDEMNITY
67 Extent of liability of insurer for loss
(1) The sum which the assured can recover in respect of a loss on a policy by which he is insured, in the case of an unvalued policy, to the full extent of the insurable value, or, in the case of a valued policy, to the full extent of the value fixed by the policy, is called the measure of indemnity.
(2) Where there is a loss recoverable under the policy, the insurer, or each insurer if there be more than one, is liable for such proportion of the measure of indemnity as the amount of his subscription bears to the value fixed by the policy, in the case of a valued policy, or to the insurable value, in the case of an unvalued policy.

68 Total loss
Subject to the provisions of this Act, and to any express provision in the policy, where there is a total

異常な犠牲を払いまたは異常な費用を支出する場合には、共同海損行為があるものとする。

(3) 共同海損損害がある場合には、その損害を被った者は、海法で定められた条件に従って、他の利害関係人に一定の割合の分担額を請求する権利がある。この分担額を共同海損分担額という。

(4) 保険証券に明示の規定がある場合はこれに従うこととして、被保険者が共同海損費用を支出した場合には、被保険者は、この費用損害のうち自己の負担に帰する部分について保険者から回収することができる。共同海損犠牲の場合には、被保険者は、分担義務を有する他の当事者に対して分担請求権を行使せずに、この犠牲損害の全額について保険者から回収することができる。

(5) 保険証券に明示の規定がある場合はこれに従うこととして、被保険者が保険の目的物について共同海損分担額を支払ったか、または支払う責めを負う場合には、被保険者はこれについて保険者から回収することができる。
(6) 明示の特約がない場合には、損害が、被保険危険を避けるため、またはこれを避けることに関連して招致されたのでないときは、共同海損損害または共同海損分担額について、保険者は責めを負わない。

(7) 船舶、運送賃および積荷の全部またはこれらのうちのいずれか二つが同一被保険者に属する場合には、共同海損損害または共同海損分担額に関する保険者の責任は、これらの目的が別個の者に属する場合に準じてこれを決定しなければならない。

損害てん補の限度
第67条 損害に対する保険者の責任の範囲
(1) 被保険者が損害について自己の保険される保険証券に基づいて回収することができる金額は、評価未済保険証券の場合には保険価額の全額、または評価済保険証券の場合には保険証券で決められた価額の全額までとし、これを損害てん補の限度という。

(2) 保険証券に基づいて保険者から回収することができる損害がある場合には、保険者、または保険者が二人以上いるときの各保険者は、評価済保険証券のときは保険証券で決められた価額、または評価未済保険証券のときは保険価額、に対する自己の引受額の割合を、損害てん補の限度に乗じて得た金額について責めを負う。

第68条 全損
この法律の諸規定に従うこととして、かつ、保険証券に明示の規定がある場合はこれに従うこととして、保険の

loss of the subject-matter insured, −
(1) if the policy be a valued policy, the measure of indemnity is the sum fixed by the policy:
(2) if the policy be an unvalued policy, the measure of indemnity is the insurable value of the subject-matter insured.

69　Partial loss of ship
Where a ship is damaged, but is not totally lost, the measure of indemnity, subject to any express provision in the policy, is as follows: −
(1) where the ship has been repaired, the assured is entitled to the reasonable cost of the repairs, less the customary deductions, but not exceeding the sum insured in respect of any one casualty:
(2) where the ship has been only partially repaired, the assured is entitled to the reasonable cost of such repairs, computed as above, and also to be indemnified for the reasonable depreciation, if any, arising from the unrepaired damage, provided that the aggregate amount shall not exceed the cost of repairing the whole damage, computed as above:
(3) where the ship has not been repaired, and has not been sold in her damaged state during the risk, the assured is entitled to be indemnified for the reasonable depreciation arising from the unrepaired damage, but not exceeding the reasonable cost of repairing such damage, computed as above.

70　Partial loss of freight
Subject to any express provision in the policy, where there is a partial loss of freight, the measure of indemnity is such proportion of the sum fixed by the policy, in the case of a valued policy, or of the insurable value in the case of an unvalued policy, as the proportion of freight lost by the assured bears to the whole freight at the risk of the assured under the policy.

71　Partial loss of goods, merchandise, etc.
Where there is a partial loss of goods, merchandise, or other moveables, the measure of indemnity, subject to any express provision in the policy, is as follows: −
(1) where part of the goods, merchandise, or other moveables insured by a valued policy is totally lost, the measure of indemnity is such proportion of the sum fixed by the policy as the insurable value of the part lost bears to the insurable value of the whole, ascertained as in the case of an unvalued policy:
(2) where part of the goods, merchandise, or other moveables insured by an unvalued policy is totally lost,

目的物の全損がある場合において、
(1) 保険証券が評価済保険証券であるときは、損害てん補の限度は保険証券で決められた額とする。
(2) 保険証券が評価未済保険証券であるときは、損害てん補の限度は保険の目的物の保険価額とする。

第69条　船舶の分損
船舶が損傷を被ったが全損とならない場合には、損害てん補の限度は、保険証券に明示の規定がある場合にはこれに従うこととして、次の通りとする。
(1) 船舶が修繕された場合には、被保険者は妥当な修繕費から慣習上の控除を行った残額についててん補を受ける権利がある。ただし、一回の災害については保険に付けられた額を限度とする。
(2) 船舶が損傷の一部についてのみ修繕された場合には、被保険者は、修繕部分については前号によって計算した妥当な修繕費のてん補を受ける権利がある外、未修繕の損傷から生ずる減価があれば妥当な減価についててん補を受ける権利がある。ただし、その総額は前号によって計算した全損傷の修繕費を限度とする。
(3) 船舶が修繕されず、かつ、保険者の危険の継続中に損傷状態のまま売却されるということがなかった場合には、被保険者は、未修繕の損傷から生ずる妥当な減価についててん補を受ける権利がある。ただし、その額は第1号によって計算した損傷の妥当な修繕費を超えないものとする。

第70条　運送賃の分損
保険証券に明示の規定がある場合はこれに従うこととして、運送賃の分損がある場合には、損害てん補の限度は、被保険者の失った運送賃の、保険証券上被保険者の危険に属する全運送賃に対する割合を、評価済保険証券のときは保険証券で決められた額、または評価未済保険証券のときは保険価額、に乗じて得た額とする。

第71条　貨物、商品等の分損
貨物、商品またはその他の動産の分損がある場合には、損害てん補の限度は、保険証券に明示の規定がある場合にはこれに従うこととして、次の通りとする。
(1) 評価済保険証券によって保険に付けられた貨物、商品またはその他の動産の一部が全損に帰した場合には、損害てん補の限度は、減失した部分の保険価額と全部の保険価額とを評価未済保険証券の場合に準じて算出し、前者の後者に対する割合を保険証券で決められた額に乗じて得た額とする。
(2) 評価未済保険証券によって保険に付けられた貨物、商品またはその他の動産の一部が全損に帰した場合に

the measure of indemnity is the insurable value of the part lost, ascertained as in case of total loss:
(3) where the whole or any part of the goods or merchandise insured has been delivered damaged at its destination, the measure of indemnity is such proportion of the sum fixed by the policy, in the case of a valued policy, or of the insurable value in the case of an unvalued policy, as the difference between the gross sound and damaged values at the place of arrival bears to the gross sound value:
(4) "gross value" means the wholesale price, or, if there be no such price, the estimated value, with, in either case, freight, landing charges, and duty paid beforehand, provided that in the case of goods or merchandise customarily sold in bond, the bonded price is deemed to be the gross value. "Gross proceeds" means the actual price obtained at a sale where all charges on sale are paid by the sellers.

72　Apportionment of valuation
(1) Where different species of property are insured under a single valuation, the valuation must be apportioned over the different species in proportion to their respective insurable values, as in the case of an unvalued policy. The insured value of any part of a species is such proportion of the total insured value of the same as the insurable value of the part bears to the insurable value of the whole ascertained in both cases as provided by this Act.
(2) Where a valuation has to be apportioned, and particulars of the prime cost of each separate species, quality, or description of goods cannot be ascertained, the division of the valuation may be made over the net arrived sound values of the different species, qualities, or descriptions of goods.

73　General average contributions and salvage charges
(1) Subject to any express provision in the policy, where the assured has paid, or is liable for, any general average contribution, the measure of indemnity is the full amount of such contribution if the subject-matter liable to contribution is insured for its full contributory value; but if such subject-matter be not insured for its full contributory value, or if only part of it be insured, the indemnity payable by the insurer must be reduced in proportion to the under-insurance, and where there has been a particular average loss which constitutes a deduction from the contributory value, and for which the insurer is liable, that amount must be deducted from the insured value in order to ascertain what the insurer is liable to contribute.

は、損害てん補の限度は、全損の場合に準じて算出された滅失部分の保険価額とする。
(3) 保険に付けられた貨物または商品の全部または一部が仕向地において損傷状態で引渡された場合には、損害てん補の限度は、到達地における総正品価額と総損品価額との差額の総正品価額に対する割合を、評価済保険証券のときは保険証券で決められた額、または評価未済保険証券のときは保険価額、に乗じて得た額とする。

(4)「総価額」とは、卸売価格、または卸売価格がない場合には見積価額をいい、いずれの場合においても、運送賃、陸揚費用および前払関税を含むものとする。ただし、慣習上保税のまま売却される貨物または商品の場合には、保税価格をもって総価額とみなす。「総売上金」とは、売主が一切の売却費用を負担する場合にその売却によって得られる実際の価格をいう。

第72条　評価額の割当
(1) 異なる種類の財産が単一の評価額で保険に付けられる場合には、その評価額は、評価未済保険証券の場合に準じて、異なる種類の財産のそれぞれの保険価額の割合に応じてこれらの財産に割当てられなければならない。ある種類の財産の一部分の協定保険価額は、当該部分の保険価額とその種類の財産の全部の保険価額とをこの法律の規定に従って算出し、前者の後者に対する割合をその種類の財産の全部の協定保険価額に乗じてこれを定めるものとする。
(2) 評価額を割当てなければならない場合において、種類、性質または銘柄を異にするそれぞれの貨物の原価の明細を算出することができないときは、評価額の区分は、異なる種類、性質または銘柄の貨物の正味到達価額を基準としてこれを行うことができる。

第73条　共同海損分担額および救助料
(1) 保険証券に明示の規定がある場合はこれに従うこととして、被保険者が共同海損分担額を支払ったかまたは支払う責めを負う場合において、分担義務のある保険の目的物がその負担価額の全額について保険に付けられているときは、損害てん補の限度はその分担額の全額とする。また、保険の目的物がその負担価額の全額について保険に付けられていないとき、または保険の目的物の一部のみが保険に付けられているときは、保険者が支払うべきてん補額は、一部保険の割合によってこれを減額しなければならない。また、負担価額から控除される単独海損害であって保険者が責めを負うものがあった場合には、保険者が分担する責めを負う金額を算出するためには、その損害額を協定保険価額から控除しなければならない。

(2) Where the insurer is liable for salvage charges the extent of his liability must be determined on the like principle.

74 Liabilities to third parties
Where the assured has effected an insurance in express terms against any liability to a third party, the measure of indemnity, subject to any express provision in the policy, is the amount paid or payable by him to such third party in respect of such liability.

75 General provisions as to measure of indemnity
(1) Where there has been a loss in respect of any subject-matter not expressly provided for in the foregoing provisions of this Act, the measure of indemnity shall be ascertained, as nearly as may be, in accordance with those provisions, in so far as applicable to the particular case.
(2) Nothing in the provisions of this Act relating to the measure of indemnity shall affect the rules relating to double insurance, or prohibit the insurer from disproving interest wholly or in part, or from showing that at the time of the loss the whole or any part of the subject-matter insured was not at risk under the policy.

76 Particular average warranties
(1) Where the subject-matter insured is warranted free from particular average, the assured cannot recover for a loss of part, other than a loss incurred by a general average sacrifice, unless the contract contained in the policy be apportionable; but, if the contract be apportionable, the assured may recover for a total loss of any apportionable part.
(2) Where the subject-matter insured is warranted free from particular average, either wholly or under a certain percentage, the insurer is nevertheless liable for salvage charges, and for particular charges and other expenses properly incurred pursuant to the provisions of the suing and labouring clause in order to avert a loss insured against.
(3) Unless the policy otherwise provides, where the subject-matter insured is warranted free from particular average under a specified percentage, a general average loss cannot be added to a particular average loss to make up the specified percentage.
(4) For the purpose of ascertaining whether the specified percentage has been reached, regard shall be had only to the actual loss suffered by the subject-matter insured. Particular charges and the expenses of and incidental to ascertaining and proving the loss must be excluded.

(2) 保険者が救助料について責めを負う場合には、保険者の責任の範囲は、前項と同様の原則によってこれを決定しなければならない。

第74条　第三者に対する責任
被保険者が第三者に対する責任を明文をもって保険に付けた場合には、損害てん補の限度は、保険証券に明示の規定がある場合はこれに従うこととして、被保険者がその責任について第三者に支払ったかまたは支払わなければならない金額とする。

第75条　損害てん補の限度に関する一般規定
(1) この法律の前諸規定に明文で規定されていない保険の目的物に関して損害が生じた場合には、その損害てん補の限度は、前諸規定を個々の場合に適用できる限り、できるだけこれに従って算出されなければならない。

(2) 損害てん補の限度に関するこの法律の諸規定は、重複保険に関する諸規則に影響を及ぼすものではなく、また、保険者が、被保険利益の全部もしくは一部を否認すること、または損害発生の時に保険の目的物の全部もしくは一部が保険に付けられた危険にさらされていなかった事実を証明することを禁止するものでもない。

第76条　単独海損不担保の条件
(1) 保険の目的物が、単独海損を担保しないという条件で保険に付けられる場合には、保険証券に記載された契約が可分であるときを除き、被保険者は、共同海損犠牲に因って生じた損害以外の一部の損害については、これを回収することができない。契約が可分であるときは、被保険者は可分な部分の全損について回収することができる。
(2) 保険の目的物が、全部または一定歩合未満の単独海損を担保したいという条件で保険に付けられる場合には、保険者は、救助料並びに保険に付けられた損害を避けるために損害防止約款の規定に基づいて正当に支出された特別費用およびその他の費用について責めを負う。

(3) 保険証券に別段の定めがない限り、保険の目的物が、所定の歩合未満の単独海損を担保しないという条件で保険に付けられる場合には、所定の歩合を満たすために、共同海損損害を単独海損に加算することはできない。

(4) 所定の歩合に達したかどうかを算出するためには、保険の目的物の被った実損害のみを考慮しなければならない。特別費用、並びに損害を算出しかつ証明する費用およびこれらに付随する費用はこれを除外しなければならない。

77 Successive losses
(1) Unless the policy otherwise provides, and subject to the provisions of this Act, the insurer is liable for successive losses, even though the total amount of such losses may exceed the sum insured.
(2) Where under the same policy, a partial loss, which has not been repaired or otherwise made good, is followed by a total loss, the assured can only recover in respect of the total loss:
Provided that nothing in this section shall affect the liability of the insurer under the suing and labouring clause.

78 Suing and labouring clause
(1) Where the policy contains a suing and labouring clause, the engagement thereby entered into is deemed to be supplementary to the contract of insurance, and the assured may recover from the insurer any expenses properly incurred pursuant to the clause, notwithstanding that the insurer may have paid for a total loss, or that the subject-matter may have been warranted free from particular average, either wholly or under a certain percentage.
(2) General average losses and contributions and salvage charges, as defined by this Act, are not recoverable under the suing and labouring clause.
(3) Expenses incurred for the purpose of averting or diminishing any loss not covered by the policy are not recoverable under the suing and labouring clause.
(4) It is the duty of the assured and his agents, in all cases, to take such measures as may be reasonable for the purpose of averting or minimising a loss.

RIGHTS OF INSURER ON PAYMENT
79 Right of subrogation
(1) Where the insurer pays for a total loss, either of the whole, or in the case of goods of any apportionable part, of the subject-matter insured, he thereupon becomes entitled to take over the interest of the assured in whatever may remain of the subject-matter so paid for, and he is thereby subrogated to all the rights and remedies of the assured in and in respect of that subject-matter as from the time of the casualty causing the loss.
(2) Subject to the foregoing provisions, where the insurer pays for a partial loss, he acquires no title to the subject-matter insured, or such part of it as may remain, but he is thereupon subrogated to all rights and remedies of the assured in and in respect of the subject-matter insured as from the time of the casualty

第77条　連続損害
(1) 保険証券に別段の定めがない限り、かつ、この法律の諸規定に従うこととして、保険者は、連続損害について、その損害の合計額が保険に付けられた額を超えることがあっても、責めを負う。
(2) 同一保険証券の下において分損が生じ、これが修繕されないかまたはその他の方法によって補償されないうちに全損が生じた場合には、被保険者は全損に関してのみ回収することができる。
ただし、本条の規定は、損害防止約款に基づく保険者の責任に影響を及ぼすものではない。

第78条　損害防止約款
(1) 保険証券に損害防止約款が挿入されている場合には、この約款に基づく約束は保険契約を補足するものとみなされ、保険者が全損に対して保険金を支払ったときでも、また、保険の目的物が、全部または一定歩合未満の単独海損を担保しないという条件で保険に付けられているときでも、被保険者はこの約款に従って正当に支出した費用を保険者から回収することができる。

(2) この法律に定める共同海損損害、共同海損分担額および救助料は、損害防止約款に基づいてこれを保険者から回収することはできない。
(3) 保険証券によって担保されない損害を防止または軽減するために支出した費用は、損害防止約款に基づいてこれを回収することはできない。
(4) 損害を防止または軽減するために合理的な処置をとることは、すべての場合において、これを被保険者およびその代理人の義務とする。

損害の支払に伴う保険者の権利
第79条　代位権
(1) 保険者が、保険の目的物の全部、または貨物の場合には保険の目的物の可分な部分の全損に対して保険金を支払ったときは、保険者は、これによって、保険金が支払われた保険の目的物の残存する部分について被保険者が有する利益を承継する権利を有し、かつ、これによって、損害を引起した災害の時から、保険の目的物自体についておよび保険の目的物に関して被保険者の有する一切の権利および救済手段に代位する。

(2) 前諸規定に従うこととして、保険者が分損に対し保険金を支払った場合には、保険者は、保険の目的物またはその残存する部分に対していかなる権利も取得しない。ただし、保険者は、損害に対する支払によって、この法律に従って被保険者が損害てん補を受けた限度において、損害を引起した災害の時から、保険の目的物自体

causing the loss, in so far as the assured has been indemnified, according to this Act, by such payment for the loss.

80　Right of contribution
(1) Where the assured is over-insured by double insurance, each insurer is bound, as between himself and the other insurers, to contribute rateably to the loss in proportion to the amount for which he is liable under his contract.
(2) If any insurer pays more than his proportion of the loss, he is entitled to maintain an action for contribution against the other insurers, and is entitled to the like remedies as a surety who has paid more than his proportion of the debt.

81　Effect of under-insurance
Where the assured is insured for an amount less than the insurable value, or, in the case of a valued policy, for an amount less than the policy valuation, he is deemed to be his own insurer in respect of the uninsured balance.

RETURN OF PREMIUM
82　Enforcement of return
Where the premium, or a proportionate part thereof, is, by this Act, declared to be returnable, −
(a) if already paid, it may be recovered by the assured from the insurer; and,
(b) if unpaid, it may be retained by the assured or his agent.

83　Return by agreement
Where the policy contains a stipulation for the return of the premium, or a proportionate part thereof, on the happening of a certain event, and that event happens, the premium, or, as the case may be, the proportionate part thereof, is thereupon returnable to the assured.

84　Return for failure of consideration
(1) Where the consideration for the payment of the premium totally fails, and there has been no fraud or illegality on the part of the assured or his agents, the premium is thereupon returnable to the assured.
(2) Where the consideration for the payment of the premium is apportionable and there is a total failure of any apportionable part of the consideration, a proportionate part of the premium is, under the like conditions, thereupon returnable to the assured.
(3) In particular −

についておよび保険の目的物に関して被保険者の有する一切の権利および救済手段に代位する。

第80条　分担請求権
(1) 被保険者が重複保険によって超過保険を付けた場合には、各保険者は、自己と他の保険者との間においては、自己の契約上その責めを負う金額の割合に応じて、比例的に損害を分担する義務を負う。
(2) 保険者の一人が自己の分担割合を超えて損害を支払った場合には、その保険者は、他の保険者に対して分担請求のための訴えを提起する権利があり、かつ、自己の分担割合を超える債務を支払った保証人と同様の救済手段をとる権利がある。

第81条　一部保険の効果
被保険者が、保険価額よりも少ない金額、または評価済保険証券の場合は保険評価額よりも少ない金額で保険を付けている場合には、被保険者は、保険に付けていない残額については、自家保険者とみなされる。

保険料の返還
第82条　返還の強制
この法律によって保険料またはその一部を返還しなければならないと定めている場合において、
(a) 保険料が既に支払われているときは、被保険者はこれを保険者から回収することができる。また、
(b) 保険料がまだ支払われていないときは、被保険者またはその代理人はこれを支払わずに済ますことができる。

第83条　合意による返還
一定の事由が発生したときには保険料またはその一部を返還する旨の規定が保険証券に挿入されている場合において、その事由が発生したときは、保険料またはその一部は被保険者に返還されるものとする。

第84条　約因の欠如による返還
(1) 保険料の支払に対する約因が全部消滅した場合において、被保険者またはその代理人の側に詐欺または違法がなかったときは、保険料は被保険者に返還されるものとする。
(2) 保険料の支払に対する約因が可分である場合において、約因の可分な部分が全部消滅したときは、その部分の保険料は前項と同様な条件の下で被保険者に返還されるものとする。
(3) 特に、

(a) where the policy is void, or is avoided by the insurer as from the commencement of the risk, the premium is returnable, provided that there has been no fraud or illegality on the part of the assured; but if the risk is not apportionable, and has once attached, the premium is not returnable:

(b) where the subject-matter insured, or part thereof, has never been imperilled, the premium, or, as the case may be, a proportionate part thereof, is returnable:
Provided that where the subject-matter has been insured "lost or not lost" and has arrived in safety at the time when the contract is concluded, the premium is not returnable unless, at such time, the insurer knew of the safe arrival.

(c) where the assured has no insurable interest throughout the currency of the risk the premium is returnable, provided that this rule does not apply to a policy effected by way of gaming or wagering:

(d) where the assured has a defeasible interest which is terminated during the currency of the risk, the premium is not returnable:

(e) where the assured has over-insured under an unvalued policy, a proportionate part of the premium is returnable:

(f) subject to the foregoing provisions, where the assured has over-insured by double insurance, a proportionate part of the several premiums is returnable:
Provided that, if the policies are effected at different times, and any earlier policy has at any time borne the entire risk, or if a claim has been paid on the policy in respect of the full sum insured thereby, no premium is returnable in respect of that policy, and when the double insurance is effected knowingly by the assured no premium is returnable.

MUTUAL INSURANCE

85 Modification of Act in case of mutual insurance
(1) Where two or more persons mutually agree to insure each other against marine losses there is said to be a mutual insurance.
(2) The provisions of this Act, relating to the premium do not apply to mutual insurance, but a guarantee, or such other arrangement as may be agreed upon, may be substituted for the premium.
(3) The provisions of this Act in so far as they may be modified by the agreement of the parties, may in the case of mutual insurance be modified by the terms of the policies issued by the association, or by the rules

(a) 保険契約が無効であるか、または保険者によって危険開始の時から取消された場合には、被保険者の側に詐欺または違法がなかったときに限り、保険料は返還されるものとする。ただし、危険が不可分であり、かつ、いったん開始したときには、保険料は返還されないものとする。
(b) 保険の目的物またはその一部が危険にさらされることがなかった場合には、保険料またはその一部は返還されるものとする。
ただし、保険の目的物が「滅失したと否とを問わない」という条件で保険に付けられた場合において、契約締結の時に安全に到達していたときは、契約締結の時に保険者がその安全な到達を知っていたときを除き、保険料は返還されないものとする。
(c) 被保険者が危険期間を通じて被保険利益を有していなかった場合には、保険料は返還されるものとする。ただし、この規定は、射倖または賭博のために締結された保険契約には適用されない。
(d) 被保険者が消滅することあるべき利益を有する場合において、その利益が危険期間中に消滅したときは、保険料は返還されないものとする。
(e) 被保険者が評価未済保険証券によって超過保険を付けていた場合には、超過部分に対する保険料は返還されるものとする。
(f) 前諸規定に従うこととして、被保険者が重複保険によって超過保険を付けていた場合には、それぞれの超過部分に対する保険料は返還されるものとする。
ただし、二つ以上の保険契約が時を異にして締結された場合において、前の保険契約が既に危険の全部を負担したとき、または、ある保険契約によってその保険に付けられた金額の全額について保険金が支払われたときは、その保険契約に関しては、保険料は返還されないものとする。また、被保険者が重複保険であることを知りながらこれを契約した場合には、保険料は返還されないものとする。

相互保険
第85条 相互保険の場合のこの法律の修正
(1) 二人以上の者が海上損害に対して相互に保険し合うことを約束する場合には、これを相互保険という。
(2) この法律の保険料に関する諸規定は、これを相互保険には適用しない。保証、または協定されるその他の取決めをもって、保険料に代えることができる。
(3) この法律の諸規定のうち、当事者の協定によって修正することができるものについては、相互保険の場合には、組合の発行する保険証券の文言または組合の規約によって、これを修正することができる。

and regulations of the association.
(4) Subject to the exceptions mentioned in this section, the provisions of this Act apply to a mutual insurance.

SUPPLEMENTAL
86 Ratificatoin by assured
Where a contract of marine insurance is in good faith effected by one person on behalf of another, the person on whose behalf it is effected may ratify the contract even after he is aware of a loss.

87 Implied obligations varied by agreement or usage
(1) Where any right, duty, or liability would arise under a contract of marine insurance by implication of law, it may be negatived or varied by express agreement, or by usage, if the usage be such as to bind both parties to the contract.
(2) The provisions of this section extend to any right, duty, or liability declared by this Act, which may be lawfully modified by agreement.

88 Reasonable time, etc., a question of fact
Where by this Act any reference is made to reasonable time, reasonable premium, or reasonable diligence, the question what is reasonable is a question of fact.

89 Slip as evidence
Where there is a duly stamped policy, reference may be made, as heretofore, to the slip or covering note in any legal proceeding.

90 Interpretation of terms
In this Act, unless the context or subject-matter otherwise requires, −
"Action" includes counter-claim and set-off:
"Freight" includes the profit derivable by a shipowner from the employment of his ship to carry his own goods or moveables, as well as freight payable by a third party, but does not include passage money:
"Moveables" means any moveable tangible property, other than the ship, and includes money, valuable securities, and other documents:
"Policy" means a marine policy.

91 Savings
(1) Nothing in this Act, or in any repeal effected thereby, shall affect −
(a) the provisions of the Stamp Act, 1891, or any enactment for the time being in force relating to the revenue;
(b) the provisions of the Companies Act, 1862, or any

(4) 本条に定めた除外規定に従うこととして、この法律の諸規定は相互保険に適用される。

補則
第86条 被保険者による追認
海上保険契約がある者によって他の者のために善意で締結される場合には、自己のために保険契約が締結された者は、損害発生の事実を知った後でも、その契約を追認することができる。

第87条 合意または慣習によって変更される黙示義務
(1) 海上保険契約上、法の推断によって何らかの権利、義務または責任が生ずる場合には、明示の合意、または慣習が契約両当事者を拘束するものであるならばその慣習によって、これを否定または変更することができる。

(2) 前項の規定は、この法律の定める権利、義務または責任であって合意によって合法的に修正することができるものにも、すべて適用される。

第88条 相当な期間その他は事実問題とする
この法律において相当な期間、妥当な保険料または相当な注意という文言を使用している場合には、何をもって相当または妥当とするかは事実問題とする。

第89条 証拠としてのスリップ
正当に印紙をはった保険証券がある場合には、一切の訴訟手続において、スリップまたはカバー・ノートを従前通り引用することができる。

第90条 文言の解釈
この法律においては、文脈上または文言自体が別段の解釈を要しない限り、
「訴え」は反訴および相殺請求を含む。
「運送賃」は、第三者によって支払われる運送賃の外に、船主が自己の貨物または動産を運送するために自己の船舶を使用することによって収得する利潤を含むが、旅客運送賃を含まない。
「動産」は、船舶以外の可動な有体財産を意味し、貨幣、有価証券その他の証書を含む。
「保険証券」は海上保険証券を意味する。

第91条 留保
(1) この法律の諸規定またはこの法律によって廃止された諸規定は、次に掲げるものに何ら影響を及ぼすものではない。
(a) 1891年印紙税法または歳入に関する現行制定法の諸規定
(b) 1862年会社法または同法の改正法もしくは同法に代

enactment amending or substituted for the same;
(c) the provisions of any statute not expressly repealed by this Act.
(2) The rules of the common law, including the law merchant, save in so far as they are inconsistent with the express provisions of this Act, shall continue to apply to contracts of marine insurance.

92　Repeals
This section was repealed by the Statute Law Revision Act, 1927; 24 Halsbury's Statutes (2nd Edn.) 426.

93　Commencement
This section was repealed by the Statute Law Revision Act, 1927; 24 Halsbury's Statutes (2nd Edn.) 426.

94　Short title
This Act may be cited as the Marine Insurance Act 1906.

SCHEDULES

FIRST SCHEDULE
FORM OF POLICY
Lloyd's S.G. Policy
BE IT KNOWN THAT　　　 as well in own name as for and in the name and names of all and every other person or persons to whom the same doth, may, or shall appertain, in part or in all doth make assurance and cause　　　 and them, and every of them, to be insured lost or not lost, at and from

Upon any kind of goods and merchandises, and also upon the body, tackle, apparel, ordnance, munition, artillery, boat, and other furniture, of and in the good ship or vessel called the　　　whereof is master under God, for this present voyage,
or whosoever else shall go for master in the said ship, or by whatsoever other name or names the said ship, or the master thereof, is or shall be named or called; beginning the adventure upon the said goods and merchandises from the loading thereof aboard the said ship,

upon the said ship, etc.

and so shall continue and endure, during her abode there, upon the said ship, etc. And further, until the said ship, with all her ordnance, tackle, apparel, etc., and goods and merchandises whatsoever shall be arrived at

る制定法の諸規定
(c) この法律によって明文で廃止されていない制定法の諸規定
(2) 商慣習法を含むコモン・ローの諸規則は、この法律の明示規定と抵触するものを除き、引続き海上保険契約に適用される。

第92条　廃止
(この条文は1927年法律改正法（Statute Law Revision Act、1927）によって廃止された。)

第93条　廃止
(この条文は1927年法律改正法によって廃止された。)

第94条　略称
この法律は1906年海上保険法としてこれを引用することができる。

付則

第1付則
保険証券の様式（第30条参照）
ロイズ　S．G．保険証券
ここに次のことを表明する。　　　は自己の名において、および保険の目的物の一部または全部が現在帰属し、帰属することのある、または将来帰属する一切の他人のため、および、その名において、保険契約を締結し、　　　および上記一切の者をして、既に滅失したと否とを問わないという条件で　　　において、および、から　　　まで保険に付けられたものとする。
　　　号と称せられる堅牢な船舶に属し、かつ、この船舶の中にある一切の種類の貨物および商品並びに船体、索具、属具、兵器、弾薬、大砲、ボートおよびその他の船備品について保険するものである。この航海においては、　　　が神の庇護の下に船長であるが、将来他の誰でも上記船舶の船長となることができ、また、上記船舶または船長は、いかなる船名または人名で現在呼ばれ、または将来呼ばれることがあっても差支えない。上記貨物および商品に対する冒険は、　　　において上記船舶にそれが積込まれた時に始まり、上記船舶その他に対する冒険は、　　　において始まり、船舶の同地停泊中上記船舶その他に対して継続する。また、更に、上記船舶がその一切の兵器、索具、属具等並びに一切の貨物および商品と共に　　　に到達するまで継続する。上記船舶その他については、船舶が投錨して安全に24時間を経過するまで、貨物および商品については、それが上記の地に荷卸されて安全に陸揚されるまで継続する。また、上記船舶その他は、この航海においては、　　　いかなる港または地に向かって進航し、出帆し、

upon the said ship, etc., until she hath moored at anchor twenty-four hours in good safety; and upon the goods and merchandises, until the same be there discharged and safely landed. And it shall be lawful for the said ship, etc., in this voyage, to proceed and sail to and touch and stay at any ports or places whatsoever

without prejudice to this insurance. The said ship, etc., goods and merchandises, etc., for so much as concerns the assured by agreement between the assured and assurers in this policy, are and shall be valued at

Touching the adventures and perils which we, the assurers, are contented to bear and do take upon us in this voyage: they are of the seas, men of war, fire, enemies, pirates, rovers, thieves, jettisons, letters of mart and countermart, surprisals, takings at sea, arrests, restraints, and detainments of all kings, princes, and people, of what nation, condition, or quality soever, barratry of the master and mariners, and of all other perils, losses, and misfortunes, that have or shall come to the hurt, detriment, or damage of the said goods, and merchandises, and ship, etc., or any part thereof. And in case of any loss or misfortune it shall be lawful to the assured, their factors, servants and assigns, to sue, labour, and travel for, in and about the defence, safeguards, and recovery of the said goods and merchandises, and ship, etc., or any part thereof, without prejudice to this insurance; to the charges whereof we, the assurers, will contribute each one according to the rate and quantity of his sum herein assured.

And it is especially declared and agreed that no acts of the insurer or insured in recovering, saving, or preserving the property insured shall be considered as a waiver, or acceptance of abandonment. And it is agreed by us, the insurers, that this writing or policy of assurance shall be of as much force and effect as the surest writing or policy of assurance heretofore made in Lombard Street, or in the Royal Exchange, or elsewhere in London. And so we, the assurers, are contented, and do hereby promise and bind ourselves, each one for his own part, our heirs, executors, and goods to the assured, their executors, administrators, and assigns, for the true performance of the premises, confessing ourselves paid the consideration due unto us for this assurance by the assured, at and after the rate of

寄港し、および停泊しても適法であって、この保険の効力を害することはない。上記船舶その他、貨物および商品その他は、被保険者に関する限りでは、この保険証券上被保険者と保険者との合意によって、　　　と評価され、かつ将来も評価されるものとする。

損害防止約款
この航海において、われわれ保険者が満足して担保する冒険および危険は次の通りである。海固有の危険、軍艦、火災、外敵、海賊、漂盗、強盗、投荷、捕獲免許状、報復捕獲免許状、襲撃、海上における占有奪取、いかなる国籍・状況または性質であるとを問わずすべての国王・王侯および人民の拘束・抑止および抑留、船長および海員の悪行、並びに、上記貨物、商品および船舶その他またはそれらの一部に対して破損、毀損または損傷を生じさせたか、または生じさせるであろうその他一切の危険、滅失および不幸である。また、ある滅失または不幸が生じた場合には、被保険者、その代理人、使用人および譲受人が上記貨物、商品および船舶その他またはそれらの一部の防衛、保護および回復のために努力をすることは適法であって、この保険の効力を害することはない。

放棄約款
これに要した費用は、われわれ保険者において、ここに引受けた金額の割合に応じて、各自これを分担するものとする。また、被保険財産を回復し、救助し、または保存するための保険者または被保険者の行為は委付の放棄または承諾とみなされないことを特に宣言し、かつ約束する。われわれ保険者は、この保険の書面または証券が、ロンバード街もしくはローヤル・エクスチェンジまたはロンドンのその他の場所において従来作成された最も確実な保険の書面または証券と、同一効力を有することを約束する。また、そこでわれわれ保険者は、以上の諸事項に満足し、各自の引受部分について、被保険者、その遺言執行人、財産管理人および譲受人に対し、上記の諸事項の真正な履行をすることを約束し、かつ、そのためにわれわれ保険者自身、その相続人、遺言執行人および財産を拘束する。この保険に対しわれわれ保険者が受取るべき対価が　　　の割合をもって被保険者によって

IN WITNESS whereof we, the assurers, have subscribed our names and sums assured in London.

N.B. – Corn, fish, salt, fruit, flour, and seed are warranted free from average, unless general, or the ship be stranded – sugar, tobacco, hemp, flax, hides, and skins are warranted free from average, under five pounds per cent., and all other goods, also the ship and freight, are warranted free from average, under three pounds per cent., unless general, or the ship be stranded.

RULES FOR CONSTRUCTION OF POLICY
The following are the rules referred to by this Act for the construction of a policy in the above or other like form, where the context does not otherwise require: –
1　Lost or not lost
Where the subject-matter is insured "lost or not lost", and the loss has occurred before the contract is concluded, the risk attaches unless, at such time, the assured was aware of the loss, and the insurer was not.

2　From
Where the subject-matter is insured "from" a particular place, the risk does not attach until the ship starts on the voyage insured.

3　At and from
(a) Where a ship is insured "at and from" a particular place, and she is at that place in good safety when the contract is concluded, the risk attaches immediately.
(b) If she be not at that place when the contract is concluded, the risk attaches as soon as she arrives there in good safety, and, unless the policy otherwise provides, it is immaterial that she is covered by another policy for a specified time after arrival.
(c) Where chartered freight is insured "at and from" a particular place, and the ship is at that place in good safety when the contract is concluded, the risk attaches immediately. If she be not there when the contract is concluded, the risk attaches as soon as she arrives there in good safety.
(d) Where freight, other than chartered freight, is payable without special conditions and is insured "at and from" a particular place, the risk attaches pro rata as the goods or merchandise are shipped; provided that if there be cargo in readiness which belongs to the shipowner, or which some other person has contracted with him to ship, the risk attaches as soon as the ship

支払われたことを言明する。
よって証拠として、われわれ保険者はロンドンにおいてわれわれの名前と引受金額とをここに記した。

メモランダム
注意－雑穀、魚類、塩、果実、穀粉および種子については海損を担保しない。ただし、共同海損について、または船舶が座礁した場合はこの限りでない。－砂糖、たばこ、大麻、亜麻および皮革については５％未満、その他の一切の貨物並びに船舶および運送賃については３％未満の海損を担保しない。ただし、共同海損について、または船舶が座礁した場合はこの限りでない。

保険証券の解釈規則
文脈上別段の解釈を要しない場合においては、前掲の様式またはこれと同様な様式の保険証券の解釈について、この法律の定める規則は次の通りである。
第１条　滅失したと否とを問わない
保険の目的物が「滅失したと否とを問わない」という条件で保険に付けられた場合において、損害が契約締結前に発生していたときは、契約締結の時に被保険者が損害発生の事実を知り保険者がこれを知らなかったのでない限り、危険は開始する。

第２条　から
保険の目的物が特定の地「から」の条件で保険に付けられた場合には、船舶が被保険航海のために発航するまでは、危険は開始しない。

第３条　において、および、から
(a) 船舶が特定の地「において、および、から」の条件で保険に付けられた場合において、船舶が契約締結の時安全にその地にいるときは、危険は直ちに開始する。
(b) 船舶が契約締結の時にその地にいないときは、危険は、船舶が安全にその地に到達すると同時に開始する。この場合、保険証券に別段の定めがない限り、船舶が到達後の特定期間について他の保険証券によって担保されているということは問わない。
(c) 用船料が特定の地「において、および、から」の条件で保険に付けられた場合において、船舶が契約締結の時安全にその地にいるときは、危険は直ちに開始する。契約締結の時に船舶がその地にいないときは、危険は、船舶が安全にその地に到達すると同時に開始する。
(d) 用船料以外の運送賃が特別の条件なしで支払われる場合において、その運送賃が特定の地「において、および、から」の条件で保険に付けられたときは、危険は、貨物または商品が船積される部分ごとに開始する。ただし、船主に属する積荷または第三者が船積することを船主と契約した積荷の船積の準備が整っているときは、危険は、船舶がその積荷を受取る準備を整えると同時に開始する。

is ready to receive such cargo.

4　From the loading thereof
Where goods or other moveables are insured "from the loading thereof", the risk does not attach until such goods or moveables are actually on board and the insurer is not liable for them while in transit from the shore to the ship.

5　Safely landed
Where the risk on goods or other moveables continues until they are "safely landed", they must be landed in the customary manner and within a reasonable time after arrival at the port of discharge, and if they are not so landed the risk ceases.

6　At any port or place whatsoever
In the absence of any further license or usage, the liberty to touch and stay "at any port or place whatsoever" does not authorise the ship to depart from the course of her voyage from the port of departure to the port of destination.

7　Perils of the seas
The term "perils of the seas" refers only to fortuitous accidents or casualties of the seas. It does not include the ordinary action of the winds and waves.

8　Pirates
The term "pirates" includes passengers who mutiny and rioters who attack the ship from the shore.

9　Thieves
The term "thieves" does not cover clandestine theft, or a theft committed by any one of the ship's company, whether crew or passengers.

10　Arrests, etc. of kings, princes, and people
The term "arrests, etc., of kings, princes, and people" refers to political or executive acts, and does not include a loss caused by riot or by ordinary judicial process.

11　Barratry
The term "barratry" includes every wrongful act wilfully committeed by the master or crew to the prejudice of the owner, or, as the case may be, the charterer.

12　All other perils
The term "all other perils" includes only perils similar

第4条　それの積込の時から
貨物またはその他の動産が「それの積込の時から」の条件で保険に付けられた場合には、危険は、その貨物または動産が実際に船舶に積込まれるまでは開始せず、また、保険者は、陸地から船舶まで運送されている間の貨物または動産については責めを負わない。

第5条　安全に陸揚される
貨物またはその他の動産の危険が「安全に陸揚される」まで継続する場合には、その貨物または動産は、荷卸港に到達後、慣習的方法により、かつ相当な期間内に陸揚されなければならない。そのように陸揚されない場合には、危険は終了する。

第6条　寄航および停泊
特別の許可または慣習がない場合には、「一切の港または地に」寄航および停泊する自由は、発航港から仕向港に至る航海の航路を離れることを船舶に許すものではない。

第7条　海固有の危険
「海固有の危険」という文言は海の偶然な事故または災害のみをいう。この文言は風および波の通常の作用を含まない。

第8条　海賊
「海賊」という文言は、暴動を起す旅客および海岸から船舶を襲う暴徒を含む。

第9条　強盗
「強盗」という文言は、ひそかな窃盗、または、海員であると旅客であるとを問わず乗船者のある者の行った窃盗を含まない。

第10条　王侯の抑止
「国王、王侯および人民の拘束その他」という文言は、政治上または行政上の行為を指し、騒じょうまたは通常の訴訟手続に因って生ずる損害を含まない。

第11条　船員の悪行
「船員の悪行」という文言は、船主または場合によっては用船者に損害を及ぼす船長または海員の故意に行った一切の不正行為を含む。

第12条　その他一切の危険
「その他一切の危険」という文言は、保険証券に列挙さ

in kind to the perils specifically mentioned in the policy.

13 Average unless general
The term "average unless general" means a partial loss of the subject-matter insured other than a general average loss, and does not include "particular charges".

14 Stranding
Where the ship has stranded, the insurer is liable for the excepted losses, although the loss is not attributable to the stranding, provided that when the stranding takes place the risk has attached and, if the policy be on goods, that the damaged goods are on board.

15 Ship
The term "ship" includes the hull, materials and outfit, stores and provisions for the officers and crew, and, in the case of vessels engaged in a special trade, the ordinary fittings requisite for the trade, and also, in the case of a steamship, the machinery, boilers, and coals and engine stores, if owned by the assured.

16 Freight
The term "freight" includes the profit derivable by a shipowner from the employment of his ship to carry his own goods or moveables, as well as freight payable by a third party, but does not include passage money.

17 Goods
The term "goods" means goods in the nature of merchandise, and does not include personal effects or provisions and stores for use on board.
In the absence of any usage to the contrary, deck cargo and living animals must be insured specifically, and not under the general denomination of goods.

Second Schedule
(deleted)

れた危険と同種類の危険のみを含む。

第13条　共同海損以外の海損
「共同海損以外の海損」という文言は、共同海損損害以外の保険の目的物の分損を意味し、「特別費用」を含まない。

第14条　座礁した
船舶が座礁した場合には、損害が座礁に起因しないときでも、保険者は免責損害について責めを負う。ただし、座礁が起った時に危険が開始しており、かつ、貨物の保険の場合には、その損傷貨物が船上にあるときに限る。

第15条　船舶
「船舶」という文言は、船体、船舶資材および艤装船具、貯蔵品並びに高級船員および普通船員用の食料品を含み、また、特殊な事業に従事する船舶の場合にはその事業に必要な通常の艤装を含み、更に、汽船の場合には、機械、汽缶並びに被保険者の所有に属する石炭および機関用貯蔵品を含む。

第16条　運送賃
「運送賃」という文言は、第三者によって支払われる運送賃のほかに、船主が自己の貨物または動産を運送するために自己の船舶を使用することによって収得する利潤を含むが、旅客運送賃を含まない。

第17条　貨物
「貨物」という文言は、商品の性質を有する貨物を意味し、身回品または船内で消費するための食料品および貯蔵品を含まない。
反対の慣習がない場合には、甲板積積荷および生動物は特にその旨を明示して保険に付けることを要し、貨物という総括名称で保険に付けてはならない。

第2付則
（この付則は、1927年法律改正法によって廃止された。）

14. 1924年ブラッセル条約（ヘーグ・ルールズ）/1/09
1924年8月25日にブラッセルで署名された船荷証券に関するある規則の統一のための国際条約

大正13年8月25日ブラッセルで作成
昭和6年6月2日効力発生
大正14年8月25日署名
昭和32年5月15日国会承認
昭和32年5月28日批准の内閣決定
昭和32年5月28日批准書認証
昭和32年7月1日批准書寄託
昭和32年12月12日公布(条約第21号)
昭和33年1月1日効力発生

前文	（略）
定義	第1条 　この条約において、次の語は、次に定める意義に用いる。 (a)「運送人」とは、運送契約における荷送人の相手方たる船舶所有者又は用船者をいう。 (b)「運送契約」とは、船荷証券又はこれに類似の海上物品運送に関する証券により証明される運送契約のみをいい、この語は用船契約に基いて発行される船荷証券又はこれに類似の証券にあっては、その証券が運送人と証券所持人との関係を規律する時以後について用いる。 (c)「物品」とは、生動物及び運送契約において甲板積とされ、かつ、実際に甲板積で運送される積荷以外の財産、貨物、商品その他の各種の物をいう。 (d)「船舶」とは、海上物品運送に使用されるすべての船舶をいう。 (e)「物品運送」とは、物品を船舶に積み込んだ時からこれを船舶から荷揚した時までの期間についていう。
運送人の責務	第2条 　運送人は、すべての海上物品運送契約において、物品の積込、取扱、積付、運送、保管及び荷揚に関し責任及び義務を負い、かつ、以下に定める権利及び免責を享受するものとする。ただし、第6条の規定の適用を妨げない。
運送人の注意事項	第3条 1　運送人は、航海の前に及び航海の開始に際し、次のことについて相当の注意をしなければならない。 (a) 船舶を航海に堪える状態におくこと。 (b) 船員の乗組、船舶の艤装及び需品の補給を適切に行うこと。 (c) 船倉、冷気室、冷蔵室その他物品を積み込むすべての場所を物品の受入、運送及び保存に適する良好な状態におくこと。 2　運送人は、運送される物品の積込、取扱、積付、運送、保管及び荷揚を適切かつ慎重に行わなければならない。ただし、第4条の規定の適用を妨げない。 3　運送人、船長又は運送人の代理人は、物品を受け取った後は、荷送人の請求により、特に次の事項を記載した船荷証券を荷送人に交付しなければならない。 (a) 物品の識別のため必要な主要記号で物品の積込開始前に荷送人が書面で通告したもの。この記号は、包装していない物品の上に、又は物品の容器若しくは包装の上に、通常航海の終了の時まで読みうるように、押印され、又は他の方法により判然と表示されていなければならない。 (b) 荷送人が書面で通告した包若しくは個品の数、容積又は重量 (c) 外部から認められる物品の状態 　ただし、運送人、船長又は運送人の代理人は、この記号、数、容積又は重量が実際に自己が受け取った物品を正確に表示していないと疑うべき正当な理由があるとき、又はその正確であることを確認する適当な方法がないときは、これらの事項を船荷証券に記載することを要しない。 4　このような船荷証券は、反証がない限り、3(a)、(b)及び(c)の規定に従って当該証券に記載されているとおりの物品を運送人が受け取ったことを推定する証拠となる。

	5　荷送人は、その通告した記号、数、容積及び重量が積込の時に正確であったことを運送人に担保したものとみなされ、これらの事項に関する不正確から生ずるすべての損害及び費用については、運送人に賠償するものとする。この賠償についての運送人の権利は、運送人が運送契約により荷送人以外のすべての者に対して負う責任及び義務をなんら制限するものではない。 6　物品が運送契約により引渡を受ける権利を有する者に引き渡される前に又はその時に、その者が運送人又は荷揚港におけるその代理人に対し書面で滅失又は損害及びその概況に関する通告をしないときは、その引渡は、反証がない限り、運送人が物品を船荷証券に記載されているとおり引き渡したこと推定する証拠となる。 　滅失又は損害が外部から認められないときは、前記の通告は、物品の引渡の後3日以内にしなければならない。 　物品の状態がその受取の時に立会によって、確認されているときは、前記の書面による通告を要しない。 　滅失又は損害についての運送人及び船舶のすべての責任は、いかかる湯合においても、物品の引渡の後又は物品が引き渡されるべきであった日から1年以内に訴が提起されないときは、消滅する。 　滅失又は損害が現に生じ、又は生じている疑があるときは、運送人及び荷受人は、物品の検査及び包の数の点検のためのすべての相当な便宜を相互に与えなければならない。 7　物品が積み込まれた場合において、運送人、船長又は運送人の代理人が交付すべき船荷証券は、荷送人の要求があるときは、船積があった旨を記載した船荷証券とする。ただし、荷送人が当該物品に関する権利を表示する証券をすでに受領しているときは、船積船荷証券の交付と引換にその証券を返還しなければならない。運送人、船長又は代理人は、船積港において、物品を船積した船舶の名称及びその船積の日付を先に交付した証券に記入することもでき、その証券は、これらの記入があり、かつ、3に掲げる事項を記載している湯合には、この条の規定の適用上、船積船荷証券とみなす。 8　運送契約における条項、約款又は合意で、運送人又は船舶に対し不注意、過失又はこの条に定める義務の不履行による物品の滅失又は損害についての責任を免除し、又はその責任をこの条約の規定に反して軽減するものは、無効とする。保険の利益を運送人に譲渡する条項又はこれに類似のすべての条項は、運送人の責任を免除するものとみなす。
責任を免れる場合	第4条 1　運送人及び船舶は、航海に堪えない状態から生ずる滅失又は損害については、責任を負わない。ただし、運送人が、前条1の規定に従い、船舶を航海に堪える状態におき、船員の乗組、船舶の艤装及び需品の補給を適切に行い、並びに船倉、冷気室、冷蔵室その他物品を積み込むすべての場所を物品の受入、運送及び保存に適する良好な状態におくことについて相当の注意をしなかったことにより航海に堪えない状態を生じた場合は、この限りでない。航海に堪えない状態から滅失又は損害を生じたときは、この条に定める免責を主張する運送人その他の者は、相当の注意をしたことを立証しなければならない。 2　運送人及び船舶は、次のことから生ずる滅失又は損害については、責任を負わない。 (a) 航行又は船舶の取扱に関する船長、海員、水先又は運送人の使用人の作為、不注意又は過失 (b) 火災（運送人の故意又は過失に基くものを除く。） (c) 海上その他の可航水城の災害、危険又は事故 (d) 天災 (e) 戦争 (f) 公敵行為 (g) 行政権による抑留若しくは強制又は裁判上の差押 (h) 検疫上の制限 (i) 荷送人若しくは物品の所有者又はこれらの者の代理人若しくは代表者の作為又は不作為 (j) 原因のいかんを問わず、部分的又は全体的な同盟罷業、作業所閉鎖又は作業の停止若しくは妨害 (k) 暴動又は内乱

(l) 海上における人命又は財産の救助又は救助の企図
(m) 物品の隠れた欠陥、特殊な性質又は固有の欠陥から生ずる容積又は重量の減少その他のすべての減失又は損害
(n) 荷造の不十分
(o) 記号の不十分又は不完全
(p) 相当の注意をしても発見することのできない隠れた欠陥
(q) その他運送人又はその代理人若しくは使用人の故意又は過失によらない原因。ただし、この例外の利益を主張する者は、運送人又はその代理人若しくは使用人の故意又は過失が減失又は損害に関係のなかったことを立証しなければならない。

3 荷送人は、運送人又は船舶が被った減失又は損害で、荷送人又はその代理人若しくは使用人の作為、過失又は不注意によらない原因から生じたものについては、責任を負わない。

4 海上における人命若しくは財産の救助若しくは救助の企図のための離路又は相当の理由のある離路は、この条約又は運送契約に違反しないものとし、運送人は、これにより生じた減失又は損害については、責任を負わない。

5 運送人及び船舶は、いかかる場合においても、物品の又は物品に関する減失又は損害については、1包又は1単位につき100スターリング・ポンド又は他の通貨によるこれと同等の額をこえて責任を負わない。ただし、当該物品の性質及び価額が荷送人により船積前に通告され、かつ、その通告が船荷証券に記載されている場合は、この限りでない。

　船荷証券に記載された前記の通告は、反証がない限り、推定の証拠となるが、運送人は、その通告を争うことができる。

　運送人、船長又は運送人の代理人と荷送人との間の約定により5に定める額と異なる量高額を定めることができる。ただし、その協定最高額は、前記の額より少くてはならない。

　運送人及び船舶は、荷送人が船荷証券中の物品の性質又は価額に関し故意に虚偽の通告をしたときは、いかなる場合においても、物品の又は物品に関する減失又は損害については、責任を負わない。

6 引火性、暴発性又は危険性を有する物品で、運送人、船長又は運送人の代理人がその性質又は特徴を知っていればその船積を承諾しなかったものについては、運送人は賠償することなく、荷揚前にいつでも、任意の場所に荷揚し、破壊し、又は無害にすることができ、これらの物品の荷送人は、その船積により直接に又は間接に生ずるすべての損害及び費用　について責任を負うものとする。これらの物品で運送人が了知し、かつ、承諾して船積したものが船舶又は積荷にとって危険となったときは、運送人は、共同海損の場合を除くほか、その責任を負うことなく、その物品を同様に荷揚し、破壊し、又は無害にすることができる。

| 権利及び免責の放棄 | 第5条
運送人は、この条約で定める権利及び免責の全部若しくは一部を放棄し、又は責任及び義務を加重することができる。ただし、この放棄又は加重は、荷送人に交付する船荷証券に記載しなければならない。
　この条約の規定は、用船契約には適用しない。ただし、用船契約の場合に船荷証券が発行されるときは、その船荷証券は、この条約の規定に従うものとする。この条約のいかなる規定も、共同海損に関する適法な規約を船荷証券に記載することを妨げるものではない。 |
|---|---|
| 契約に条件を附しうる権利 | 第6条
前諸条の規定にかかわらず、運送人、船長又は運送人の代理人及び荷送人は、ある特定の物品については、物品についての運送人の責任及び義務並びに権利及び免責に関し、船舶が航海に堪えることについての運送人の義務に関し（公の秩序に反しない範囲に限る。）、又は海上運送物品の積込、取扱、積付、運送、保管及び荷揚についての使用人若しくは代理人の注意義務に関し、任意の条件を附して契約を締結することができる。ただし、船荷証券が発行されておらず、今後も発行されない場合であって、かつ、合意された条件が非直通証券たる受取証でその旨を明記したものに記載された場合に限る。
　このようにして締結されるすべての契約は、完全な法律上の効力を有する。
　この条の規定は、通常の商取引における通常の商業的船積には適用せず、その他の船積で、運 |

	送される物品の特徴及び状態並びに運送の行われる事情及び条件が特約を正当とするものにのみ適用する。
運送契約との関係	第7条 　この条約のいかなる規定も、運送人又は荷送人が、契約に、海上運送物品の積込前及び荷揚後におけるその減失若しくは損害又はその保管及び取扱に関して運送人又は船舶の負う義務及び責任についての特約、条件、留保又は免責を附することを妨げるものではない。
法令上の運送人の権利義務との関係	第8条 　この条約の規定は、航海船舶の所有者の責任の制限に関する現行の法令に基く運送人の権利及び義務を変更するものではない。
貨幣単位	第9条 　この条約における貨幣単位は、金価値と了解される。 　貨幣単位としてスターリング・ポンドを使用しない締約国は、この条約中にスターリング・ポンドで表示される額を自国の貨幣制度に従って端数のない額に換算する権利を留保する。 　国内法令は、船舶が当該物品の陸揚港に到着した日における為替相場に従い、債務を内国の貨幣によって支払う権利を債務者に留保することができる。
本条約の適用ある船荷証券	第10条 　この条約の規定は、締約国で作成されるすべての船荷証券に適用する。
批准書寄託	第11条 　ベルギー政府は、この条約の署名の日から起算しておそくとも2年の期間が経過するまでに、この条約を実施すべきかどうかを決定するため、この条約を批准する用意がある旨を宣言した締約国の政府と協議を開始するものとする。批准書は、これらの政府の間で合意により定める日にブラッセルに寄託するものとする。 　批准書の第1回寄託は、これに参加する国の代表者及びベルギー外務大臣が署名する調書により確認されるものとする。 　その後における批准書の寄託は、ベルギー政府にあて、かつ、批准書を添附した書面による通告をもって行うものとする。 　批准書の第1回寄託に関する調書、前記の通告書及びその通告書に添附される批准書の認証謄本は、ベルギー政府により、外交上の経路を通じて、直ちにこの条約の署名国及び加入国に送付されるものとする。前記のその後における批准書の寄託の場合には、ベルギー政府は、その通告書を受領した日を同時に通報するものとする。
加入	第12条 　非署名国は、ブラッセルの国際会議に代表者を出したかどうかを問わず、この条約に加入することができる。 　加入を希望する国は、ベルギー政府に対し、書面によりその意思を通告し、かつ、加入書を送付するものとし、その加入書は、ベルギー政府の記録に寄託される。 　ベルギー政府は、すべての署名国及び加入国に対し、直ちに通告書及び加入書の認証謄本を送付し、かつ、その通告書を受領した日を通報するものとする。
非本土地域への適用	第13条 　締約国は、署名、批准書の寄託又は加入の時に、この条約について行うその受諾が自国の主権又は権力の下にある自治領、殖民地、属地、保護領又は海外領土のいずれか又は全部に適用しない旨を宣言することができる。締約国は、その後、先の宣言において除外した自治領、殖民地、属地、保護領又は海外領土のいずれかのために各別にこの条約に加入することができる。締約国

	は、また、その主権又は権力の下にある自治領、殖民地、属地、保護領又は海外領土のために、同様に、各別にこの条約を廃棄することができる。
発効	第14条 　この条約は、批准書の第一回寄託に参加した国については、その寄託に関する調書の日付の日の後1年で効力を生ずる。この条約は、その後これを批准し、又はこれに加入する国及びその後第13条の規定に従って効力を生ずる地域については、第11条第2項及び第12条第2項に定める通告書をベルギー政府が受領した後六箇月で効力を生ずる。
廃棄	第15条 　いずれかの締約国がこの条約の廃棄を希望するときは、その廃棄は、書面によりベルギー政府に通告されるものとし、ベルギー政府は、他のすべての締約国に対し、直ちにその通告書の認証謄本を送付し、かつ、その通告書を受領した日を通報するものとする。 　廃棄はベルギー政府がその通告書を受領した後1年で、通告を行った国について効力を生ずる。
会議	第16条 　各締約国は、この条約を改善するため、新たな会議の開催を要請することができる。 　前記の要請を行う締約国は、ベルギー政府を通じて他の締約国に対しその意思を1年前に通告するものとし、ベルギー政府は、会議の招集の任に当るものとする。
末文	1924年8月25日にブラッセルで本書1通を作成した。 （以下略）

15.1968年ブラッセル議定書（ヴィスビー・ルールズ）
1924年8月25日の船荷証券に関するある規則の統一のための国際条約を改正する議定書

前文	締約国は、1924年8月25日にブラッセルで作成された船荷証券に関するある規則の統一のための国際条約を改正することが望ましいと考えて、次のとおり協定した。
条約第3条4の追加	第1条 1　条約第3条4に次のように加える。 ただし、船荷証券が善意の第三者に譲渡された場合には、反証は、認められない。
条約第3条6の第4文の改正	2　条約第3条6の第4文を次のように改める。 6の2の規定に従うことを条件として、運送人及び船舶は、いかなる場合においても、物品の引渡しの後又は物品が引き渡されるべきであった日から1年以内に訴えが提起されない限り、当該物品に関するすべての責任を免れる。ただし、この期間は、当事者が訴訟の原因が発生した後に合意するときは、延長することができる。
条約第3条6の2の追加	3　条約第3条6の次に次の6の2を加える。 　6の2　第三者に対する求償の訴訟は、訴訟が係属する裁判所の属する国の法令により許容されている期間内に提起されたときは、6に定める1年の期間の経過後においても提起することができる。ただし、その許容される期間は、その求償の訴訟を提起する者が損害賠償の支払を行った日又はその者が自己に対する訴訟において訴状の送達を受けた日から3箇月未満であってはならない。
条約第4条5の改正	第2条 条約第4条5を次のように改める。 (a) 物品の性質及び価額が荷送人により船積み前に通告され、かつ、その通告が船荷証券に記載されている場合を除くほか、運送人及び船舶は、いかなる場合においても、当該物品の又は当該物品に関する滅失又は損害については、1包若しくは1単位につき1万フラン又は滅失若しくは損害に係る物品の総重量の1キログラムにつき30フランのいずれか高い方の額を超えて責任を負わない。 (b) 賠償を受けることができる総額は、物品が契約に従って船舶から荷揚げされ又は荷揚げされるべきであった時及び場所における当該物品の価額に応じて算定する。 物品の価額は、商品取引所の相場に従って決定し、そのような相場がないときは市場価格に従って決定し、これらのいずれもないときは同種かつ同品質の物品の正常な価額に応じて決定する。 (c) コンテナー、パレット又はこれらに類似の輸送用器具が物品をまとめるために使用される場合には、この5の規定の適用については、これらの輸送用器具に積み込まれたものとして船荷証券に記載されている包又は単位の数をこれらの包又は単位の数とみなし、その記載のない場合には、その輸送用器具を包又は単位とみなす。 (d) フランとは、純分1000分の900の金の65.5ミリグラムから成る単位を言う。裁定された額の国内通貨への換算の日は、訴訟が係属する裁判所の属する国の法令によって定める。 (e) 損害を生じさせる意図をもって又は無謀にかつ損害の生ずるおそれのあることを認識して行った運送人の作為又は不作為により損害が生じたことが証明された場合には、運送人及び船舶は、この5に定める責任の制限の利益を受けることができない。 (f) (a)の通告は、船荷証券に記載されている場合には、反証がない限り推定の証拠となるが、運送人にとって拘束力を有し又は確定的なものになることはない。 (g) 運送人、船長又は運送人の代理人と荷送人との間の約定により(a)に定める額と異なる最高額を定めることができる。ただし、そのように定められる最高額は、(a)に定める最高額を下回るものであってはならない。 (h) 運送人及び船舶は、荷送人が船荷証券中の物品の性質又は価額に関し故意に虚偽の通告をしたときは、いかなる場合においても、当該物品の又は当該物品に関する滅失又は損害については、責任を負わない。
条約第4条の2の追加	第3条 条約第4条と第5条との間に、次の一条を加える。

巻末資料

	1　この条約に定める抗弁及び責任の限度は、訴訟が契約に基づく場合であるか不法行為に基づく場合であるかを問わず、運送契約の対象とされている物品の滅失又は損害に関する運送人に対するすべての訴訟について適用する。 2　1の訴訟が運送人の使用人又は代理人（独立の契約者でないものに限る。）に対して提起されたときは、その使用人又は代理人は、運送人がこの条約に基づいて援用することができる抗弁及び責任の限度を援用することができる。 3　運送人及び2に規定する使用人又は代理人から受けることができる賠償の総額は、この条約に定める限度を超えることがあってはならない。 4　2及び3の規定にかかわらず、損害を生じさせる意図をもってまたは無謀にかつ損害の生ずるおそれのあることを認識して行った運送人の使用人又は代理人の作為又は不作為により損害が生じたことが証明された場合には、その使用人又は代理人は、個の条の規定を援用することができない。
条約第9条の改正	第4条 条約第9条を次のように改める。 この条約は、原子力損害についての責任を規律する国際条約又は国内法の規定の適用に影響を及ぼすものではない。
条約第10条の改正	第5条 条約第10条を次のように改める。 この条約の規定は、船舶、運送人、荷送人、荷受人その他の関係者の国籍のいかんを問わず、次のいずれかのことを条件として、異なる二国にある港の間の物品運送に関するすべての船荷証券について適用する。 (a)　　船荷証券が締約国で作成されていること。 (b)　　運送が締約国にある港からのものであること。 (c)　　船荷証券に含まれている契約または船荷証券によって証明されている契約により、この条約の規定又はこの条約の規定を実施しているいずれかの国の法令が当該契約を規律すべきと定めていること。 　各締約国は、前期の船荷証券について、この条約の規定を適用する。 　この条の規定は、前期の船荷証券に該当しない船荷証券について、締約国がこの条約の規定を適用することを妨げるものではない。
規定を適用する義務	第6条 条約及びこの議定書は、この議定書の締約国間において、単一の文書として一括して読まれ、かつ、解釈されるものとする。 この議定書の締約国は、条約の締約国であるがこの議定書の締約国でない国において作成される船荷証券について、この議定書の規定を適用する義務を負わない。
条約の廃棄	第7条 この議定書のいずれかの締約国が条約第15条の規定に従って行う条約の廃棄は、この議定書の締約国間においては、この議定書により改定された条約の廃棄と解してはならない。
仲裁	第8条 条約の解釈又は適用に関する締約国間の紛争で交渉によって解決することができないものは、いずれかの紛争当事国の要請により、仲裁に付される。仲裁の要請の日から6箇月以内に仲裁の組織について紛争当事国が合意に達しない場合には、いずれの紛争当事国も、国際司法裁判所規定に従って国際司法裁判所に紛争を付託することができる。
宣言および留保の撤回	第9条 1　各締約国は、この議定書の署名若しくは批准又はこの議定書への加入の際に、前条の規定に拘束されない旨を宣言することができる。他の締約国は、そのような留保を付した締約国との関

	係において同条の規定に拘束されない。 2　1の規定に基づいて留保を付した締約国は、ベルギー政府に対する通告により、いつでもその留保を撤回することができる。
開放	第１０条 この議定書は、1968年2月23日前に条約を批准し又はこれに加入した国及び第12回海事法外交会議（1967年及び1968年）に代表者を出したすべての国による署名のために開放しておく。
批准	第１１条 1　この議定書は、批准されなければならない。 2　条約の締約国でない国によるこの議定書の批准は、条約の批准の効果を有する。 3　批准書は、ベルギー政府に寄託する。
加入	第１２条 1　第12回海事法外交会議に代表者を出さなかった国で国際連合の加盟国又は国際連合の専門機関の加盟国であるものは、この議定書に加入することができる。 2　この議定書への加入は、条約への加入の効果を有する。 3　加入書は、ベルギー政府に寄託する。
効力発生	第１３条 1　この議定書は、総トン数1,000,000トン以上の船腹量を保有する国の少なくとも5の国の寄託を含む10の国による批准又は加入書の寄託の日の後3箇月で効力を生ずる。 2　1に定める効力の発生を確定する批准書又は加入書の寄託の日の後この議定書を批准し又はこれに加入する国については、この議定書は、その国による批准書又は加入書の寄託の日の後3箇月で効力を生ずる。
廃棄	第１４条 1　いずれの締約国も、ベルギー政府に対する通告により、この議定書を廃棄することができる。 2　この廃棄は、条約の廃棄の効果を有する。 3　廃棄は、ベルギー政府が1の通告を受領した日の後1年で効力を生ずる。
領域の適用	第１５条 1　いずれの締約国も、署名、批准若しくは加入の時に又はその後いつでも、ベルギー政府に対する書面による通告により、その主権の下にある領域又は自国が国際関係について責任を有する領域のうち、この議定書を適用するものを宣言することができる。 この議定書は、ベルギー政府が当該通告を受領した日の後3箇月で、当該通告において特定された領域について適用する。ただし、当該国についてこの議定書が効力を生ずる日前には適用しない。 2　この適用領域の拡大は、条約がこれらの領域にまだ適用されていない場合には、条約についても適用する。 3　1の規定に基づいて宣言を行ったいずれの締約国も、その後いつでも、ベルギー政府に対する通告により、これらの領域についてこの議定書の適用を終止する旨の宣言を行うことができる。この廃棄は、ベルギー政府が通告を受領した日の後1年で効力を生ずる。この廃棄は、また、条約についても適用する。
実施	第１６条 締約国は、この議定書に対し法律としての効力を与えることにより、又はこの議定書において採用された規則を自国の国内法令に適する形式でその国内法令に取り入れることにより、この議定書を実施することができる。
通報	第１７条

	ベルギー政府は、第12回海事法外交会議（1967年及び1968年）に代表者を出した国、この議定書に加入した国及び条約の締約国に対し、次の事項を通報する。 1　第１０条から第１２条までの規定に基づき行われた署名、批准及び加入 2　第１３条の規定に基づきこの議定書が効力を生ずる日 3　第１５条の規定に基づく適用領域に関する通告 4　第１４条の規定に基づき行われた廃棄
末文	以上の証拠として、下名の全権委員は、正当に委任を受けてこの議定書に署名した。 1968年2月23日にブラッセルで、ひとしく正文であるフランス語及び英語により本書1通を作成した。本書は、ベルギー政府に寄託するものとし、同政府は、認証謄本を発行する。

16.1979年船荷証券改正議定書（SDR議定書）
1968年2月23日の議定書によって改正された1924年8月25日の船荷証券に関するある規則の統一のための国際条約を改正する議定書

昭和54年12月21日　ブラッセルで作成
昭和59年2月14日　効力発生
平成4年3月13日　署名
平成5年2月23日　批准の閣議決定
平成5年3月1日　批准書寄託
平成5年3月12日　公布および告示
（条約第3号及び外務省告示第120号）
平成5年6月1日　我が国について効力発生

前文	この議定書の締約国は、1968年2月23日にブラッセルで作成された議定書によって改正された1924年8月25日にブラッセルで作成された船荷証券に関するある規則の統一のための国際条約の締約国であるので、次のとおり協定した。
議定書の適用	第1条 　この議定書の適用上、「条約」とは、1968年2月23日にブラッセルで作成された議定書によって改正された1924年8月25日にブラッセルで作成された船荷証券に関するある規則の統一のための国際条約及びその署名議定書をいう。
条約第4条5（a）の改正	第2条 1　条約第4条5（a）を次のように改める。 (a) 物品の性質及び価額が荷送人により船積み前に通告され、かつ、その通告が船荷証券に記載されている場合を除くほか、運送人及び船舶は、いかなる場合においても、当該物品の又は当該物品に関する滅失又は損害については、1包若しくは1単位につき666.67計算単位又は滅失若しくは損害に係る物品の総重量の1キログラムにつき2計算単位のいずれか高い方の額を超えて責任を負わない。
条約第4条5（d）の改正	2　条約第4条5（d）を次のように改める。 (d) この条にいう計算単位は、国際通貨基金の定める特別引出権とする。(a)の規定による金額は、訴訟が係属する裁判所の属する国の法令で定める日におけるその国の通貨の価値を基準として、その国の通貨に換算する。 国際通貨基金の加盟国である国の通貨の特別引出権表示による価値は、国際通貨基金の操作及び取引のために国際通貨基金の適用する評価方法であって換算の日において効力を有しているものにより計算する。国際通貨基金の加盟国でない国の通貨の特別引出権表示による価値は、その国の定める方法により計算する。 国際通貨基金の加盟国でなく、かつ、自国の法令により前記の規定を適用することのできない国は、1979年の議定書の批准若しくは同議定書への加入の時に又はその後いつでも、自国の領域において適用するこの条約にいう責任の限度額を次のとおり定めることを宣言することができる。 （ⅰ）(a)にいう666.67計算単位については、1万貨幣単位 （ⅱ）(a)にいう2計算単位については、30貨幣単位 （ⅰ）及び（ⅱ）にいう貨幣単位とは、純分1000分の900の金の65.5ミリグラムから成る単位をいう。 （ⅰ）及び（ⅱ）の規定による金額の当該国の通貨への換算は、当該国の法令の定めるところにより行う。 前記の規定による計算及び換算は、(a)において計算単位で表示されている金額と可能な限り同一の実質価値が当該国の通貨で表示されるように行う。 当該国は、計算の方法又は換算の結果を、1979年の議定書の批准又は加入書を寄託する時に寄託者に通報する。当該国は、また、当該計算の方法又は当該換算の結果が変更された場合にはいつでも、その変更を寄託者に通報する。
解釈または適用に関する紛争の	第3条 この議定書の解釈又は適用に関する締約国間の紛争で交渉によって解決することができないもの

解決	は、いずれかの紛争当事国の要請により、仲裁に付される。仲裁の要請の日から6箇月以内に仲裁の組織について紛争当事国が合意に達しない場合には、いずれの紛争当事国も、国際司法裁判所規程に従って国際司法裁判所に紛争を付託することができる。
宣言および留保の撤回	第4条 (1) 各締約国は、この議定書の署名若しくは批准又はこの議定書への加入の際に、前条の規定に拘束されない旨を宣言することができる。 (2) (1)の規定に基づいて留保を付した締約国は、ベルギー政府に対する通告により、いつでもその留保を撤回することができる。
開放	第5条 この議定書は、1924年8月25日の条約若しくは1968年2月23日の議定書に署名した国又は条約の締約国による署名のために開放しておく。
批准書寄託	第6条 (1) この議定書は、批准されなければならない。 (2) 条約の締約国でない国によるこの議定書の批准は、条約の批准の効果を有する。 (3) 批准書は、ベルギー政府に寄託する。
加入	第7条 (1) 第5条に規定されていない国は、この議定書に加入することができる。 (2) この議定書への加入は、条約への加入の効果を有する。 (3) 加入書は、ベルギー政府に寄託する。
効力発生	第8条 (1) この議定書は、5の批准書又は加入書の寄託の日の後3箇月で効力を生ずる。 (2) 5番目の寄託の後にこの議定書を批准又はこれに加入する国については、この議定書は、その国による批准書又は加入書の寄託の日の後3箇月で効力を生ずる。
廃棄	第9条 (1) いずれの締約国も、ベルギー政府に対する通告により、この議定書を廃棄することができる。 (2) 廃棄は、ベルギー政府が(1)の通告を受領した日の後1年で効力を生ずる。
適用する領域の宣言	第10条 (1) 各国は、署名、批准若しくは加入の時に又はその後いつでも、ベルギー政府に対する書面による通告により、自国がその国際関係について責任を有する領域のうち、この議定書を適用するものを宣言することができる。この議定書は、ベルギー政府が当該通告を受領した日の後3箇月で、当該通告において特定された領域について適用する。ただし、当該国についてこの議定書が効力を生ずる日前には適用しない。 (2) この適用領域の拡大は、条約がこれらの領域にまだ適用されていない場合には、条約についても適用する。 (3) (1)の規定に基づいて宣言を行ったいずれの締約国も、その後いつでも、ベルギー政府に対する通告により、これらの領域についてこの議定書の適用を終止する旨の宣言を行うことができる。この廃棄は、ベルギー政府が通告を受領した日の後1年で効力を生ずる。
通報	第11条 ベルギー政府は、署名国及び加入国に対し、次の事項を通報する。 (1) 第5条から第7条までの規定に基づき行われた署名、批准及び加入 (2) 第8条の規定に基づきこの議定書が効力を生ずる日 (3) 前条の規定に基づく適用領域に関する通告 (4) 第2条の規定に基づく宣言及び通報

末文	(5) 第4条の規定に基づく宣言 (6) 第9条の規定に基づき行われた廃棄 以上の証拠として、下名は、正当に委任を受けてこの議定書に署名した。 1979年12月21日にブラッセルで、ひとしく正文である英語及びフランス語により本書1通を作成した。本書は、ベルギー政府に寄託するものとし、同政府は、認証謄本を発行する。

17. 1994年・2016年ヨーク・アントワープ規則

York-Antwerp Rules 1994	York-Antwerp Rules 2016
Rule of Interpretation In the adjustment of general average the following Rules shall apply to the exclusion of any Law and Practice inconsistent therewith. Except as provided by the Rule Paramount and the numbered Rules, general average shall be adjusted according to the lettered Rules. Rule Paramount In no case shall there be any allowance for sacrifice or expenditure unless reasonably made or incurred. Rule A There is a general average act when, and only when, any extraordinary sacrifice or expenditure is intentionally and reasonably made or incurred for the common safety for the purpose of preserving from peril the property involved in a common maritime adventure. General average sacrifices and expenditures shall be borne by the different contributing interests on the basis hereinafter provided. Rule B There is a common maritime adventure when one or more vessels are towing or pushing another vessel or vessels, provided that they are all involved in commercial activities and not in a salvage operation. When measures are taken to preserve the vessels and their cargoes, if any, from a common peril, these Rules shall apply. A vessel is not in common peril with another vessel or vessels if by simply disconnecting from the other vessel or vessels she is in safety; but if the disconnection is itself a general average act the common maritime adventure continues. Rule C Only such losses, damages or expenses which are the direct consequence of the general average act shall be allowed as general average.	Rule of Interpretation In the adjustment of general average the following Rules shall apply to the exclusion of any law and practice inconsistent therewith. Except as provided by the Rule Paramount and the numbered Rules, general average shall be adjusted according to the lettered Rules. Rule Paramount In no case shall there be any allowance for sacrifice or expenditure unless reasonably made or incurred. Rule A 1. There is a general average act when, and only when, any extraordinary sacrifice or expenditure is intentionally and reasonably made or incurred for the common safety for the purpose of preserving from peril the property involved in a common maritime adventure. 2. General average sacrifices and expenditures shall be borne by the different contributing interests on the basis hereinafter provided. Rule B 1. There is a common maritime adventure when one or more vessels are towing or pushing another vessel or vessels, provided that they are all involved in commercial activities and not in a salvage operation. When measures are taken to preserve the vessels and their cargoes, if any, from a common peril, these Rules shall apply. 2. If the vessels are in common peril and one is disconnected either to increase the disconnecting vessel's safety alone, or the safety of all vessels in the common maritime adventure, the disconnection will be a general average act. 3. Where vessels involved in a common maritime adventure resort to a port or place of refuge, allowances under these Rules may be made in relation to each of the vessels. Subject to the provisions of paragraphs 3 and 4 of Rule G, allowances in general average shall cease at the time that the common maritime adventure comes to an end. Rule C 1. Only such losses, damages or expenses which are the direct consequence of the general average act shall be allowed as general average.

In no case shall there be any allowance in general average for losses, damages or expenses incurred in respect of damage to the environment or in consequence of the escape or release of pollutant substances from the property involved in the common maritime adventure.

Demurrage, loss of market, and any loss or damage sustained or expense incurred by reason of delay, whether on the voyage or subsequently, and any indirect loss whatsoever, shall not be admitted as general average.

Rule D

Rights to contribution in general average shall not be affected, though the event which gave rise to the sacrifice or expenditure may have been due to the fault of one of the parties to the adventure, but this shall not prejudice any remedies or defences which may be open against or to that party in respect of such fault.

Rule E

The onus of proof is upon the party claiming in general average to show that the loss or expense claimed is properly allowable as general average.

All parties claiming in general average shall give notice in writing to the average adjuster of the loss or expense in respect of which they claim contribution within 12 months of the date of the termination of the common maritime adventure.

Failing such notification, or if within 12 months of a request for the same any of the parties shall fail to supply evidence in support of a notified claim, or particulars of value in respect of a contributory interest, the average adjuster shall be at liberty to estimate the extent of the allowance or the contributory value on the basis of the information available to him, which estimate may be challenged only on the ground that it is manifestly incorrect.

2. In no case shall there be any allowance in general average for losses, damages or expenses incurred in respect of damage to the environment or in consequence of the escape or release of pollutant substances from the property involved in the common maritime adventure.

3. Demurrage, loss of market, and any loss or damage sustained or expense incurred by reason of delay, whether on the voyage or subsequently, and any indirect loss whatsoever, shall not be allowed as general average.

Rule D

Rights to contribution in general average shall not be affected, though the event which gave rise to the sacrifice or expenditure may have been due to the fault of one of the parties to the common maritime adventure, but this shall not prejudice any remedies or defences which may be open against or to that party in respect of such fault.

Rule E

1. The onus of proof is upon the party claiming in general average to show that the loss or expense claimed is properly allowable as general average.

2. All parties to the common maritime adventure shall, as soon as possible, supply particulars of value in respect of their contributory interest and, if claiming in general average, shall give notice in writing to the average adjuster of the loss or expense in respect of which they claim contribution, and supply evidence in support thereof.

3. Failing notification, or if any party does not supply particulars in support of a notified claim, within 12 months of the termination of the common maritime adventure or payment of the expense, the average adjuster shall be at liberty to estimate the extent of the allowance on the basis of the information available to the adjuster. Particulars of value shall be provided within 12 months of the termination of the common maritime adventure, failing which the average adjuster shall be at liberty to estimate the contributory value on the same basis. Such estimates shall be communicated to the party in question in writing. Estimates may only be challenged within two months of receipt of the communication and only on the grounds that they are manifestly incorrect.

4. Any party to the common maritime adventure pursuing a recovery from a third party in respect of sacrifice or expenditure claimed in general average, shall so advise the

| | average adjuster and, in the event that a recovery is achieved, shall supply to the average adjuster full particulars of the recovery within two months of receipt of the recovery. |

Rule F
Any additional expense incurred in place of another expense which would have been allowable as general average shall be deemed to be general average and so allowed without regard to the saving, if any, to other interests, but only up to the amount of the general average expense avoided.

Rule G
General average shall be adjusted as regards both loss and contribution upon the basis of values at the time and place when and where the adventure ends.
This rule shall not affect the determination of the place at which the average statement is to be made up.
When a ship is at any port or place in circumstances which would give rise to an allowance in general average under the provisions of Rules X and XI, and the cargo or part thereof is forwarded to destination by other means, rights and liabilities in general average shall, subject to cargo interests being notified if practicable, remain as nearly as possible the same as they would have been in the absence of such forwarding, as if the adventure had continued in the original ship for so long as justifiable under the contract of affreightment and the applicable law.
The proportion attaching to cargo of the allowances made in general average by reason of applying the third paragraph of this Rule shall not exceed the cost which would have been borne by the owners of cargo if the cargo had been forwarded at their expense.

Rule I – Jettison of Cargo
No jettison of cargo shall be made good as general average, unless such cargo is carried in accordance with the recognised custom of the trade.

Rule II – Loss or Damage by Sacrifices for the Common Safety
Loss of or damage to the property involved in the common maritime adventure by or in consequence of a sacrifice made for the common safety, and by water which goes down a ship's hatches opened or other

---

Rule F
Any additional expense incurred in place of another expense which would have been allowable as general average shall be deemed to be general average and so allowed without regard to the saving, if any, to other interests, but only up to the amount of the general average expense avoided.

Rule G
1. General average shall be adjusted as regards both loss and contribution upon the basis of values at the time and place when and where the common maritime adventure ends.
2. This rule shall not affect the determination of the place at which the average adjustment is to be prepared.
3. When a ship is at any port or place in circumstances which would give rise to an allowance in general average under the provisions of Rules X and XI, and the cargo or part thereof is forwarded to destination by other means, rights and liabilities in general average shall, subject to cargo interests being notified if practicable, remain as nearly as possible the same as they would have been in the absence of such forwarding, as if the common maritime adventure had continued in the original ship for so long as justifiable under the contract of carriage and the applicable law.
4. The proportion attaching to cargo of the allowances made in general average by reason of applying the third paragraph of this Rule shall be limited to the cost which would have been borne by the owners of cargo if the cargo had been forwarded at their expense. This limit shall not apply to any allowances made under Rule F.

Rule I – Jettison of Cargo
No jettison of cargo shall be allowed as general average, unless such cargo is carried in accordance with the recognised custom of the trade.

Rule II – Loss or Damage by Sacrifices for the Common Safety
Loss of or damage to the property involved in the common maritime adventure by or in consequence of a sacrifice made for the common safety, and by water which goes down a ship' s hatches opened or other

opening made for the purpose of making a jettison for the common safety, shall be made good as general average.

Rule III – Extinguishing Fire on Shipboard
Damage done to a ship and cargo, or either of them, by water or otherwise, including damage by beaching or scuttling a burning ship, in extinguishing a fire on board the ship, shall be made good as general average; except that no compensation shall be made for damage by smoke however caused or by heat of the fire.

Rule IV – Cutting Away Wreck
Loss or damage sustained by cutting away wreck or parts of the ship which have been previously carried away or are effectively lost by accident shall not be made good as general average.

Rule V – Voluntary Stranding
When a ship is intentionally run on shore for the common safety, whether or not she might have been driven on shore, the consequent loss or damage to the property involved in the common maritime adventure shall be allowed in general average.

Rule VI – Salvage Remuneration
(a) Expenditure incurred by the parties to the adventure in the nature of salvage, whether under contract or otherwise, shall be allowed in general average provided that the salvage operations were carried out for the purpose of preserving from peril the property involved in the common maritime adventure. Expenditure allowed in general average shall include any salvage remuneration in which the skill and efforts of the salvors in preventing or minimising damage to the environment such as is referred to in Art.13 paragraph 1 (b) of the International Convention on Salvage, 1989 have been taken into account.
(b) Special compensation payable to a salvor by the shipowner under Art.14 of the said Convention to the extent specified in paragraph 4 of that Article or under any other provision similar in substance shall not be allowed in general average.

opening made for the purpose of making a jettison for the common safety, shall be allowed as general average.

Rule III – Extinguishing Fire on Shipboard
Damage done to a ship and cargo, or either of them, by water or otherwise, including damage by beaching or scuttling a burning ship, in extinguishing a fire on board the ship, shall be allowed as general average; except that no allowance shall be made for damage by smoke however caused or by heat of the fire.

Rule IV – Cutting Away Wreck
Loss or damage sustained by cutting away wreck or parts of the ship which have been previously carried away or are effectively lost by accident shall not be allowed as general average.

Rule V – Voluntary Stranding
When a ship is intentionally run on shore for the common safety, whether or not she might have been driven on shore, the consequent loss or damage to the property involved in the common maritime adventure shall be allowed in general average.

Rule VI – Salvage Remuneration
(a) Expenditure incurred by the parties to the common maritime adventure in the nature of salvage, whether under contract or otherwise, shall be allowed in general average provided that the salvage operations were carried out for the purpose of preserving from peril the property involved in the common maritime adventure and subject to the provisions of paragraphs (b), (c) and (d)
(b) Notwithstanding (a) above, where the parties to the common maritime adventure have separate contractual or legal liability to salvors, salvage shall only be allowed should any of the following arise:
(i) there is a subsequent accident or other circumstances resulting in loss or damage to property during the voyage that results in significant differences between salved and contributory values,
(ii) there are significant general average sacrifices,
(iii) salved values are manifestly incorrect and there is a significantly incorrect apportionment of salvage expenses,
(iv) any of the parties to the salvage has paid a significant proportion of salvage due from another party,
(v) a significant proportion of the parties have satisfied

| | the salvage claim on substantially different terms, no regard being had to interest, currency correction or legal costs of either the salvor or the contributing interest.

(c) Salvage expenditures referred to in paragraph (a) above shall include any salvage remuneration in which the skill and efforts of the salvors in preventing or minimising damage to the environment such as is referred to in Article 13 paragraph 1(b) of the International Convention on Salvage, 1989 have been taken into account.

(d) Special compensation payable to a salvor by the shipowner under Article 14 of the International Convention on Salvage, 1989 to the extent specified in paragraph 4 of that Article or under any other provision similar in substance (such as SCOPIC) shall not be allowed in general average and shall not be considered a salvage expenditure as referred to in paragraph (a) of this Rule. |
|---|---|
| Rule VII – Damage to Machinery and Boilers
Damage caused to any machinery and boilers of a ship which is ashore and in a position of peril, in endeavouring to refloat, shall be allowed in general average when shown to have arisen from an actual intention to float the ship for the common safety at the risk of such damage; but where a ship is afloat no loss or damage caused by working the propelling machinery and boilers shall in any circumstances be made good as general average. | Rule VII – Damage to Machinery and Boilers
Damage caused to any machinery and boilers of a ship which is ashore and in a position of peril, in endeavouring to refloat, shall be allowed in general average when shown to have arisen from an actual intention to float the ship for the common safety at the risk of such damage; but where a ship is afloat no loss or damage caused by working the propelling machinery and boilers shall in any circumstances be allowed as general average. |
| Rule VIII – Expenses Lightening a Ship when Ashore, and Consequent Damage
When a ship is ashore and cargo and ship's fuel and stores or any of them are discharged as a general average act, the extra cost of lightening, lighter hire and reshipping (if incurred), and any loss or damage to the property involved in the common maritime adventure in consequence thereof, shall be admitted as general average. | Rule VIII – Expenses Lightening a Ship when Ashore, and Consequent Damage
When a ship is ashore and cargo and ship's fuel and stores or any of them are discharged as a general average act, the extra cost of lightening, lighter hire and reshipping (if incurred), and any loss or damage to the property involved in the common maritime adventure in consequence thereof, shall be allowed as general average. |
| Rule IX – Cargo, Ship's Materials and Stores Used for Fuel
Cargo, ship's materials and stores, or any of them, necessarily used for fuel for the common safety at a time of peril shall be admitted as general average, but when such an allowance is made for the cost of ship's materials and stores the general average shall be credited with the estimated
cost of the fuel which would otherwise have been consumed in prosecuting the intended voyage. | Rule IX – Cargo, Ship's Materials and Stores Used for Fuel
Cargo, ship's materials and stores, or any of them, necessarily used for fuel for the common safety at a time of peril shall be allowed as general average, but when such an allowance is made for the cost of ship's materials and stores the general average shall be credited with the estimated cost of the fuel which would otherwise have been consumed in prosecuting the intended voyage. |

Rule X – Expenses at Port of Refuge, etc.	Rule X – Expenses at Port of Refuge, etc.
(a) When a ship shall have entered a port or place of refuge or shall have returned to her port or place of loading in consequence of accident, sacrifice or other extraordinary circumstances which render that necessary for the common safety, the expenses or entering such port or place shall be admitted as general average; and when she shall have sailed thence with her original cargo, or a part of it, the corresponding expenses of leaving such port or place consequent upon such entry or return shall likewise be admitted as general average. When a ship is at any port or place of refuge and is necessarily removed to another port or place because repairs cannot be carried out in the first port or place, the provisions of this Rule shall be applied to the second port or place as if it were a port or place of refuge and the cost of such removal including temporary repairs and towage shall be admitted as general average. The provisions of Rule XI shall be applied to the prolongation of the voyage occasioned by such removal. (b) The cost of handling on board or discharging cargo, fuel or stores whether at a port or place of loading, call or refuge, shall be admitted as general average, when the handling or discharge was necessary for the common safety or to enable damage to the ship caused by sacrifice or accident to be repaired, if the repairs were necessary for the safe prosecution of the voyage, except in cases where the damage to the ship is discovered at a port or place of loading or call without any accident or other extraordinary circumstances connected with such damage having taken place during the voyage. The cost of handling on board or discharging cargo, fuel or stores shall not be admissible as general average when incurred solely for the purpose of restowage due to shifting during the voyage, unless such restowage is necessary for the common safety. (c) Whenever the cost of handling or discharging cargo, fuel or stores is admissible as general average, the costs of storage, including insurance if reasonably incurred, reloading and stowing of such cargo, fuel or stores shall likewise be admitted as general average. The provisions of Rule XI shall be applied to the extra period of detention occasioned by such reloading or restowing. But when the ship is condemned or does not proceed on her original voyage, storage expenses shall be admitted as general average only up to the date of	(a) (i) When a ship shall have entered a port or place of refuge or shall have returned to her port or place of loading in consequence of accident, sacrifice or other extraordinary circumstances which render that necessary for the common safety, the expenses of entering such port or place shall be allowed as general average; and when she shall have sailed thence with her original cargo, or a part of it, the corresponding expenses of leaving such port or place consequent upon such entry or return shall likewise be allowed as general average. (ii) When a ship is at any port or place of refuge and is necessarily removed to another port or place because repairs cannot be carried out in the first port or place, the provisions of this Rule shall be applied to the second port or place as if it were a port or place of refuge and the cost of such removal including temporary repairs and towage shall be allowed as general average. The provisions of Rule XI shall be applied to the prolongation of the voyage occasioned by such removal. (b) (i) The cost of handling on board or discharging cargo, fuel or stores, whether at a port or place of loading, call or refuge, shall be allowed as general average when the handling or discharge was necessary for the common safety or to enable damage to the ship caused by sacrifice or accident to be repaired, if the repairs were necessary for the safe prosecution of the voyage, except in cases where the damage to the ship is discovered at a port or place of loading or call without any accident or other extraordinary circumstances connected with such damage having taken place during the voyage. (ii) The cost of handling on board or discharging cargo, fuel or stores shall not be allowable as general average when incurred solely for the purpose of restowage due to shifting during the voyage, unless such restowage is necessary for the common safety. (c) Whenever the cost of handling or discharging cargo, fuel or stores is allowable as general average, the costs of storage, including insurance if reasonably incurred, reloading and stowing of such cargo, fuel or stores shall likewise be allowed as general average. The provisions of Rule XI shall apply to the extra period of detention occasioned by such reloading or restowing. (d) When the ship is condemned or does not proceed on her original voyage, storage expenses shall be allowed as general average only up to the date of the ship's condemnation or of the abandonment of the voyage or

the ship's condemnation or of the abandonment of the voyage or up to the date of completion of discharge of cargo if the condemnation or abandonment takes place before that date.

RULE XI. - Wages and Maintenance of Crew and Other Expenses Bearing up for and in a Port of Refuge, etc.

(a) Wages and maintenance of master, officers and crew reasonably incurred and fuel and stores consumed during the prolongation of the voyage occasioned by a ship entering a port or place of refuge or returning to her port or place of loading shall be admitted as general average when the expenses of entering such port or place are allowable in general average in accordance with Rule X (a).

(b) When a ship shall have entered or been detained in any port or place in consequence of accident, sacrifice or other extra-ordinary circumstances which render that necessary for the common safety, or to enable damage to the ship caused by sacrifice or accident to be repaired, if the repairs were necessary for the safe prosecution of the voyage, the wages and maintenance of the master, officers and crew reasonably incurred during the extra period of detention in such port or place until the ship shall or should have been made ready to proceed upon her voyage, shall be admitted in general average.

Fuel and stores consumed during the extra period of detention shall be admitted as general average, except such fuel and stores as are consumed in effecting repairs not allowable in general average.

Port charges incurred during the extra period of detention shall likewise be admitted as general average except such charges as are incurred solely by reason of repairs not allowable in general average.

Provided that when damage to the ship is discovered at a port or place of loading or call without any accident or other extraordinary circumstance connected with such damage having taken place during the voyage, then the wages and maintenance of master, officers and crew and fuel and stores consumed and port charges incurred during the extra detention for repairs to damages so discovered shall not be admissible as general average, even if the repairs are necessary for the safe-prosecution of the voyage.

When the ship is condemned or does not proceed on her original voyage, the wages and maintenance of the master, officers and crew and fuel and stores consumed and port charges shall be admitted as general average only up to the date of the ship's condemnation or of

up to the date of completion of discharge of cargo if the condemnation or abandonment takes place before that date.

Rule XI – Wages and Maintenance of Crew and Other Expenses Putting in to and at a Port of Refuge, etc.

(a) Wages and maintenance of master, officers and crew reasonably incurred and fuel and stores consumed during the prolongation of the voyage occasioned by a ship entering a port or place of refuge or returning to her port or place of loading shall be allowed as general average when the expenses of entering such port or place are allowable in general average in accordance with Rule X(a).

(b) (i) When a ship shall have entered or been detained in any port or place in consequence of accident, sacrifice or other extra-ordinary circumstances which render that entry or detention necessary for the common safety, or to enable damage to the ship caused by sacrifice or accident to be repaired, if the repairs were necessary for the safe prosecution of the voyage, the wages and maintenance of the master, officers and crew reasonably incurred during the extra period of detention in such port or place until the ship shall or should have been made ready to proceed upon her voyage, shall be allowed in general average.

(ii) Fuel and stores consumed during the extra period of detention shall be allowed as general average, except such fuel and stores as are consumed in effecting repairs not allowable in general average.

(iii) Port charges incurred during the extra period of detention shall likewise be allowed as general average except such charges as are incurred solely by reason of repairs not allowable in general average.

(iv) Provided that when damage to the ship is discovered at a port or place of loading or call without any accident or other extraordinary circumstance connected with such damage having taken place during the voyage, then the wages and maintenance of master, officers and crew and fuel and stores consumed and port charges incurred during the extra detention for repairs to damages so discovered shall not be allowable as general average, even if the repairs are necessary for the safe prosecution of the voyage.

(v) When the ship is condemned or does not proceed on her original voyage, the wages and maintenance of the master, officers and crew and fuel and stores consumed and port charges shall be allowed as general average only up to the date of the ship's condemnation or of the abandonment of the voyage or up to the date of

the abandonment of the voyage or up to the date of completion of discharge of cargo if the condemnation or abandonment takes place before that date. (c) For the purpose of this and the other Rules wages shall include all payments made to or for the benefit of the master, officers and crew, whether such payments be imposed by law upon the shipowners or be made under the terms of articles of employment. (d) The cost of measures undertaken to prevent or minimise damage to the environment shall be allowed in general average when incurred in any or all of the following circumstances: (i) as part of an operation performed for the common safety which, had it been undertaken by a party outside the common maritime adventure, would have entitled such party to a salvage reward; (ii) as a condition of entry into or departure from any port or place in the circumstances prescribed in Rule X (a) ; (iii) as a condition of remaining at any port or place in the circumstances prescribed in Rule X (a), provided that when there is an actual escape or release of pollutant substances the cost of any additional measures required on that account to prevent or minimise pollution or environmental damage shall not be allowed as general average; (iv) necessarily in connection with the discharging, storing or reloading of cargo whenever the cost of those operations is admissible as general average. Rule XII – Damage to Cargo in Discharging, etc. Damage to or loss of cargo, fuel or stores sustained in consequence of their handling, discharging, storing, reloading and stowing shall be made good as general average, when and only when the cost of those measures respectively is admitted as general average. Rule XIII – Deductions from Cost of Repairs Repairs to be allowed in general average shall not be subject to deductions in respect of "new for old" where old material or parts are replaced by new unless the ship is over fifteen years old in which case there shall be a deduction of one third. The deductions shall be regulated by the age of the ship from the 31st December of the year of completion of construction to the date of the general act, except for insulation, life	completion of discharge of cargo if the condemnation or abandonment takes place before that date. (c) (i) For the purpose of these Rules wages shall include all payments made to or for the benefit of the master, officers and crew, whether such payments be imposed by law upon the shipowners or be made under the terms of articles of employment. (ii) For the purpose of these Rules, port charges shall include all customary or additional expenses incurred for the common safety or to enable a vessel to enter or remain at a port of refuge or call in the circumstances outlined in Rule XI(b)(i). (d) The cost of measures undertaken to prevent or minimise damage to the environment shall be allowed in general average when incurred in any or all of the following circumstances: (i) as part of an operation performed for the common safety which, had it been undertaken by a party outside the common maritime adventure, would have entitled such party to a salvage reward; (ii) as a condition of entry into or departure from any port or place in the circumstances prescribed in Rule X(a); (iii) as a condition of remaining at any port or place in the circumstances prescribed in Rule XI(b), provided that when there is an actual escape or release of pollutant substances, the cost of any additional measures required on that account to prevent or minimise pollution or environmental damage shall not be allowed as general average; (iv) necessarily in connection with the handling on board, discharging, storing or reloading of cargo, fuel or stores whenever the cost of those operations is allowable as general average. Rule XII – Damage to Cargo in Discharging, etc. Damage to or loss of cargo, fuel or stores sustained in consequence of their handling, discharging, storing, reloading and stowing shall be allowed as general average, when and only when the cost of those measures respectively is allowed as general average. Rule XIII – Deductions from Cost of Repairs (a) Repairs to be allowed in general average shall not be subject to deductions in respect of "new for old" where old material or parts are replaced by new unless the ship is over fifteen years old in which case there shall be a deduction of one third. The deductions shall be regulated by the age of the ship from the 31st December of the year of completion of construction to the date of the general average act, except for

and similar boats, communications and navigational apparatus and equipment, machinery and boilers for which the deductions shall be regulated by the age of the particular parts to which they apply.

The deductions shall be made only from the cost of the new material or parts when finished and ready to be installed in the ship.

No deduction shall be made in respect of provisions, stores, anchors and chain cables.

Drydock and slipway dues and costs of shifting the ship shall be allowed in full.

The costs of cleaning, painting or coating of bottom shall not be allowed in general average unless the bottom has been painted or coated within the twelve months preceding the date of the general average act in which case one half of such costs shall be allowed.

Rule XIV - Temporary Repairs

Where temporary repairs are effected to a ship at a port of loading, call or refuge, for the common safety, or of damage caused by general average sacrifice, the cost of such repairs shall be admitted as general average.

Where temporary repairs of accidental damage are effected in order to enable the adventure to be completed, the cost of such repairs shall be admitted as general average without regard to the saving, if any, to other interests, but only up to the saving in expense which would have been incurred and allowed in general average if such repairs had not been effected there.

No deductions "new for old" shall be made from the cost of temporary repairs allowable as general average.

Rule XV - Loss of Freight

Loss of freight arising from damage to or loss of cargo shall be made good as general average, either when caused by a general average act, or when the damage to or loss of cargo is so made good.

Deduction shall be made from the amount of gross freight lost, of the charges which the owner thereof would have incurred to earn such freight, but has, in consequence of the sacrifice, not incurred.

Rule XVI - Amount to be Allowed for Cargo Lost or Damaged by Sacrifice

The amount to be made good as general average for damage to or loss of cargo sacrificed shall be the loss which has been sustained thereby based on the value at the time of discharge, ascertained from the commercial invoice rendered to the receiver or if there

insulation, life and similar boats, communications and navigational apparatus and equipment, machinery and boilers for which the deductions shall be regulated by the age of the particular parts to which they apply.

(b) The deductions shall be made only from the cost of the new material or parts when finished and ready to be installed in the ship. No deduction shall be made in respect of provisions, stores, anchors and chain cables. Drydock and slipway dues and costs of shifting the ship shall be allowed in full.

(c) The costs of cleaning, painting or coating of bottom shall not be allowed in general average unless the bottom has been painted or coated within the 24 months preceding the date of the general average act in which case one half of such costs shall be allowed.

Rule XIV - Temporary Repairs

(a) Where temporary repairs are effected to a ship at a port of loading, call or refuge, for the common safety, or of damage caused by general average sacrifice, the cost of such repairs shall be allowed as general average.

(b) Where temporary repairs of accidental damage are effected in order to enable the common maritime adventure to be completed, the cost of such repairs shall be allowed as general average without regard to the saving, if any, to other interests, but only up to the saving in expense which would have been incurred and allowed in general average if such repairs had not been effected there.

(c) No deductions "new for old" shall be made from the cost of temporary repairs allowable as general average.

Rule XV - Loss of Freight

Loss of freight arising from damage to or loss of cargo shall be allowed as general average, either when caused by a general average act, or when the damage to or loss of cargo is so allowed.

Deduction shall be made from the amount of gross freight lost, of the charges which the owner thereof would have incurred to earn such freight, but has, in consequence of the sacrifice, not incurred.

Rule XVI - Amount to be Allowed for Cargo Lost or Damaged by Sacrifice

(a) (i) The amount to be allowed as general average for damage to or loss of cargo sacrificed shall be the loss which has been sustained thereby based on the value at the time of discharge, ascertained from the commercial invoice rendered to the receiver or if is no such invoice from the shipped-value.

The value at the time of discharge shall include the cost of insurance and freight except insofar as such freight is at the risk of interests other than the cargo.

When cargo so damaged is sold and the amount of the damage has not been otherwise agreed, the loss to be made good in general average shall be the difference between the net proceeds of sale and the net sound value as computed in the first paragraph of this Rule.

Rule XVII – Contributory Values

The contribution to a general average shall be made upon the actual net values of the property at the termination of the adventure except that the value of cargo shall be the value at the time of discharge, ascertained from the commercial invoice rendered to the receiver or if there is no such invoice from the shipped value. The value of the cargo shall include the cost of insurance and freight unless and

insofar as such freight is at the risk of interests other than the cargo, deducting therefrom any loss or damage suffered by the cargo prior to or at the time of discharge. The value of the ship shall be assessed without taking into account the beneficial or detrimental effect of any demise or time charterparty to which the ship may be committed.

To these values shall be added the amount made good as general average for property sacrificed, if not already included, deduction being made from the freight and passage money at risk of such charges and crew's wages as would not have been incurred in earning the freight had the ship and cargo been totally lost at the date of the general average act and have not been allowed as general average; deduction being also made from the value of the property of all extra charges incurred in respect thereof subsequently to the general average act, except such charges as are allowed in general average or fall upon the ship by virtue of an award for special compensation under Art.14 of the International Convention on Salvage, 1989 or under any other provision similar in substance.

In the circumstances envisaged in the third paragraph of Rule G, the cargo and other property shall contribute on the basis of its value upon delivery at original destination unless sold or otherwise disposed of short of that destination, and the ship shall contribute upon its actual net value at the time of completion of discharge

---

there is no such invoice from the shipped value. Such commercial invoice may be deemed by the average adjuster to reflect the value at the time of discharge irrespective of the place of final delivery under the contract of carriage.

(ii) The value at the time of discharge shall include the cost of insurance and freight except insofar as such freight is at the risk of interests other than the cargo.

(b) When cargo so damaged is sold and the amount of the damage has not been otherwise agreed, the loss to be allowed in general average shall be the difference between the net proceeds of sale and the net sound value as computed in the first paragraph of this Rule.

Rule XVII – Contributory Values

(a) (i) The contribution to a general average shall be made upon the actual net values of the property at the termination of the common maritime adventure except that the value of cargo shall be the value at the time of discharge, ascertained from the commercial invoice rendered to the receiver or if there is no such invoice from the shipped value. Such commercial invoice may be deemed by the average adjuster to

reflect the value at the time of discharge irrespective of the place of final delivery under the contract of carriage.

(ii) The value of the cargo shall include the cost of insurance and freight unless and insofar as such freight is at the risk of interests other than the cargo, deducting therefrom any loss or damage suffered by the cargo prior to or at the time of discharge. Any cargo may be excluded from contributing to general average should the average adjuster consider that the cost of including it in the adjustment would be likely to be disproportionate to its eventual contribution.

(iii) The value of the ship shall be assessed without taking into account the beneficial or detrimental effect of any demise or time charterparty to which the ship may be committed.

(b) To these values shall be added the amount allowed as general average for property sacrificed, if not already included, deduction being made from the freight and passage money at risk of such charges and crew's wages as would not have been incurred in earning the freight had the ship and cargo been totally lost at the date of the general average act and have not been allowed as general average; deduction being also made from the value of the property of all extra charges incurred in respect thereof subsequently to the general average act, except such charges as are allowed in general average. Where payment for salvage of cargo.

Where cargo is sold short of destination, however, it shall contribute upon the actual net proceeds of sale, with the addition of any amount made good as general average.

Mails, passengers' luggage, personal effects and accompanied private motor vehicles shall not contribute in general average.

Rule XVIII – Damage to Ship

The amount to be allowed as general average for damage or loss to the ship, her machinery and/or gear caused by a general average act shall be as fo llows:

(a) When repaired or replaced,

The actual reasonable cost of repairing or replacing such damage or loss, subject to deductions in accordance with Rule XIII;

(b) When not repaired or replaced,

The reasonable depreciation arising from such damage or loss, but not exceeding the estimated cost of repairs. But where the ship is an actual total loss or when the cost of repairs of the damage would exceed the value of the ship when repaired, the amount to be allowed as general average shall be the difference between the estimated sound value of the ship after deducting therefrom the estimated cost of repairing damage which is not general average and the value of the ship in her damaged state which may be measured by the net proceeds of sale, if any.

Rule XIX – Undeclared or Wrongfully Declared Cargo

Damage or loss caused to goods loaded without the knowledge of the Shipowner or his agent or to goods wilfully misdescribed at time of shipment shall not be allowed as general average, but such goods shall remain liable to contribute, if saved.

Damage or loss caused to goods which have been wrongfully

declared on shipment at a value which is lower than their real value shall be contributed for at the declared

services has not been allowed as general average by reason of paragraph (b) of Rule VI, deductions in respect of payment for salvage services shall be limited to the amount paid to the salvors including interest and salvors' costs.

(c) In the circumstances envisaged in the third paragraph of Rule G, the cargo and other property shall contribute on the basis of its value upon delivery at original destination unless sold or otherwise disposed of short of that destination, and the ship shall contribute upon its actual net value at the time of completion of discharge of cargo.

(d) Where cargo is sold short of destination, however, it shall contribute upon the actual net proceeds of sale, with the addition of any amount allowed as general average.

(e) Mails, passengers' luggage and accompanied personal effects and accompanied private motor vehicles shall not contribute to general average.

Rule XVIII – Damage to Ship

The amount to be allowed as general average for damage or loss to the ship, her machinery and/or gear caused by a general average act shall be as follows:

(a) When repaired or replaced,

The actual reasonable cost of repairing or replacing such damage or loss, subject to deductions in accordance with Rule XIII;

(b) When not repaired or replaced,

The reasonable depreciation arising from such damage or loss, but not exceeding the estimated cost of repairs. But where the ship is an actual total loss or when the cost of repairs of the damage would exceed the value of the ship when repaired, the amount to be allowed as general average shall be the difference between the estimated sound value of the ship after deducting therefrom the estimated cost of repairing damage which is not general average and the value of the ship in her damaged state which may be measured by the net proceeds of sale, if any.

Rule XIX – Undeclared or Wrongfully Declared Cargo

(a) Damage or loss caused to goods loaded without the knowledge of the shipowner or his agent or to goods wilfully misdescribed at the time of shipment shall not be allowed as general average, but such goods shall remain liable to contribute, if saved.

(b) Where goods have been wrongfully declared at the time of shipment at a value which is lower than their real value, any general average loss or damage shall be allowed on the basis of their declared value, but such

value, but such goods shall contribute upon their actual value.

Rule XX – Provision of Funds

A commission of 2 per cent. on general average disbursements, other than the wages and maintenance of master, officers and crew and fuel and stores not replaced during the voyage, shall be allowed in general average

The capital loss sustained by the owners of goods sold for the purpose of raising funds to defray general average disbursements shall be allowed in general average.

The cost of insuring average disbursements shall also be admitted in general average.

Rule XXI – Interest on Losses Allowed in General Average

Interest shall be allowed on expenditure, sacrifices and allowances in general average at the rate of 7 per cent. per annum, until three months after the date of issue of the general average adjustment, due allowance being made for any payment on account by the contributory interests or from the general average deposit fund.

Rule XXII – Treatment of Cash Deposits

Where cash deposits have been collected in respect of cargo's liability for general average, salvage or special charges such deposits shall be paid without any delay into a special account in the joint names of a representative nominated on behalf of the shipowner and a representative nominated on behalf of the depositors in a bank to be approved by both. The sum so deposited together with accrued interest, if any, shall be held as security for payment to the parties entitled thereto of the general average, salvage or special charges payable by cargo in respect of which the deposits have been collected.

Payments on account or refunds of deposits may be made if certified to in writing by the average adjuster. Such deposits and payments or refunds shall be without prejudice to the ultimate liability of the parties.

---

goods shall contribute on the basis of their actual value.

Rule XX – Provision of Funds

(a) The capital loss sustained by the owners of goods sold for the purpose of raising funds to defray general average disbursements shall be allowed in general average.

(b) The cost of insuring general average disbursements shall be allowed in general average.

Rule XXI – Interest on Losses Allowed in General Average

(a) Interest shall be allowed on expenditure, sacrifices and allowances in general average until three months after the date of issue of the general average adjustment, due allowance being made for any payment on account by the contributory interests or from the general average deposit fund.

(b) The rate for calculating interest accruing during each calendar year shall be the 12-month ICE LIBOR for the currency in which the adjustment is prepared, as announced on the first banking day of that calendar year, increased by four percentage points. If the adjustment is prepared in a currency for which no ICE LIBOR is announced, the rate shall be the 12-month US Dollar ICE LIBOR, increased by four percentage points.

Rule XXII – Treatment of Cash Deposits

(a) Where cash deposits have been collected in respect of general average, salvage or special charges, such sums shall be remitted forthwith to the average adjuster who shall deposit the sums into a special account, earning interest where possible, in the name of the average adjuster.

(b) The special account shall be constituted in accordance with the law regarding client or third party funds applicable in the domicile of the average adjuster. The account shall be held separately from the average adjuster's own funds, in trust or in compliance with similar rules of law providing for the administration of the funds of third parties.

(c) The sums so deposited, together with accrued interest, if any, shall be held as security for payment to the parties entitled thereto, of the general average, salvage or special charges in respect of which the deposits have been collected. Payments on account or refunds of deposits may only be made when such payments are certified in writing by the average adjuster and notified to the depositor requesting their approval. Upon the receipt of the depositor's approval, or in the absence of such approval within a period of 90 days, the average adjuster may deduct the amount of the payment on account or the final contribution from the deposit.

(d) All deposits and payments or refunds shall be without prejudice to the ultimate liability of the parties.

Rule XXIII - Time Bar for Contributing to General Average

(a) Subject always to any mandatory rule on time limitation contained in any applicable law:

(i) Any rights to general average contribution including any rights to claim under general average bonds and guarantees, shall be extinguished unless an action is brought by the party claiming such contribution within a period of one year after the date upon which the general average adjustment is issued. However, in no case shall such an action be brought after six years from the date of termination of the common maritime adventure.

(ii) These periods may be extended if the parties so agree after the termination of the common maritime adventure.

(b) This rule shall not apply as between the parties to the general average and their respective insurers.

あとがき

　本書の改訂に当たっては、一橋綜合法律事務所、一般社団法人日本海事検定協会、東京マリンクレームサービス株式会社より、専門的な見地からご助言・ご協力を頂いた。

　また、次の通りＪＸエネルギー株式会社ならびに公益財団法人損害保険事業総合研究所より、転載のご快諾を頂いた。

「石油便覧」　ＪＸエネルギー株式会社　ホームページ

「外航貨物海上保険－2009年ロンドン協会貨物約款対訳」（損害保険事業総合研究所・2009）大谷孝一監訳

「1906年英国海上保険法」（損害保険事業総合研究所・1977）葛城照三・木村栄一・小池貞治共訳

ご協力頂いた皆様に心より感謝申し上げる。

　なお、本書の執筆・監修・編集は、以下の東京海上日動火災保険株式会社社員が担当した。

〈執筆〉

原賀勇樹	吉田三紀	大森良平	塩谷良介	田辺和樹	高田由貴子
渡辺丈太	佐々木望	山本あかね	安西智子	小野雄介	松本健二
那須隆志	佐藤智明				

〈監修〉

柿沼貴之　篠田治彦　並木省吾　板橋孝幸

〈監修・編集〉

増谷 博

貨物保険の損害対応実務

初版年月日	2017年1月27日
第二刷	2017年4月17日
編者	東京海上日動火災保険株式会社
発行所	㈱保険毎日新聞社
	〒101-0032 東京都千代田区岩本町1－4－7
	TEL03-3865-1401（代）／FAX03-3865-1431
	URL http://www.homai.co.jp
発行人	真鍋幸充
編集	内田弘毅
編集協力	大西華子
デザイン	中尾　剛（有限会社アズ）
印刷・製本	有限会社アズ

ISBN　978-4-89293-278-6
© The Hoken Mainichi Shinbun Co.,Ltd.（2017）
Printed in Japan

本書の内容を無断で転記、転載することを禁じます。
乱丁・落丁はお取り替えいたします。